Les exécutifs locaux

Collection *Droit des collectivités territoriales*
fondée et dirigée par
Bernard POUJADE et Xavier CABANNES
Professeurs à l'Université Paris Cité

Série des travaux de l'association française
de droit des collectivités locales

Dernières parutions

Thomas MACHEFÉ, *Les mutations contemporaines du bloc communal*, 2024.
Damien FOURNET, *Le droit privé dans la fonction publique territoriale, Observations depuis le Centre de gestion de la Gironde*, 2023.
Sébastien SAUNIER (dir.), *Métropolisation et grands ensembles urbains,* 2023.
Arnaud DURANTHON (dir.), *Peut-on encore définir la collectivité territoriale ?,* 2023.
Benjamin TENDRON, *Les pôles d'équilibre territoriaux et ruraux et la « politique de pays »*, 2022.
Pauline TÜRK (dir.), *Pour un droit constitutionnel des collectivités territoriales. Évolutions et débats*, 2020.
Marie JAN, *L'égalité professionnelle dans la fonction publique territoriale. L'exemple de la Région Nouvelle-Aquitaine*, 2020.
Jean-Christophe CERVANTES, *Le principe d'unité des catégories de collectivités territoriales en question,* 2019.
Carole CHEVILLEY-HIVER, Matthieu HOUSER et Anne MARCEAU (dir.), *Les collectivités territoriales à l'ère du numérique*, 2019.
Thierry DI MANNO et Alexis LE QUINIO (dir.), *Quelle(s) commune(s) pour le XXIe siècle ? Approche de droit comparé*, 2018.
Maylis DOUENCE (dir.), *L'exercice des compétences locales entre rationalisation et créativité*, 2018.
Apolline THIRION, *La nouvelle compétence GEMAPI, Gestion des milieux aquatiques et préventions des inondations, Quels moyens mis à disposition des collectivités territoriales pour structurer et financer cette nouvelle compétence ?*, 2018.

Sous la direction de
Florent Blanco et Fouad Eddazi

Les exécutifs locaux

L'Harmattan

5-7, rue de l'École-Polytechnique – 75005 Paris
www.editions-harmattan.fr
ISBN : 978-2-336-47952-1
EAN : 9782336479521

SOMMAIRE

AVANT-PROPOS

L'ouvrage que nous avons le plaisir de présenter à travers ces quelques propos liminaires réunit en un seul volume les actes enrichis du colloque annuel de l'Association française de droit des collectivités locales, organisé à Orléans les jeudi 20 et vendredi 21 octobre 2022 par le Centre de recherche juridique Pothier, avec le concours de la Faculté de droit, d'économie et de gestion, de l'Université d'Orléans et de la région Centre Val-de-Loire.

Près de dix ans après le colloque organisé à Bordeaux sur les assemblées délibérantes locales[1], il a pour thème « *Les exécutifs locaux* » et rassemble tout à la fois des textes issus de communications prononcées lors du colloque lui-même, mais également quelques travaux complémentaires qui n'avaient pas donné lieu à des interventions orales, mais qui viennent utilement enrichir les questionnements autour de la thématique étudiée.

À bien des égards, une réflexion sur les exécutifs locaux méritait d'être menée, à l'heure où les évolutions politiques et juridiques conduisent, à l'instar du phénomène bien connu de « présidentialisation » de nos institutions nationales, à placer aujourd'hui ces derniers au premier plan des institutions locales.

Cette prééminence des exécutifs locaux soulève des questions nombreuses, évoquées dans les pages qui suivent par des spécialistes reconnus du droit des collectivités territoriales et des institutions publiques locales, à travers une pluralité de regards mêlant les analyses juridiques aux approches historiques, politiques, sociologiques ou comparatives.

Les différentes contributions réunies sont également l'occasion d'une analyse du bilan de plus de 40 ans de décentralisation, à la suite du cycle ouvert par la grande loi du 2 mars 1982[2], parfois présentée, peut-être un peu abusivement, comme « l'acte I » de la décentralisation.

Le présent volume doit évidemment beaucoup aux personnes et aux institutions qui ont œuvré à sa gestation et à son aboutissement, en premier lieu l'Association française de droit des collectivités locales et ses présidents successifs, les Professeurs Michel Verpeaux et Jean-François Brisson, ainsi que le Centre de recherche juridique Pothier, qui renoue à cette occasion avec la tradition de la recherche orléanaise en droit des collectivités territoriales[3], bien

---

[1] J.-F. Brisson (dir.), *L'Assemblée délibérante, avenir de la démocratie locale ?*, L'Harmattan, 2016 (274 p.).

[2] Loi n°82-213 du 2 mars 1982 relative aux droits et libertés des communes, des départements et des régions, *JO* 3 mars 1982, p. 2289.

[3] V., en dernier lieu, *Le nouveau pouvoir local. Quelles compétences pour les nouveaux territoires locaux ?*, colloque organisé à l'Université d'Orléans par l'ancien Laboratoire Collectivités Territoriales (L.C.T.) avec le concours du G.R.A.L.E. le jeudi 7 octobre 2010 ; actes publiés dans le n°1 du *Bulletin Juridique des Collectivités Locales* (*B.J.C.L.*) de 2011, p. 2 et s., sous le titre « Le nouveau pouvoir local après la loi du 16 décembre 2010 ».

incarnée par Jacques Ferstenbert, Professeur émérite à l'Université d'Orléans et trésorier de l'association.

L'occasion nous est donnée également de remercier l'ensemble des collègues orléanais impliqués dans le comité d'organisation, sans lesquels ce projet n'aurait jamais vu le jour : Pierre Allorant, doyen de la faculté de droit, d'économie et de gestion, mais également les Professeurs François Priet et Paule Quilichini, ainsi que nos collègues Julien Thomas et Armelle Treppoz, Maîtres de conférences à l'Université d'Orléans. Qu'ils trouvent dans ces quelques mots l'expression de notre gratitude.

Florent Blanco
Professeur de droit public

Université d'Orléans

Fouad Eddazi
Maître de conférences
en droit public

Université d'Orléans

PRÉFACE

Les exécutifs locaux à la croisée des chemins

Jean-Pierre SUEUR
Membre honoraire du Parlement, ancien ministre des Collectivités Locales, ancien maire d'Orléans

Il faut remercier Florent Blanco et Fouad Eddazi pour avoir été à l'origine du colloque sur les exécutifs locaux qui a eu lieu à Orléans les 20 et 21 octobre 2022 et dont les riches contributions sont réunies dans le présent ouvrage.

J'ai eu l'honneur d'être maire d'Orléans durant douze ans, de 1989 à 2001, et, en même temps le président de l'agglomération orléanaise (sous plusieurs statuts juridiques) après avoir été durant dix ans député et avant d'être sénateur durant vingt-deux ans. Je précise cela d'emblée pour indiquer que j'ai une réelle expérience de l'action d'un exécutif local et que mes travaux à l'Assemblée nationale, au Sénat et au sein du gouvernement – puisque j'ai été secrétaire d'État aux collectivités locales de 1991 à 1993 – m'ont conduit à présenter, à discuter et à amender un grand nombre de textes de lois relatifs aux collectivités locales.

Ce parcours m'inspire d'abord une première remarque relative au rôle du maire. Il m'apparaît de plus en plus qu'il est – et reste – central. D'abord, au sein de la mairie, il traite d'un nombre infini – et indéfini ! – de sujets dans les faits, et cela quelle que soit la répartition des compétences entre la mairie, l'intercommunalité, le département, la région et l'État. Arrivant le matin à la mairie, je consultais l'emploi du temps et constatais que je pouvais traiter en une seule journée du logement, de la voirie, du théâtre, des écoles, du fleurissement, des cimetières, de l'urbanisme, de l'action sociale, etc. Et il m'arrivait souvent de me demander sur quels sujets – toujours nonobstant la répartition théorique des compétences – je n'interviendrai pas ! Mais il y a plus. Dès lors que des problèmes se posent à la nation, il est fréquent que le maire se retrouve en première ligne. Ce fut le cas lors des années COVID où les maires furent plus que jamais sollicités, aux côtés des établissements sanitaires. Ça l'a encore été lors des émeutes urbaines de la fin juin 2023, où les maires se retrouvaient en première ligne sur le terrain d'abord et puis pour trouver des solutions sur tous les problèmes qui se sont posés : relogement, réparation, reconstruction, dédommagement, rapport avec les assurances et les services de l'État, etc. Gérard Larcher, président du Sénat, a popularisé cette formule : « Le maire est l'élu qui est à hauteur d'engueulade. » Je l'ai vécu tant de fois. Le maire est l'élu que les habitants d'une commune connaissent. Ils connaissent son nom. Ils savent où le trouver. Il est là. Et quelle que soit la répartition des compétences – que nos concitoyens ignorent très largement –, c'est à lui qu'on s'adresse. Et quand, après avoir été maire, on redevient parlementaire – ce qui a été mon cas – , les concitoyens continuent à venir vous voir dans votre permanence pour vous parler de sujets communaux plus souvent que de sujets législatifs, car vous restez marqué auprès d'eux par le fait que vous avez été « le maire ».

Ce rôle central est aussi renforcé par le fait que – contrairement à ce qui se passe dans d'autres pays –, le maire, autorité exécutive, préside aussi le conseil municipal, qu'on pourrait considérer – ce qui est certes une comparaison juridiquement très approximative – comme le pouvoir législatif communal. Le maire, de surcroît, fixe l'ordre du jour – ce qui est loin d'être neutre. Bref, il dispose des leviers pour tenir son rôle et exercer les missions qui lui sont dévolues.

J'écris cela, et pourtant j'ai eu la charge – et cela m'a passionné – de présenter à l'Assemblée nationale et au Sénat, au nom du gouvernement, un projet de loi qui avait été préparé par Pierre Joxe, et que j'ai profondément modifié – sans quoi j'ai la certitude qu'il n'aurait pas été adopté –, qui a créé la forme d'intercommunalité de projet la plus répandue, et qui a été généralisée à tous les ensembles de communes appropriés, à savoir la *communauté de communes*. Ce fut l'un des objets de la loi dite « Administration Territoriale de la République » (ATR) du 6 février 1992. Mais je ne vois là nulle contradiction. Pour essentielle qu'elle soit, la commune ne peut assumer seule – c'est une évidence – toutes les compétences. Les communautés de communes, comme, plus tard, les communautés d'agglomération et les métropoles, sont nécessaires. Mais je me souviens avoir répété à un grand nombre de reprises, au Sénat tout particulièrement, très attentif (c'est le moins qu'on puisse dire) à cette question, que les communes subsisteraient toutes, qu'il était hors de question qu'elles disparaissent, absorbées en quelque sorte par les intercommunalités, et plus particulièrement par les communautés de communes. J'ajoutai que le périmètre des communautés de communes serait défini par les maires eux-mêmes. Cela me valut une remarque du regretté Philippe Seguin dans un rapport de la Cour des comptes, déplorant que les périmètres des communautés ne fussent pas plus rationnels. En effet, des considérations politiques ou locales ont évidemment joué ici ou là – bien vite abolies après plusieurs élections municipales –, mais je rétorquai à Philippe Seguin que s'il avait fallu inscrire dans la loi que ces périmètres étaient édictés par les préfets, il n'y aurait pas eu de communautés de communes, car il n'y aurait pas eu de loi, puisqu'il aurait été impossible d'obtenir une majorité sur une telle position à l'Assemblée nationale et encore moins au Sénat.

Le succès très relatif de la récente loi sur les fusions de communes montre, une fois encore, l'attachement profond des Français à leur commune, quelle que soit leur taille. Des décennies de gloses sur notre grand nombre de communes – autant que dans tout le reste de l'Europe ! – n'y auront rien changé. La communauté de communes est la bonne solution pour promouvoir la solidarité et l'efficacité dans le respect des communes. Il en va de même pour les communautés d'agglomération et les métropoles. L'intercommunalité doit être au service des communes et non l'inverse !

Toutefois, d'autres questions se posent et d'abord celle de la démocratie. Les élus intercommunaux restent d'abord des élus communaux délégués à l'intercommunalité. Je suis bien placé pour savoir qu'Alain Richard et moi-même avons pu faire adopter par le Parlement une loi qui conduit les électeurs à voter lors de l'élection municipale avec un même bulletin pour deux listes, celle des élus communaux et celle des élus qui, parmi eux, siégeront au sein de l'intercommunalité. Mais cela n'a pas changé fondamentalement la perception des choses par les citoyens.

Faut-il donc aller vers un « vrai » suffrage universel direct pour les intercommunalités ?

Un argument historique pourrait le justifier. Depuis la Révolution française, il y a un lien entre le droit dévolu aux élus de voter l'impôt, de décider des dépenses et le suffrage universel direct. Ce lien n'existe plus avec l'intercommunalité, du moins dans la perception commune.

Mon approche à cet égard sera nuancée. Je plaiderai pour le maintien du *statu quo* pour les communautés de communes en raison, justement, de leurs liens étroits avec les communes, et pour l'évolution vers un suffrage direct et distinct de celui pour l'élection communale pour les métropoles – comme c'est déjà le cas à Lyon –, car celles-ci ont un tel nombre de compétences et gèrent désormais des budgets bien supérieurs à ceux de la ville centre, qu'il me paraît logique d'instaurer cette démocratie directe à ce niveau – et il y aurait donc tous les six ans un vrai débat sur les projets métropolitains – distinct des échéances communales. Les élections pourraient d'ailleurs ne pas avoir lieu le même jour ni au même moment.

Le cas des communautés d'agglomération est plus complexe. Il serait, à bien des égards, justifié de leur appliquer le même régime qu'aux métropoles, mais par la suite de ce qui me paraît être une erreur – et un excès de démagogie – du législateur, il se trouve que les seuils démographiques retenus ont permis la création de « communautés d'agglomération » qui ne comptent aucune véritable agglomération… Sans doute faudrait-il plutôt assimiler ces dernières, à cet égard du moins, aux communautés de communes.

J'ai longtemps pensé qu'en matière d'organisation territoriale, au couple commune/département qui a marqué le XIXe et la première partie du XXe siècle au moins, se substituerait au XXIe siècle le couple communauté/région. De nombreuses hypothèses ont pu être faites à cet égard, fondées sur la déploration d'un nombre de niveaux jugé excessif dans notre organisation territoriale – ce qu'on a pris l'habitude d'appeler le « millefeuille territorial ».

Si les choses ont déjà incontestablement bougé à cet égard, si la montée en puissance des communautés, des métropoles et des régions est incontestable, un certain nombre de problèmes subsistent.

S'agissant de l'intercommunalité d'abord, celle-ci a été conçue dans toutes les lois qui en traitent comme source de mutualisation, de rationalisation des dépenses et donc d'économie. Chaque transfert de compétences devait aller de pair avec un transfert des personnels et des moyens correspondants. La réalité a trop souvent été différente. Et la communauté a engendré des coûts supplémentaires, voire les doubles emplois, à l'inverse de l'objectif proclamé et des résultats attendus. Il est nécessaire, me semble-t-il, de mieux définir les compétences au sein du couple commune/intercommunalité et de veiller strictement aux transferts financiers.

Ensuite, la région s'est développée. Son rôle est important. Elle est un échelon devenu indispensable dans le contexte européen. Toutefois, un manque de clarté subsiste – c'est une réalité récurrente – pour ce qui est des compétences respectives de l'État et de la région. Je pense à l'emploi et à la formation professionnelle, pour ne prendre que ces deux exemples. Là aussi, il est indispensable de clarifier les choses, même s'il faut rompre avec un vieil atavisme des autorités de l'État – au-delà d'ailleurs des sensibilités politiques, et même si l'histoire nous montre quels ont été les gouvernements décentralisateurs et les gouvernements recentralisateurs – en vertu duquel nous restons un pays irrémédiablement Jacobin.

Enfin, on a pu penser – là encore les hypothèses n'ont pas manqué – que le département pourrait disparaître plus ou moins rapidement : je pense à la déclaration de Manuel Valls, annonçant, lorsqu'il était Premier ministre, cette disparition pour 2022 ! À cet égard, il faut, dans ces domaines, avoir le sens du temps. La « révolution de l'intercommunalité », avec l'extension à tous les territoires des communautés ou métropoles, a pris vingt ans. Encore fut-ce en réalité plus court pour les communautés de communes puisque dix ans après la loi de 1992, 90 % des communes concernées avaient choisi, en toute liberté, de constituer des communautés de communes. On a ainsi pu imaginer des solutions dans lesquelles les compétences du département seraient réparties entre les régions – qui géreraient par exemple les collèges en plus des lycées – et les intercommunalités qui géreraient les compétences sociales du département – ce qui n'est pas forcément évident : il faudra regarder de près ce que donne l'expérience de Lyon à cet égard. Mais un obstacle s'est dressé devant ces hypothèses. Cet obstacle, c'est la création des grandes régions. Même s'il y avait des arguments pour réduire le nombre de régions, pour élargir leur territoire, dans le contexte européen, la réalité est que, si l'on excepte la Normandie, les grandes régions sont trop vastes, trop hétérogènes, trop éloignées des citoyens. Comment un habitant du Cantal peut-il avoir le sentiment d'être dans la même région que celui de la Haute-Savoie ? C'est pourtant le cas. Et les exemples sont nombreux, ainsi que ceux de dédoublement ou de triplement des services qu'il a fallu mettre en place pour des raisons de distance excessive entre les différents secteurs géographiques au sein d'une même région. La conséquence est claire : comme les Français, leurs élus et l'ensemble des acteurs de la vie sociale et économique ont le sentiment de « flotter » à l'intérieur de trop grandes régions. Cela a immanquablement redonné du « poil de la bête » aux départements perçus en définitive comme des organes de proximité à mesure que les régions et leurs sièges s'éloignaient.

J'achèverai ces propos par des remarques plus positives. En dépit des difficultés évoquées, il est clair que la décentralisation a marqué des points depuis 1982. Il est clair que les exécutifs locaux se sont affirmés, dans leur diversité. Et la coopération entre les exécutifs locaux est d'ailleurs une clé de l'avenir. Dans un département, une région, la coopération entre les instances d'une métropole et l'ensemble des communautés de communes, désormais d'une taille suffisante, qui lui sont proches est indispensable pour maîtriser l'aménagement du territoire et l'occupation des sols dans les décennies à venir[1], qui est l'un des grands enjeux écologiques qui s'imposent à nous. De même, les réseaux de villes doivent permettre de nouvelles coopérations : de nombreuses villes (ou agglomérations) historiquement rivales ont tout intérêt à œuvrer ensemble, à l'heure européenne. De même, toute région doit désormais concevoir le développement en lien avec « l'armature urbaine » qui la structure et, en même temps, l'aménagement de l'espace des villes moyennes et du monde rural ne saurait être dissocié des stratégies et réalités urbaines. Un vaste champ existe donc pour la coopération efficace entre les exécutifs locaux.

[1] Voir mon rapport, « Oser le retour de l'aménagement du territoire : quelle occupation du sol dans les décennies à venir ? », Sénat, Délégation à la prospective, juill. 2023.

INTRODUCTION GÉNÉRALE

Les exécutifs locaux et l'histoire de la décentralisation

Jean-Marie PONTIER
Professeur émérite de l'Université d'Aix-Marseille

Lorsque Montesquieu développe sa théorie du pouvoir en distinguant l'exécutif (le gouvernement), le judiciaire (les juges) et le législatif (le peuple), il ne pense pas à l'exécutif local. Aujourd'hui, on parle des exécutifs locaux, mais l'expression est récente dans l'histoire, sans qu'il soit possible de fixer un point de départ précis. Une explication sera proposée dans ce développement, mais il convient au préalable de s'entendre sur le terme « exécutif », car si l'expression « exécutif local » est désormais d'usage courant, il n'est pas certain que tout le monde la comprenne de la même manière.

Le terme exécutif, qui découle du substantif « exécution », est d'usage très rare avant la fin du XVIIIe siècle. Lors de la Révolution, il va être largement utilisé mais, pour les révolutionnaires, l'exécutif est celui qui exécute, il est représenté seulement par celui ou ceux qui exécutent. En d'autres termes, l'exécutif doit se borner à *exécuter*, c'est-à-dire faire appliquer les normes adoptées par le seul organe qui dispose de la légitimité, l'assemblée. Cela paraît évident, tout au moins à l'époque, mais ne l'est en aucune manière, ou témoigne d'une certaine naïveté, ou de la méconnaissance du fonctionnement réel des institutions, notamment administratives. Comment un agent pourrait-il se limiter à une application purement mécanique d'une norme ? Il y a souvent, voire toujours, une appréciation à porter sur la situation, les circonstances, qui peuvent considérablement varier, surtout s'il s'agit, et c'est l'hypothèse de départ si l'on prend comme référence la loi, de tout le territoire.

Mais il est apparu très rapidement, dans l'histoire, que la conception admettant une certaine marge d'appréciation de la part de l'exécutif était elle-même trop limitée, qu'elle ne correspondait pas à la réalité. Car, dans la réalité, il est apparu impossible de refuser à l'exécutif de faire preuve d'une certaine initiative, il est devenu impossible de ne pas lui reconnaître un *pouvoir propre*. L'exécutif n'a sans doute jamais été un pur exécutant, il est devenu une autorité à part entière, et si cela vaut d'abord pour l'exécutif national, cela s'applique également aux exécutifs locaux.

On parle des exécutifs locaux à propos de la *décentralisation territoriale* : les agents qui représentent l'État à l'échelon local n'ont jamais été qualifiés d'exécutifs du gouvernement. Les préfets ne sont pas des exécutifs locaux, sous la réserve historique (importante) qui sera apportée plus loin, ce sont des représentants de l'État. Le terme d'exécutif est réservé à l'autorité qui fait partie de la collectivité locale, qui représente cette collectivité locale.

Cette décentralisation territoriale, que certains considèrent comme étant la seule décentralisation, alors que d'autres acceptent de parler de décentralisation fonctionnelle à côté d'elle, connaît, au cours de l'histoire, des hauts et des bas, des avancées et des retours en arrière. Cependant, et si l'on s'en tient aux régimes démocratiques, la décentralisation a connu dans le temps et sur la durée, des progrès, ceci étant particulièrement visible si l'on s'en tient à la Ve République, durant laquelle, et dès le début, la décentralisation connaît une avancée constante[1].

Un autre point mérite d'être souligné en introduction, le fait qu'en France le modèle structurel de l'administration locale a été inspiré par, ou a imité, le modèle de l'administration de l'État avec, en particulier, un exécutif unipersonnel. Dans d'autres pays, en effet, l'exécutif local est représenté par un organe collégial, avec une répartition des attributions entre les membres de cet organe, et une rotation entre les membres pour la présidence de ce dernier. Ce modèle n'est pas le plus répandu dans le monde et, en ce qui concerne la France, il n'a jamais été appliqué, bien que des propositions aient été faites en ce sens.

On remarque encore qu'en ce qui concerne notre pays, le modèle d'administration locale est unique, en ce sens qu'il est identique pour l'ensemble des catégories de collectivités, en s'en tenant ici aux collectivités généralistes, c'est-à-dire la commune, le département et la région. Dans les collectivités de chacune de ces catégories, on trouve une assemblée délibérante et un exécutif issu de cette dernière.

A priori, et compte tenu des principes républicains qui nous régissent, l'assemblée de la collectivité territoriale est première, elle est, tout au moins dans les textes, prépondérante. D'ailleurs, les dispositions applicables semblent, comme nous le verrons, mettre l'accent sur l'assemblée, avec les attributions[2] dont celle-ci est dotée par la loi. Mais la réalité n'est pas celle-là, et ce que l'on constate, c'est la suprématie de l'exécutif au sein de la collectivité.

Il apparaît ainsi, et ce seront les deux idées qui vont commander le développement, d'abord, que la décentralisation telle que nous la connaissons, et telle qu'elle résulte de notre histoire, ne peut être pensée sans l'exécutif, ensuite, que l'organisation de la décentralisation telle qu'elle est mise en œuvre depuis des années valorise l'exécutif de la collectivité.

I. La décentralisation française a été largement conditionnée par les exécutifs locaux

Il est possible de penser différemment la décentralisation territoriale, et l'observation des différents pays qui peuvent être comparés à la France montre que des solutions diverses ont été expérimentées, les caractéristiques propres à

[1] C'est dire, et redisons-le une nouvelle fois, car certaines idées reçues ont « la vie dure », que la décentralisation territoriale ne commence pas en 1982, que cette date, si importante qu'elle puisse paraître, n'est qu'une étape dans le développement de la décentralisation.

[2] Pour la clarté de l'exposé, et pour éviter également les ambiguïtés, il est entendu ici, et ce devrait être le cas pour tous les textes, que le terme attributions s'applique aux organes de la collectivité, tandis que celui de compétences s'applique à la collectivité elle-même : une collectivité territoriale dispose de compétences, ses organes sont dotés d'attributions.

chaque pays expliquant ces différences. En ce qui concerne la France, l'histoire conduit à faire un double constat : les exécutifs locaux ont modelé la décentralisation mais, de plus, une autorité décentralisée, le maire, a été le modèle des autres exécutifs locaux.

A. Les exécutifs locaux ont modelé la décentralisation

L'affirmation selon laquelle les exécutifs locaux ont modelé la décentralisation peut paraître forte, voire exagérée car, si l'on s'en tient aux principes, la décentralisation est celle que le pouvoir politique a voulue, et qui est très différenciée au cours de notre histoire, tant par son étendue que par ses caractéristiques. Cependant, l'explication de cette affirmation tient au fait que l'observation de cette histoire montre que la question de la décentralisation s'est largement focalisée, au fil du temps, sur la commune et son exécutif, les autres exécutifs locaux étant venus plus tardivement.

1. La question de la décentralisation est largement focalisée, historiquement, sur la commune et sur le maire

Si chaque pays a son histoire propre, qui explique les caractéristiques de son organisation politique et administrative, on a tendance à évoquer, pour le nôtre, l'existence, tôt dans l'histoire, d'un État fort, ce trait n'étant guère contesté. Mais il y a un autre trait, tout aussi important, c'est l'existence de communes, avec un personnage qui va devenir le symbole dans les débats sur la décentralisation, le maire.

Les communes vont être, pendant longtemps, les seules collectivités territoriales dans notre pays, collectivités que l'on appelait d'ailleurs beaucoup plus justement collectivités locales, et la décentralisation s'est ramenée aux communes, à leur statut, à leurs compétences, à leur rôle. Cela appelle quelques explications.

Si l'on se place sur le plan historique, la commune, en France, présente deux caractéristiques. D'une part, il est incontestable qu'elle est ancienne. Certes, les dénominations utilisées n'étaient pas celle de commune, et il existait une multitude de formes d'organisation humaine dans notre pays, cette diversité étant l'un des traits de l'organisation locale dans la France d'avant 1789. On peut parler génériquement de *communautés* qui furent peut-être, et tout au moins sur certaines parties du territoire, au début, des regroupements de familles. Il est intéressant de relever que le terme de maire[1] est utilisé, en certaines parties du territoire, dès le XIe siècle.

Le mot « commune » qui nous est devenu familier est utilisé pour désigner l'ensemble de ces communautés locales très diverses à partir de la Révolution.

[1] Étymologiquement le terme de maire est une substantivation d'un ancien adjectif, *maire*, qui signifiait « plus grand », et qui était issu du nominatif latin *major*, lequel est le comparatif du terme *magnus* qui signifie « grand ».

La loi du 14 décembre 1789 crée 44 000 « municipalités » qui succèdent aux anciennes paroisses[1], et ces municipalités vont porter le nom de communes à partir de 1793. L'un des principes qui guident les révolutionnaires est celui de l'uniformité[2], et c'est pourquoi toutes les communes vont être dotées du même cadre.

D'autre part, la commune va cristalliser, pendant plus d'un siècle, les divergences et les oppositions sur ce qu'est la commune, et sur sa place par rapport à l'État. Cela vaut notamment pour les débats qui auront lieu au Parlement et dans le pays tout au long, presque, du XIXe siècle. Les libéraux du début du siècle vont s'appuyer sur la commune pour contester le pouvoir politique central. Ils vont faire valoir que la commune est antérieure à l'État[3] ce qui, à leurs yeux, était un argument en faveur, sinon d'une « supériorité » des communes par rapport à l'État, tout au moins de leur force, et de la nécessité de les respecter.

Lorsque l'on va parler des communes, pendant toutes ces années, en fait ce sont des maires dont il va être plus particulièrement question. Sous l'Ancien Régime, les différentes formes d'organisation locale que l'on pouvait observer sur le territoire français se traduisaient par des modalités différentes d'exercice du pouvoir « exécutif ». Mais, le plus souvent, une personne, pouvant porter des noms divers, était chargée de l'exécution des décisions d'un conseil, quel que fût le nom que portât ce dernier.

À la Révolution, qu'il s'agisse des communes ou des départements, on retrouve, dans tous les cas, trois organismes chargés d'administrer la collectivité, et qui procèdent tous trois de l'élection : une assemblée se réunissant périodiquement, un organisme chargé de la gestion courante, un représentant du roi. Ces corps se trouvent placés dans une interdépendance réciproque.

C'est l'administration municipale qui retient, logiquement, le plus l'attention des gouvernants. Et le législateur révolutionnaire va décider, à l'échelon local, que cette administration municipale aura deux sortes de fonctions à remplir. Selon l'article 49 du décret du 14 décembre 1789 : « Les corps municipaux auront deux espèces de fonctions à remplir : les unes propres au pouvoir municipal ; les autres propres à l'administration générale de l'État, et déléguées par elle aux municipalités. »

La commune se voit reconnaître en quelque sorte une double nature, mais, en fait, c'est l'exécutif qui sera l'expression du dédoublement fonctionnel. La notion de « pouvoir municipal », bien qu'apparemment consacrée par ce texte,

---

[1] L'article 7 du décret du 22 décembre 1789 relatif à la loi du 22 décembre 1789 dispose : « Il y aura une municipalité en chaque ville, bourg, paroisse ou communauté de campagne. »

[2] Sur la question de l'uniformité, V. D. Guignard, *La notion d'uniformité en droit public français*, Dalloz, 2004.

[3] Cet argument est un argument apparemment fort car, effectivement, il y a des communautés locales bien avant qu'il n'y ait en France un État, qui commence à s'affirmer à partir du XIVe siècle, ce qui est tôt par rapport aux autres pays, mais ce qui est tardif par rapport à ces communautés locales enracinées depuis des siècles.

et soutenue ensuite doctrinalement, n'aura jamais aucune réalité, et sera récusée, tant par les pouvoirs publics que par le Conseil d'État, qui ne la reconnaîtra jamais. D'ailleurs, une instruction de l'Assemblée nationale du 22 avril 1790 est nettement plus restrictive[1]. Le cantonnement de la collectivité, en fait de l'assemblée délibérante, profitera à l'exécutif de la collectivité.

2. Le cas des autres exécutifs locaux

Jusqu'à une date relativement récente dans notre histoire, et pour les raisons que les développements qui suivent vont illustrer, la commune est la seule collectivité locale qui apparaisse vraiment, sur le plan administratif et politique, comme étant l'expression de la décentralisation.

Certes il y a eu les départements. La Révolution crée les départements, après un certain nombre de débats et de propositions dont certaines pourraient être qualifiées, selon un terme qui n'existait pas à l'époque révolutionnaire, de « surréalistes »[2]. Après les remous révolutionnaires, le Consulat, puis l'Empire, confortent l'institution départementale.

Mais si la collectivité départementale est, au départ, théoriquement, une collectivité locale, en réalité son caractère de circonscription de l'État l'emporte largement[3]. La très célèbre et désormais défunte loi du 28 pluviôse de l'an VIII (17 février 1800) dispose bien, dans son article 2 : « Il y aura dans chaque département un préfet, un conseil de préfecture, et un conseil général de département lesquels rempliront les fonctions exercées maintenant par les administrations et commissaires de département. » Trois organes, donc, mais l'un d'entre eux étant mi-administratif mi-juridictionnel, les conseils de préfecture[4]. Cependant, l'article 3, très concis, et qui n'autorise aucune interprétation par sa clarté tranchante déclare : « Le préfet sera seul chargé de l'administration. »

Le préfet est donc l'exécutif de la collectivité départementale, en même temps qu'il est, et c'est primordial, le représentant de l'État. Dans ce dédoublement fonctionnel, cette seconde fonction l'emporte largement sur la précédente, le département étant sous la coupe du préfet. Et cela n'est pas remis en cause lors de l'adoption de la loi du 10 août 1871 considérée cependant pendant longtemps comme la « charte » de l'administration départementale.

---

[1] L'Assemblée déclare dans cette instruction : les assemblées administratives « observeront d'abord qu'elles ne sont chargées que de l'administration, qu'aucune fonction législative ou judiciaire ne leur appartient, et que toute entreprise de leur part, sur l'une ou l'autre de ces fonctions, introduirait la confusion des pouvoirs qui porterait l'atteinte la plus funeste aux principes de la Constitution ».

[2] Il s'agit notamment des propositions de découpage géométrique du territoire, avec le projet de Thouret, qui s'est peut-être inspiré d'un géographe quelque peu fantaisiste, Robert de Hesseln.

[3] V. J.-F. Auby et J.-M. Pontier, *Le département*, Economica, 1986.

[4] Les conseils de préfecture ainsi institués sont les ancêtres ou les prédécesseurs des tribunaux administratifs. Ils étaient plus des organes administratifs que des organes juridictionnels.

Certes, l'un des points qui vint en discussion, lors des débats sur cette loi de 1871[1], fut celui de la substitution d'un administrateur élu au préfet. Une proposition en ce sens fut faite par plusieurs parlementaires[2]. Cette proposition fut rejetée par la commission de décentralisation qui avait été désignée[3], sur le fondement de l'argument suivant : « Il y a beaucoup de questions qui intéressent à la fois l'État et le département, et dans lesquelles il serait fort difficile de faire la part de chacun, sans donner lieu à des embarras sérieux, sinon à de véritables conflits. »[4]

Le préfet va ainsi demeurer l'exécutif du département jusqu'en 1982, nonobstant les propositions faites à plusieurs reprises, au cours de l'histoire, pour le remplacer par un exécutif élu. La constitution de 1946 déclarait bien, dans son article 87 : « Les collectivités territoriales s'administrent librement par des conseils élus au suffrage universel/ L'exécution des décisions de ces conseils est assurée par leur maire ou leur président. » Cette formule signifiait clairement que l'exécutif du département devait être un exécutif issu de l'assemblée. Mais le législateur de la IVe République ne prit jamais les lois nécessaires à la mise en œuvre de ces principes[5].

En revanche, en 1982, et bien que la Constitution de 1958 n'eût pas repris, sur ce point (c'est-à-dire le second alinéa) l'article 87 de la Constitution de 1946, cette substitution a été l'une des mesures phares, encore que moins médiatisée que la suppression de la tutelle, de la loi du 2 mars 1982. L'on peut dire que le législateur de la Ve République a réalisé les engagements non tenus de la IVe République.

Quant à la région, il ne paraît guère utile d'insister longuement sur l'influence que l'exécutif aurait pu avoir sur la décentralisation pour la simple raison que la région fut longtemps absente du droit positif. Non qu'elle ne fût point apparue dans le paysage politique français, bien au contraire. Sous la IIIe République, il y eut une multitude de propositions tendant à sa création[6]. Mais elles furent toujours rejetées, parce que la région faisait peur : pour la majorité politique, située à ce que l'on appelait la « gauche », principalement représentée par les radicaux et radicaux-socialistes, la région était une sorte d'épouvantail

[1] La loi fut adoptée après un peu plus d'un mois de discussions. Cette rapidité pourrait surprendre, alors que le pays était en partie occupé. Mais cela ne peut se comprendre que si l'on a à l'esprit le fait que la loi reprend largement des propositions qui avaient été faites sous l'Empire par la commission instituée peu avant la chute de l'Empire et qui était présidée par O. Barrot.

[2] Notamment Bethmont, Magnin, Raudot, ce dernier ayant déjà fait une proposition semblable en 1848.

[3] Le rapporteur de cette commission était Waddington.

[4] Rapport Waddington précité.

[5] L'argument avancé par les pouvoirs publics, qui avaient d'ailleurs d'autres soucis prioritaires, fut que la substitution du préfet par un exécutif élu serait une mesure dangereuse pour l'État et la nation.

[6] Voir le décompte (impressionnant) de ces propositions dans M. Bourjol, *Les institutions régionales de 1789 à nos jours*, Berger-Levrault, 1969.

agité par la droite monarchiste, elle évoquait le spectre d'un retour des provinces d'Ancien Régime[1].

La région a existé, d'abord, sous la forme d'un cadre régional, destiné à l'État[2], puis d'un établissement public territorial, l'établissement public régional (EPR)[3], avant d'être reconnue comme collectivité territoriale à part entière par la loi du 2 mars 1982[4]. C'est dire que si l'on se place sur le terrain de l'histoire, ni l'exécutif de la collectivité régionale, ni cette dernière, n'ont joué de rôle essentiel dans la décentralisation jusqu'à aujourd'hui. Et le président du conseil régional est, d'une certaine manière, calqué sur le maire, qui est le modèle, au sens de référence servant à l'imitation, de tous les autres exécutifs locaux.

B. Le maire, modèle des exécutifs locaux

Lorsque l'on s'intéresse aux exécutifs locaux, et surtout si on veut envisager la question sous son aspect historique, c'est au maire qu'il faut s'attacher, car il est en quelque sorte la mesure de tout exécutif local. Cela vaut parce que le maire est premier, historiquement, et cette antériorité, qui est primauté, a déterminé la figure de tous les autres exécutifs locaux, les pouvoirs publics s'étant naturellement référés à la figure du maire. Deux points apparaissent essentiels au vu de l'histoire[5], le premier est relatif au statut du maire, le second à ses attributions.

1. Le statut du maire, modèle des autres statuts des exécutifs locaux

Le maire est la figure cardinale de la décentralisation française, celle-ci ne peut se comprendre qu'à travers les débats qui ont eu lieu, depuis désormais plus de deux siècles, sur le rôle du maire[6]. Mais la question du statut du maire, qui paraît être passée un peu au second plan, est centrale au cours de l'histoire, elle se présente aujourd'hui en filigrane, mais elle peut resurgir dans l'avenir. Cette

---

[1] En réalité, d'ailleurs, nous le savons bien aujourd'hui avec les nombreuses études qui ont été faites sur la question, les provinces de l'Ancien Régime n'ont jamais eu, à quelques exceptions près au cours de l'histoire, l'importance et la force que, d'un côté comme de l'autre, on était porté à leur prêter.

[2] Avec notamment le décret n° 50-616 du 2 juin 1960 portant harmonisation des circonscriptions administratives, et dont l'importance se mesure au fait que, avec des modifications mineures, le cadre régional qu'il définissait fut celui retenu pour les régions collectivités territoriales de 1982.

[3] Cet établissement public régional a été une réponse timide des pouvoirs publics après l'échec du référendum du 27 avril 1969 qui instituait, notamment, des régions collectivités territoriales, la lecture du texte montrant une certaine audace des pouvoirs publics.

[4] Mais si la région est créée en 1982 elle ne naît, en vertu de la volonté expresse du législateur, qui avait subordonné cette naissance à l'élection des premiers conseils régionaux au suffrage universel direct, qu'en 1986.

[5] Sur l'histoire des maires, V. M. Agulhon, L. Girard, J.-L. Robert, W. Serman et collaborateurs, *Les maires en France du Consulat à nos jours*, Publications de la Sorbonne, 1986, ainsi qu'un témoignage, celui de A. Chandernagor, *Les maires en France, XIXe-XXe siècle*, Fayard, 2008.

[6] Outre les deux ouvrages précités on trouvera d'utiles développements dans l'ouvrage collectif : L. Fougère, J.-P. Machelon et F. Monnier (dir.), *Les communes et le pouvoir*, PUF, 2002.

question du statut, c'est d'abord celle du mode de désignation du maire, mode de désignation qui, s'il ne semble aujourd'hui soulever aucun problème, aucune interrogation, a donné lieu à des allers-retours parfois surprenants. C'est ensuite celle, plus contemporaine, des moyens accordés aux maires pour exercer leurs fonctions dans des conditions convenables.

L'histoire du mode de désignation du maire, sur un peu plus de deux siècles, est celle d'un va-et-vient entre la nomination et l'élection, celle-ci ayant fini évidemment par l'emporter. Un survol historique du mode de désignation conduit à deux séries d'observations.

En premier lieu, il semble apparaître une double corrélation entre, d'une part, le mode de désignation et la nature du régime politique, d'autre part, la démocratie et la décentralisation. En simplifiant (puisque tous les régimes politiques que la France a connus ne peuvent être rangés de manière tranchée dans l'une ou l'autre catégorie), la nomination est liée aux régimes autoritaires, l'élection aux régimes démocratiques. Sous les deux empires, de même que sous la Restauration, sans compter évidemment, plus récemment, le régime de Vichy, les maires sont nommés, tandis que sous la république, les maires sont élus.

Cependant, déjà, les choses sont moins simples qu'elles ne paraissent. Si l'on prend le cas de la Révolution, la situation change très vite. Dans un premier temps, les révolutionnaires décident de l'élection de tous les organes à tous les niveaux, et c'est évidemment le cas à l'échelon local, y compris pour le représentant du roi. Le fait que l'élection soit effectuée pour une durée très courte – ce qui déstabilisera très vite l'administration locale – est déjà un signe de méfiance du pouvoir central à l'égard des administrateurs locaux.

Mais, surtout, cela ne dure pas. En octobre 1792, la Convention décide autoritairement le renouvellement des administrations départementales, jugées trop « tièdes » à l'égard de la Révolution. En mars 1793, c'est le début des représentants en mission, qui disposent de « pouvoirs illimités » et un décret du 4 décembre 1793 supprime les procureurs généraux syndics à l'échelon local, et les remplace par des agents de la nation. La Révolution n'est donc pas homogène, sur ce plan comme sur d'autres, on passe facilement d'un extrême à l'autre, d'une élection de tous les organes à une nomination de ces derniers.

Le cas de la monarchie de Juillet est particulièrement intéressant de notre point de vue car, au début, il y a nomination des maires et des autres autorités locales, puis on passe à l'élection. Mais cette élection n'est pas démocratique, dans la mesure où le corps électoral est extrêmement réduit, la monarchie de Juillet est un régime censitaire et même ultra-censitaire. Le principe de l'élection ne dit pas tout de la nature démocratique du régime.

La monarchie de Juillet illustre également l'ambiguïté du lien entre démocratie et décentralisation. *A priori* on serait tenté d'affirmer sans ambages que les deux sont liées et ne peuvent être séparées : la décentralisation est liée au régime démocratique, et les régimes démocratiques sont nécessairement décentralisateurs. Sans que l'affirmation soit fausse, elle doit cependant être nuancée, car la coïncidence est loin d'être totale, surtout en se plaçant sur le plan historique.

La monarchie de Juillet peut être considérée, sinon comme un régime décentralisateur, tout au moins un régime qui a commencé à décentraliser. Sous ce régime, deux séries de lois sont adoptées, qui vont dans le sens de la décentralisation, sans compter les propositions, dont certaines étaient relativement audacieuses[1]. La première série de lois est représentée par la loi du 21 mars 1831, qui rétablit l'élection des conseils municipaux, et la loi du 22 juin 1833, qui rétablit l'élection pour les conseils généraux de département. La seconde série de lois est représentée par la loi du 18 juillet 1837 sur les attributions des autorités communales[2], et la loi du 18 mai 1838 relative aux attributions des conseils de départements et d'arrondissements.

Le second Empire revient sur l'élection des maires et, même au début de cette période qui n'est pas encore la IIIe République[3], les pouvoirs publics nationaux ne sont pas favorables à l'élection des maires par le conseil municipal[4]. Cette élection du maire par les conseils municipaux n'est acquise que progressivement et difficilement, d'abord par la loi du 12 août 1876 (qui laissait subsister la nomination des maires et adjoints dans les chefs-lieux de canton) puis par la loi du 28 mars 1882, qui généralisa l'élection des maires dans toutes les communes[5].

Un autre aspect du statut, en second lieu, est celui des ressources financières allouées à un élu en tant qu'élu, et c'est le maire qui a toujours été ici, également, la référence. La manière dont on a répondu, à défaut de le régler vraiment, à ce problème, est symptomatique d'une certaine conception de la décentralisation. Le législateur du XIXe siècle a considéré que l'exercice d'un mandat local était un honneur pour les personnes qui le détenaient[6], il avait posé le principe de la gratuité des fonctions pour tous les élus locaux.

---

1 Ainsi par ex., Barante proposait que les préfets devinssent des agents administratifs recevant leur impulsion du conseil général plutôt que la lui donnant (*in Des communes et de l'aristocratie*, 1821).

2 Cette loi est très prudente et quelque peu décevante, mais certaines de ses dispositions seront reprises dans la loi du 5 avril 1884.

3 Certains manuels d'histoire font dater le début de la IIIe République à 1870. Mais cette date n'est pas la naissance de la IIIe République, c'est l'affirmation de « La » République et, de 1870 à 1875, ce sont des régimes intermédiaires, non la IIIe République qui ne commence qu'en 1875.

4 Une circulaire de 1874 déclare : « Une triste expérience a condamné sans retour le système de l'élection directe des maires par les conseils municipaux. Il est avéré aujourd'hui que le magistrat municipal, qui est tout à fois le représentant de l'État et le gérant des intérêts de la commune, perd trop aisément le sentiment des devoirs que lui impose la première et la plus haute de ces deux qualités, quand il ne doit qu'à l'élection l'autorité dont il est investi. » (Circulaire aux préfets du 22 janvier 1874, *BOMI* 1874, p. 32).

5 Pour l'histoire détaillée de cette marche vers l'élection, V. J.-P. Machelon, « La Troisième République (jusqu'à la Grande Guerre) », *in* L. Fougère, J.-P. Machelon et F. Monnier (dir.), *op. cit.*, p. 350 et s.

6 On peut observer que ce point de vue n'était pas limité aux élus locaux mais s'appliquait également, aux débuts, aux fonctionnaires (ceux de l'État puisque ceux des collectivités locales n'existaient pas) : les fonctionnaires étaient considérés comme étant au service de l'État, cette

Cette conception de la fonction locale était peut-être acceptable, tout au moins compréhensible, en un temps où l'exercice de ces fonctions n'impliquait pas, pour les petites communes qui étaient très largement majoritaires, que l'élu y consacrât beaucoup de temps. La France était encore très largement rurale, les maires étaient le plus souvent des élus de la campagne qui consacraient quelques heures par semaine à la gestion de leur commune. Cela était possible parce que les compétences et, plus encore, les moyens des communes, étaient limités ce qui, de fait, ne pouvait que cantonner les interventions locales à de modestes réalisations.

Cette modestie des moyens, ce champ réduit d'intervention, comme la tutelle, qui pouvait être pesante, du représentant de l'État, expliquent que les relations entre le préfet et le maire se soient situées principalement sur le plan politique et idéologique. Ce sont les maires qui ont été en première ligne de ces conflits qui pouvaient être tendus, lorsque des maires étaient en désaccord avec des législations ou des prises de position nationales. Mais le retentissement politique et contentieux de certaines réactions locales était le plus souvent sans commune mesure avec la capacité réelle des maires d'intervenir et de modifier l'état des choses.

En revanche, si la tutelle du préfet pouvait être dure et contraignante, les maires, même de petites communes, pouvaient parfois résister aux demandes des préfets en opposant une arme qui pouvait être dans certains cas efficace, l'inertie, le préfet renonçant alors au projet qu'il envisageait[1]. La démission collective a pu, peut encore, parfois, être un moyen de pression des élus locaux sur l'administration de l'État. Les maires pouvaient savoir faire preuve d'une certaine rouerie pour résister ou à l'inverse obtenir quelque chose[2].

---

conception excluant le versement d'un salaire (ce qui signifie, évidemment, que les fonctionnaires devaient avoir d'autres revenus pour exercer leur fonction de fonctionnaire).

[1] En voici une illustration pittoresque : « J'ai vu toute l'administration d'un grand département tenue en échec par une mince municipalité. Il s'agissait d'une commune entourée de marais ; les maisons étaient plus semblables à des huttes de castors qu'à des toits de chrétiens ; la population barbotait dans l'eau toute l'année, moitié hommes, moitié canards. Le conseil municipal qu'on avait extrait de ce mélange s'avisa un jour d'envoyer sa démission en masse. Ces gens s'étaient mis dans la tête qu'une certaine route passerait à droite de l'église et non pas à sa gauche. Pendant plusieurs mois ni délibération, ni budget dans cette singulière paroisse ; le préfet s'y rendit et fit un beau discours, qui fut écouté avec un pieux recueillement. Cependant de nouveau les semaines, les mois s'écoulèrent : rien ne venait de ce coin bourbeux. Le préfet dut affronter encore ces tristes déserts, ces grands horizons mélancoliques où règne un vent aussi âpre que la volonté des habitants. Il trouva ceux-ci précisément au même point. Que faire ? Il céda pour ne plus s'exposer à pareille bise. » (R. Millet, *La France provinciale, Vie sociale. Mœurs administratives*, Hachette BNF, 1888, p. 268)

[2] Un auteur écrit en 1921 : « L'État, le département et la commune passent tout leur temps à essayer de s'attraper mutuellement (…) ; généralement, d'ailleurs, c'est l'État qui finit par se faire attraper (…). Je sais de vieux maires qui ont plus d'un tour dans leur sac et pour lesquels tromper l'État est devenu une sorte de sport. » (A. Girault, *Rev. pol. et parl.* 1922, t. CXII, p. 85)

2. Les interrogations contemporaines sur le statut des élus locaux

Les débats d'autrefois sur le statut du maire pouvaient apparaître dépassés, et la question du mode de désignation ne plus se poser, parce que relevant d'une évidence qui s'imposait. Et cependant, les interrogations subsistent, ou sont possibles sur le statut, sinon de tous, tout au moins de certains exécutifs locaux.

Les maires, certains maires, les présidents de conseil départemental et de conseil régional pourraient-ils être nommés ? La question peut paraître choquante par elle-même, tant cela paraîtrait être une régression, et, plus grave, contraire aux principes républicains démocratiques qui commandent nos institutions et notre régime politique. Il faut regarder cependant de plus près avant de pousser des cris d'orfraie.

Tout d'abord, il faut relever, et ce n'est là qu'une simple constatation, que dans d'autres pays les exécutifs locaux, ou certains exécutifs locaux, sont nommés. On écartera immédiatement, parmi ces pays, ceux qui sont considérés comme autoritaires et non démocratiques, car la comparaison ne pourrait évidemment valoir. Mais il existe également des pays dont le caractère démocratique ne peut être discuté, et dont l'autorité qui est l'équivalent de nos maires est nommée. Sans aller très loin, il suffit de citer l'exemple des Pays-Bas, où le bourgmestre, qui correspond à notre maire, est nommé[1], sans que cela pose un problème quelconque du point de vue démocratique. On pourrait citer également l'exemple du « *manager* » dans certains États des États-Unis[2].

Ensuite, et sur un plan strictement juridique, la Constitution de 1958 est muette sur l'organe chargé de l'exécution des délibérations des conseils des collectivités territoriales. L'article 72, alinéa 2, dispose que les collectivités territoriales « s'administrent librement par des conseils élus ». Cela signifie que, constitutionnellement, l'organe exécutif d'une collectivité territoriale peut être indifféremment élu ou nommé. Un exécutif nommé ne porterait pas atteinte au principe de libre administration des collectivités territoriales. La liberté du législateur est sur ce point plus large que pour l'organe délibérant de la collectivité. Il peut donner à l'exécutif local une structure et un statut spécifique, il peut, par exemple, lui donner un caractère collégial.

Par ailleurs, à plusieurs reprises des commissions désignées pour réfléchir aux problèmes de la décentralisation[3] se sont interrogées sur l'intérêt qu'il y

[1] Les modalités de nomination font certes participer les membres des conseils locaux, la nomination, le choix se portant sur le candidat qui recueille un consensus parmi les membres du conseil, mais ce candidat est, sauf rares exceptions, choisi en dehors du conseil.

[2] Étant donné qu'il s'agit d'un État fédéral, on trouve naturellement plusieurs modèles d'organisation locale et, notamment, de structure et d'attributions de l'exécutif local.

[3] Il est impossible de citer les commissions tant elles ont été nombreuses, avec des rapports d'inégale qualité. L'un des meilleurs rapports qui ait été fait sous la Ve République (mais auparavant il n'y a eu pratiquement aucun rapport, les rares dont on dispose sont des rapports très succincts) est celui intitulé « *Vivre ensemble* », établi par la Commission de développement des responsabilités locales, couramment appelé « rapport Guichard », du nom de son président, et publié à la Documentation française en 1976.

aurait à avoir, dans les villes les plus importantes, des maires nommés. Notre tradition républicaine s'oppose, certes, à une telle modalité, la nomination heurte les sentiments républicains, compte tenu de notre histoire, mais il est clair, en tout état de cause, que les fonctions d'exécutif local ne peuvent plus être, dans la plupart des collectivités, une fonction à temps partiel. Même les petites communes exigent désormais d'avoir des élus qui gèrent la collectivité à temps plein, les raisons de cette exigence étant multiples[1]. Il est donc devenu indispensable de trouver des solutions pour concilier le maintien souhaité du principe de la gratuité des fonctions et la nécessité de permettre à l'exécutif local de se consacrer à sa collectivité, ou d'y consacrer le temps indispensable. Cette situation met en évidence une évolution assez spectaculaire, celle de la décentralisation, d'une décentralisation qui, par son extension, met encore plus en évidence les exécutifs locaux.

II. Les exécutifs locaux valorisés par la décentralisation

La décentralisation a connu, en une cinquantaine d'années, des mutations spectaculaires, elle n'est plus ce qu'elle était au sortir de la Seconde Guerre mondiale. Quels que soient les retards, les défauts, les freins, qu'elle a pu connaître, son développement a été continu, particulièrement sous la Ve République, avec une accélération à certains moments, une stabilisation à d'autres. Mais ce qui est particulièrement symptomatique, dans cette évolution, c'est le fait que les exécutifs locaux en ont été les principaux bénéficiaires, ce qui conduit à s'interroger sur leur rôle dans le devenir de la décentralisation.

A. Une décentralisation effectuée principalement au profit des exécutifs

Si l'on s'en tient aux apparences, et à l'affirmation constitutionnelle de l'article 72 de la Constitution, ce sont les assemblées délibérantes qui sont l'expression la plus marquée de la décentralisation, parce qu'elles correspondent et répondent à nos exigences démocratiques en termes de représentation. Mais si l'on examine, à la fois, les textes de plus près et la réalité, ce sont les exécutifs qui sont les principaux bénéficiaires des progrès de la décentralisation, par la représentation et par les attributions.

[1] Il y a la multiplication des législations et des réglementations, qui est un facteur très important, le nombre de normes applicables étant sans commune mesure avec ce qu'il a pu être au début ou au milieu du XXe siècle. Les collectivités se sont, globalement parlant, enrichies, elles disposent de véritables moyens financiers et humains, elles sont capables d'intervenir dans de nombreux domaines, et elles sont sollicitées d'intervenir.

1. La représentation de la collectivité territoriale

Le terme de représentation, qui a lui-même plusieurs significations, peut s'appliquer sur plusieurs plans. Les élus de la nation, au Parlement, sont les représentants, au sens juridique du terme, de la nation, c'est là une conception très fortement ancrée en France[1]. Les élus locaux ne sont pas des représentants de la population au même sens que les élus nationaux, le Conseil constitutionnel a eu l'occasion de le rappeler à plusieurs reprises. En revanche, toute collectivité doit être représentée, au sens où elle doit pouvoir être engagée, dans divers actes de la vie juridique. L'exécutif est donc le représentant de la collectivité, mais cette représentation n'est pas seulement une représentation juridique, elle est sans doute encore plus une représentation à la fois sociologique et politique.

L'exécutif local est le représentant juridique de la collectivité. Cela vaut d'abord, banalement, pour les cérémonies officielles comme pour les actions en justice que, soit engage la collectivité, soit pour lesquelles elle est appelée en défense. Cela vaut également pour la présidence d'un certain nombre d'organismes, de comités de toutes sortes, et dont l'importance est très variable, mais dont certains ne sont pas négligeables pour le développement de la collectivité[2]. Cela vaut encore plus pour les contrats que passe la collectivité. Autrefois, ces contrats étaient de peu d'importance, il n'en est plus du tout de même aujourd'hui. Les travaux engagés par une collectivité dans tous les domaines de son champ d'action, et en particulier les marchés publics, sont souvent d'un montant financier élevé, et peuvent être d'une importance capitale pour la collectivité[3].

C'est l'exécutif qui est chargé de cette représentation. Certes, il ne peut tout faire, il ne peut être présent partout, et les textes prévoient, logiquement, qu'il puisse se faire remplacer, soit par un adjoint, soit même par un membre de l'assemblée. Mais ce qu'il est intéressant de relever, c'est que les textes prévoient que cette fonction de représentation est en principe assurée par l'exécutif. On aurait pu concevoir un autre système, dans lequel la représentation aurait été assurée par un membre de l'assemblée délibérante, désigné par elle, et qui pourrait varier selon les événements et la nature des actes. Un tel système existe dans le monde, mais ce n'est pas celui qui a été retenu en France, où l'on peut donc dire que la collectivité est en quelque sorte « incarnée » par l'exécutif, par une personne, qui est le maire ou le président de la collectivité.

Cette représentation est tout aussi vraie, sinon plus, au plan politique. Cela fut vrai auparavant, et les auteurs sont d'accord pour dire que les maires ont été

---

[1] Dans cette conception traditionnelle héritée de la Révolution, chaque député représente, non sa circonscription, mais la nation tout entière. C'est ce qui explique le maintien, après 1871, des députés d'Alsace Moselle, au Parlement.

[2] Ainsi, en matière d'enseignement par exemple, il existe plusieurs organismes qui sont présidés en alternance par le préfet et par le représentant de la collectivité, ce qui a des incidences sur la répartition des établissements d'enseignement.

[3] Certains élus ont d'ailleurs imprudemment engagé, parfois, la collectivité, avec les conséquences financières qui s'ensuivent et qui peuvent être lourdes pour la collectivité.

utilisés par les dirigeants nationaux pour asseoir le système républicain. Ces dirigeants, sous la IIIe République, « ne doutaient pas que les bonnes relations qu'ils pourraient entretenir avec les élus locaux favoriseraient le progrès des idées républicaines »[1]. L'une des expressions les plus spectaculaires, presque caricaturales, fut constituée par les banquets de maires organisés par les dirigeants républicains. Un premier banquet fut organisé par le président Carnot le 14 juillet 1888, mais ce dernier, par prudence, n'avait convié que les maires des chefs-lieux (ce qui faisait tout de même environ 13 000 couverts). Le grand banquet des maires passé dans l'histoire est celui organisé le 22 septembre 1900 par le président Loubet avec, évidemment, des arrière-pensées[2]. Sur les 36 172 maires, il en vint 20 777 et les chiffres du banquet donnent le vertige[3].

Pour la population, comme pour les pouvoirs publics nationaux, la collectivité est assimilée à une personne, son exécutif unipersonnel. Il est intéressant d'ailleurs de voir, dans les enquêtes d'opinion qui sont faites, la connaissance que les citoyens ont de leurs élus. Sans surprise, c'est le maire qui est l'exécutif dont le nom est le plus connu des habitants. C'est plus difficile déjà pour les départements et les régions, la connaissance de leurs présidents étant moindre. Quant aux membres des assemblées ils ne sont pas, le plus souvent, connus des habitants de la collectivité, sauf lorsqu'il y a, par exemple, à l'échelon de la commune, des mairies de quartier (ce qui ne concerne que quelques villes), où une « représentation » assurée à cet échelon par un membre de l'assemblée délibérante[4].

La représentation politique est assurée également par les organismes, nombreux, dans lesquels sont représentées, à l'échelon national, les collectivités territoriales. Mais les organismes les plus significatifs, pour nous, sont les associations d'élus. Il existe ainsi une association des maires de France, une association des présidents de conseils départementaux, une association des présidents de région, sans compter quelques autres associations.

Les trois associations qui viennent d'être citées sont importantes, elles « pèsent » dans les débats nationaux. Les dirigeants consultent régulièrement ces associations, ils cherchent à les ménager[5], et ces dernières ne manquent pas de se manifester sur les questions qui intéressent et qui engagent leurs collectivités.

---

[1] J.-P. Machelon, *op. cit.*, p. 397.

[2] Il s'agissait de conforter le gouvernement dit de « Défense républicaine » qui venait d'être constitué au lendemain de l'Affaire Dreyfus.

[3] 606 tables furent dressées, reliées à 11 cuisines. 1800 maîtres d'hôtel et près de 5000 employés pourvoyaient au service. On utilisa 250 bœufs du Nivernais, 1800 canetons de Rouen, 3000 poulettes de Bresse, 5000 faisans. J. Chastenet écrit que « ordre avait été donné de repasser les plats et de forcer sur les vins » (J. Chastenet, *Histoire de la Troisième République*, t. III, *La République triomphante*, Hachette, 1958, p. 189).

[4] Il y a évidemment également, et c'est tout autre chose, les réunions qui peuvent être tenues par les membres de ces assemblées.

[5] Ainsi par exemple le Premier ministre, ou le ministre chargé des collectivités territoriales, voire le Président de la République lui-même, viennent faire une apparition et tenir un discours lors du congrès annuel de ces associations.

L'association des maires de France, en particulier, est une association puissante, car elle regroupe la plupart des communes, et elle peut « faire entendre sa voix » sur les questions qui concernent la décentralisation. Cela est également de nature à mettre en avant, médiatiquement, les exécutifs locaux, ainsi valorisés dans leur fonction.

2. Les exécutifs locaux valorisés par leurs fonctions

Le maire, pour la commune, le président du conseil départemental, le président du conseil régional, pour s'en tenir aux collectivités « généralistes » sont, chacun, l'exécutif de leur collectivité. Mais si, à ce titre, ils sont chargés de l'exécution des délibérations de l'assemblée de la collectivité, leurs fonctions ne s'arrêtent pas là, ce ne sont pas de simples exécutants. Les textes, en l'espèce, principalement, le code général des collectivités territoriales (CGCT), confèrent à chacun de ces exécutifs des attributions qui sont des attributions propres, et auxquelles s'ajoutent les attributions qui peuvent être déléguées par l'assemblée.

Une formule se retrouve tant pour l'exécutif communal que pour l'exécutif départemental et l'exécutif régional. L'article L. 2122-18 du CGCT commence par affirmer : « Le maire est seul chargé de l'administration. » Cette formule est reprise, pour le président du conseil départemental, à l'article L. 3221-3 et, pour le président du conseil régional, à l'article L. 4231-3. Certes, dans les trois cas, l'article poursuit en déclarant qu'il peut, sous sa surveillance et sa responsabilité, déléguer par arrêté une partie de ses fonctions à un ou plusieurs de ses adjoints et à des membres de l'assemblée. Mais c'est le seul titulaire de la fonction d'exécutif qui décide, et qui n'est contraint à rien. La formule « est seul chargé de l'administration » fait écho à la formule utilisée en l'an VIII pour le préfet à l'échelon du département. Il ne s'agit pas de faire une comparaison qui n'aurait pas lieu d'être, mais la formule dit bien l'importance de l'exécutif, et elle est d'autant plus forte que la notion d'« administration » locale a considérablement changé en deux siècles et qu'elle s'est beaucoup étendue, en raison de l'extension du champ d'intervention des collectivités territoriales.

L'exécutif de la collectivité est, à ce titre, le chef des services de sa collectivité. Ces services, autrefois très limités à l'échelon de la commune[1], se sont étoffés pour toutes les collectivités, il suffit de voir le gonflement impressionnant, depuis 1984, de la fonction publique territoriale[2]. Certes, la création des services, le nombre d'agents, relèvent de la compétence de l'assemblée délibérante, mais l'organisation interne des services, le recrutement, la nomination, l'avancement etc. dépendent de l'exécutif, et les agents savent bien que le « patron » c'est l'exécutif.

[1] Pour le département, c'étaient les services de l'État à l'échelon du département qui géraient les affaires du département, le personnel départemental était très peu développé. Quant à la région, la question ne se posait pas puisqu'elle n'existait pas.

[2] Cette fonction publique territoriale compte, aujourd'hui, un peu moins de 2 millions d'agents (1,94 pour les derniers chiffres trouvés).

C'est encore l'exécutif local qui procède à la désignation des membres de l'assemblée délibérante pour siéger au sein d'organismes extérieurs (art. L. 2122-25 pour le maire, L. 3221-7 pour le président du conseil départemental, L 4231-5 pour le président du conseil régional). Ces nominations peuvent ne pas être seulement formelles, certains organismes dans lesquels la collectivité est représentée ont un rôle important.

Un pouvoir spécifique manifeste toute l'importance et tout le rôle de certains exécutifs, c'est le pouvoir de police en matière administrative. Le maire est, à l'échelon local, et si l'on met à part le préfet, le détenteur emblématique du pouvoir de police. Ce pouvoir de police est principalement le pouvoir de police générale, avec la célèbre trilogie[1] de l'article L. 2212-2 du CGCT, cette trilogie remontant à l'époque révolutionnaire. On a beaucoup glosé sur le pouvoir de police du maire, les commentaires et les études savantes ne se comptent plus[2], la jurisprudence est presque proliférante sur cette question.

Le maire est également détenteur de pouvoirs de police spéciale mais, dans la plupart des cas, ces pouvoirs de police spéciale sont exercés par le maire sous l'autorité du préfet, qui est la principale autorité de police spéciale à l'échelon local. Le président du conseil départemental dispose d'un pouvoir de police sur la voirie départementale, qui est un pouvoir de police spéciale[3]. La loi 3DS de 2022 a institué une expérimentation au profit de la région en matière de voirie terrestre. Le président du conseil régional se voit ainsi reconnaître un pouvoir de police, pour la première fois dans l'histoire de la région. Mais ces pouvoirs de police ne sont pas comparables à celui du maire, qui est (toujours en dehors du préfet dont on fait abstraction ici) la véritable autorité de police à l'échelon local, ce qui explique les débats récurrents et sensibles sur ce pouvoir, et sur l'éventuel transfert d'une partie de ce pouvoir à d'autres autorités[4].

On ne peut omettre, non plus, les compétences de l'exécutif local détenues à titre de représentant de l'État, la seule autorité vraiment concernée étant le maire. C'est parce que le maire est, depuis les origines, si l'on peut dire, un représentant de l'État, qu'il dispose de certaines compétences particulières telles que celle d'officier d'état civil, ou encore celle d'officier de police judiciaire[5]. C'est également cette qualité de représentant de l'État qui fait toujours du maire un exécutif à part, et qui explique que, tout au long de l'histoire, les pouvoirs

[1] L'article L. 2212-2 du CGCT se borne à cette trilogie, mais les auteurs (R. Chapus l'avait clairement montré dans son manuel de droit administratif) ont montré qu'elle est une tétralogie puisqu'il faut y ajouter, et avec toutes les réserves qui s'imposent, la moralité publique.

[2] L'ouvrage de base en matière de police administrative demeure toujours celui d'É. Picard, *La notion de police administrative*, 2 t., LGDJ, 1984.

[3] V. J.-M. Pontier, « La multiplication des polices spéciales, pourquoi ? », *JCP* A 2012, n° 2013.

[4] En particulier depuis des années on débat du transfert, en tout ou en partie, du pouvoir de police du maire aux (ou à un) présidents d'EPCI.

[5] C'est l'article 16 du Code de procédure pénale. Cette compétence n'est pas attribuée au seul maire mais également à ses adjoints.

publics nationaux se soient montrés si attentifs au statut du maire et se soient montrés réservés à l'égard de son élection par le conseil municipal.

B. Les exécutifs locaux et l'avenir de la décentralisation

L'avenir de la décentralisation se joue sur plusieurs plans, notamment celui de la participation des habitants aux affaires de la collectivité, participation qui n'a, jusqu'à présent, pas été réglée de manière satisfaisante. Mais, quels que soient les développements futurs de la décentralisation, il est certain que les exécutifs continueront de jouer un rôle essentiel. Reste, également, que l'on peut s'interroger sur un certain nombre de dispositions qui, autrefois, se comprenaient et qui, aujourd'hui, posent problème, y compris pour l'État.

1. Les exécutifs, des interlocuteurs privilégiés

Les exécutifs vont demeurer l'une des pierres angulaires de la décentralisation, parce qu'ils sont des interlocuteurs privilégiés, à la fois des autres personnes publiques, à commencer par l'État, et des personnes privées.

L'exécutif est l'interlocuteur privilégié de l'État, et ce rôle est d'autant plus important que, d'une part, l'État, quelles que soient les affirmations de ses dirigeants, est un État interventionniste[1], que, parallèlement, les collectivités territoriales interviennent dans des proportions qui ne sont pas comparables avec ce que furent ces interventions dans le passé et que, d'autre part, et de ce fait, l'État a besoin des collectivités territoriales comme celles-ci ont besoin de l'État.

Ce caractère n'apparaît jamais aussi accusé que lorsqu'il s'agit de contractualisation. La contractualisation a connu en quelques années un développement extraordinaire, et il faut souligner ce trait, même si une telle situation est devenue banale : les relations contractuelles étaient chose courante entre les collectivités publiques, les communes en particulier, et les personnes privées, il suffit de se remémorer par exemple les concessions qui fleurirent à la fin du XIXe siècle et au début du XXe siècle. Mais les relations contractuelles étaient tout aussi rares, à l'inverse, entre l'État et les collectivités locales, ces relations n'étaient pensées que sur le registre du contrôle et de la tutelle du premier sur les secondes.

Aujourd'hui, non seulement ces relations contractuelles ou pseudo-contractuelles[2] se sont multipliées, elles ont même proliféré. La contractualisation s'applique à (pratiquement) tous les domaines et à toutes les

---

[1] On se rend compte que l'idéologie compte peu, même lorsqu'il s'agit de dirigeants se réclamant du libéralisme économique, à partir du moment où il y a crise, et comme on peut le voir depuis des années avec la crise sanitaire, la crise économique, l'une et l'autre liées en partie à des crises politiques.

[2] Car, rappelons-le, le plus souvent la contractualisation ne recouvre pas de véritables contrats, les apparences sont celles du contrat, mais pas la réalité, les accords passés ne répondant pas aux caractéristiques d'un contrat au sens juridique du terme et le juge requalifiant, à l'occasion, ces « contrats » en actes unilatéraux de l'État.

catégories de collectivités, elle est devenue l'un des cadres privilégiés dans lesquels s'inscrivent les relations entre l'État et les collectivités territoriales. Dans cette contractualisation, l'exécutif est l'autorité locale qui joue le rôle essentiel puisque c'est lui (ou la personne qu'il désigne), qui négocie d'abord[1], qui signe ensuite, au nom de la collectivité. Ainsi par exemple dans les contrats État-régions (les CPER) qui ont contribué à faire connaître la région, c'est toujours le président qui joue le rôle prépondérant.

Les relations entre les collectivités territoriales se sont également multipliées, sous la forme, le plus souvent, d'une contractualisation, celle-ci étant quasiment une forme de relations obligée[2]. Les échanges se font principalement entre les exécutifs des collectivités, les relations informelles s'ajoutant aux relations officielles. Il faudrait y ajouter les relations entre les exécutifs et les autres personnes publiques, qu'il s'agisse des établissements publics territoriaux, désormais multiples et omniprésents, ou des établissements publics classiques qui dépendent d'une collectivité publique.

L'exécutif est enfin l'interlocuteur privilégié de la collectivité avec les personnes privées. Ce trait est particulièrement évident à l'échelon de la commune. Le maire, en signant les contrats de marchés publics, en opérant des délégations de service public, est l'autorité qui discute avec les cocontractants, qui décide de l'évolution à donner à la relation. Il est, plus encore, l'interlocuteur privilégié des personnes privées à but non lucratif, c'est-à-dire, principalement, des associations. Celles-ci ne peuvent vivre ou survivre, dans la plupart des cas, qu'avec l'appui financier de la collectivité, donné sous forme de subventions. La sollicitation se fait auprès du maire, c'est ce dernier qui, en cas de discussion, décide, comme en témoignent les récriminations d'associations privées de subventions pour des raisons qui peuvent être budgétaires ou/et extrabudgétaires[3].

2. La puissance des exécutifs locaux, une question pour l'État

Lorsqu'il est question, ici, de « puissance » des exécutifs locaux, il ne s'agit évidemment pas des maires de toutes ces petites communes, qui se battent pour la survie de la collectivité, qui se dépensent sans compter pour obtenir l'installation d'un commerce ou d'un médecin, qui cherchent une aide auprès

---

[1] Pour autant qu'une négociation soit possible car si cette dernière est l'une des caractéristiques du contrat (celui-ci est l'expression de la volonté des parties), dans la contractualisation entre l'État et les collectivités territoriales celles-ci ne disposent guère, sauf exception, de possibilités de négociation.

[2] La Constitution interdit en effet toute tutelle d'une collectivité sur une autre. Dans ces conditions, la seule forme de relations réelles entre collectivités est celle de la contractualisation.

[3] Ainsi, par exemple, dans le domaine culturel, on a vu des associations privées de subventions parce que le maire n'avait pas apprécié que ladite association mette en scène une œuvre critiquant son travail ou la manière dont il conduit les affaires de la cité …

des autres collectivités[1] et de l'État. Ces maires, non seulement ne sont pas un danger, mais sont un appui pour la politique des « territoires » développée par l'État[2].

Ce qui inquiète certains auteurs, ou des hauts fonctionnaires de l'administration centrale, sans compter l'exécutif national – et à tort ou à raison – c'est la résurgence, du fait de la décentralisation, de « fiefs » tenus par des « barons » locaux. À l'échelon communal, les maires des grandes villes[3], voire de villes moyennes, peuvent avoir un « poids » politique tel qu'il leur permet de résister à des demandes de préfets. À plus forte raison en est-il pour les présidents de conseil départemental mais surtout de conseil régional : avec les « grandes régions », les présidents de ces dernières sont devenus des autorités puissantes que le pouvoir central doit ménager. S'il ne s'agit pas d'égalité, l'inégalité de rapports de forces s'est réduite, le gouvernement peut beaucoup plus difficilement imposer ses vues, il doit composer avec ces nouvelles puissances locales.

Un autre aspect de la question est celui du cumul des mandats, qui touche à notre sujet, tout en constituant un problème ayant de multiples dimensions. Disons simplement que le cumul des mandats, traditionnel en France, s'est opéré principalement au profit des exécutifs. Du temps où la région n'existait pas, le cumul de mandats le plus fréquent était celui de maire et de député. Les justifications de ce cumul étaient plurielles, mais l'une des principales raisons avancées était que les maires des communes petites et moyennes, loin de Paris où s'exerçait une forte centralisation, avaient besoin d'un relais parisien pour pouvoir se faire entendre des autorités centrales et ne pas être oubliés. Les raisons qui pouvaient expliquer ou justifier ce cumul ont largement disparu du fait de la décentralisation, comme des transformations de toutes sortes, notamment en matière de communications. Dès lors le cumul des mandats est apparu comme présentant plus d'inconvénients que d'avantages et, au fil du temps et des lois, ce cumul a été progressivement limité, sans être supprimé. Aujourd'hui encore, des débats se poursuivent sur ce qu'il conviendrait de faire en la matière.

Il ne s'agit évidemment pas ici de reprendre la question du cumul des mandats qui, à elle seule, justifierait un colloque, mais de souligner combien elle est liée à l'histoire des exécutifs locaux, et cela à deux points de vue. D'une part, historiquement, le cumul des mandats a renforcé les exécutifs locaux, en

[1] La collectivité la plus proche de ces maires est le département. Celui-ci, souvent vilipendé, dont certains souhaitent la disparition pure et simple, se révèle un appui précieux dans bien des cas.

[2] Il y a eu, sous la Ve République, une politique d'aménagement du territoire qui, si elle a été conduite par l'État de manière assez autoritaire, a été efficace. Aujourd'hui, il est question des « territoires » sans que personne ne sache exactement ce que recouvre ce terme, entendu de manière différente selon qu'il s'agit des élus locaux ou de l'État.

[3] Étant précisé que la notion de « grande ville » varie selon les pays. En France, on parle de grande ville à partir de 200 000 habitants pour une commune. Cette qualification, pour les communes concernées, surprend ou fait sourire dans un pays comme le Japon ou la Chine.

particulier les maires[1], qui pouvaient se prévaloir, auprès de leurs administrés, de leurs relations avec les autorités nationales à l'échelon central, et qui en tiraient un surcroît d'influence. D'autre part, le cumul des mandats a façonné la décentralisation française, qui s'est ainsi caractérisée par une intrication des relations expliquant, au moins en partie, l'enchevêtrement des compétences et la complexité des liaisons entre le local et le central.

*

* *

Tout ceci montre l'importance historique des exécutifs locaux non seulement dans le développement de la décentralisation, mais également dans la vie politique et sociale de notre pays, qui ne peut se comprendre sans eux. L'identité française tient, en partie, à ce rôle qu'ont joué, à l'échelon de leur collectivité, les exécutifs locaux. Une figure est apparue prépondérante dans cette histoire, celle du maire, pour les raisons qui ont été indiquées. Dans l'histoire qui s'écrit sous nos yeux, l'une des questions est de savoir si cette figure traditionnelle va être occultée par d'autres figures de la décentralisation, ou demeurera la référence de la décentralisation.

---

[1] Cela valait également, dans une moindre mesure, pour les présidents de ce que l'on appelait les conseils généraux, et qui pouvaient cumuler parfois deux fonctions d'exécutif local et une fonction d'élu national.

Les exécutifs locaux en Europe : l'unité dans la diversité ?

Nicolas KADA
Professeur de droit public – CRJ, Université Grenoble Alpes
Codirecteur du G.I.S GRALE – Université Paris I Panthéon Sorbonne

« De même que pour décrire un régime politique national, il faut s'interroger sur la répartition de la puissance entre les pouvoirs exécutifs et les assemblées ; de la même manière, on peut s'interroger sur l'équilibre des pouvoirs que le droit local instaure entre les assemblées locales et les exécutifs locaux »[1] affirment Jean-Bernard Auby, Jean-François Auby et Rozen Noguellou en 2015 : au-delà de la place et des fonctions exercées par un exécutif local, c'est en effet toute l'organisation juridique et politique locale qui est révélée et qui traduit la conception de la décentralisation au sein d'un système étatique. Dès lors, il semble pertinent d'élargir la focale et d'envisager la situation des exécutifs locaux en Europe, afin de mieux saisir le rapport au pouvoir politique dans l'organisation juridique territoriale des États. Pourtant, en elle-même, l'Union européenne ne dispose d'aucune compétence en la matière et elle est tenue au respect du principe de l'autonomie institutionnelle des États membres, surtout depuis le traité de Lisbonne. Si les collectivités territoriales sont de plus en plus concernées par les politiques et les normes européennes, celles-ci ne sont la source d'aucune obligation directe concernant les institutions et les cadres territoriaux de chacun des États membres.

La diversité devrait donc prédominer et relativiser d'emblée toute tentative de comparaison. En réalité, sur le continent européen, apparaissent incontestablement des enjeux communs qui justifient rapidement de recourir à une telle démarche. Partout en Europe en effet, au moins au sein de l'Union européenne élargie au Royaume-Uni en tout cas, la démocratisation des systèmes politiques locaux a coïncidé avec une évolution en profondeur des conditions d'exercice du pouvoir. Depuis les années 1990, dans tous les États européens, se constate ainsi un renforcement des capacités d'action des exécutifs locaux[2]. Comment expliquer une telle transformation dans tous les États dans une période relativement limitée ? Plusieurs éléments semblent se rejoindre pour expliquer cette tendance commune. Tout d'abord, les systèmes politiques locaux sont partout confrontés à des transformations d'ordre économique, institutionnel, spatial ou social qui conduisent systématiquement les élus locaux à se professionnaliser davantage pour conforter leur légitimité électorale[3]. Certes,

---

[1] J.-B. Auby, J.-F. Auby, R. Noguellou, *Droit des collectivités locales*, 6e éd., PUF, Thémis, 2015, p. 165.

[2] D. Bruneel, F. De Rynck, K. Steyvers, H. Reynaert, « The impact of local governance on local government », Conférence, 2008. Disponible sur [http://hdl.handle.net/1854/LU-737602].

[3] E. Guérin, E. Kerrouche, « From amateurs to professionals : the changing face of local elected representatives in Europe », *Local Government Studies*, 2008, 34, p. 179 et s.

l'action publique nationale et locale intègre désormais des modes plus participatifs de prise de décision, mais les acteurs politiques locaux continuent de jouer un rôle majeur, tant dans les institutions décentralisées que dans les réseaux plus informels. Enfin, dans de nombreux pays européens (Grèce, Italie, Portugal, Pologne, Angleterre, etc.), des réformes institutionnelles sont intervenues pour instaurer des procédés d'élection directe des exécutifs locaux, notamment des maires. Partout, au-delà des modes de désignation, les fonctions des exécutifs locaux ont également évolué de manière sensible pour les consacrer comme chefs d'une majorité politique, responsables du bon fonctionnement d'une administration, médiateurs dans les conflits locaux, initiateurs de nouveaux projets, fédérateurs de réseaux, etc. Alors qu'il est tentant de s'interroger, dans le cas français, sur une forme de présidentialisation des régimes politiques locaux[1], la question peut en effet se poser dans les mêmes termes dans les autres États européens, même si les divergences historiques et culturelles subsistent incontestablement, comme le démontrent nombre d'auteurs à l'instar d'Hellmut Wollmann lorsque celui-ci se penche sur les communes allemandes[2].

Si le renforcement des exécutifs locaux en Europe semble par conséquent général, il revêt néanmoins des formes sensiblement variées et met par conséquent à mal l'idée d'un quelconque modèle européen d'exécutif local. Certes, le statut de l'élu local a été progressivement établi ou modifié dans les États européens depuis le début des années 2000, contribuant à réduire l'hétérogénéité des situations préexistantes ou renforçant partout les droits – mais aussi les devoirs – des exécutifs locaux, parallèlement à l'approfondissement continu et généralisé de la décentralisation dans la plupart des pays européens. Le lien semble en effet ténu entre l'extension des libertés locales et le renforcement de la légitimité démocratique des élus territoriaux, qui s'opère à de multiples niveaux. Tout d'abord au niveau de l'élection, avec le recours de plus en plus fréquent au suffrage universel direct. À l'exception notable de la France, la plupart des États européens ont en effet opté pour des exécutifs locaux élus directement, afin de renforcer leur légitimité face aux populations locales mais aussi face à l'administration de la collectivité décentralisée, face à l'assemblée délibérante et même face aux représentants territoriaux de l'État. Mais c'est également au niveau de l'organisation interne et de la répartition des fonctions entre l'exécutif et le délibératif que se met en place une nouvelle séparation des pouvoirs afin de mieux identifier le rôle de chacun et de permettre dans le même temps un contrôle mutuel. Enfin, les exécutifs locaux se voient renforcés par la reconnaissance de nouveaux droits,

[1] N. Kada, « Les exécutifs locaux, une définition juridique entre unité et diversité », *Revue Française d'Administration Publique*, vol. 154, n° 2, 2015, p. 351 et s.

[2] H. Wollmann, « Les réformes du système local dans les Länder allemands : entre communes fusionnées et intercommunalités », *Revue Française d'Administration Publique*, vol. 162, n° 2, 2017, p. 313 et s.

par une revalorisation de leurs indemnités et par une limitation des possibilités de cumul des mandats.

Les exécutifs locaux présentent donc en Europe un double visage : s'ils reflètent à eux seuls le mirage d'une unité européenne de la décentralisation (I), ils ne sont en réalité que le miroir de la diversité des situations nationales et locales (II)

I. Le mirage de l'unité

Les États européens se retrouvent dans un mouvement commun de valorisation des exécutifs locaux (A) qui n'est pas sans lien avec leur propre conception du régime politique (B).

A. Les exécutifs locaux, bénéficiaires de la valorisation des politiques publiques locales

Que l'organisation territoriale des États en Europe soit caractérisée par une grande diversité est désormais une chose communément admise. Il existe en effet des États unitaires, des États fédéraux et toute une palette d'organisations intermédiaires qui promeuvent une régionalisation poussée ou reconnaissent des autonomies établies. Au-delà de ce constat, une tendance généralisée à la progression de la décentralisation s'impose néanmoins dans la plupart des pays européens et se traduit notamment par l'adoption de réformes constitutionnelles telles qu'elles ont pu avoir lieu en Belgique, au Royaume-Uni, en Italie, en Irlande, en Grèce ou en France par exemple. Dès 2006, le député Michel Piron soulignait ainsi dans un rapport parlementaire[1] : « Ces pays, au même titre que la France, affrontent les mêmes problématiques : tension entre efficacité économique et exigences démocratiques, mondialisation et européanisation, nouveaux modes d'administration publique, montée des régions, abstentionnisme et perte d'intérêt pour la politique en général et la politique locale en particulier, demande de représentation provenant de sections particulières, non élues, de la société. » Si elles sont donc des plus légitimes, toutes ces politiques décentralisatrices menées en Europe se sont naturellement traduites par de vastes transferts de compétences et par une réduction du champ d'action publique encore couvert par l'État (à l'image de ce qui s'est fait au Royaume-Uni et plus précisément en Écosse et au Pays-de-Galles), mais aussi par une profonde réforme de la gouvernance locale en Europe. Les exécutifs locaux en sont sortis, partout, sensiblement transformés et surtout renforcés. En effet, les collectivités décentralisées étaient jusqu'alors envisagées comme des lieux de légitimation politique, pour construire les bases d'une « carrière » politique nationale : elles sont désormais devenues des lieux d'exercice du pouvoir politique à part entière où le leadership des exécutifs peut s'imposer

---

[1] M. Piron, *L'équilibre territorial des pouvoirs*, Rapport d'information, Assemblée Nationale, 2006, 12e Législature.

sans nécessairement avoir de répercussions au niveau national. Mais surtout, l'évolution des modes de gestion publique a progressivement imposé une plus grande expertise technique pour les détenteurs de fonctions exécutives locales, nécessitant en effet de maîtriser les relations de nature contractuelle avec les gestionnaires privés, de connaître la réglementation notamment en matière de commande publique, de savoir gérer des personnels locaux aux statuts divers ou encore d'assumer une responsabilité juridique et politique croissante tant devant l'assemblée locale que devant les électeurs mais aussi les juridictions. Face à ces nouveaux enjeux de type managérial, les exécutifs locaux doivent développer de nouvelles compétences en droit, gestion, finance sans pour autant déserter le champ de la médiation sociale et de la négociation politique.

« Confrontés à une fonction de plus en plus exigeante en termes de temps et placés dans la nécessité de développer de nouvelles compétences pour mener à bien des projets en commun avec l'État, l'Union européenne, les autres collectivités, les entreprises..., les élus locaux détenteurs de fonctions exécutives ont dû, de plus en plus, s'impliquer dans l'exercice de leur mandat à plein temps » soulignait Jean Puech dans son rapport sénatorial de 2007[1]. En même temps que l'engagement politique nécessitait le plus souvent de renoncer à l'exercice de toute activité professionnelle, les exécutifs locaux ont progressivement envisagé leur activité politique comme un métier à part entière et ont nourri les débats quant à l'impérieuse nécessité d'un statut de l'élu local, intégrant les questions d'indemnisation, de formation, de droits et de devoirs ou encore de reconversion une fois leur mandat parvenu à son terme. Quant au cumul des mandats, déjà très limité dans la plupart des pays européens, il a été davantage encadré dans les États qui le pratiquaient, à l'instar de la France.

Face à l'accroissement des responsabilités confiées aux exécutifs locaux, une forte demande de légitimation s'est fait entendre et a dans le même temps révélé des conceptions nationales différentes de l'organisation des modèles institutionnels locaux.

B. Les exécutifs locaux, au cœur des conceptions nationales des modèles institutionnels territoriaux

Dans un système institutionnel local très proche d'un régime de séparation stricte des pouvoirs comme la France, l'indépendance organique de l'exécutif est une conséquence directe de l'absence de risque de destitution par l'assemblée délibérante ou les électeurs eux-mêmes. Plus largement, comme le souligne Yves Mény[2], dans de nombreux États européens – et pas seulement d'ailleurs – la construction des institutions locales est inspirée du référent national. Cette analyse vaut tout autant pour l'architecture des institutions, que

---

[1] J. Puech, *Une démocratie locale. Des élus disponibles, légitimes et respectés*, Sénat, 2007, Rapport d'information n° 74.

[2] Y. Mény, « Modèle présidentiel et exécutifs locaux », *in* N. Wahl et J.-L. Quermonne (dir.), *La France présidentielle*, Presses de Sciences Po, 1995, p. 195 et s.

pour leur fonctionnement et la désignation des membres dirigeants. Ainsi, le modèle parlementaire en vigueur en Allemagne, Italie et Espagne a-t-il influencé les structures fédérées ou régionales. De la même manière, on peut élargir le constat au système institutionnel fédéral américain qui se retrouve largement reproduit au niveau des États fédérés (y compris le bicaméralisme d'ailleurs). Mais la référence ne saurait être que nationale. En France, par exemple, il faut en effet constater que l'autorité mayorale ne dérive pas – seulement – du modèle présidentiel central, puisqu'elle lui préexiste : elle est en effet largement antérieure à la Cinquième République. Cependant, il est incontestable que le leadership local a été accru et se justifie désormais principalement par la référence parfois inconsciente à la « clé de voûte » du régime politique.

Le cas des présidences de conseils départementaux et régionaux demeure plus problématique car ces exécutifs n'ont jamais bénéficié de l'autonomie et du prestige conférés aux maires par la loi du 16 avril 1884 et par un fort ancrage historique. Après tout, ces exécutifs n'ont qu'un peu plus de trente ans ! Par ailleurs, à la différence du maire qui compose sa liste et choisit donc ses colistiers avec une relativement grande marge de manœuvre, les présidents de conseils départementaux doivent composer avec une diversité beaucoup plus grande de conseillers élus dans leur propre canton. Ils sont donc parfois de simples *primus inter pares* éloignés de tout modèle présidentialiste.

Pourtant, malgré ces incontestables faiblesses, les présidences départementales et régionales sont parvenues à s'affirmer, parfois avec vigueur. Or, cette émergence de leaders locaux à ces niveaux territoriaux et cette présidentialisation de leurs fonctions électives doit moins à l'influence du modèle national qu'à la diffusion du modèle mayoral. En réalité, il y a contamination de ces exécutifs par cette référence historique qu'est le maire… mais aussi attraction indéniable pour le modèle présidentiel tant dans le mode de gouvernement que dans la communication. Pourtant, ces références sont certes bien identifiées au niveau national mais encore sous-estimées au niveau local. Si la Cinquième République cherche encore une fois à satisfaire peu ou prou un triangle référentiel magique – légitimité, autorité et durée – en la personne du président de la République, c'est sans doute au niveau local que ce triptyque est finalement le mieux mis en œuvre tout simplement parce qu'il apparaît localement comme moins menaçant pour les valeurs républicaines. Au nom de l'efficacité, nulle part comme en France, les dispositions juridiques et les réalités sociologiques ne contribuent autant à consacrer l'exécutif local comme la pièce centrale du système.

Le rapport à l'élection est également révélateur de la diversité des conceptions en Europe : le fait que les exécutifs locaux – et notamment les maires – soient élus au suffrage universel direct est désormais le modèle dominant mais pas exclusif pour autant. Une petite majorité d'États européens ont en effet effectué ce choix dans la deuxième moitié des années 1980, rejoint par la suite par quelques États nouvellement convaincus. En Allemagne, en Autriche et en Italie, le maire est ainsi élu au suffrage universel direct depuis les années 1990. Il en est de même en Hongrie, en Pologne, en Slovaquie, en Slovénie ou encore en Irlande depuis 2004. Au Portugal, le candidat en tête de la liste ayant obtenu le plus de suffrages devient automatiquement maire. La tendance est donc plutôt favorable à l'élection au suffrage universel direct des détenteurs du pouvoir exécutif local, conformément à ce que préconisait dès 2004 la recommandation n°151 du Conseil de l'Europe[1], qui recensait les avantages et les inconvénients de l'élection directe de l'exécutif local.

Au-delà de ce renforcement quasi-généralisé des exécutifs locaux en Europe, ce sont les principaux enjeux que soulèvent les progrès de la décentralisation qui apparaissent au grand jour.

II. Le miroir de la diversité

Si la distinction entre exécutifs et autres élus locaux semble désormais fortement établie, la professionnalisation constatée trahit une évolution dans la conception même de la décentralisation.

A. La singularité des exécutifs locaux

Une double évolution se constate partout en Europe : les chefs d'exécutifs locaux se distinguent de plus en plus des autres élus d'une part et leur rôle se transforme d'autre part.

D'abord, en ce qui concerne la distinction avec les autres élus locaux, les États européens connaissent quasiment tous la même situation. Par exemple, aux Pays-Bas, depuis 2002, les « conseillers adjoints » (du chef de l'exécutif) ne peuvent plus siéger au sein du conseil une fois qu'ils ont ainsi été désignés. Ils peuvent même être choisis en dehors du conseil municipal, tout en étant ensuite soumis au contrôle de ce dernier. De même, en Italie, les maires peuvent nommer des adjoints extérieurs au conseil municipal afin de s'appuyer sur leur expertise technique. Et les adjoints qui sont issus du conseil municipal doivent, au préalable, démissionner pour devenir membres de l'exécutif. Ils sont alors remplacés par les suivants sur la liste. On trouve une situation semblable en Espagne depuis 2003, puisque la loi autorise la désignation, pour faire partie du conseil de gouvernement local, d'un certain nombre de membres non élus, dans la limite d'un tiers du total des membres.

Mais une autre évolution, tout aussi importante, se constate également en Europe. Le renforcement du rôle d'exécutif sur celui d'exécutant (des décisions de l'assemblée locale). Dans le cas français, la clause générale de compétence, désormais cantonnée au seul cadre communal et résumée en la célèbre formule législative selon laquelle « le conseil municipal règle par ses délibérations les

[1] Conseil de l'Europe, *Les avantages et les inconvénients de l'élection directe de l'exécutif local sur la base des principes de la Charte européenne de l'autonomie locale*, 27 mai 2004, 11e session.

affaires de la commune »[1] ne sert pas qu'à circonscrire le champ possible d'intervention de la collectivité mais permet aussi d'affirmer la compétence de droit commun de l'assemblée délibérante… cantonnant de ce fait formellement l'exécutif dans des compétences d'attribution ou des compétences déléguées par l'assemblée elle-même. Au-delà du travail de préparation des décisions que prendra – ou pas – l'assemblée, le maire ou le président doit donc assumer les fonctions d'exécutant, conformément à ce que prévoit le CGCT de manière assez détaillée pour le premier magistrat de la commune (art. L. 2122-21) et de manière beaucoup plus synthétique pour le président du conseil départemental (art. L. 3221-1) ou régional (art. L. 4231-1) en mentionnant alors simplement que celui-ci « prépare et exécute les délibérations du conseil ». En droit comme en fait, cette fonction d'exécuteur est néanmoins largement secondaire car résiduelle. Elle implique que l'organe exécutif puisse s'appuyer sur une délibération qui l'habilite à agir, le juge administratif contrôlant de près la réalité de cette habilitation préalable, notamment dans certains domaines tels que la conclusion de contrats, l'action en justice ou le recrutement du personnel. Mais exécuter signifie aussi obéir et devient donc synonyme d'obligation d'agir[2] ou d'interdiction d'agir[3] si la délibération qui vaut habilitation est entachée d'illégalité, tout en laissant le maire ou président de la collectivité relativement libre quant au choix des modalités d'exécution : celui-ci pourra en effet à sa guise estimer nécessaire de produire des normes complémentaires par voie d'arrêtés et/ou de recourir à des opérations matérielles pour exécuter la délibération de l'assemblée locale.

Disposant ainsi d'une marge de manœuvre de l'exécution même de la délibération, le maire ou le président peut donc façonner à sa guise (et apposer ainsi sa propre empreinte) la mise en œuvre concrète de ce qui a été décidé par l'assemblée. Il démontre ainsi, s'il en était besoin, qu'il ne saurait se restreindre à une simple fonction d'exécutant et lui préfère évidemment une fonction plus noble, plus large et plus diversifiée : celle d'exécutif (qui lui donne son nom).

« Il est malaisé d'enfermer la fonction d'exécutif dans un domaine strictement délimité qui l'identifierait comme tel » précise le professeur Bertrand Faure[4], avant de poursuivre : « En fait, tout ce qui apparaît nécessaire à la marche du service justifie l'intervention et la fonction du chef de l'exécutif. L'intérêt de l'administration locale est son titre, toutes ses compétences en découlent. » C'est aussi pour cette raison que cette fonction est dominante : l'immense variété des manières de l'appréhender lui donne justement tout son sens et son intérêt. Chef de service certes, mais aussi supérieur hiérarchique de l'ensemble du personnel de la collectivité territoriale, l'exécutif dispose à ce titre de différents pouvoirs dont il peut user librement : création et organisation du fonctionnement d'un

---

[1] Codifiée à l'art. L. 2121-29 du CGCT (issu de l'art. 61 de la loi du 5 avril 1884) et étendue aux conseils départementaux à l'art. L. 3211-1 et aux conseils régionaux à l'art. L. 4233-1.

[2] CE, 28 mai 1980, *Cne d'Évaux-les-Bains*, *Rec.* 239.

[3] CE, 20 juin 1969, *Cne de Terre-de-Bas*, *Rec.* 343.

[4] B. Faure, *Droit des collectivités territoriales*, 7e éd., Dalloz, Précis, 2024, p. 346.

service public local, pouvoir de nomination, mutation, avancement ou encore sanctions disciplinaires sont entre ses mains, tout en restant soumis le cas échéant au contrôle de légalité du préfet et au contrôle contentieux du juge administratif dans le cas français.

Au-delà de cette approche française, c'est toujours le législateur qui, dans tous les États européens, définit ce que recouvre cette fonction d'exécutif. En France, le Code général des collectivités territoriales désigne en effet l'exécutif de la collectivité comme « seul chargé de l'administration »[1] et la même formulation se retrouve dans nombre de législations d'États européens. Au titre de chef de service, l'exécutif dispose ainsi d'un pouvoir général d'organisation du service mais l'on sait que la force des exécutifs locaux tient justement au cumul de ce pouvoir avec des attributions propres. C'est particulièrement vrai en ce qui concerne le maire qui bénéficie de surcroît de pouvoirs qu'il exerce dans certains cas au nom de l'État et qui viennent renforcer son autorité.

Les rapports qu'entretient l'exécutif avec son assemblée délibérante sont donc essentiels pour déterminer le périmètre et la nature des fonctions dites « exécutives ». La règle de droit atteint ici ses limites et cède la place à des considérations d'ordre politique ou sociologique, soulignant une nouvelle fois la grande diversité des pratiques locales en ce domaine au-delà de l'unité apparente des solutions juridiques.

B. La diversité des législations nationales

Miroir ? Reflet ? L'exécutif local en Europe concentre généralement en sa seule personne les problèmes que rencontrent plus largement les élus territoriaux et que la seule analyse des textes de droit ne révèle que rarement. Ainsi, la Charte européenne de l'autonomie locale fournit-elle un cadre international sur lequel il est possible d'évaluer les cadres nationaux mais ses clauses ne sont pas directement applicables aux élus locaux, qu'ils exercent ou non des fonctions exécutives. La plupart des conditions dans lesquelles les élus locaux accomplissent leurs missions sont en effet fixées par des législations nationales, dans la mesure où la Charte précitée traite davantage des libertés et des processus démocratiques que des acteurs eux-mêmes : elle vise « les autorités locales et – plus concrètement – les collectivités locales dotées d'organes de décision démocratiquement constitués », lesquels doivent être « composés de membres élus au suffrage libre, secret, égalitaire, direct et universel ». À cette exigence démocratique, l'article 6.2 de la Charte rajoute que « le statut du personnel des collectivités locales doit permettre un recrutement de qualité, fondé sur les principes du mérite et de la compétence ; à cette fin, il doit réunir des conditions adéquates de formation, de rémunération et de perspectives de carrière ». En résumé, les élus locaux – au premier rang desquels les exécutifs –

---

[1] Art. L. 2122-18 pour l'exécutif communal, art. L. 3221-3 pour l'exécutif départemental et art. L. 4231-3 pour l'exécutif régional.

doivent bénéficier d'un statut. C'est d'ailleurs ce que mentionne l'article 7 de cette même Charte, en stipulant : « Le statut des élus locaux doit assurer le libre exercice de leur mandat. Il doit permettre la compensation financière adéquate des frais entraînés par l'exercice du mandat ainsi que, le cas échéant, la compensation financière des gains perdus ou une rémunération du travail accompli et une couverture sociale correspondante. » Avant de rajouter : « Les fonctions et activités incompatibles avec le mandat d'élu local ne peuvent être fixées que par la loi ou par des principes juridiques fondamentaux », renvoyant par là même aux législateurs nationaux le soin de poser ce cadre juridique.

C'est donc sur les lois nationales que se base le statut des élus locaux en Europe, préfigurant de sensibles différences d'un État à l'autre : les conditions de nomination sont précisées dans près de 3/4 des États européens, la durée du mandat l'est partout, les règles de révocation ou de démission quasiment partout également. À l'inverse, les conditions sociales (congés payés ou parentaux par exemple) ne font que rarement l'objet d'une législation dédiée, renvoyant le plus souvent au droit commun ou aux règles relatives à la fonction publique. Enfin, concernant les questions de rémunération, si les règles sont généralement fixées au niveau national, elles tiennent compte le plus souvent de la taille démographique des collectivités concernées et peuvent, dans la moitié des États européens, faire l'objet d'adaptations locales[1]. C'est ainsi qu'en Allemagne, par exemple, les maires sont considérés par le statut national comme des « fonctionnaires », occupant de ce fait un emploi à temps plein incompatible avec une autre activité et avec un autre mandat.

La professionnalisation des fonctions de maire est devenue une réalité dans un certain nombre de pays européens – tels que le Danemark, l'Espagne, le Portugal, la République tchèque ou la Suède – aboutissant à ce que plus de 80 % des maires n'exercent que leur mandat. En contrepartie de ces contraintes, la plupart des pays européens n'ont pas hésité à définir un véritable statut de l'élu et à fixer des niveaux maxima et minima de rémunération, avec une possibilité d'adaptation au niveau local. Mais la principale illustration de la professionnalisation du statut de certains élus tient sans doute à l'obligation qui leur est faite dans une dizaine d'États européens d'exercer leurs fonctions à temps plein. Cette obligation a souvent eu pour effet de renforcer la place du maire sur le plan local, en contrepartie d'une rémunération considérée comme satisfaisante. *A contrario*, on peut rappeler qu'en France, le Code général des collectivités territoriales dispose toujours que « les fonctions de maire, d'adjoint, et de conseiller municipal sont gratuites » (art. L. 2123-17 du CGCT) et peuvent seulement donner lieu au versement d'indemnités de fonction.

---

[1] Conseil des communes et régions d'Europe, *Statut des élus locaux en Europe*, 2010.

*

* *

Si tous les systèmes européens d'administration locale reposent donc sur l'élection au suffrage direct des assemblées, en général à la représentation proportionnelle mais dans certains pays au scrutin majoritaire (Royaume-Uni par exemple), il n'existe pas en revanche d'uniformité des règles et des pratiques concernant les exécutifs locaux : l'organisation de la fonction exécutive est en effet très différenciée. Or, c'est elle qui a connu les évolutions les plus importantes depuis une vingtaine d'années. Selon les pays, le maire est désormais nommé (Belgique, Luxembourg, Pays-Bas), élu par le conseil municipal (France, Espagne, Pologne, République tchèque, Estonie, Lettonie...) ou au suffrage universel direct, ce dernier mode d'élection tendant à se répandre (Allemagne, Italie, Hongrie, Slovaquie, Lituanie, Angleterre à Londres et dans un petit nombre de villes). Et là où l'organisation de l'exécutif reste encore très collégiale (Pays-Bas, Danemark, Suède, Norvège, Finlande, Royaume-Uni...) dans la mesure où elle repose sur un comité exécutif ou un ensemble de commissions, elle essuie de nombreuses critiques, au motif qu'elle contribuerait à rendre la gestion plus opaque, à diluer les responsabilités ou à empêcher toute émergence d'un leadership politique local. En réalité, les comparaisons européennes trouvent ici leurs limites, liées aux cultures nationales mais aussi locales, aux histoires étatiques, aux constructions institutionnelles et aux cadres constitutionnels. Le principe d'autonomie institutionnelle des États membres de l'Union anéantit sans aucun doute tout espoir (mais faudrait-il d'ailleurs vraiment l'espérer ?) d'uniformisation en la matière, sans pour autant interdire tout rapprochement.

PARTIE 1 :
LE POSITIONNEMENT DES EXÉCUTIFS LOCAUX

Chapitre 1 :
Le positionnement démocratique des exécutifs locaux

Légitimité des exécutifs locaux et représentation : mandats et scrutins

Romain RAMBAUD
Professeur de droit public à l'Université Grenoble Alpes

Le constat est bien connu mais il n'est pas complètement inutile de le rappeler en exergue : au sein de la crise générale de la représentation politique, dont nous connaissons les différents symptômes et les conséquences politiques et institutionnelles, certains élus exécutifs locaux restent une exception. Ainsi, mais ce n'est qu'une étude confirmant d'autres et le constat est extrêmement classique, les maires sont toujours les élus en qui les Français ont le plus confiance, selon la 5ème enquête de l'Observatoire de la démocratie de proximité AMF-CEVIPOF/Sciences Po, publiée le vendredi 23 juillet 2021 : le niveau de confiance des Français pour le maire de leur commune est de 74,3 %. Ce niveau de confiance a même augmenté de 3 points à la faveur de la crise sanitaire, alors que l'action de l'exécutif a été jugée avec sévérité. En amont de la crise sanitaire, on se rappelle au demeurant le rôle des maires lors de la crise politique des gilets jaunes, avec le lancement du grand débat le 15 janvier 2019 devant 600 maires réunis au Grand Bourgtheroulde dans l'Eure… qui a donné lieu à différents textes ayant vocation à s'attirer leur faveur, notamment la loi n°2019-1461 du 27 décembre 2019 « Engagement et proximité » et dans une moindre mesure la loi 3DS n°2022-217 du 21 février 2022 *relative à la différenciation, la décentralisation, la déconcentration et portant diverses mesures de simplification de l'action publique locale.* Est-ce à dire aujourd'hui qu'il n'y a pas de sujet sur la légitimité des exécutifs locaux et que cela ne pose pas de problème en matière de représentation ? Bien entendu non, à condition peut-être de se diriger vers des terrains moins balisés que d'autres. On se focalisera ici plus sur les scrutins que sur les mandats, car cette question (par exemple sur la suspension ou la révocation) est traitée par ailleurs.

Il ressort de cette analyse que, dans l'ensemble, sous réserve des problèmes généraux de la démocratie représentative (notamment l'abstention), les exécutifs locaux ne souffrent pas de problème particulier de légitimité dès lors que leurs modalités d'élection sont cohérentes avec les objectifs poursuivis dans chaque cas, lesquels peuvent être de nature diverse, comme par exemple pour l'intercommunalité, et qu'il existe *in fine* un gardien pour que le droit et donc en partie la légitimité soient respectés : le juge. Il faut cependant se garder d'avoir une vision trop monolithique des choses car cela dépend beaucoup de la collectivité considérée : la réponse n'est pas la même selon que la légitimité de l'exécutif local n'est guère discutable du point de vue des urnes, comme pour les élections municipales dans les communes de 1000 habitants et plus et les régions, ou qu'elle l'est davantage, comme dans les communes de moins de 1000 habitants, les grandes villes divisées en secteurs électoraux et les départements. Mais c'est alors, à chaque fois, l'ensemble du système électoral de la collectivité et non la seule question de l'élection de l'exécutif local qui se trouve questionnée. En somme, la question de la légitimité de l'élection des exécutifs locaux est une question renvoyant à l'équilibre électoral de la collectivité considérée dans sa totalité, et le tout est alors une question de choix politique.

On développera deux axes, qui se succèdent naturellement dans l'examen de la légitimité des exécutifs locaux et de la représentation : l'influence des scrutins locaux sur la légitimité des exécutifs locaux (I) et l'influence des modalités de l'élection propre des exécutifs locaux sur leur légitimité (II).

I. L'influence des scrutins locaux sur la légitimité des exécutifs locaux

Deux sujets méritent d'être traités. La première question, classique, est de savoir si l'élection au suffrage universel des assemblées délibérantes locales impliquant l'élection indirecte des exécutifs locaux est problématique et s'il faudrait lui préférer une élection au suffrage direct des exécutifs locaux : notre réponse sera plutôt négative (A). La deuxième question, qu'on ne peut pas ne pas discuter et qui a été ravivée par la crise de la Covid, est de savoir si l'abstention est de nature à remettre en cause la légitimité politique des élus et des exécutifs locaux (B).

A. L'absence de suffrage universel direct pour les exécutifs locaux : un manque de légitimité ?

Dans notre système de décentralisation français, c'est l'assemblée délibérante qui est élue au suffrage universel direct et ensuite c'est elle qui procède à l'élection des exécutifs locaux. Est-ce un problème ? On conclura plutôt que non. Tout d'abord, l'analyse du droit comparé montre que l'élection au suffrage direct des maires, soit produit un bilan mitigé sur le plan de la légitimité, soit n'est pas si différente que cela du système français (1). Ensuite on nuancera l'élection seulement indirecte de l'exécutif local au moins dans les systèmes de listes en montrant que le droit électoral français consacre une place qui n'est pas négligeable à la tête de liste, au moins pour certaines élections (2). Dans d'autres cas, la légitimité est plus discutable, mais c'est l'ensemble du système électoral qui se trouve surtout remis en cause (3).

1. Le bilan contrasté de l'élection au suffrage universel direct en droit comparé

En droit comparé, le maniement des sources est toujours complexe et peut poser des difficultés de mise à jour. Pour les développements présentés ci-dessous, on s'est fondé essentiellement sur un article de Daniel Martins publié dans la *RFDC* de 2008[1], une étude du Sénat publiée en 2010[2], et le dossier sur les élections locales des annales des collectivités locales du GRALE de 2016[3].

En Europe, de nombreux États sont dans une situation proche de la situation française : c'est le cas en Irlande, en Belgique, en Espagne (où il existe un système mixte), aux Pays-Bas, en Suède, au Danemark, en Finlande, etc. Cependant, il est vrai que beaucoup de pays, notamment en Europe, pratiquent le principe de l'élection directe de l'exécutif local, notamment le maire. Ainsi, dans une étude de 2010 consacrée au statut des élus locaux, le Conseil des Communes et Régions d'Europe (CCRE) indiquait que le maire est directement élu par les citoyens dans 48% des pays répondants, contre 52 % au sein d'un conseil[4]. En Europe, on se trouve donc dans une situation où le suffrage direct concerne presque la moitié des hypothèses, c'est-à-dire qu'il existe une dynamique générale d'élection directe du maire.

Cependant, quand on entre dans le détail on peut penser que cela n'est pas si significatif, au moins si l'on se place du côté de la démocratisation et de la légitimité du mandat d'exécutif local en France, et en tout cas pas au point de rendre nécessaire une refonte du système français. Chaque système est en effet spécifique et répond à ses propres problématiques, qui ne sont pas toujours les mêmes qu'en France.

a. En Allemagne

L'exemple le plus connu est bien sûr l'exemple allemand où les maires sont élus au suffrage universel direct[5], à la différence, pour les *Landers*, du président de l'assemblée délibérante et du chef de l'exécutif régional qui sont élus, de façon indirecte, par l'assemblée délibérante[6].

En Allemagne, l'élection des maires au suffrage universel direct dans deux Landers (Bade-Wurtemberg et Bavière) était déjà en vigueur depuis les années 1950, avant que, dès le début des années 1990, on introduise leur élection au

---

[1] D. Martins, « Les modes de scrutin des élections locales dans les 27 États membres de l'Union européenne », *RFDC* 2008/2, n° 74, p. 263.

[2] Sénat, *Élection et désignation des organes des collectivités territoriales*, Les documents de travail du Sénat, Série Législation comparée, n° LC 207, Juin 2010.

[3] GRALE, *Droit et gestion des collectivités territoriales*, t.36, 2016 ; *Les élections locales françaises*, 2014-2015, p. 255-268.

[4] Disponible sur [https://www.ccre.org/img/uploads/piecesjointe/filename/status_of_local_elected_rep_fr.pdf].

[5] V., H. Wollmann, V. Marcou, « Les modes de scrutin des élections locales dans les länder allemands », *in* GRALE, *op. cit.*

[6] Sénat, *Élection et désignation des organes des collectivités territoriales*, *op. cit.*

suffrage direct dans tous les autres. Cependant certaines modalités diffèrent. Dans 9 *Landers*, le système électif n'est pas « synchronisé », c'est-à-dire que l'élection du maire n'a pas lieu en même temps que l'élection du conseil, alors que cette élection est synchronisée dans 4 *Landers*. Par ailleurs, dans beaucoup de *Landers*, la durée du mandat du maire est plus longue que celle du conseil. La question se pose de savoir si cela en fait un système plus « démocratique », au moins tel qu'on l'entend en France. En effet, l'expérience montre que l'élection non synchronisée du maire a pour objectif et pour effet de dépolitiser l'élection du maire par rapport à l'élection du conseil, le maire devenant alors une sorte de directeur général des services, et qu'il existe souvent des formes de cohabitation. Au contraire, lorsque l'élection est synchronisée, on se retrouve dans une logique de bloc contre bloc politisée qui n'est peut-être finalement pas si différente de la logique française de la « tête de liste ». Il n'est donc pas certain que l'élection directe du maire ait un effet particulier sur sa légitimité politique : globalement, en Allemagne, la participation aux élections locales a nettement régressé. La participation aux élections pour le conseil est descendue entre 50 et 55 %. Pour ce qui concerne les scrutins directs « non synchronisés », la participation a été, parfois drastiquement, en moyenne inférieure à celle des élections au conseil correspondantes, à environ 30 %. On peut ainsi conclure que l'idée que l'élection du maire au suffrage direct générerait une augmentation de la participation n'a pas été remplie mais a, au contraire, été réfutée.

Ce n'est donc peut-être pas dans l'élection que se trouve le principal intérêt de ce système, mais dans son inverse : la révocation. En effet en Allemagne, depuis le début des années 1990, dans 11 (sur 13) *Länder*, l'introduction du suffrage direct pour l'élection du maire s'est accompagnée de clauses de destitution (*recall*) d'un maire en fonction, au moyen d'un référendum, soit par les citoyens directement (Brandebourg, Saxe, et Schleswig-Holstein) soit par l'assemblée. Cela fonctionne puisque depuis son introduction, la procédure de destitution a été assez fréquemment utilisée (que l'initiative en ait été prise par les citoyens eux-mêmes ou par une décision du conseil), et a souvent abouti, suite à approbation par référendum, au départ du maire en exercice. Entre 1995 et 2006, environ 36 procédures de destitution ont démis l'édile élu de ses fonctions. Dans un tel cas de figure la légitimité de l'exécutif vient à rebours puisque c'est par son contraire, le fait de rester en place malgré l'existence d'une procédure de révocation, qui le soutient.

b. En Italie

Un autre système qu'il convient de citer ici est le système italien, qui concerne aujourd'hui tous les exécutifs locaux[1]. En quelque sorte, le système est inversé par rapport à la France car on élit le maire d'abord et les conseils ensuite,

[1] V., Camille Bedock, « Les élections municipales en Italie : entre personnalisation, stabilisation de l'exécutif, coalitions et dénationalisation de la compétition », *in* GRALE, *Droit et gestion des collectivités territoriales*, t.36, 2016 ; *Les élections locales françaises*, 2014-2015, p. 247-253.

en fonction des résultats de l'élection du maire. Mais cela est-il si différent de la situation française en pratique ? On peut penser que non.

En Italie, la loi régissant l'élection directe des maires, mais aussi des présidents de province, du conseil communal et des conseils provinciaux est la loi du 25 mars 1993 n° 813, di « Ciaffi ». Celle-ci met en place une élection directe des maires. Cependant les choses ne sont pas si simples car en général, il existe certes une élection directe du maire formellement distincte de celle du conseil, mais celle-ci se fait « en même temps » que celle du conseil. Ainsi dans les communes de moins de 15000 habitants, le maire est élu au suffrage majoritaire mais sur le même bulletin de vote que le conseil municipal, chaque liste incluant un candidat pour le poste d'autorité exécutive[1]. La situation est un peu différente dans les communes de plus de 15000 habitants sans l'être non plus totalement, puisqu'il existe pour l'élection du maire la possibilité d'émettre un vote « *disgiunto* » (disjoint, c'est-à-dire la possibilité de choisir un candidat au poste de maire et une liste associée à un candidat différent, ou de voter simplement pour le maire sans voter pour une liste) et la possibilité d'un candidat-maire d'être relié à plusieurs listes. Cependant le maire reste ici associé à une liste et entraîne l'application d'une prime majoritaire pour ces dernières. Certes, ce système a participé à l'amélioration du rôle des maires et à la stabilisation au niveau local, mais est-il si différent du système de tête de liste en France ?

On peut faire le même commentaire s'agissant des élections régionales en Italie. Si la loi électorale n'en dispose pas autrement, le président de la région est élu directement en Italie puisqu'il s'agit du candidat qui occupe la tête de la liste qui a obtenu le plus grand nombre de suffrages. Ses fonctions sont distinctes de celles de président de l'Assemblée régionale[2]. Pour les élections provinciales, le président de la province est élu directement et son élection a pour effet de faire bénéficier la ou les listes qui le soutiennent de 60 % des sièges à pourvoir. Mais tout cela est-il si différent de la France en pratique ?

c. *Au Royaume-Uni*

Reste l'exemple du Royaume-Uni et plus précisément de l'Angleterre[3], où le phénomène de l'élection directe des maires date d'une vingtaine d'années. La première élection municipale au suffrage universel direct a été, point très fort sur le plan symbolique, celle du maire de Londres, suite au référendum sur la dévolution londonienne, en l'an 2000. Sur le plan législatif, l'élection des maires au suffrage universel direct s'est progressivement imposée, par une série de lois, en 2000, 2011 puis 2016, mais ne concerne pas l'ensemble des localités. La loi

---

[1] D. Martins, *loc. cit.*

[2] Sénat, *op. cit.*

[3] V., A. Cole, « L'administration locale et les élections locales au Royaume-Uni », *in Droit et gestion des collectivités territoriales*, t.36, 2016 ; *Les élections locales françaises*, 2014-2015, p. 235-246.

de 2000 sur l'administration locale exigeait que chacun, parmi les centaines de conseils locaux principaux, revoie l'organisation de son exécutif en optant pour un choix. La plupart des autorités locales ont d'abord opté pour le modèle « leader et cabinet », où les conseillers désignent le maire et le cabinet, et d'autres ont opté pour un maire élu au suffrage universel. Depuis mai 2015, 16 conseils fonctionnent selon le modèle de gouvernance « maire et cabinet », avec un maire exécutif élu au suffrage universel direct. Une loi de 2011 (*Localism Act*) prévoyait une clause permettant d'organiser des référendums locaux pour décider si l'on souhaitait l'introduction d'un maire élu au suffrage universel direct. Dans 9 grandes villes anglaises sur 10, les référendums de mai 2012 ont rejeté l'établissement de maires élus au suffrage universel direct (Birmingham, Manchester, Bradford, Leeds, Coventry, Newcastle, Nottingham, Sheffield, Wakefield), seule Bristol votant pour le « oui ». Par la suite, l'élection du maire au suffrage universel reste donc l'exception en Angleterre pour les grandes villes. À partir de 2017, on prévoit l'introduction de maires élus au suffrage universel direct pour le Grand Manchester, la métropole régionale de Liverpool, le Nord-Est, la métropole régionale de Sheffield, la Tees Valley et les Midlands de l'Ouest dans le cadre des accords de dévolution formalisés par la Loi sur la dévolution aux villes et à l'administration locale, qui a reçu l'approbation royale le 28 janvier 2016 (Parlement britannique 2016). Cette extension de l'élection du maire au suffrage universel direct dans d'importantes métropoles légitime sans doute la question de savoir quel modèle serait le plus pertinent, en France, pour la question spécifique des villes par secteur sur laquelle on reviendra.

Il faut noter, sur ce point, cela peut paraître un point anecdotique mais il ne s'agit pas moins d'un point intéressant, que le droit électoral attribue à cet effet les plus grandes prérogatives à la tête de liste, de sorte que le scrutin de liste n'empêche pas la forte personnalisation de ces élections.

2. Une élection française certes indirecte, mais consacrant juridiquement les têtes de liste

Certes, le système français n'est pas le système italien, et l'exécutif local est bien élu en France par l'assemblée délibérante, donc au suffrage universel indirect. Cependant, lorsqu'il existe un système de scrutin de liste, c'est-à-dire pour les élections régionales et les élections municipales dans les communes de 1000 habitants, cela conduit semble-t-il à un système quasi-équivalent au suffrage universel direct, pour des raisons à la fois politiques et juridiques.

Sur le plan politique, et on peut laisser la question à des politologues et sociologues pour démontrer un fait bien connu, le scrutin de liste des élections locales n'empêche pas une forte personnalisation du scrutin. Ce fait bien connu assure la légitimité sans contestation possible des exécutifs municipaux et régionaux au moins.

Sur le plan juridique également, le système de la tête de liste est reconnu et n'est pas négligeable en tant qu'il donne la maitrise sur la constitution de la liste, des alliances, etc., ce qui mérite d'être souligné. Certes, cela ne vaut pas élection directe par les électeurs, mais cela vaut maitrise du jeu politique et ce n'est pas négligeable. On peut prendre quelques exemples significatifs de l'importance de cette tête de liste en droit électoral.

En premier lieu, c'est le cas pour le dépôt des listes. Les règles rigides de retrait des listes (délais courts avec la date limite du dépôt et règles de majorité à obtenir pour le retrait des listes) peuvent parfois conduire à des situations baroques : lors des élections régionales dans le Grand Est en 2015, la direction du parti socialiste souhaitait que sa tête de liste, M. Masseret, se désiste au deuxième tour pour réaliser un « front républicain » contre le FN, ce « désistement républicain » ayant été mis en œuvre dans le Nord-Pas-Calais-Picardie et en PACA. Cependant, M. Masseret refusa et procéda au dépôt rapide de sa liste pour le deuxième tour (puisque dans cette hypothèse, sans changement de la liste, il n'est pas requis de faire signer de nouveau les membres de la liste) et il fut ensuite impossible de réunir dans le temps restreint ouvert par le Code électoral suffisamment de signatures pour la retirer[1].

En deuxième lieu, c'est le cas pour le choix des alliances et des fusions de liste. En effet, la question des dépôts et des fusions de liste est maitrisée par la tête de liste, car c'est elle qui choisit la liste d'accueil ou valide les fusions avec les listes accueillies. C'est la personne responsable de la liste au premier tour qui notifie le choix de la liste du deuxième tour : il ressort de la jurisprudence que cette notification n'a pas à faire l'objet d'un accord unanime des candidats de la liste du premier tour[2]. Les colistiers en désaccord peuvent donc ne pas se présenter pour le deuxième tour (en ne signant pas la déclaration de candidature du deuxième tour) mais ne peuvent pas s'opposer à l'alliance politique constituée par le responsable de la liste. Cette solution classique a été confirmée lors du contentieux des élections municipales de 2020, et le non-respect de ces règles entraîne l'irrégularité de la présence de la liste et en conséquence l'annulation de la totalité de l'élection[3]. La tête de liste est donc maître du jeu politique.

En troisième lieu, la tête de liste porte la responsabilité juridique de la liste, du dépôt des candidatures à l'élaboration du compte de campagne. On note notamment une jurisprudence récente qui fait de la tête de liste un éventuel responsable des manœuvres à l'éligibilité de ses colistiers pouvant donner lieu à sa propre inéligibilité, ce qui montre son importance croissante. Ainsi, le juge électoral a osé, sur le fondement de l'article L. 118-4, sanctionner la manœuvre à l'éligibilité par le prononcé d'une inéligibilité-sanction non seulement contre le candidat ne répondant pas aux conditions légales en ayant bénéficié, mais aussi

---

[1] CE, 8 juin 2016, *Él. Reg. Alsace-Champagne-Ardenne-Lorraine*, n° 396860. V. sur ce point R. Rambaud, « Le contentieux des élections régionales de 2015 », *AJDA* n° 8/2017, p. 448.
[2] CE, 18 janv. 1984, *Élections municipales d'Eguilles*, n° 52669, *Rec. T.* 627-628 ; CE, 30 mars 1984, *Élections municipales d'Aix-en-Provence*, n° 52672.
[3] CE, 20 juillet 2021, *Élections municipales et communautaires de Cholet (Maine-et-Loire)*, n° 449688, *Rec.* 260.

contre la tête de liste qui a organisé la manœuvre elle-même[1] ! Il s'agit d'une solution remarquable et d'autant plus dissuasive que l'article L. 118-4 peut être utilisé d'office par le juge. Cette jurisprudence s'inscrit enfin dans une tendance générale à un recours encore plus strict à l'article L. 118-4, le Conseil d'État ayant estimé dans d'autres affaires qu'il résulte des dispositions de l'article L. 118-4 que le juge de l'élection peut déclarer inéligibles des candidats ayant personnellement accompli des manœuvres frauduleuses et que « Doivent être regardés comme tels les candidats qui, informés de l'existence ou de la préparation de telles manœuvres, se sont abstenus de prendre toute mesure utile en vue de les prévenir ou d'y mettre fin »[2]. Par conséquent, des têtes de liste pourront être sanctionnées d'inéligibilité dès lors qu'elles auront organisé, voire seulement laissé faire sans réagir alors qu'elles en avaient connaissance, des fraudes électorales. Cette dynamique jurisprudentielle doit être saluée et renforce considérablement le rôle des têtes de listes[3].

3. Le cas plus problématique des élections sans tête de liste

Le point est plus délicat car le système électoral est ainsi fait qu'il n'existe pas de système de tête de liste. C'est le cas pour les communes de moins de 1000 habitants et pour les départements, du fait du mode de scrutin binominal majoritaire pour lequel il n'existe pas de système de listes, et donc pas de système de têtes de liste… Le choix du mode de scrutin s'avère ici particulièrement déterminant. On laisse de côté pour le moment le problème des intercommunalités, qui mérite d'être traité à part.

L'exemple anglais peut conduire à des interrogations notamment sur le statut des villes à secteur, car en effet il existe pour celles-ci des questions singulières. Les statuts spécifiques des villes de Paris, Lyon et Marseille résultent de deux lois : une loi n° 75-1333 du 31 décembre 1975 et deux lois n° 82-1169 et n° 82-1170 du 31 décembre 1982, dites « PLM » pour Paris, Lyon et Marseille. Le statut de Paris a été récemment modifié par une loi n° 2017-257 du 28 février 2017 *relative au statut de Paris et à l'aménagement métropolitain.* En vertu de l'article L. 261 du code électoral, « La commune forme une circonscription électorale unique. Toutefois les membres du Conseil de Paris et des conseils municipaux de Lyon et de Marseille sont élus par secteur. Le nombre des secteurs et le nombre des conseillers à élire dans chaque secteur sont déterminés par les tableaux n° 2, 3 et 4 annexés » au Code électoral. Les villes à statut particulier ne sont donc pas, à la différence des autres communes, des circonscriptions électorales uniques : elles sont divisées par secteurs et il y a en

---

[1] CE, 16 juillet 2021, *Élections municipales de Courtenay*, n° 445802, *Rec. T.* 707 et 846.

[2] CE, 10 nov. 2021, *Élections municipales d'Arue (Polynésie française)*, n° 450401, *Rec. T.* 708, *BJCL* 2021, n° 11, p. 806, concl. L. Domingo ; CE, 11 janv. 2022, *Él. Mun. de Marseille, 6ème secteur*, n° 451509.

[3] V. sur ce point précis R. Rambaud, « Le contrôle des critères d'éligibilité au niveau local. Le clair-obscur de la jurisprudence du Conseil d'État », *AJDA* 2022, p. 851.

réalité autant d'élections municipales distinctes que d'élections par secteur, lesquelles ont vocation à élire en même temps des membres du conseil municipal (ou Conseil de Paris) et des membres des conseils d'arrondissement[1]. L'élection par secteurs entraîne plusieurs conséquences. L'article L. 272-2 prévoit que nul ne peut être candidat dans plusieurs secteurs. Les listes sont établies par secteur : l'article L. 272-3 prévoit que la liste doit comprendre autant de candidats qu'il y a à pourvoir de sièges de conseillers municipaux (ou de conseillers de Paris) et de conseillers d'arrondissements dans le secteur. Les sièges sont attribués à l'intérieur d'un secteur : en vertu de l'article L. 272-5, sont d'abord répartis entre les listes les sièges de conseillers municipaux, puis les sièges de conseillers d'arrondissement. Les sièges de conseillers d'arrondissement sont attribués dans l'ordre de présentation en commençant par le premier des candidats non proclamé élu membre du Conseil de Paris ou du conseil municipal sur la base de chaque liste. La législation sur les comptes de campagne s'applique secteur par secteur, c'est-à-dire qu'est réalisé par la tête de liste de chaque secteur un compte de campagne soumis à la CNCCFP. Les comptes doivent être établis de façon distincte, ce qui au demeurant pose des problèmes de répartition des dépenses lorsque des primaires ouvertes sont organisées dans des villes divisées en secteurs électoraux[2], comme ce fut le cas notamment à Marseille en 2014 où six comptes sur huit furent rejetés pour des raisons qui restent en partie mystérieuses[3]. De même, les contentieux électoraux se déroulent secteurs par secteurs[4].

Le code électoral n'a prévu, à cette rationalité, qu'un amendement. En principe, lors d'une élection, les bulletins de vote ne doivent pas comporter d'autres noms de personnes que ceux des candidats. Cependant, dans les communes à secteurs (Paris, Lyon, Marseille), la mention des nom et prénom(s) du candidat désigné comme ayant vocation à devenir ou pressenti par la liste pour exercer les fonctions de maire et qui se présente dans un autre secteur de la commune peut figurer sur les bulletins de vote (art. R. 30-1). Cependant, cela n'est pas contraignant pour l'élection du maire.

Dans ce cadre spécifique, l'élection du maire peut être problématique car elle peut dépendre, bien plus que dans les autres villes de 1000 habitants et plus où le système de la prime majoritaire s'applique, des résultats de chaque secteur. Par exemple, la problématique a pu se poser à Marseille, où la maire du « printemps marseillais » d'abord élue et figurant sur les bulletins de vote a démissionné et

---

[1] CGCT, art. L. 2511-8 ; C. élect., art. L. 271.

[2] CE, avis, 31 oct. 2013, n° 388003 ; R. Rambaud, « Les dépenses de campagne résultant de primaires ouvertes », *AJDA* 2014, p. 321.

[3] R. Rambaud, « Le financement de la vie politique et les primaires ouvertes en France », *in* R. Lefebvre et E. Treille (dir.), *Les primaires ouvertes. Adoption, codification, mobilisation*, PUR, 2016, p. 125.

[4] V., notamment récemment TA Marseille, 8 mars 2021, *Élections municipales et communautaires de Marseille*, [un arrêt sur le 6ème secteur, n° 2004872, 2004953, 2004966, 2004969 ; et un arrêt sur le 7ème secteur, n° 2004954].

fut remplacée par son premier adjoint. Des réformes sont d'ailleurs envisagées notamment pour Paris à ce sujet, mais il s'agira bien davantage de revenir à un mode de scrutin à l'échelle de la ville tout entière c'est-à-dire de mettre fin aux secteurs, plutôt que de procéder à l'élection du maire de Paris au suffrage universel direct[1]...

B. L'abstention aux élections locales : un obstacle à la légitimité des exécutifs locaux ?

Un autre point très important, que l'on ne peut passer sous silence notamment après la crise de la Covid, est la question de l'abstention aux élections locales, qui augmente et ce sans doute indépendamment de la crise sanitaire, provoquant une véritable crise de légitimité. Pour les élections municipales, au second tour en juin 2020, la participation au second tour était de 41,6 %, et donc l'abstention a atteint le record absolu de 58,4 % pour des élections municipales, chiffre en hausse par rapport au mois de mars où elle était de 55,3 %. Pour les élections départementales en juin 2021, le taux de participation définitif au second tour des élections départementales 2021 est de 34,36 %, soit 65,64% d'abstention. En 2015, le taux de participation définitif pour le second tour des élections départementales était de 49,98 %, soit 50,02 % d'abstention, soit une augmentation de 15,62 points. Pour les élections régionales en juin 2021, le taux de participation définitif au second tour des élections régionales 2021 est de 34,69 %, soit 65,31 % d'abstention. En 2015, le taux de participation définitif pour le second tour des élections régionales était de 58,41 %, soit 41, 59 % d'abstention. Un différentiel de 23,72 points considérable, explicable seulement en partie par le contexte sanitaire.

Bien entendu, ces chiffres sont de nature à remettre en cause la légitimité des élus locaux et au premier chef celle des exécutifs locaux, maires comme présidents de conseils départementaux et régionaux, en tant qu'elle atteint les fondements de la démocratie représentative. C'est en soi un phénomène politique très important, sachant que cette abstention touche notamment certaines catégories plus que d'autres, en termes de diplôme, de territoires, mais aussi aujourd'hui en termes de génération, notamment la jeunesse qui se soustrait de plus en plus au vote[2].

Sur ce point, pourtant, le droit a fait son choix pendant la période de crise sanitaire et c'est l'indifférence qui a prévalu à de nombreux titres, créant sans doute de multiples crises[3] : une crise de la réaction, due à l'absence de dispositions de crise impliquant le maintien des élections puis leur report dans la douleur pour le second tour, une crise de l'adaptation, avec l'absence de

---

[1] Disponible sur [https://www.20minutes.fr/paris/4010953-20221122-municipales-2026-paris-macronie-deja-pied-guerre]. Ce projet n'a toutefois pas prospéré et semble enlisé.

[2] V., sur ces éléments l'ouvrage récent T. Haute, V. Tiberj, *Extinction de vote ?*, PUF, 2022.

[3] V., sur ce point pour un article de synthèse sur toutes ces dimensions, R. Rambaud, « Droit électoral et covid-19 : un an et demi de crise(s) », *DA* 2021, n° 6, II, p. 13.

modification significative des modalités de vote pour s'adapter à la crise, une crise de la stratégie, l'absence d'adaptation impliquant reports sur reports sans logique d'ensemble jusqu'aux élections départementales et régionales, une crise de la participation électorale bien entendu comme évoqué, toutes ces crises impliquant en dernière analyse une crise de la représentation politique elle-même, en ce que tout cela montre la volonté politique consciente ou inconsciente des élus, du régime représentatif, de privilégier la sécurité des procédures électorales – *business as usual* – sur l'innovation et la maximisation de la participation électorale. Une telle stratégie n'a pu que participer au décrochage politique, nuisant à la légitimité.

Ce problème de légitimité lié à l'abstention n'a pas été solutionné par le Conseil d'État, qui a décidé de ne pas sanctionner l'abstention liée à la Covid. Le cadre général du traitement contentieux de l'abstention est désormais bien connu. Dans l'arrêt *Saint-Sulpice-sur-Risle* du 15 juillet 2020, le Conseil d'État a cherché à la fois à prendre en compte les effets de l'abstention liée à la Covid-19 tout en les limitant à des cas où celle-ci aurait eu une traduction concrète contraire aux principes fondamentaux du droit électoral ayant pu avoir pour effet de porter atteinte à la sincérité du scrutin. Après des considérants de principe rappelant les dispositions générales du droit électoral et celles adoptées pour faire face à la crise sanitaire, la haute juridiction a considéré que « Ni par ces dispositions, ni par celles de la loi du 23 mars 2020 le législateur n'a subordonné à un taux de participation minimal la répartition des sièges au conseil municipal à l'issue du premier tour de scrutin dans les communes de mille habitants et plus, lorsqu'une liste a recueilli la majorité absolue des suffrages exprimés. Le niveau de l'abstention n'est ainsi, par lui-même, pas de nature à remettre en cause les résultats du scrutin, s'il n'a pas altéré, dans les circonstances de l'espèce, sa sincérité », rejetant la requête en l'espèce parce que le requérant soutenait le seul motif de l'abstention « sans invoquer aucune autre circonstance relative au déroulement de la campagne électorale ou du scrutin dans la commune qui montrerait, en particulier, qu'il aurait été porté atteinte au libre exercice du droit de vote ou à l'égalité entre les candidats »[1]. Ce faisant, le Conseil d'État indiquait que l'abstention seule ne saurait suffire, conformément à la volonté du législateur, à remettre en cause la sincérité du scrutin[2], mais que l'épidémie de Covid-19 et l'abstention consécutive pourraient avoir un effet dans l'hypothèse où elles auraient affecté soit le libre exercice du suffrage du fait d'une circonstance locale relative au déroulement du scrutin, soit l'égalité entre les

[1] CE, 15 juil. 2020, *Élections municipales et communautaires de Saint-Sulpice-sur-Risle (Orne)*, n° 440055, *Rec. T.* 765-766 ; *AJDA* 2020, p. 2212 ; note J.-C. Jobart. V. P. Lingibe, « Le Conseil d'État et l'abstention : juger la moralité de l'élection ou celle des électeurs ? », *Dalloz Actualité*, 21 juil. 2020 ; A.-S. Juilles, « Les élections municipales de 2020 à l'épreuve de l'abstention », *AJCT* 2020, p. 581.

[2] V. dans le même sens précédemment à propos du décret de convocation du 2nd tour des élections municipales, CE, ord., 8 juin 2020, *50 millions d'électeurs*, n° 440900 ; CE, 11 juin 2020, n° 441047.

candidats du fait d'une circonstance relative au déroulement de la campagne électorale. Cette solution s'avère plus restrictive que celle à laquelle le Conseil constitutionnel avait pu ouvrir la voie dans sa décision du 17 juin 2020, ce dernier ayant considéré qu'il « appartiendra, le cas échéant, au juge de l'élection, saisi d'un tel grief, d'apprécier si le niveau de l'abstention a pu ou non altérer, dans les circonstances de l'espèce, la sincérité du scrutin »[1], dans la mesure où le Conseil d'État a décidé de ne pas se référer au « niveau » de l'abstention, mais à d'autres circonstances en lien avec le libre exercice du vote et l'égalité entre les candidats.

Mais par ailleurs et surtout, dans la pratique, le Conseil d'État n'a annulé aucune élection en se fondant sur ce considérant de principe et a rejeté tous les cas de figure, y compris en cas d'écart de voix très faible et d'abstention très importante, annulant dans tous les cas où un tribunal administratif avait procédé à une annulation (élections mun. de La Balme-de-Sillingy, de Malville, d'Annemasse), comme le montre l'analyse empirique à laquelle nous avons procédé par ailleurs[2]. Le juge est indifférent aux circonstances : ainsi la production d'attestations d'électeurs certifiant s'être abstenus en raison du contexte sanitaire ne produit aucun effet, soit parce qu'elles ne démontrent pas l'existence d'une « autre circonstance » (Saint Georges d'Oléron, Fresnes-L'Éguillon), soit parce qu'elles n'ont pas d'effet probant en raison du principe de secret du scrutin empêchant de savoir pour qui ces personnes ont voté (Schnersheim, Saint-Romain-de-Jalionas), soit parce qu'elles ne démontrent pas que l'abstention n'aurait pas affecté tous les candidats de la même manière (Grasse). De la même manière, l'argument en vertu duquel les personnes âgées auraient été particulièrement impactées par l'abstention, ce qui aurait déséquilibré les forces en présence, a été systématiquement rejeté, quand bien même les formulations sont fluctuantes (Villefranche-de-Rouergue, Sanary-sur-Mer, Le Lardin-Saint-Lazare, Saint-Eloy-les-Mines, Chartres, Dannemarie, Ruffey-lès-Echirey, Le Chesnay-Rocquencourt, Chilly-Mazarin, Sault, Canet-en-Roussillon, Saint-Chamond, Saint-Chély d'Apcher, Le Lardin-Saint-Lazare, Poissy, Sury-aux-Bois, Bollène). Il n'y a donc eu aucun rattrapage sur ce plan pour les élections municipales, même de façon exceptionnelle, le juge refusant d'enclencher cet engrenage.

Dès lors, l'abstention ne semble rester sanctionnable dans la pratique que si elle est le produit direct de la volonté humaine, c'est-à-dire qu'elle révèle ou est issue de manœuvres, de pressions ou de fraudes de nature à altérer la sincérité du scrutin[3] : si l'hypothèse reste rare, il existe des annulations par exemple pour des

---

[1] CC, n° 2020-849 QPC du 17 juin 2020, *M. Daniel D. et autres*, *AJDA* 2020, p. 1673, note R. Rambaud ; *JCP* G 2020, 1190, note M. Verpeaux.

[2] V. R. Rambaud, « Contentieux électoral et abstention. Analyse empirique du déclin d'une hypothèse », *AJDA* 2022, p. 1097.

[3] CC, 5 juill. 1978, n° 78-839 AN, *A.N., Martinique (1ère circ.), Rec.* 188 ; et 2e circ., 78-845 AN, *Martinique* ; C.C., n° 2007-3667 AN, 12 juill. 2007, *A.N., Haute-Garonne (1re circ.), Rec.* 206 ; C.C., n° 2007-3742/3947 AN, 20 déc. 2007, *A.N., Hauts-de-Seine (10ème circ.), Rec.* 467 ; CE, 29

appels frauduleux à l'abstention ayant modifié le résultat de l'élection[1]. Mais cela relève d'un autre problème de légitimité de l'élection, à savoir la sincérité de celle-ci, et non de la question de la légitimité politique des élus locaux et en premier lieu, des exécutifs.

II. L'influence de l'élection des exécutifs locaux sur leur légitimité

Dépendants d'abord de la légitimité politique de l'élection de leur collectivité, les exécutifs locaux le sont aussi de leur élection en tant que telle, au suffrage universel indirect. De ce point de vue, c'est aussi au niveau local une forme de rationalisation du parlementarisme (local) qui prévaut, l'idée étant que le pouvoir exécutif ait les moyens de mettre en œuvre effectivement son action, sachant toutefois que la rationalité de la forme électorale a vocation à varier selon la rationalité de l'organisation, qu'il s'agisse d'une collectivité territoriale ou d'une intercommunalité (A). Sur ce point, beaucoup plus lointain des électeurs, la légitimité des exécutifs tient aussi pour beaucoup au contrôle juridictionnel (B).

A. Modes de scrutin des exécutifs locaux et légitimité politique

L'univers de l'élection des exécutifs locaux est bien moins connu que celui des scrutins locaux en tant que tels et de ce point de vue, des problèmes plus importants de légitimité peuvent se poser, *a fortiori* s'il l'on prend en compte non pas la seule tête de l'exécutif mais la totalité de l'exécutif local. Dans ce cas, l'élection des exécutifs locaux des collectivités territoriales s'avère être la dure représentation d'un système de rationalisation très étroite de la démocratie locale, dans une optique de *winner takes all* (1). Un cas particulier doit cependant être réservé et mérite de plus amples commentaires : celui des EPCI, pour lesquels peuvent exister des problématiques de légitimité importantes, mais qui en réalité sont en rapport direct avec la légitimité même du processus intercommunal (2).

1. L'élection des exécutifs des collectivités territoriales : la légitimité du vainqueur

L'exécutif local correspond à la légitimité politique du vainqueur qui écrase tout, avec parfois des choses qui sont moins visibles que d'autres.

---

déc. 1989, *Él. Mun. de la Boissière*, n° 108350 ; CE, 17 dec. 2014, *Él. Mun. de Saint-Rémy-sur-Avre*, n° 381500.

[1] CE, Ass., 27 janv. 1984, *Élections municipales de Plessis-Robinson*, n° 52237, *Rec.* 26 ; CE, 27 juin 2005, *Élections Cantonales de Thorigny-sur-Marne*, n° 273690, *BJCL* 2005, n° 9, p. 622, concl. N. Boulouis.

Pour les communes, l'article L. 2122-7 CGCT prévoit que le maire est élu au scrutin secret et à la majorité absolue. Si, après deux tours de scrutin, aucun candidat n'a obtenu la majorité absolue, il est procédé à un troisième tour de scrutin et l'élection a lieu à la majorité relative. En cas d'égalité de suffrages, le plus âgé est élu. L'élection du maire par le conseil municipal est donc particulièrement simple et ne pose pas de problème de légitimité. Dans les communes de 1000 habitants et plus la chose est gagnée d'avance avec la prime majoritaire. Pour les adjoints, cela dépend de la taille de la commune. Dans une commune de moins de 1000 habitants, les adjoints sont élus au suffrage majoritaire selon les mêmes modalités que le maire. Dans les villes de 1000 habitants et plus, les adjoints sont élus au scrutin de liste à la majorité absolue, sans panachage ni vote préférentiel. La liste est composée alternativement d'un candidat de chaque sexe. Cela signifie que tous les adjoints vont appartenir à la majorité municipale, une certaine pluralité politique pouvant exister dans certains cas s'il y a des accords sur la constitution de listes préalables. S'il n'y a pas de majorité absolue c'est au troisième tour de scrutin que va entrer en compte la majorité relative. Cela garantit l'homogénéité des exécutifs locaux.

Concernant le département, c'est-à-dire le président du département (et du conseil départemental), ainsi que les vice-présidents et le bureau, l'organisation de l'exécutif, comme celui de l'exécutif régional, est un peu plus complexe que celle de l'exécutif municipal. Pour le président cela est relativement simple : l'article L. 3122-1 CGCT prévoit que le conseil départemental élit son président lors de la réunion de droit qui suit chaque renouvellement général, à condition que les deux tiers de ses membres soient présents. Le président est élu à la majorité absolue des membres du conseil départemental pour une durée de six ans. Si cette élection n'est pas acquise après les deux premiers tours de scrutin, il est procédé à un troisième tour de scrutin et l'élection a lieu à la majorité relative des membres. En cas d'égalité des voix, l'élection est acquise au bénéfice de l'âge. Il s'agit sans doute, en raison de l'absence de scrutin de liste ici, d'une des élections les plus opaques au niveau des exécutifs des collectivités territoriales. Par ailleurs, il existe des vice-présidents, qui sont des membres de la commission permanente. D'après l'article L. 3122-4 CGCT, pour les départements il y a de quatre à quinze vice-présidents, sous réserve que le nombre de ceux-ci ne soit pas supérieur à 30 % de l'effectif du conseil. Aussitôt après l'élection du président et sous sa présidence, le conseil départemental fixe le nombre des vice-présidents et des autres membres de la commission permanente. Ensuite il élit la commission permanente au scrutin de liste à la représentation proportionnelle à la plus forte moyenne, sans panachage ni vote préférentiel. Après la répartition des sièges de la commission permanente, le conseil départemental procède à l'élection des vice-présidents au scrutin de liste à la majorité absolue, sans panachage ni vote préférentiel. Chaque conseiller départemental peut présenter une liste de candidats, qui doit être composée alternativement d'un candidat de chaque sexe. Si, après deux tours de scrutin, aucune liste n'a obtenu la majorité absolue, il est procédé à un troisième tour de scrutin et l'élection a lieu à la majorité relative. Le phénomène est donc le même que pour les communes : les vice-présidents sont du même camp que le président, avec possibilité d'accord politique préalable, mais les choses sont rendues moins visibles du fait du truchement par la commission permanente.

Concernant la région, c'est-à-dire le président du conseil régional, les vice-présidents et le bureau, il existe de grandes similitudes avec le département mais aussi quelques spécificités. En effet, le président du conseil régional est élu selon des modalités similaires à celle du président du conseil départemental mais il y a quelques modalités spécifiques en raison de l'instabilité qui a pu toucher ces régions à un certain moment de l'histoire. Plus précisément, les événements ici furent les alliances ou les risques d'alliance entre certaines forces centristes et le Front National pour les élections régionales du 15 mars 1998 contre lesquels le législateur a entendu lutter. Cinq présidents de région UDF furent à l'époque élus avec l'aide des voix du Front national : Charles Baur en Picardie, Bernard Harang dans le Centre, Jean-Pierre Soisson en Bourgogne, Jacques Blanc en Languedoc-Roussillon et Charles Millon en Rhône-Alpes. À l'époque, le scrutin est à la proportionnelle intégral à un tour, et l'élection du président du conseil vaut donc second tour[1]. Pour essayer de lutter contre les risques à venir, le législateur n'avait pas hésité à modifier la loi sur l'élection de l'exécutif régional… le 7 mars 1998 !

L'article L. 4133-1 CGCT prévoit que le conseil régional élit son président lors de la réunion de droit qui suit chaque renouvellement, si les deux tiers de ses membres sont présents. Le président est élu à la majorité absolue des membres du conseil régional pour une durée de six ans. Si cette élection n'est pas acquise après les deux premiers tours de scrutin, il est procédé à un troisième tour de scrutin et l'élection a lieu à la majorité relative des membres du conseil régional. En cas d'égalité des voix, l'élection est acquise au bénéfice de l'âge. Comme pour les départements, après l'élection du président, le conseil régional élit les membres de la commission permanente. Celle-ci est composée du président du conseil régional, de quatre à quinze vice-présidents et éventuellement d'un ou plusieurs autres membres, sous réserve que le nombre total de ses membres ne soit pas supérieur au tiers de l'effectif du conseil régional. Après l'élection de la commission permanente à la représentation proportionnelle, le conseil régional procède à l'élection des vice-présidents au scrutin de liste à la majorité absolue, sans panachage ni vote préférentiel. Sur chacune des listes, l'écart entre le nombre des candidats de chaque sexe ne peut être supérieur à un. Si, après deux tours de scrutin, aucune liste n'a obtenu la majorité absolue, il est procédé à un troisième tour de scrutin et l'élection a lieu à la majorité relative. En cas d'égalité de suffrages, les candidats de la liste ayant la moyenne d'âge la plus élevée sont élus. On a donc ici le même phénomène de légitimité du vainqueur.

[1] V., par exemple O. Faye, « Régionales 1998 : quand la droite et le centre pactisaient avec le FN », *Le Monde*, 23 mars 2018.

Spécificité de l'élection régionale, d'après l'article L. 4133-1, nul ne peut être élu président de la région s'il n'a, préalablement à chaque tour de scrutin, remis aux membres du conseil régional et par l'intermédiaire du doyen d'âge, une déclaration écrite présentant les grandes orientations politiques, économiques et sociales de son action pour la durée de son mandat. C'est-à-dire que les candidats à la présidence sont obligatoirement[1] tenus de présenter un programme auprès des membres du conseil régional : cette disposition a été mise en place à partir de 1998 pour que les alliances entre les blocs, y compris le bloc du Front National le cas échéant, soient annoncées à l'avance. Par ailleurs, cet article prévoit que « Cette élection ne donne lieu à aucun débat », ce qui est une disposition qui peut paraître anormale, mais qui a pourtant donné lieu à une annulation d'élection, et pas des moindres puisqu'il s'agit de l'annulation de l'élection de Charles Million en 1998 en Rhône-Alpes… Le Conseil d'État avait constaté que « le président de séance, après avoir recueilli les déclarations écrites des trois candidats, avait demandé à chacun d'eux s'il avait "quelque chose à ajouter" ; qu'à cette occasion, un bref débat s'est engagé entre les candidats, au cours duquel M. X... a interrogé M. Millon sur le contenu de sa déclaration écrite, et, compte tenu de la réponse faite par ce dernier, a retiré sa candidature, puis appelé ses colistiers à voter en faveur de M. Millon... ». Sur le fondement de la violation de cet article, le Conseil d'État a estimé qu'avait été enfreinte la disposition précitée proscrivant la tenue de tout débat lors de l'élection du président du conseil régional et que, dans les circonstances de l'espèce, ceci avait influé sur le résultat du scrutin[2]. Il s'agissait d'une annulation spectaculaire, d'autant que M. Millon ne sera plus ensuite président du conseil régional. La question reste cependant de savoir si cela va dans le sens de la légitimité politique… ou pas, puisque la règle de droit semble très orientée.

2. L'élection des exécutifs des EPCI : la légitimité politique particulière de l'intercommunalité

Reste une problématique de légitimité qui n'est pas négligeable, celle des établissements publics de coopération intercommunale (EPCI), car la logique de l'intercommunalité peut venir frapper durement les logiques de légitimité politique… tout dépendant alors du point de vue d'où l'on se place.

Concernant l'exécutif de l'EPCI, il comporte un président, des vice-présidents et éventuellement d'autres membres : il existe en effet un « bureau » de l'EPCI qui est plus large que le président et les vice-présidents. Le nombre de vice-présidents est déterminé par l'organe délibérant, sans que ce nombre puisse être supérieur à 20 %, arrondi à l'entier supérieur, de l'effectif total de l'organe délibérant ni qu'il puisse excéder quinze vice-présidents. Pour les métropoles, le

---

[1] CE, 25 novembre 1998, *Élection du président et des membres de la commission permanente du conseil régional de Bourgogne*, n° 195660, *Rec.* 441.

[2] CE, Section, 9 décembre 1998, *Élection du président du conseil régional de Rhône-Alpes*, n° 195352, *Rec.* 457.

nombre de vice-présidents est fixé à vingt. L'organe délibérant peut, à la majorité des deux tiers, fixer un nombre de vice-présidents supérieur, sans pouvoir dépasser 30 % de son propre effectif et le nombre de quinze ou, s'il s'agit d'une métropole, de vingt.

Concernant les modalités d'élection, le CGCT (art. L. 5211-2 CGCT) se contente de renvoyer aux modalités applicables aux conseils municipaux. Cependant, cela a posé et continue de poser beaucoup plus de problèmes que l'on peut ne le penser. En effet, conformément au régime juridique des communes, le Président de l'EPCI est d'abord élu au scrutin secret et à la majorité absolue. Si, après deux tours de scrutin, aucun candidat n'a obtenu la majorité absolue, il est procédé à un troisième tour de scrutin et l'élection a lieu à la majorité relative. En cas d'égalité de suffrages, le plus âgé est déclaré élu. Cela peut aller jusque 3 tours.

Ensuite sont élus les vice-présidents, mais à la différence des collectivités territoriales, ils sont élus au scrutin uninominal à la majorité absolue. En effet, même si l'article L. 5211-2 du CGCT renvoie aux dispositions relatives à l'élection du maire et des adjoints, aucune disposition ne précise s'il y a lieu d'appliquer aux membres du bureau les règles de l'article L. 2122-7-1 du CGCT, qui prévoit un scrutin uninominal à trois tours pour l'élection des adjoints au maire dans les communes de moins de 1000 habitants, ou les règles de l'article L. 2122-7-2 de CGCT, qui prévoit un scrutin de liste dans les communes de 1 000 habitants et plus. C'est finalement le juge administratif qui est venu trancher cette question. Le Conseil d'État a en l'occurrence considéré que le mode de scrutin prévu à l'article L. 2122-7-2 précité n'est pas applicable à l'élection des membres du bureau de l'organe délibérant d'un EPCI[1]. Les vice-présidents sont donc élus au scrutin majoritaire uninominal à la majorité absolue. Il est procédé successivement à l'élection de chacun des membres du bureau au scrutin uninominal à trois tours, excluant par conséquent de pouvoir recourir au scrutin de liste, même si dans la pratique, des listes sont souvent en amont constituées par consensus. Ce mode de scrutin, individuel, exclut par conséquent toute obligation de parité.

Ces modalités peuvent soit ne créer aucun problème, quand les choses sont consensuelles, soit donner lieu à de véritables acrobaties dans la mesure où les majorités politiques dépendent des résultats réalisés dans chacune des communes qui composent l'EPCI. Il peut exister des éléments mouvants, par exemple l'intérêt des petites communes contre celui des grandes communes.

Par exemple, des difficultés importantes ont eu lieu dans la métropole Grenoble-Alpes[2]. La dernière élection de la présidence de la métropole Grenoble-Alpes a beaucoup fait parler d'elle, car la majorité précédente verte-

---

[1] CE, 23 avril 2009, *Syndicat départemental d'énergies de la Drôme et Fabre*, n° 319812, *Rec. T.* 644, *BJCL* 2009, n° 6, p. 413, concl. I. de Silva ; CE, 3 juin 2009, *Élections des vice-présidents de la Communauté d'agglomération du Drouais (Eure-et-Loire)*, n° 319101, *Rec. T.* 773.

[2] V., pour plus de détails : [https://www.lemonde.fr/politique/article/2020/07/22/a-grenoble-l-union-des-gauches-se-fracasse-sur-la-metropole_6046975_823448.html].

rose a éclaté alors que les écologistes avaient souhaité présenter leur propre candidat (non-maire) à la Présidence, contre l'ancien président de leur propre majorité. Ce dernier a été réélu en juillet 2020, au bout de trois tours et d'une affaire d'une très longue durée, avec le soutien des petites communes et des voix de LREM et de la droite. Le point était extrêmement important à l'époque sur le plan politique y compris au niveau national pour Éric Piolle car celui-ci commençait à s'aligner pour la primaire des écologistes et cet épisode a été pour lui une défaite qui l'aura marqué défavorablement. Cependant, il n'y eut pas par la suite eu immédiatement d'élections de vice-président, en raison de l'heure de la séance et de la situation politique rocambolesque en cause : si l'élection du président a eu lieu en juillet, et l'élection des vice-présidents n'aura lieu qu'en septembre, donnant lieu là aussi à de fortes et tendues tractations. Cette double élection très particulière a donné lieu à un contentieux devant le Conseil d'État, qui a donné lieu à deux arrêts différents. Dans un premier arrêt *Élection du Président de la métropole Grenoble-Alpes*, le Conseil d'État a considéré ici que si les dispositions du CGCT « prévoient que l'ordre du jour de la première réunion de l'organe délibérant des établissements publics de coopération intercommunale à fiscalité propre suivant le renouvellement général des conseils municipaux doit comporter l'élection du président et celle des vices présidents et des autres membres du bureau, il n'en résulte pas que la régularité de l'élection du président serait subordonnée à la condition qu'il soit effectivement procédé, au cours de la même séance, au scrutin portant sur l'élection des vice-présidents et des autres membres du bureau, ces différents scrutins demeurant distincts les uns des autres »[1]. Autrement dit, l'élection du Président est autonome de l'élection des vice-présidents et l'absence de cette dernière n'affecte pas directement celle du Président. Ont également été rejetés les griefs tirés de l'existence de manœuvres (simplement alléguées). Par ailleurs, les requérants allaient très loin puisqu'ils demandaient l'application de l'article L. 118-4 soit l'inéligibilité du Président de la métropole, ce qui valait déclaration de guerre ! Au demeurant, on apprendra plus tard, à l'occasion du contentieux des élections municipales, que cet article n'est pas applicable au contentieux des exécutifs locaux[2]. Dans un deuxième arrêt, le Conseil a validé l'élection des vice-présidents. Le problème était celui du délai de deux mois entre l'élection du Président et l'élection des vice-présidents. Cependant le Conseil d'État a considéré ici que « Si ces dispositions prévoient qu'il est procédé, lors la première réunion de l'organe délibérant des établissements publics de coopération intercommunale à fiscalité propre suivant le renouvellement général des conseils municipaux, à l'élection du président, puis à celle des vice-présidents et des autres membres du bureau, il n'en résulte pas que l'élection des vices présidents, qui constitue un scrutin distinct de l'élection du président,

---

[1] CE, 29 décembre 2000, *Élection du Président de la métropole Grenoble-Alpes*, n°443524.
[2] CE, 9 juin 2021, *Élections municipales de Saint-Pierre-du-Vauvray (Eure)*, n°445754, *Rec. T.* 699, 705 et 708.

devrait nécessairement intervenir, à peine d'irrégularité, au cours de la même séance que cette dernière. Ne peut, dès lors, qu'être écarté le grief tiré de ce que l'élection de M. A… serait entachée d'irrégularité, faute qu'il y ait été procédé pendant la séance au cours de laquelle l'élection du président de la métropole a été organisée »[1].

Pour les EPCI, le Conseil d'État a donc jugé que les mêmes contraintes que pour les conseils régionaux ne s'imposaient pas. En effet pour les conseils régionaux, il avait jugé qu'il ne fallait pas de discontinuité entre l'élection du président et l'élection des vice-présidents. Concernant la région Rhône-Alpes en 1998, le Conseil avait estimé « qu'il résulte de l'ensemble de ces dispositions que le législateur a entendu qu'il soit procédé sans discontinuité à l'élection du président du conseil régional et à la désignation des membres de la commission permanente ; qu'ainsi, les suspensions de séance doivent être les plus brèves possible, qu'il s'agisse de la réunion de plein droit qui suit le renouvellement, pour laquelle le quorum des deux tiers est exigé ou de la réunion qui, le quorum ayant fait défaut, se tient de plein droit trois jours plus tard ». Or en l'espèce, il y avait eu de nombreux reports et le juge a estimé qu'« eu égard à leur nombre et à leur durée, et en l'absence de motif impérieux de nature à les justifier, les suspensions et reports de séance décidés par le président du conseil régional ont constitué une irrégularité au regard des dispositions précitées des articles L. 4133-1 et L. 4133-5 du code général des collectivités territoriales et que cette irrégularité a été de nature à vicier les résultats des élections »[2]. Au contraire quand il n'y a pas de manœuvre, quelques jours d'écart ne posent pas de problème[3].

S'agissant des EPCI, il n'y a donc pas de telles exigences de continuité dans l'opération électorale : il s'agit là d'une manière de prendre en compte les caractéristiques particulières de l'intercommunalité et l'existence de davantage de négociations. Pour le dire autrement, la rationalité de l'élection d'un exécutif intercommunal est différente car il s'agit de désigner la tête d'une collaboration entre communes, qui ne relève pas de la même logique politique que la direction d'une collectivité territoriale. On peut le saluer ou le regretter : il n'en reste pas moins que c'est la logique de l'intercommunalité. Le contester revient sans doute à contester la rationalité même de l'intercommunalité… et cela devient un autre sujet.

---

[1] CE, 16 juillet 2021, *Élection à la vice-présidence de la métropole Grenoble-Alpes*, n°447449.

[2] CE, Section, 9 décembre 1998, *Élection des vice-présidents du conseil régional de Rhône-Alpes*, n° 195713, *Rec.* 458.

[3] CE, 28 juillet 1999, *Élection des vice-présidents du conseil régional de Rhône-Alpes*, n° 203551, *Rec. T.* 669 et 801.

B. Contentieux et prévention des manœuvres dans l'élection des exécutifs locaux

Enfin, on notera ici que l'élection des exécutifs locaux, maires, présidents, adjoints et vice-présidents, est un terrain caché qui se trouve dès lors propice aux manœuvres. C'est le juge qui se trouve alors en première ligne pour préserver l'existence de manœuvres, le juge étant garant de la légitimité juridique et politique. Bien sûr, on ne saurait demander au juge ce qu'il ne peut pas faire : il ne peut pas résoudre une crise politique et ne peut statuer qu'en droit selon les principes classiques du droit électoral, comme l'a montré, par exemple, l'action du Conseil d'État – en pratique les rejets des recours – en Polynésie française en 2005, pour parler pour une fois d'une collectivité à statut particulier[1]. Il n'en reste pas moins que ce contrôle du juge des manœuvres existe : il y a en général manœuvre quand un procédé est utilisé par se soustraire à l'application normale des textes. On peut donner quelques exemples.

On a déjà écrit sur l'élection des vice-présidents d'une région, cas de figure sur lequel on ne reviendra pas, exigeant une continuité temporelle dans l'élection des vice-présidents[2].

On trouve également une série d'arrêts où les démissions de maire et d'adjoints pour provoquer des élections partielles dans un sens déterminé sont qualifiées de manœuvres. Par exemple, des démissions du maire et des adjoints ont été considérées comme une manœuvre parce qu'il s'agissait de faire obstacle à un contentieux électoral[3]. Dans un autre cas, une démission du mandat de maire a été considérée comme une manœuvre visant à permettre la participation de la personne en cause pour l'élection d'un nouveau maire avant qu'elle ne soit déclarée inéligible pour des raisons pénales (sans pouvoir être remplacée après épuisement des suivants de liste), afin qu'un nouveau maire soit élu et faire ainsi obstacle à l'organisation de nouvelles élections[4]. Dans d'autres arrêts, le Conseil d'État contrôle des manœuvres de nature diverses, afin de préserver la légitimité des exécutifs locaux[5].

L'hypothèse n'est pas si anodine, en témoigne en dernière analyse, pour terminer par une note légère, la décision du TA de Montreuil concernant l'élection de M. Jean-Christophe Lagarde comme 11ème adjoint à la mairie de Drancy à la suite de sa défaite aux élections législatives, la maire de Drancy étant la femme de M. Lagarde. Le 7 juillet 2022, le conseil municipal de Drancy a procédé à des élections afin de pourvoir le poste de 11ème adjoint à la suite

[1] P.O. Caille, « Le Conseil d'État et la crise politique en Polynésie française », *RFDA* 2005, p. 1117.

[2] CE, Section, 9 décembre 1998, préc.

[3] CE, Section, 27 juillet 1990, *Élections municipales de Sainte-Suzanne*, n° 108693, *Rec.* 236.

[4] CE, 5 mai 2006, *Élections municipales de Goussainville*, n° 288488, *Rec. T.* 882 ; *AJDA* 2006, p. 1622, concl. D. Chauvaux.

[5] CE, 22 juin 2005, *Élection du maire de Maurepas (Yvelines), Sindou, Faurie et autres*, n° 274185, *Rec. T.* 755 et 897 ; CE, 17 nov. 2010, *Ministre de l'Intérieur, de l'outre-mer et des collectivités territoriales c/ Hugon et autres*, n° 339489, *Rec.* 438 ; CE, 28 dec. 2018, n° 424711.

d'une démission. À l'issue de ce vote, M. Jean-Christophe Lagarde a été proclamé élu. Toutefois, estimant le vote prématuré car la démission n'avait pas encore été établie formellement, la maire de Drancy a convoqué le conseil municipal, qui a de nouveau procédé à un vote le 14 juillet 2022, à l'issue duquel M. Lagarde était une seconde fois proclamé élu. Le tribunal administratif de Montreuil a été saisi de deux protestations électorales tendant à l'annulation de ces élections. Le tribunal a constaté que, bien que la démission du $11^{\text{ème}}$ adjoint ait été présentée le 1er juillet 2022, elle ne pouvait prendre effet, en application des dispositions de l'article L. 2122-15 du code général des collectivités territoriales, qu'après son acceptation par le préfet. Or le préfet de la Seine-Saint-Denis n'a accepté cette démission que le 8 juillet 2022. Ainsi, la convocation du conseil municipal, en date du 1er juillet 2022, à la séance du 7 juillet suivant, pour pourvoir à son remplacement, était prématurée. En raison de cette irrégularité, le tribunal a annulé l'élection de M. Lagarde en date du 7 juillet 2022. Dans le but de régulariser cette élection, la maire de Drancy a convoqué le conseil municipal pour procéder à un second vote le 14 juillet 2022, et le conseil a adopté une délibération revenant sur les élections du 7 juillet précédent. Toutefois, après la proclamation des résultats, seul le juge électoral est compétent pour annuler une élection. Le tribunal a donc estimé que cette convocation et cette délibération étaient « inexistantes » et que, par suite, les élections du 14 juillet 2022 devaient être annulées. Si le point peut paraître anecdotique, d'autant qu'il n'a finalement pas empêché M. Lagarde de parvenir plus tard à ses fins, il montre cependant que la légitimité politique des élus, notamment les exécutifs locaux, peut toujours se perdre dans des logiques politiciennes...

Les exécutifs locaux au défi du renouvellement de leur légitimité : leurs relations avec les démocraties directe et participative

Alexis LE QUINIO
Professeur à l'Université de Limoges

Depuis le 31 août 2023, Paris est devenue la seule capitale européenne dans laquelle il n'est plus proposé de prestation de location de trottinettes électriques en libre-service. Cette interdiction est la conséquence de la votation citoyenne qui s'est tenue dans la capitale le 2 avril 2023.

La maire de Paris, Anne Hidalgo, qui militait pour l'interdiction de ces engins, s'était engagée à suivre les résultats de ce scrutin, quels qu'ils soient.

Des bureaux de vote avaient été installés dans les mairies d'arrondissement afin de permettre à toutes les personnes inscrites sur les listes électorales de la capitale, y compris les ressortissants d'États-membres de l'Union européenne, de se prononcer sur cette question qui suscitait un débat certain. Les résultats ont été sans appel, le vote contre les trottinettes ayant obtenu 89.03% des voix. Néanmoins, malgré l'enjeu présenté comme crucial de cette question et l'organisation mise en œuvre, la mobilisation des électeurs a été extrêmement réduite, ne regroupant que 103 084 personnes, ce qui représente moins de 7,5 % des électeurs inscrits.

Ce scrutin, qui s'inscrit dans une logique de développement de la démocratie participative, a pourtant fait l'objet de vives critiques. La maire de Paris a été accusée d'utiliser cette procédure pour valider symboliquement un choix politique déjà effectué. Il a également été reproché aux organisateurs la limitation du nombre de bureaux de vote (21 pour plus d'un million d'électeurs potentiels). Enfin, le choix d'organiser ce vote de manière traditionnelle, au lieu de privilégier un vote électronique, aurait été de nature à favoriser les personnes plus âgées plutôt que la population plus jeune, qui est la principale utilisatrice de ce type de véhicule.

Indépendamment de ce cas d'espèce, de nombreux candidats, élus ou militants ne cessent d'exalter la démocratie locale[1]. Néanmoins,

[1] Lors des élections municipales de 2020, une soixantaine de listes « citoyennes » a été élue avec un programme fondé sur la volonté de rapprocher le pouvoir des citoyens. Sur ce phénomène, voir M.

force est de constater que sa mise en œuvre est loin de susciter une adhésion populaire. Le contexte explique en partie ces difficultés. Les citoyens sont de plus en plus méfiants envers les autorités politiques, expliquant tant la baisse de participation à l'occasion des élections qu'une défiance de plus en plus forte aux discours d'autorité. Ces éléments entraînent une diminution de la légitimité des élus qui cherchent, par d'autres procédés, à reconquérir cette dernière ou, tout du moins, à essayer d'atténuer les tensions avec la population.

En outre, la diminution constante de la participation aux élections municipales souligne les difficultés que traverse la démocratie représentative. Les dernières élections, qui se sont déroulées en 2020, ont été celles qui ont connu le taux d'abstention le plus élevé de l'histoire[1]. Si le fait qu'elles se soient déroulées durant la crise sanitaire peut en partie l'expliquer, ce n'est pas la seule raison.

Au surplus, les dernières réformes relatives à l'organisation des collectivités territoriales ont renforcé le pouvoir attribué à l'exécutif, notamment dans le cadre du développement des intercommunalités[2]. Les maires ont donc intérêt, *a priori*, à encourager la démocratie locale qui pourrait compenser la crise de confiance et de légitimité qui les affecte par le biais de votations, en dehors des élections habituelles. La difficulté réside toutefois dans la façon d'utiliser les outils des démocraties directe et participative.

Évoquer la démocratie directe ou participative embrasse une grande diversité de procédures dont la modélisation peut varier. Il est possible de retenir une conception plus restrictive dans laquelle seul le référendum incarne la démocratie directe tandis que dans une perspective plus large, une pluralité de vecteurs de participation

---

Bachir, G. Gourgues, R. Lefebvre, J. Sainty, (dir.), *Des citoyens à la conquête des villes. Les listes citoyennes et participatives lors des élections municipales de 2020*, Paris, CNRS Éditions, coll. « CNRS alpha », 2023, 328 p.

[1] Au second tour, le taux d'abstention a été de 58,4%, soit près de 20 points de plus qu'au second tour des élections municipales de 2014.

[2] La question de la légitimité se pose de manière accrue au niveau des EPCI. Si l'on regarde la métropole européenne de Lille, dans laquelle résident près de 1,2 millions d'habitants, son Président – par ailleurs mis en examen dans plusieurs affaires – est maire d'une commune de moins de 1000 habitants. Des élus qui ont recueilli quelques centaines ou quelques milliers de voix au moment de leur élection peuvent se retrouver à la tête d'un organe exécutif compétent pour des centaines de milliers de personnes. Avec la baisse du taux de participation, les maires à la tête des EPCI risquent de voir leur légitimité largement diminuée, sachant qu'elle peut être déjà faible du fait de la distorsion géographique habituelle de ces ensembles.

sociale[1] peuvent y être associés, tels que l'initiative législative, la révocation populaire, le budget participatif, l'audit citoyen, etc.

De manière générale, que l'on s'intéresse aux régimes démocratiques stables ou à ceux au sein desquels le modèle de la démocratie représentative a été introduit plus récemment, les dernières décennies ont été marquées par l'incorporation de mécanismes de démocratie directe ou participative au niveau des entités infra-étatiques. Ces mécanismes permettent un exercice direct de la démocratie éloignant, *a priori*, l'intervention de l'élu qui, dans la logique représentative, sert d'intermédiaire entre le citoyen et la décision.

Si le modèle de la démocratie représentative n'a pas été fondamentalement altéré, tant au niveau local que national, par cette incorporation, elle apparaissait nécessaire pour répondre aux demandes récurrentes d'une plus grande participation citoyenne.

Au regard de l'effondrement des taux de participation aux élections politiques, de la défiance envers les représentants et des critiques toujours plus nombreuses envers le système représentatif, la démocratie participative est souvent présentée comme le meilleur moyen pour améliorer la participation des citoyens à la gestion des affaires publiques et, par voie de conséquence, pour essayer de renouveler la légitimité des élus. Ce sentiment, s'il semble applicable au niveau national, le paraît encore davantage au niveau local où ces mécanismes sont, *a priori*, plus aisés à mettre en œuvre.

L'institutionnalisation de mécanismes de démocratie directe ou participative au niveau local est un produit de la réforme démocratique de la fin du XXe siècle accompagnée par le développement de la décentralisation, cette dernière étant généralement corrélée à l'idée de démocratisation[2]. Ces initiatives bénéficiant également d'un fort soutien institutionnel de principe, étant encouragées par la Banque mondiale, le PNUD, le Conseil de l'Europe, etc.

L'enthousiasme des milieux académiques et politiques pour ces modalités de participation a pu conduire à une forme de déficit analytique, notamment du point de vue institutionnel. Sachant que pour certains courants de pensée, l'institutionnalisation d'une

---

[1] A. Lissidini, « Democracia directa latinoamericana : riesgos y oportunidades », *in* A. Lissidini, Y. Welp y D. Zovatto (dir.), *Democracia directa en Latinoamérica*, Editorial Prometeo, 2008.

[2] A. Le Quinio, « Décentralisation et démocratisation », *in* M. Touzeil-Divina, F. Crouzatier-Durand (dir.), *40 regards sur 40 ans de décentralisation(s)*, éd. L'Épitoge, coll. « Unité du Droit », t. 37, 2022, p. 273-280.

procédure de participation nuit immédiatement à son potentiel démocratique.

Le rapport doctrinal à cette problématique apparaît paradoxal, particulièrement dans le décalage entre les espoirs qu'il semble susciter dans l'opinion publique et ses développements juridiques. Dans le cadre d'un colloque organisé à Louvain en 1985 sur le thème de la participation des citoyens à la vie politique et administrative[1], Jean Rivero soulignait, dans ses propos liminaires, qu'il s'agissait d'une préoccupation politique digne d'intérêt, qu'une évolution était souhaitable mais il n'envisageait pas pour autant de donner à cette idée des prolongements juridiques ou institutionnels… L'approche de ces thématiques a toujours été empreinte de paradoxes.

La mise en place de procédures de démocratie participative locale a connu, en France, un essor constant depuis quelques décennies, bien qu'elle entretienne toujours un rapport ambigu avec les pouvoirs publics (I). Les mécanismes ainsi mis en place n'ont pas réussi à convaincre, les critiques régulières dont ils font l'objet ne paraissent pouvoir être déplacés qu'au prix d'un changement d'approche global de la démocratie participative locale (II).

I. Le développement mitigé de la démocratie participative locale en France

Depuis plusieurs décennies, on peut observer à travers le monde l'apparition et la multiplication de mécanismes participatifs ainsi qu'une institutionnalisation progressive de ces derniers dans les politiques publiques[2], particulièrement au niveau local, avec des succès très variables.

La Charte européenne de l'autonomie locale de 1985 rappelle d'ailleurs dans son article 3§2 que le droit des autorités locales de gérer une part importante des affaires publiques « est exercé par des conseils ou assemblées composés de membres élus au suffrage libre, secret, égalitaire, direct et universel et pouvant disposer d'organes exécutifs responsables devant eux. Cette disposition ne porte pas préjudice au recours aux assemblées de citoyens, au référendum ou à toute autre forme de participation directe des citoyens là où elle est

[1] *La participation directe du citoyen à la vie politique et administrative*, Travaux des XIIe Journées d'études juridiques Jean Dabin, Bruxelles, Bruylant, coll. « Bibliothèque de la Faculté de droit de l'Université catholique de Louvain », 1986, 368 p.

[2] M.-H. Bacqué, H. Rey, Y. Sintomer, *Gestion de proximité et démocratie participative. Une perspective comparative*, éd. La Découverte, coll. « Recherches », 2005, 314 p.

permise par la loi ». Si la démocratie participative n'apparaît qu'après la démocratie représentative, elle est quand même explicitement mentionnée comme un ressort de la conduite des politiques publiques. Cette pratique a connu des développements significatifs depuis trois décennies en France (A), néanmoins, les pouvoirs publics entretiennent toujours un rapport ambigu avec cette dynamique (B).

A. L'instauration progressive de procédures de démocratie participative locale en France

Christian Le Bart affirmait que la légitimité des maires[1] puisait dans trois sources : « l'Histoire, qui en a fait une figure familière, le suffrage universel, qui lui confère le monopole de la prétention à incarner la commune, et l'apolitisme, qui le met en situation de parler au nom de tous ». Si pour la première et la troisième source, les choses n'ont pas beaucoup changé en vingt ans, force est de constater que pour la deuxième, la défiance vis-à-vis des élus et la montée de l'abstention ont limité le pouvoir de légitimation de l'élection.

En France, la démocratie repose traditionnellement sur la logique représentative et laisse peu de place aux autres mécanismes. Rappelons la conception d'Adhémar Esmein qui affirmait, à propos du député (mais le raisonnement est similaire pour les édiles municipaux) : « que pour remplir sa mission, [il] doit juridiquement échapper à l'action de ses électeurs, une fois l'élection accomplie, sauf à comparaître de nouveau devant eux à l'expiration de ses pouvoirs. C'est là la seule responsabilité à la fois efficace et inoffensive pour le bien public »[2].

Et c'est bien cet éloignement de l'électeur de la prise de décision en dehors des périodes électorales qui justifie que la question de la participation soit au cœur de la démocratie directe puisque « son objectif est d'impliquer les citoyens dans la prise de décision plutôt que de laisser les représentants prendre toutes leurs décisions à leur place »[3].

---

[1] C. Le Bart, *Les maires, sociologie d'un rôle*, Presses universitaires du Septentrion, coll. « Espaces politiques », 2003, 224 p.

[2] A. Esmein, *Éléments de droit constitutionnel français et comparé*, 3ème éd., Librairie de la Société du Recueil général des lois et arrêts, L. Larose, 1903, p. 293.

[3] D. Zovatto, « Direct Democracy Institutions », *in* M. M. Díaz, J. Mark Payne, D. Zovatto G., (dir.), *Democracies in Development. Politics and Reform in Latin America*, Inter-American Development Bank, International Institute for Democracy and Electoral Assistance, 2007, p. 221.

Si cette conception est dominante dans la doctrine, elle n'exclut évidemment pas l'existence et le développement de la démocratie participative en France[1], particulièrement visible depuis le début du siècle. Notons toutefois que la première pierre d'importance avait été posée dès 1995 dans le cadre de la loi Barnier[2] en instaurant, dans le domaine de la protection de l'environnement, une procédure de « débat public » - à l'occasion de la construction de grands projets d'infrastructure – et un organe chargé de les mettre en œuvre, qui deviendra une autorité administrative indépendante en 2002, la Commission nationale du débat public.

En 2002, la loi relative à la démocratie de proximité[3] instaurait des conseils de quartiers, dans les communes de plus de 80000 habitants[4], chargés d'informer les habitants et de favoriser leur participation à la vie du quartier et qui pourraient être associés à l'élaboration ou à la mise en œuvre de projets les concernant ou qui pourraient faire des propositions au maire sur tout sujet relatif au quartier ou à la ville[5].

Puis, à l'occasion de la révision constitutionnelle de 2003[6], l'article 72-1 de la Constitution a consacré le droit de pétition locale qui permet aux électeurs de demander l'inscription à l'ordre du jour de l'assemblée délibérante de leur collectivité d'une question relevant de sa compétence. Il consacre également la possibilité pour les collectivités territoriales de soumettre à référendum local tout projet de délibération ou d'acte relevant de leur compétence.

Avec la loi n° 2004-809 du 13 août 2004[7], une nouvelle possibilité a été offerte aux citoyens. Le Code général des collectivités territoriales (ci-après CGCT) prévoit désormais la possibilité, pour toutes les collectivités territoriales (y compris au niveau intercommunal), de consulter ses électeurs « sur les décisions que les autorités de cette collectivité envisagent de prendre pour régler les affaires relevant de la compétence de celle-ci ». Néanmoins, cette « consultation des électeurs », pour reprendre la formule du Code, ne

---

[1] M. Verpeaux, « La démocratie participative en France », *in* A. Duffy (dir.), *Quels espaces pour la démocratie participative ? Perspectives comparées*, Mare et Martin, 2021, p. 79-101.

[2] Loi n° 95-101 du 2 fév. 1995 relative au renforcement de la protection de l'environnement.

[3] Loi n° 2002-276 du 27 fév. 2002 relative à la démocratie de proximité.

[4] Dans les communes de plus de 20 000 habitants, la création de ces conseils de quartier est facultative.

[5] Des conseils citoyens ont également été prévus dans les quartiers prioritaires par l'art. 7 de la loi n° 2014-173 du 21 fév. 2014 de programmation pour la ville et la cohésion urbaine.

[6] Loi constitutionnelle n° 2003-276 du 28 mars 2003 relative à l'organisation décentralisée de la République.

[7] Loi n° 2004-809 du 13 août 2004 relative aux libertés et responsabilités locales.

constitue qu'une demande d'avis qui ne contraint pas l'autorité locale compétente[1]. La consultation locale ne constitue qu'une simple demande d'avis, et d'après l'article L 1112-20 du CGCT, ce n'est qu'« après avoir pris connaissance du résultat, [que] l'autorité compétente de la collectivité territoriale arrête sa décision sur l'affaire qui en a fait l'objet ».

Son périmètre a été élargi avec l'ordonnance du 21 avril 2016[2] en prévoyant des consultations citoyennes en matière environnementale[3], mais, là encore, sans leur attribuer le moindre aspect contraignant.

La participation peut également prendre des formes différentes, à l'image de l'obligation, prévue à l'article L. 1413-1 du CGCT, pour les collectivités les plus importantes de créer une commission consultative des services publics locaux qui devra notamment être consultée sur les projets de délégation de service public, de création de régies dotées de l'autonomie financière ou de partenariat.

Il convient également de mentionner qu'en plus des procédures institutionnalisées par la loi, d'autres ont pu être mises en place à l'initiative de certaines municipalités. Ainsi, de nombreuses communes, telles Amiens, Grenoble ou Paris, ont mis en place des budgets participatifs, particulièrement depuis les élections municipales de 2014[4]. Cette procédure, inspirée de l'expérience de Porto Alegre[5], permet aux habitants d'une collectivité de déterminer l'affectation d'une enveloppe budgétaire accordée par ladite collectivité pour des projets qu'ils ont eux-mêmes proposés et votés.

Les panels citoyens peuvent également être signalés. Ces derniers, qui connaissent un certain succès à l'étranger[6], ont été institués dans certaines circonscriptions françaises, comme cela a pu être le cas dans les métropoles grenobloise ou lyonnaise. L'idée est de tirer au sort,

---

[1] Art. L. 1112-16 CGCT.

[2] Ord. n° 2016-488 du 21 avr. 2016 relative à la consultation locale sur les projets susceptibles d'avoir une incidence sur l'environnement.

[3] La consultation locale est envisagée dans le cadre des projets susceptibles d'avoir une incidence sur l'environnement dès lors que ces projets d'infrastructures ou d'équipements peuvent affecter le cadre de vie des citoyens.

[4] Y. Broussolle, « Les budgets participatifs », *Gestion & Finances Publiques*, vol. 3, n° 3, 2019, p. 32-38.

[5] Sur le caractère pionnier de l'expérience de Porto Alegre, voir D. Garibay, « Vingt-cinq ans après Porto Alegre, où en est (l'étude de) la démocratie participative en Amérique latine ? », *Participations*, vol. 11, n° 1, 2015, p. 7-52.

[6] J. Vrydagh, S. Devillers, D. Talukder, V. Jacquet, J. Bottin, « Les mini-publics en Belgique (2001-2018) : expériences de panels citoyens délibératifs », *Courrier hebdomadaire du CRISP*, vol. 2477-2478, n° 32-33, 2020, p. 5-72.

selon des critères représentatifs de la population, un groupe d'habitants de la circonscription qui vont être consultés pour répondre à des questions formulées par les élus locaux. Afin de pouvoir se prononcer de manière efficace sur les sujets soumis à leur avis, ils doivent préalablement bénéficier d'une information claire et accessible sur les enjeux soumis à leur réflexion.

Les initiatives législatives et locales se sont multipliées en un peu moins de trente ans, mais ce foisonnement apparent peine à cacher le caractère embryonnaire de la démocratie participative locale en France[1], dont la pratique peut laisser les observateurs perplexes.

B. Un bilan institutionnel largement décevant

Le 6 février 2019, les députés Émilie Chalas et Hervé de Saulignac ont présenté les conclusions de la *Mission* « flash » *sur la démocratie locale et la participation citoyenne* créée en novembre 2018 par la Commission des lois de l'Assemblée nationale. Le constat était très clair, dès les premières pages, les rapporteurs affirment qu'« il existe de nombreux outils de participation locale, mais peu sont pleinement utilisés »[2].

Les rapporteurs ont évoqué un paradoxe traditionnellement identifié dans le cadre des études sur ce sujet : « d'un côté, les dispositifs de consultation sont peu utilisés et peinent à susciter l'intérêt des citoyens et, de l'autre, les citoyens expriment souvent la volonté d'être davantage intégrés dans l'élaboration des décisions politiques »[3]. En effet, si les citoyens évoquent souvent leur volonté d'être davantage associés à la prise de décision publique, en pratique, ils ne s'impliquent guère lorsqu'ils en ont l'opportunité. Les citoyens qui participent aux processus de démocratie participative sont ceux déjà investis dans la vie démocratique et sociale « traditionnelle », de la même façon, ces derniers, à l'image des personnes qui participent aux conseils de quartier ou aux enquêtes publiques sont par ailleurs des personnes qui votent. L'objectif de ramener vers les urnes les citoyens en les intéressant à la chose publique par les mécanismes de démocratie participative montre, de ce point de vue, de réelles limites.

---

[1] M. Verpeaux, « La décentralisation et la démocratie locale », *Titre VII* [en ligne], n° 9, « La décentralisation », octobre 2022. Disponible sur [https://www.conseil-constitutionnel.fr/publications/titre-vii/la-decentralisation-et-la-democratie-locale].

[2] *Mission « flash » sur la démocratie locale et la participation citoyenne* – Communication de Mme Émilie Chalas et de M. Hervé Saulignac – Mercredi 6 fév. 2019, p. 4.

[3] *Ibid.* p. 2.

Les institutions sont également en cause dans ce constat déceptif, comme le montre la *Mission Flash*, notamment à cause « des conditions d'utilisation trop restrictives » qui finissent par rendre « absolument inopérants ces dispositifs ». L'existence de ces freins pourrait certainement s'expliquer par le fait que la démocratie participative est souvent perçue, y compris par ses « apparents » promoteurs institutionnels, comme susceptible de remettre en cause la démocratie représentative alors qu'elle pourrait, au contraire, « faciliter [s]a mise en œuvre et [...] légitimer les représentants »[1].

Il s'agit d'ailleurs d'une tension inhérente aux processus de démocratie participative. L'institutionnalisation de ces initiatives implique, dans une certaine mesure, la trahison de leurs idéaux originels. La démocratie participative est dirigée, encadrée, structurée par les pouvoirs publics, « c'est même cette caractéristique qui permet de tracer la frontière entre ce qui relève de la démocratie participative et ce qui s'apparente au mouvement social : un budget participatif, une réunion publique ou un panel citoyen se fait toujours à l'initiative d'une institution publique, ce qui n'est pas le cas d'une manifestation, d'une pétition en ligne [...] »[2].

Du point de vue des citoyens, ces mécanismes apparaissent encore imparfaits et insuffisamment utilisés. Du point de vue des élus, ils semblent d'une utilisation délicate et n'ont pas permis d'enrayer la désaffection des électeurs au moment des élections. Bien que la démocratie participative soit souvent présentée comme un moyen de redynamiser la démocratie représentative et de lutter contre le désintérêt grandissant des électeurs au moment des élections, ce sentiment n'est pas, *a priori*, confirmé par les études[3].

Ce qui, paradoxalement, ne modifie en rien la dynamique participative actuellement à l'œuvre, « la déception provoquée par les dispositifs participatifs ne semble pas compromettre leur diffusion. Au contraire, elle en accélère le foisonnement. Car la fuite en avant de l'offre de participation reste le moyen le plus efficace de masquer son incapacité à tenir ses promesses »[4].

---

[1] *Ibid.* p. 9.

[2] M. Loiset, N. Rio, *Pour en finir avec la démocratie participative*, éditions Textuel, coll. « Petite encyclopédie critique », 2024, p. 38.

[3] Sur cet aspect, voir notamment H. Rey, « Participation électorale et démocratie représentative », *in* M.-H. Bacqué, H. Rey, Y. Sintomer (dir.), *Gestion de proximité et démocratie participative. Une perspective comparative*, éd. La Découverte, coll. « Recherches », 2005, p. 217-227.

[4] M. Loiset, N. Rio, *op. cit.*, p. 43.

Cette « fuite en avant » participative ne permet ni de répondre aux attentes des citoyens, ni à celles des élus. D'ailleurs, le rapport de la « mission flash » démontrait que le problème ne résidait pas dans la carence normative, mais dans l'utilisation des procédures instituées. Ses auteurs insistaient sur la nécessité d'utiliser de manière plus efficace les mécanismes existants, à travers une plus grande souplesse dans leur mise en œuvre, mais également de développer l'expérimentation et d'améliorer la formation des élus en la matière.

La publicité effectuée autour de la démocratie participative paraît surdimensionnée au regard de la réalité de sa pratique par les collectivités territoriales. Cela s'explique par la volonté des élus locaux de se prévaloir du recours à ces mécanismes afin de renforcer leur légitimité. Cela explique également le fait que ces procédures soient intégralement dirigées par les élus locaux eux-mêmes, car c'est bien « la commune qui définit la fréquence, le montant et le processus de sélection de son budget participatif. Les conseils de quartier peuvent être libres de fixer l'ordre du jour de leurs réunions voire leur composition, mais ils dépendent de financements municipaux pour fonctionner »[1]. Ainsi, la manière dont ces mécanismes sont conçus, perçus et utilisés par les élus nuit au renouvellement de légitimité espéré par ces derniers. Plutôt que poursuivre dans la voie de la « frénésie » des expériences de démocratie participative locale, les exécutifs locaux devraient modifier leur compréhension de ces mécanismes.

II. Une appréhension différente des mécanismes de démocratie participative pour une plus grande légitimité des élus

Si le développement de la démocratie participative est encouragé et que cette dernière est louée pour ces bienfaits supposés, les retours d'expérience ne sont pas à la hauteur des espoirs suscités et les critiques à son encontre sont de plus en plus nombreuses (A), au point que certains, y compris parmi ses acteurs, s'interrogent sur sa pertinence[2]. L'un des seuls moyens d'envisager le renforcement et la pérennité de ces procédures résiderait dans un changement d'appréhension de ces dernières (B).

---

[1] *Ibid.*, p. 40.
[2] *Ibid.*, 188 p.

A. Les critiques récurrentes d'institutions controversées

Malgré la prolifération durant les dernières décennies des mécanismes de démocratie participative au niveau local, ces derniers n'ont pas forcément rencontré le succès escompté au moment de leur création.

L'utilisation des mécanismes de démocratie participative, nonobstant leur développement et leur intérêt manifeste, ne va pas sans poser de difficultés. Difficultés d'utilisation tout d'abord, comme cela a pu être évoqué précédemment à cause de conditions de réalisation trop strictes. En outre, la mise en œuvre de ces projets peut être onéreuse, notamment lorsqu'il faut contrôler le bon déroulement du dispositif, particulièrement si l'on compare ce coût au nombre de citoyens intéressés[1].

Il ne faut pas non plus sous-estimer le coût en termes d'investissement pour les participants. En effet, s'investir dans des processus participatifs peut être très chronophage et entraîner une démobilisation des citoyens en cas de recours trop fréquents ou d'inefficacité, ce qui pourrait renforcer d'autant le désintérêt déjà croissant des citoyens pour la chose publique. Cela explique que dans le cadre de nombreux mécanismes tels les enquêtes ou débats publics, la participation est très limitée et ne concerne, essentiellement, que les opposants ou les bénéficiaires des projets faisant l'objet de la discussion. En outre, et c'est une critique récurrente aux procédures de démocratie participative, les personnes qui s'y investissent sont généralement celles qui s'impliquent déjà dans les procédures électorales classiques.

Cela implique, pour des pouvoirs publics soucieux de développer ces mécanismes de participation, de proposer des instruments plus facilement accessibles, tant du point de vue matériel qu'intellectuel, et de convaincre les citoyens que leur participation aura une réelle influence sur la décision publique. Comme pour la démocratie représentative, en matière de mécanismes de démocratie participative, le déficit d'intérêt et de mobilisation des citoyens tient largement au fait qu'ils ont l'impression que leur influence est très limitée, pour ne pas dire inexistante, sur la prise de décision publique.

Cela rejoint l'impression généralisée dans l'opinion publique que « tout est déjà joué » et que lorsque la participation est sollicitée, cela

---

[1] La votation relative aux trottinettes organisée à Paris en 2023 a coûté un peu plus de 390.000 euros.

n'aura aucune conséquence sur la décision finale. Ce qui, dans une forme de retour de balancier, peut conduire également les citoyens à exprimer une opposition de principe – à une réforme à laquelle ils seraient pourtant favorables – par exemple en votant non à un référendum pour exprimer leur défiance par rapport à l'autorité qui en est à l'origine.

En outre, et comme c'est souvent le cas dans le cadre de l'action publique, particulièrement en France, la mise en œuvre de ces procédures est également affectée par une bureaucratisation de plus en plus marquée[1]. Ce phénomène participe également à une trop grande focalisation de l'action publique autour des méthodes de consultation davantage que sur la prise en compte de leur résultat. Cette dérive, particulièrement visible au niveau national sous la présidence d'Emmanuel Macron[2] (convention citoyenne pour le climat, pour la fin de vie, grand débat national, etc.), l'est également au niveau local et renforce le sentiment des citoyens que leur parole n'est pas prise en compte. Cette bureaucratisation de la démocratie participative, en multipliant les consultations, la discrédite.

Si chaque mécanisme ou institution de démocratie participative fait l'objet d'une remise en cause, les motifs sont généralement les mêmes, à l'image de ceux qui concernent les conseils citoyens[3]. Ces derniers, créés en 2014 pour redynamiser la vie démocratique dans les quartiers prioritaires, ne bénéficient que d'une autonomie toute relative, les éloignant *de facto* de leur vocation citoyenne originelle. Ces conseils dépendent financièrement de la dotation communale et préfectorale qui leur est allouée, ce qui influence nécessairement la liberté qui leur est accordée pour s'organiser. Et s'ils sont censés contribuer au contrat de ville, ils n'en maîtrisent ni l'élaboration, ni la mise en œuvre.

Les pouvoirs publics confondent la quantité et la qualité démocratique. Ce qui a été gagné dans la première dimension a été perdu dans la seconde. Si les citoyens sont davantage entendus dans le

---

[1] A. Mazeaud, G. Gourgues, M. Nonjon, « Du tournant participatif des administrations à la bureaucratisation de la démocratie participative. Étude à partir du cas français », *Revue Internationale des Sciences Administratives*, vol. 88, n° 4, 2022, p. 921-936.

[2] G. Gourgues, A. Mazeaud, « La démocratie participative selon Emmanuel Macron : la participation citoyenne au service de la monarchie républicaine », *in* Bernard Dolez (dir.), *L'entreprise Macron à l'épreuve du pouvoir,* Presses universitaires de Grenoble, 2022, p. 53-66.

[3] J. Demoulin, M.-H. Bacqué, « Les conseils citoyens, beaucoup de bruit pour rien ? », *Participations*, vol. 24, n° 2, 2019, p. 5-25.

cadre de ces mécanismes de participation, ils ne sont pas pour autant écoutés et la prise en compte de leur avis ne semble pas avoir progressé. L'effet peut être contre-productif, les citoyens ont l'impression d'avoir été instrumentalisés et d'avoir perdu leur temps, ce qui ne fait que renforcer ce sentiment de rupture entre eux et leurs élus.

Ces constats montrent que, pour le moment, la démocratie participative locale ne permet pas aux exécutifs locaux de renforcer leur légitimité mise à mal depuis plusieurs décennies. Pour qu'elle puisse jouer ce rôle, il conviendrait, *a minima*, de garantir davantage son efficacité et de modifier sa perception, tant chez les élus qu'auprès des citoyens. Si le premier aspect semble, en pratique, plus accessible[1], le second implique de développer différemment la culture démocratique participative.

B. La nécessaire appropriation par les citoyens et les élus

Comme le relève Marthe Fatin-Rouge Stefanini, « le développement des outils participatifs au niveau local et désormais national est une réponse au souci des citoyens de voir leur opinion prise en considération et de se réapproprier le pouvoir de décision confié aux représentants »[2]. Néanmoins, comme nous venons de l'évoquer, s'il s'agit bien de l'objectif assigné à la démocratie participative, en pratique, il semble bien que la réponse apportée ne soit pas satisfaisante.

L'un des moyens, en France, d'affirmer la pertinence du développement des procédures de démocratie participative serait de montrer la possibilité de déconnecter la dynamique participative de la question électorale, ce qui limiterait l'impression d'une instrumentalisation de ces procédures par les élus. En effet, l'étude de la pratique de la démocratie participative en France laisse plutôt à penser que ceux qui la prônent ou l'utilisent ne croient pas en son

---

[1] « Le défi de l'efficacité était sans doute le plus facile à affronter. Les deux conditions à mettre en place pour qu'il en soit ainsi concernant la qualité délibérative des dispositifs (pour arriver à des discussions balançant correctement les points de vue et à une synthèse des débats) et l'articulation de la participation aux processus de prise de décisions », M.-H. Bacqué, Y. Sintomer, « Introduction. Le temps long de la participation », *in* M.-H. Bacqué, Y. Sintomer, (dir.), *La démocratie participative. Histoire et généalogie*, éd. La Découverte, 2011, p. 16.

[2] M. Fatin-Rouge Stefanini, « Le développement de la démocratie locale en Europe de l'Ouest : quelle place pour les citoyens », *in* A. Duffy (dir.), *Quels espaces pour la démocratie participative ? Perspectives comparées*, Mare et Martin, 2021, p. 24.

efficacité mais souhaitent davantage se parer de ses vertus apparentes à des fins politiques.

Certaines expériences étrangères peuvent, au contraire, illustrer l'intérêt de ces mécanismes dès lors qu'ils sont appréhendés pour ce qu'ils sont, des procédures de consultation. À titre d'exemple, il est intéressant d'évoquer l'expérience en la matière du Président Alvaro Uribe en Colombie qui a, durant son premier mandat – entre 2002 et 2006 – organisé plusieurs consultations populaires. A une exception près, toutes ses propositions ont été rejetées par les électeurs. Cela ne l'a pas empêché lors des élections présidentielles suivantes d'être réélu avec plus de 63% des voix, lui faisant gagner plus de dix points par rapport à sa première élection.

L'une des difficultés, en France, est que la plupart des procédures de démocratie participative sont perçues comme incompatibles avec la logique représentative.

L'exemple de la possibilité d'introduire une procédure de révocation populaire des élus[1] est assez éloquent de ce point de vue. En 2007, dans le rapport d'information sénatorial n° 74 intitulé « Une démocratie locale émancipée : des élus disponibles, légitimes et respectés »[2] fait au nom de l'observatoire de la décentralisation, le sénateur Jean Puech évoquait dans la partie IV-D intitulée « des innovations utiles pour émanciper la démocratie locale en France », des expériences étrangères qui paraissaient « éloignées » des usages locaux français. Il mentionnait notamment la limitation du nombre de mandats et la possibilité de révoquer le chef de l'exécutif. Sur ce dernier point, il affirmait : « si l'on perçoit bien la logique d'une telle procédure, qui s'inscrit dans le prolongement de la pratique du "recall" américain, elle apparaît contraire à l'attachement de la culture politique française pour la démocratie représentative. C'est pourquoi votre rapporteur a souhaité l'évoquer avant tout pour souligner son caractère inopérant dans le cadre d'une démarche visant précisément à renforcer la légitimité des élus et non à les affaiblir en les menaçant en permanence d'un vote sanction »[3]. On comprend que, chez les élus, domine encore une culture politique verticale. Au niveau des exécutifs locaux, il existe une forte concentration et une personnalisation du

---

[1] Sur cette question, voir C.-E. Sénac, (dir.), *La révocation populaire des élus*, Mare et Martin, 2022, 308 p.

[2] Rapport d'information n° 74 (2007-2008), de M. Jean Puech, fait au nom de l'observatoire de la décentralisation, déposé le 7 nov. 2007.

[3] *Ibid.*, p. 102.

pouvoir qui laisse à penser que la délibération n'est pas le processus de prise de décision dominant. Ainsi, la procédure du *recall* est présentée comme une menace pour la légitimité des élus, alors qu'elle pourrait au contraire constituer un mécanisme de renouvellement de cette dernière.

Et les choses n'ont pas beaucoup évolué depuis 2007. En effet, le 12 janvier 2022, l'Assemblée nationale a rejeté, dans le cadre de la niche parlementaire de la France insoumise, une proposition de loi portée par le député Alexis Corbière visant à instaurer un droit de révocation des élus à l'initiative des citoyens. S'il n'y avait aucune chance qu'elle soit adoptée, cette proposition avait pour ambition de redynamiser le fonctionnement démocratique en renforçant la participation et l'implication des citoyens. Ce rejet ne faisait aucun doute, mais ce qui interroge davantage, ce sont les réactions des opposants et le vocabulaire retenu. Alors que le garde de sceaux alléguait un « remède pire que le mal » et des risques de « paralysie démocratique généralisée », les parlementaires opposés à la proposition ont évoqué les « contours populistes » de cette dernière et les risques d'« ivresse robespierriste » ou de « tyrannie populaire ».

Évidemment, comme toute procédure de démocratie participative, elle peut être instrumentalisée par des groupes d'intérêt, par des minorités ou entraîner un véritable blocage démocratique. Néanmoins, si elle est bien encadrée, elle peut offrir de véritables opportunités, y compris pour les élus eux-mêmes. En effet, un élu local qui serait victime d'une campagne médiatique qu'il estimerait injuste pourrait mobiliser ses soutiens pour enclencher une telle procédure qui lui permettrait de faire une campagne politique pour se défendre.

Le développement de la participation citoyenne à travers des mécanismes de démocratie participative implique une amélioration de ces derniers, tant du point de vue des moyens humains, matériels que de l'ingénierie juridique. L'exemple de la législation relative à la révocation populaire au Pérou est, de ce point de vue, très instructif[1]. En effet, le législateur péruvien a dû intervenir à plusieurs reprises pour modifier ou préciser l'encadrement de cette procédure. L'encadrement initial – par la loi relative aux droits de participation et au contrôle citoyen n° 26.300 de 1994 – trop souple, a conduit à rendre cette procédure néfaste pour la vie politique locale en engendrant une véritable instabilité politique et des coûts très

---

[1] Sur ce point, voir A. Le Quinio, « La révocation populaire en Argentine, en Colombie et au Pérou », *in* Ch.-E. Sénac (dir.), *op. cit.*, p. 207-228.

importants pour les finances publiques. Tirant les conséquences de vingt ans de pratique, la loi 30.315 de 2015 est venue encadrer plus strictement la procédure en modifiant le calendrier, en limitant les individus susceptibles d'être visés et le nombre d'occurrence par mandat, en encadrant plus précisément les financements et en ne permettant pas aux initiateurs de la procédure de pouvoir en tirer un bénéfice direct[1]. Les élus peuvent toujours être révoqués, mais la révocation en cours de mandat n'est plus la norme comme elle pouvait quasiment l'être au début des années 2000. Un encadrement insuffisant strict implique un risque d'abus de la procédure, mais à l'inverse, des conditions trop rigides sont susceptibles de vider de sa substance la procédure[2].

L'exemple de la révocation populaire permet de souligner les risques mais également les potentialités de la démocratie participative pour les exécutifs locaux ainsi que les contradictions françaises en la matière. Ces dernières demeurent, à l'image du rapport parlementaire de 2022 intitulé *Pour une nouvelle dynamique démocratique à partir des territoires : la démocratie implicative*[3], dont les propositions ne sont pas à la hauteur des promesses de son intitulé et qui montre encore les difficultés pour les élus d'appréhender les enjeux de cette thématique, voire qui interroge sur leur volonté réelle de le faire.

Tant que les élus continueront à percevoir la démocratie participative locale comme un danger ou un moyen d'influencer l'opinion publique, ils ne pourront pas espérer une implication plus large des citoyens à même de renforcer leur légitimité.

---

[1] Le législateur permet dorénavant une seule procédure par mandat (concentrée sur une journée sur l'ensemble du territoire, afin d'en limiter le coût), il a supprimé la possibilité de procéder à de nouvelles élections dans la foulée (les élus révoqués sont remplacés par leur suppléant ou les suivants sur la liste) et a obligé les promoteurs et les opposants de la procédure à justifier l'utilisation de leur financement devant le juge national électoral.

[2] A. Le Quinio, « La révocation populaire en Argentine, en Colombie et au Pérou », *loc. cit.* Si l'on regarde encore l'exemple de la révocation populaire des élus, mais en Colombie, les conditions trop rigides d'encadrement de la procédure ont toujours empêché son aboutissement alors même qu'elle a pu être initiée à de nombreuses reprises.

[3] Rapport d'information n° 520 (2021-2022) de Mme Françoise Gatel et M. Jean-Michel Houllegatte, fait au nom de la délégation aux collectivités territoriales, déposé le 17 fév. 2022.

*
* *

Le risque, avec la multiplication des mécanismes de démocratie directe et participative est, selon la manière dont ils sont utilisés, voire instrumentalisés, d'aboutir à la consécration d'une « démocratie délégative »[1], pour reprendre la formule du politiste argentin Guillermo O'Donnell, dans laquelle les citoyens demeurent incapables, dans une large mesure, de contrôler les décisions de leurs représentants. Au même titre que le référendum, les autres procédures de démocratie participative ou directe pourraient aboutir à une dérive plébiscitaire et populiste. Dans la même optique, Guillaume Gourgues a évoqué récemment le risque d'une dérive vers un « autoritarisme participatif » des pouvoirs publics qui, par leur mainmise sur les consultations citoyennes, finiraient par dénaturer les procédures et institutions démocratiques[2].

En effet, la culture démocratique propre à l'utilisation des instruments de la démocratie participative locale mérite d'être davantage développée. S'il apparait effectivement que c'est au niveau local qu'elle est le plus susceptible de prospérer, il appartient aux élus d'encourager les citoyens à s'approprier ces procédures, qui restent encore « la chose » des élus. Cette appropriation dépendra toutefois du type de mécanisme concerné, qu'il relève de ce que Alicia Lissidini qualifie de « proactifs » ou de « réactifs »[3]. En effet, l'implication des citoyens dépendra de l'utilité et de l'efficacité des procédures mises en œuvre.

En l'absence d'une telle appropriation par les citoyens et les élus, la démocratie participative locale continuera à ne produire que des effets très limités sur l'action publique proprement dite, ce qui, si l'on y ajoute les autres critiques déjà évoquées à son encontre, conduit un ensemble de propositions visant à lutter contre la crise démocratique à, au contraire, l'accentuer encore davantage. La légitimité des élus

---

[1] G. O'Donnell, « Delegative Democracy », *Journal of Democracy*, vol. 5, n° 1, 1994, p. 55-69.

[2] G. Gourgues, « Les faux-semblants de la participation », *La Vie des idées*, 11 avr. 2023, [https://laviedesidees.fr/Les-faux-semblants-de-la-participation].

[3] A. Lissidini, « Democracia directa en América latina : avances, contradicciones y desafíos », *in* A. Minnaert, G. Endara, (dir.), *Democracia participativa e izquierdas : Logros, contradicciones y desafíos*, 2015, p. 142-143. Les mécanismes « proactifs » regroupent les procédures dans le cadre desquelles les citoyens peuvent être à l'origine de proposition (adoption ou révision d'un texte, demande de consultation populaire, etc.), les mécanismes « réactifs » relèvent des hypothèses dans lesquelles les citoyens s'opposent aux résultats d'une votation (veto, révocation populaire, etc.).

doit découler des différentes formes de pratiques démocratiques qui doivent être combinées dans leur utilisation et dissociées dans leurs finalités.

Et force est de constater que malgré l'actualité de ce sujet, les termes du débat sont déjà anciens. Antonin Blanc, dans un ouvrage sur le gouvernement direct municipal affirmait déjà en 1904 qu'il faut que « la démocratie vive […], et, dans cet ordre d'idées, on ne saurait contester ou marchander au peuple le droit d'orienter lui-même ses destinées […] aussi, il ne saurait y avoir ni communauté d'idées ni parallélisme de conduite entre certains hommes […] qui volontiers reprocheraient à l'institution du suffrage universel d'exagérer la participation du peuple aux affaires publiques et les hommes qui […] songeraient à maintenir et à assurer au peuple une part plus effective et toujours véridique tant au gouvernement politique du pays qu'à la gestion des affaires régionales et des intérêts municipaux »[1].

---

[1] A. Blanc, *De quelques moyens de gouvernement direct en matière municipale et spécialement du référendum communal. Essai historique et de droit comparé*, Librairie nouvelle de droit et de jurisprudence, 1904, p. 16.

La déontologie comme légitimité-exemplarité. L'exemple de l'action publique locale

Jean-François KERLEO
Professeur de droit public, Aix-Marseille Université
Membre junior de l'Institut universitaire de France

On se propose ici de répondre à la double question : de quoi se compose la déontologie locale et de quelle légitimité est-elle le nom ? La légitimité comprend les différentes techniques qui permettent d'asseoir un pouvoir sur des fondements globalement acceptés par ceux qui en subissent l'autorité. Il s'agit donc de fonder l'acceptabilité d'un pouvoir à partir de dispositifs censés en justifier l'existence et en garantir l'exercice. Un tel objectif semble pouvoir être attribué à la déontologie, dans la mesure où elle est constamment associée à la confiance des citoyens envers leurs élus : « Un comportement éthique de la part des élus dans l'exercice de leur mandat étant l'une des conditions qui fondent la confiance des citoyens dans l'action de leurs représentants » (charte de déontologie du conseil municipal de Strasbourg de 2014).

La légitimité déontologique repose sur des composantes, transversales aux autres formes de légitimité et parfois incompatibles avec elles, qui laissent entrevoir une légitimité propre. En effet, la déontologie ne repose pas directement sur les mécanismes institutionnels classiques, tels que les procédures électorales ou la séparation des pouvoirs. Elle vise à contrôler la personne de l'élu (critère 1) par des procédés préventifs (critère 2) censés assurer son intégrité (critère 3) parfois au-delà de l'exercice des fonctions politiques qui justifie son contrôle (critère 4). En conséquence, il en découle une légitimité fondée sur la question générale de l'intégrité des élus, dépassant la problématique de la probité pour impliquer des sujets comme la dignité des fonctions ou l'assiduité, etc. Ainsi la déontologie fait-elle place à ce que l'on peut ici qualifier de légitimité-exemplarité. Le comportement individuel des élus est soumis au respect de règles et de valeurs qui vont au-delà de ce que l'on exige de la part du citoyen ordinaire en contrepartie du pouvoir dont ils disposent de décider en lieu et place, et au nom des habitants de la collectivité territoriale : à pouvoir exorbitant, contraintes dérogatoires.

Tous les responsables politiques sont soumis à un corpus déontologique commun. En application de l'article 1er de la loi du 11 octobre 2013, les personnes titulaires d'un mandat électif local ainsi que celles chargées d'une mission de service public sont ainsi tenues « d'exercer leurs fonctions avec dignité, probité et intégrité et de veiller à prévenir ou à faire cesser immédiatement tout conflit d'intérêts ». Les mêmes principes déontologiques sont affirmés dans la charte de l'élu local dont lecture et communication sont faites lors de la séance d'installation des exécutifs locaux. Sa portée a été renforcée par la loi 3 DS qui en a fait le référentiel déontologique du

« déontologue élu local ». L'article L. 1111-1-1 du CGCT qui la contient énonce en son point 2 : « Dans l'exercice de son mandat, l'élu local poursuit le seul intérêt général, à l'exclusion de tout intérêt qui lui soit personnel, directement ou indirectement, ou de tout autre intérêt particulier », et dans son point 3 : « L'élu local veille à prévenir ou à faire cesser immédiatement tout conflit d'intérêts. Lorsque ses intérêts personnels sont en cause dans les affaires soumises à l'organe délibérant dont il est membre, l'élu local s'engage à les faire connaitre avant le débat et le vote ». Si le statut de l'élu local va au-delà de la déontologie, celle-ci en constitue désormais l'armature juridique1.

À côté de la « déontologie exogène » qui est imposée d'en haut et de l'extérieur par le législateur s'est développée une « déontologie endogène », consistant pour les collectivités territoriales à adopter des textes spécifiquement applicables à ses membres[2]. La pratique est très disparate en la matière : alors que beaucoup de grandes ou moyennes communes disposent d'une déontologie, d'autres collectivités, et au premier chef les départements et les petites communes, sont bien moins mobilisés sur le sujet. En revanche, les régions disposent toutes d'une charte de déontologie, mais les initiatives ont été plus tardives que pour les communes. Le Code de déontologie applicable aux élus de la Région Grand Est a ainsi été adopté par une délibération du 23 juillet 2022 quand, dès 2014, la ville de Paris et celle de Strasbourg ont adopté un texte déontologique pour leurs élus[3]. Ce constat est particulièrement instructif et démontre que la proximité avec les citoyens, pour les grandes communes, et la plus grande visibilité médiatique pour les régions incitent les élus à investir le champ de la déontologie. Celle-ci entre aujourd'hui dans une stratégie de légitimation des acteurs politiques qui l'utilisent comme vecteur d'exemplarité. Toutefois, le programme anticorruption prévu par la loi dite SAPIN 2 du 9 décembre 2016 pour les grandes sociétés est aussi applicable aux personnes morales de droit public. Or, il comporte l'obligation de rédiger un code de conduite qui définisse et illustre « les différents types de comportements à proscrire comme étant susceptibles de caractériser des faits de corruption ou de trafic d'influence », d'où l'actuelle multiplication des codes de déontologie au sein des collectivités locales (art. 17).

Les premières chartes se sont souvent contentées de reproduire les principes législatifs. Outre la probité, l'indépendance ou l'impartialité, elles rappellent les obligations déclaratives qui incombent à certains élus ainsi que les règles de déport. Les chartes allongent parfois la liste des principes, et l'on retrouve souvent celui de transparence. Dans la charte de la ville de Marseille, l'article 3 dispose que « Les conseillers s'engagent à respecter les principes de

---

1 Pour une systématisation des règles déontologiques des acteurs politiques, V. J.-F. Kerléo, *La déontologie politique*, LGDJ, coll. systèmes, 2021.

2 P. Villeneuve, « Du bon usage des chartes de déontologie des élus locaux, défense et illustration d'une culture déontologique en devenir », *JCP A* n° 47, 2020, 2307.

3 C'est le 17 mars 2022 que l'assemblée de la région Auvergne Rhône-Alpes a adopté sa charte interne de déontologie.

transparence, d'intégrité, de probité, d'exemplarité, de respect, d'honneur, d'impartialité, de dignité. / Dans l'exercice de leurs fonctions, ils agissent de manière transparente et font prévaloir l'intérêt public » (*idem* article II. 1 de la charte de déontologie des élus et agents de Nîmes Métropole). L'importance de la notion de transparence est soulignée par la création, prévue dans la Charte de déontologie des élus de Nantes Métropole, d'une commission éthique et transparence qui est instituée auprès du Conseil municipal (article 5). Elle se compose de 10 élus métropolitains désignés par le Conseil métropolitain et de 10 citoyens métropolitains tirés au sort ; elle a par exemple donné son avis sur la nomination du déontologue de la métropole.

Les chartes complètent ou précisent également des points évoqués par le législateur[1]. Alors que la loi SAPIN 2 fait peser sur les seuls représentants d'intérêts les obligations de transparence, *via* le site de la Haute Autorité pour la Transparence de la Vie Publique (HATVP), les élus nantais ont pris l'engagement de publier leurs rendez-vous avec les représentants d'intérêts inscrits au répertoire de la HATVP. Ces publications concernent la Maire de Nantes et les élus titulaires d'une délégation. Les premiers rendez-vous publiés sont ceux ayant eu lieu à partir de juillet 2021. Les publications sont effectuées dans les trois mois qui suivent le rendez-vous. Dans le même sens, l'article 2.2 du code de déontologie de l'élu(e) métropolitain(e) de Bordeaux Métropole prévoit que l'élu s'engage à promouvoir la transparence dans ses relations avec les représentants d'intérêts, notamment en participant à l'élaboration d'un répertoire local des représentants d'intérêts. Pour les élus soumis aux obligations déclaratives, il est recommandé de publier d'emblée ces rencontres sous forme d'agenda ouvert. De telles initiatives ont été à l'origine portées par la ville de Paris qui avait décidé, dès une délibération votée en conseil en novembre 2017, que l'exécutif parisien et les maires d'arrondissement publieraient leurs rendez-vous avec des lobbies inscrits au registre de la HATVP via un outil numérique encadré par la commission de déontologie du Conseil de Paris[2].

---

[1] On ne pourra malheureusement évoquer ici les rapprochements effectués par de nombreuses chartes de déontologie entre la déontologie des élus et des agents publics sur de nombreux principes qui ne s'imposent pas naturellement aux premiers, à savoir le secret professionnel, la confidentialité des informations obtenues de la part des citoyens, la discrétion (V. Charte de déontologie des élus et agents départementaux du Finistère, Charte de déontologie des agents et des élus de Nîmes Métropole de 2023), la formation des élus à l'intégrité (Charte éthique de l'élu du Conseil municipal du Pont-de-Claix de 2020), etc.

[2] Dans un autre registre, le code de la région Grand-Est évoque, sous le vocable de l'exemplarité, les interdictions de harcèlement sexuel et moral : « chaque élu devra impérativement s'abstenir d'imposer à une personne, de façon répétée, des propos ou comportements à connotation sexuelle qui, soit portent atteinte à sa dignité en raison de leur caractère dégradant ou humiliant, soit créent à son encontre une situation intimidante, hostile ou offensante » (art. 2). Après avoir défini le harcèlement et rappelé qu'il constitue un délit et doit faire l'objet de sanctions disciplinaires, l'article 9 de la charte de déontologie de la ville d'Orléans énonce, de son côté, que « L'élu a un devoir d'alerte auprès du maire, ou du déontologue, ou du médecin de prévention, ou du service RH

Les principes déontologiques n'ont cessé de s'étendre à de nouvelles problématiques, quitte à diluer quelque peu le sens de la notion. Derrière cette variété de principes se cache une problématique récurrente, celle du rapport entre l'activité politique et la sphère privée (société civile, lobbies, liens professionnels et personnels des élus…). La Charte de déontologie des élues et des élus de la ville de Tours du 3 juillet 2023 est clairement centrée sur cette question des relations public/privé puisqu'elle aborde quasi exclusivement la question de la transparence envers la société civile (mise à disposition des données, information et participation citoyennes…) ainsi que les risques de conflit d'intérêts et les obligations préventives qui y sont désormais associées. S'il ne s'agit pas de la seule thématique englobée par la déontologie, la notion de conflit d'intérêts en est devenue la principale. C'est donc à cette dimension particulière que l'on doit occuper les prochains développements. La Charte de déontologie des élus de la ville de Clamart du 7 décembre 2023 se cantonne ainsi à aborder les conflits d'intérêts, les obligations préventives et la problématique des cadeaux.

Afin de garantir l'application des différents régimes encadrant le rapport entre politique et secteur privé, des acteurs déontologiques accompagnent ou contrôlent les élus locaux dans leurs activités. Se développe ainsi tout un microcosme institutionnel autour de la déontologie, qui enserre l'activité politique et s'inscrit au cœur de l'organisation des collectivités territoriales. Qu'il s'agisse du cumul d'activités, du pantouflage, du lobbying, du conflit d'intérêts ou encore des cadeaux, des emplois familiaux, des mandats financiers et de bien d'autres questions, ces exemples ont pour point commun le lien entre le mandat politique et la situation privée de la personne qui en est investie. On se concentrera ici sur quelques points en raison de l'impossibilité de traiter l'ensemble de ces sujets, et tout particulièrement sur la notion de conflit d'intérêts qui englobe la problématique des liens entre sphères publique et privée (I). La prévention des conflits d'intérêts repose sur un ensemble d'obligations préventives qui pèsent à titre principal sur les exécutifs locaux (II). Désormais, différents acteurs agissent à des niveaux et avec des pouvoirs variés, puisqu'ils peuvent être internes ou externes aux collectivités et disposer d'un pouvoir de contrôle et/ou d'avis (III).

---

pour tout fait de harcèlement dont il serait témoin, quels que soient la victime et l'auteur présumés. »

I. Le conflit d'intérêts

Après avoir rappelé la définition du conflit d'intérêts (A) et les difficultés pratiques de son application (B), c'est au régime de déport qu'il faudra s'intéresser (C).

A. La notion

Le conflit d'intérêts est à l'origine pris en charge par le régime des inéligibilités et des incompatibilités, qui laisse toutefois ouverts de nombreux cumuls d'activités, facteurs d'interférences avec l'exercice du mandat local. Il n'est pas focalisé sur les fonctions professionnelles, contrairement aux incompatibilités, mais vise aussi les intérêts financiers ou encore les activités exercées par les membres de la famille ou les proches. Le conflit d'intérêts constitue une incompatibilité ponctuelle découlant du risque inhérent à une situation particulière.

Le conflit d'intérêts est défini comme toute situation d'interférences entre un intérêt public et un ou plusieurs intérêts publics ou privés de nature à influencer ou à paraître influencer l'exercice indépendant, impartial et objectif d'un mandat ou d'une fonction (art. 2 de la loi de 2013). Comme l'écrit Christian Vigouroux : « Le conflit d'intérêts d'un chargé de fonction publique consiste à se placer en situation de servir (ou d'être suspecté de servir) deux maîtres à la fois, l'intérêt général et son propre intérêt. Et, surtout, le chargé de fonctions publiques nie sa fonction s'il met les pouvoirs dont il dispose du fait de l'intérêt général au service de ses propres intérêts. Il est donc essentiel qu'il refuse de traiter une affaire qui peut lui rapporter un avantage d'une nature quelconque (financier, familial, de réputation)»[1]. Il s'inscrit dans le processus de décision publique afin d'éviter que l'intérêt général soit le reflet d'un intérêt particulier, peu importe que l'un et l'autre convergent dès qu'existe une apparence de partialité[2]. Le conflit d'intérêts est une notion délicate à manier dès qu'elle s'étend à des considérations subjectives d'où découle une prise en compte de l'apparence, du doute, de la suspicion...

Si toute personne connaît des liens d'intérêts, ceux-ci n'entrent pas nécessairement en conflit avec l'activité publique exercée. Plusieurs éléments doivent être réunis pour considérer qu'un lien d'intérêt présente une nature conflictuelle : l'interférence entre l'intérêt et la fonction publique doit être d'une intensité suffisante pour « influencer ou paraître influencer l'exercice indépendant, impartial et objectif d'une fonction »[3]. L'intérêt peut être public ou privé et découler de liens familiaux, amicaux, professionnels ou financiers. Ainsi l'intérêt moral est-il pris en compte lorsqu'il se manifeste par exemple à travers un engagement particulier au sein d'une association, y compris à titre bénévole.

---

1 C. Vigouroux, *Déontologie des fonctions publiques*, Dalloz, 2012 p. 81.

2 J. Moret-Bailly, *Les Conflits d'intérêts. Définir, gérer, sanctionner*, LGDJ, 2014.

3 Pour une analyse de ces différents points, HATVP, *Guide déontologique II.*

Quant à elle, l'interférence est abordée du point de vue matériel, géographique et temporel. Des intérêts nés dans le passé peuvent produire des effets présents, « les intérêts moraux peuvent survivre aux intérêts matériels »[1], et le risque est d'autant plus grand que les activités en conflit sont exercées sur le même ressort géographique (dans la même commune par exemple). La notion d'influence suppose *in fine* que la décision d'un élu ne soit pas déterminée à l'avance par des considérations extérieures à sa fonction politique de telle sorte que sa position soit susceptible d'évoluer au fil des discussions et ne soit pas fixée préalablement à celles-ci, ou donne l'apparence de l'être. Ce sont alors des préjugés tangibles et palpables qui sont pris en compte pour apprécier l'influence et non sa partialité idéologique, inhérente à l'activité politique.

Tout ceci pose de sérieuses difficultés pratiques, les membres des services des assemblées, ou selon les cas du service juridique, devant tenir un tableau des différents intérêts détenus, élu par élu, afin d'anticiper les conflits d'intérêts avant toute réunion de l'assemblée délibérante. Un tel travail est particulièrement lourd pour les grandes collectivités, à l'instar des régions, des EPCI et de certaines communes. Pour les plus petites communes, d'autres questions se posent : facilement identifiables, les conflits d'intérêts n'en sont pas moins nombreux en raison des liens de promiscuité avec les habitants, provoquant des déports qui ne permettent alors pas d'atteindre le quorum légal pour délibérer. La loi 3 DS a alors prévu qu'en cas de déport, l'élu n'est pas comptabilisé parmi les membres du conseil municipal pour le calcul du quorum. Cette règle, valable aussi pour les EPCI et les syndicats mixtes fermés, ne l'est pas, en revanche, pour les départements et les régions. En revanche, la loi ne régit pas l'hypothèse où le nombre d'élus de la majorité deviendrait minoritaire en raison d'une multiplicité de déports au point que l'opposition deviendrait majoritaire, disposant de la sorte d'un pouvoir de décision non représentatif des résultats découlant des urnes.

B. Les applications

Le régime du conflit d'intérêts est applicable à l'ensemble des responsables politiques, nationaux comme locaux, qu'ils soient membres de l'exécutif ou de l'assemblée délibérante. La définition inclut les conflits entre deux intérêts publics, hypothèse que prévoyait la commission Jospin, ce qui interroge la compatibilité entre le mandat local et certaines activités publiques, celles exercées *es qualités* ou accomplies au sein d'entités à capital public, du type des SEML ou SPL[2]. Les difficultés résultant de ces situations ont incité le législateur à intervenir ; la loi n° 2022-217 du 21 février 2022 relative à la différenciation, la décentralisation, la déconcentration et portant diverses mesures de simplification de l'action publique locale, dite loi « 3DS », a ainsi cherché tout à

---

[1] *Ibid.*, p. 18.

[2] B. Koebel, « Situation des élus locaux et intercommunaux qui siègent dans des SPL », *Contrats et marchés publics* n° 8-9, 01/08/2022, 256.

la fois à circonscrire le champ des situations susceptibles d'entraîner un conflit d'intérêts et à rendre plus cohérents les régimes en matière d'appréciation des risques de nature pénale, déontologique et administrative, lorsqu'un élu représente, en application de la loi, sa collectivité au sein d'une personne morale de droit public ou de droit privé (art. L. 1111-6 CGCT)[1].

Ces récentes modifications ont amené la HATVP à préciser sa doctrine[2]. Ainsi, par exemple, n'y a-t-il aucun risque de conflit d'intérêts en cas de participation d'un élu aux organes dirigeants d'organismes de droit public chargés d'une mission de service public administratif ainsi qu'à ceux d'une régie de la collectivité, même personnalisée et y compris lorsqu'elle gère un service public industriel et commercial. Le seul déport concerne alors la délibération portant sur la rémunération liée à sa désignation. La Haute Autorité a par ailleurs précisé l'expression « en application de la loi » désormais utilisée depuis la loi 3 DS pour exclure le conflit d'intérêts d'un élu qui siégerait *es qualités* dans un organisme extérieur. Elle admet ainsi que l'expression trouve à s'appliquer lorsque la représentation de la collectivité au sein de l'organisme est non seulement expressément prévue par la loi mais aussi que l'application de la loi l'implique nécessairement[3]. Il n'est pas certain, du point de vue du juge pénal, que ces situations ne soient pas qualifiables de prise illégale d'intérêts (art. 432-12 du Code pénal), et il vaut mieux conseiller aux élus de les apprécier au cas par cas, surtout lorsqu'il s'agit d'un SPIC. La dérogation est écartée dès qu'un intérêt personnel existe entre l'élu et la structure, l'élu ne pouvant plus s'en prévaloir dès lors qu'il se trouve en situation de conflit d'intérêts. De même, le déport reste obligatoire quand la délibération porte sur « un contrat de la commande publique, une garantie d'emprunt » ou un certain nombre d'aides telles que des prestations de service, des subventions, des bonifications d'intérêt, des rabais sur le prix de vente, de location et de location-vente de terrain ou de bâtiments…[4]

En résumé, il faut distinguer entre 3 situations-types. Une neutralisation totale du conflit d'intérêts est prévue lorsque l'élu siège dans un organisme de droit public, non industriel et commercial, tel qu'un EPCI, un syndicat mixte ou encore un CCAS. Une neutralisation partielle existe en revanche pour les SEM, les établissements publics satellites ainsi que, par exemple, les agences

---

[1] Des règles équivalentes ont été introduites aux al. 11 et 12 de l'art. L. 1524-5 du CGCT pour le cas particulier des sociétés d'économie mixte locales et des sociétés publiques locales.

[2] Cette doctrine est précisée dans deux délibérations : délibération n° 2022-150 du 3 mai 2022 relative à la demande d'avis déontologique de Monsieur Alain Anziani ; délibération n° 2022-465 du 29 nov. 2022 relative à la demande d'avis déontologique de X.

[3] Disponible sur [https://www.hatvp.fr/presse/le-conflit-dinterets-publics-apres-la-loi-3ds/]. Parmi quelques exemples : les régies dotées de l'autonomie financière et de la personnalité morale, les établissements publics locaux (EPL) d'enseignement, les établissements publics de santé, les missions locales, les agences d'urbanisme, les MDPH…

[4] Ces dernières règles de déport ne s'appliquent pas aux caisses des écoles, aux CCAS et aux CIAS, le législateur considérant qu'il existe alors une convergence des intérêts entre les personnes morales.

d'urbanisme où l'élu doit se déporter dans le cadre des procédures de passation des marchés publics, d'attribution de subventions ou de toutes autres décisions de nature économique et financière. Enfin, il n'y a pas de neutralisation dans les autres situations, telles que la participation de l'élu aux instances dirigeantes d'une association, d'un GIP ou de tout autre intérêt public. La question se pose alors du statut des associations transparentes qui peuvent être considérées comme exerçant un service public en quasi-régie, ce qui devrait écarter le risque de conflit d'intérêts pour les élus qui y siègent. Si l'élu ne doit pas participer aux procédures de décisions en lien avec ces organismes, notamment associatifs, une zone d'ombre persiste quant au conflit d'intérêts de « l'autre côté ». Autrement dit, l'élu peut-il participer aux assemblées générales des associations, et jusqu'à quel point contribuer à la discussion, sans craindre d'être en situation de conflit d'intérêts ? Dans une optique de prévention et de simplification, les élus de la ville de Grenoble ont fait le choix de démissionner de leur mandat associatif, sans que cette démarche ne semble avoir posé difficulté, ni que les élus locaux n'aient le sentiment de s'éloigner du terrain. Quoi qu'il en soit, en cas de doute, il est toujours préférable pour l'élu local de se déporter de toute la procédure pour laquelle un risque de conflit d'intérêts peut être suspecté.

D'autres situations se présentent en dehors des cas de cumul d'activités exercées par un élu, en fonction notamment du microcosme personnel et familial qui l'entoure. Le conflit d'intérêt est ainsi susceptible de s'apprécier vis-à-vis des terrains détenus par un élu sur le territoire de sa commune, des responsabilités exercées ou des actions détenues dans une entreprise, de la profession du conjoint, etc. Doit par exemple se déporter de la délibération désignant une personne à la tête d'un organisme l'élu qui connaît un candidat, de celle validant le nouveau PLU lorsque son terrain devient constructible ou encore de celle attribuant une subvention à une association avec laquelle il entretient des liens familiaux...Désormais, le conflit d'intérêts est partie prenante du mandat des élus locaux qui doivent l'intégrer dans l'exercice de leur pouvoir de décision et de leur liberté d'expression. La légitimité-exemplarité de l'élu lui exige ainsi parfois de ne pas exercer son mandat, c'est-à-dire de suspendre ses fonctions lorsqu'il ne peut en assurer un exercice indépendant et impartial.

C. Le déport

Le point 3 de la Charte de l'élu local énonce que « l'élu local veille à prévenir ou à faire cesser immédiatement tout conflit d'intérêts. Lorsque ses intérêts personnels sont en cause dans les affaires soumises à l'organe délibérant dont il est membre, l'élu local s'engage à les faire connaître avant le débat et le vote ». En d'autres termes, le conflit d'intérêts n'exigerait pas le déport mais une déclaration publique, au cours de la séance, de la part de l'élu concerné sur sa situation personnelle. Une telle orientation est non seulement contraire à la loi de 2013 mais dangereuse vis-à-vis de la jurisprudence de la Cour de cassation relative à la prise illégale d'intérêts. Concrètement, le déport n'est pas une option mais bel et bien une obligation pour les élus locaux en cas de situation de conflit d'intérêts. Un malentendu semble persister sur cette question du déport dans la mesure où, à l'exception des chartes de déontologie portant sur les marchés publics, nombreuses sont celles qui restent silencieuses sur cette obligation de déport ou n'en précisent pas les modalités.

L'article 2 de la loi de 2013 prévoit que « les personnes titulaires de fonctions exécutives locales sont suppléées par leur délégataire, auquel elles s'abstiennent d'adresser des instructions », sans autres précisions, alors même que l'obligation de déport s'applique à l'ensemble des élus en situation de conflit d'intérêts, ce que la loi devrait rappeler pour plus de clarté. La procédure de déport est alors organisée par le décret du 31 janvier 2014, en ses articles 5 et 6[1]. Des difficultés pratiques de mise en œuvre ont conduit certaines autorités déontologiques locales à préciser ses modalités d'application. C'est le cas du guide pratique pour prévenir les conflits d'intérêts du conseil régional d'Ile-de-France de mai 2021 (Guide de déport des élus régionaux), qui décrypte les bonnes pratiques à mettre en œuvre pour répondre aux exigences du décret. Trop peu de textes ont retenu cette démarche pourtant éclairante pour les élus qui ne matérialisent pas toujours concrètement les situations à risque.

Deux dispositifs spécifiques peuvent être mobilisés[2]. Le maire ou le président doit prendre un arrêté de déport mentionnant la teneur des questions pour lesquelles il estime ne pas devoir exercer ses compétences, et désigner la personne chargée de le suppléer. Seule la désignation d'un suppléant est valable puisqu'elle rompt le lien de contrôle et de responsabilité qui est maintenu entre le délégant et le délégataire dans l'hypothèse d'une délégation de signature et de fonction. Il est à noter que le fait qu'une personne dépositaire de l'autorité publique ait octroyé une délégation de signature n'écarte pas le risque de prise illégale d'intérêts (Cass. crim., 9 févr. 2005, n° 03-85697). Pour les élus titulaires d'une délégation de l'exécutif, tels qu'adjoint, vice-président, conseiller délégué, ils doivent informer l'autorité exécutive délégante par écrit lorsqu'ils estiment se trouver en situation de conflit d'intérêts, en précisant la teneur de la question pour laquelle ils estiment ne pas devoir exercer leurs compétences. Dans une telle situation, l'exécutif doit acter cette situation, en déterminant par arrêté « les questions pour lesquelles la personne intéressée doit s'abstenir d'exercer ses compétences ». Les conseillers municipaux sans délégation sont aussi susceptibles d'être en situation de conflit d'intérêts, notamment lorsqu'ils prennent part à une délibération qui les concerne directement ou leur entourage.

Le déport doit être inscrit dans le compte rendu de la délibération. Si l'élu n'a pas à mentionner expressément les raisons précises le conduisant à se déporter, il

---

[1] Décr. n° 2014-90 du 31 janv. 2014 portant application de l'art. 2 de la loi n° 2013-907 du 11 oct. 2013 relative à la transparence de la vie publique.

[2] Pour une analyse pratique du régime, E. Untermaier-Kerléo, « Actes administratifs unilatéraux et déontologie des élus locaux : identifier les risques juridiques pour mieux les prévenir », *JCP A* n° 47, 23 nov. 2020 - Élections / Élus.

ne peut en revanche justifier son déport par une absence le jour de la délibération. En d'autres termes, le déport ne peut jamais être implicite même si la teneur du conflit d'intérêts n'a pas à être explicitée vis-à-vis des autres élus. Par ailleurs, les élus locaux doivent s'abstenir de participer non seulement au vote, mais également aux débats ainsi qu'à l'instruction du dossier. Concrètement, la non-participation au vote ne suffit pas, l'élu doit aussi sortir de la salle et s'abstenir de participer aux travaux préparatoires. L'obligation de quitter la salle, largement décriée par les élus, résulte non de la loi mais de la jurisprudence de la Cour de cassation, et concerne indistinctement les élus locaux. Cette valse des élus pose des difficultés d'organisation dans certaines grandes collectivités où, selon le sujet abordé, les élus font des allers-retours entre le couloir et la salle de réunion. L'ascendant des exécutifs locaux sur leur majorité, ou des présidents de groupe sur les autres membres, justifie que les délibérations ne s'effectuent pas sous leur supervision, mais ne pourrait-on pas se contenter d'exiger la non-participation aux travaux et discussions, à savoir le silence, des autres conseillers ? L'ampleur du phénomène est difficile à évaluer dans la mesure où les services des assemblées ne publient pas les registres de déports qu'ils sont censés tenir pour chaque réunion. Certaines collectivités se sont engagées à les publier. La charte de déontologie de la ville de Marseille prévoit, en son article 15, qu'« un registre des déports est tenu par la Ville. Il est consultable par les usagers qui en feraient la demande auprès de la Commission Communication et Ouverture Des Données (CCODD) ». On peut par ailleurs supposer qu'il s'agit d'un document administratif communicable sur le fondement du régime d'accès.

In fine, l'exemplarité exige parfois de s'abstenir, créant ainsi un paradoxe : la légitimité du mandat local dépendant du fait de suspendre l'exercice de celui-ci. L'élu vertueux est celui qui apprécie objectivement sa propre situation et sait s'abstenir en cas de risque.

II. Les obligations préventives

La notion de conflit d'intérêts est axée sur une logique préventive. Son application s'accompagne de dispositifs de contrôle qui doivent en prévenir la réalisation. Du point de vue de la décentralisation à la française, la déontologie propose une lecture originale : le contrôle des élus locaux est centralisé à l'échelon national par la HATVP, la libre administration a contribué à remettre en cause l'uniformité entre les collectivités puisque certaines ont adopté un régime propre et le principe de proximité a été un facteur de limitation de la déontologie locale. Plusieurs obligations sont ainsi imposées aux élus locaux, et tout particulièrement aux exécutifs des collectivités, afin de prévenir le risque de conflit d'intérêts, et donc d'anticiper le déport. C'est le cas des obligations déclaratives (A) et du contrôle de la reconversion professionnelle des élus (B) tandis que les cadeaux, facteurs de conflit d'intérêts, ne font l'objet d'aucune régulation juridique (C).

A. Les déclarations déontologiques

Les déclarations de situation patrimoniale et d'intérêts jouent un rôle de premier plan dans la prévention des conflits d'intérêts. Elles sont déposées auprès de la HATVP par les maires des communes de plus de 20 000 habitants et les adjoints aux maires des communes de plus de 100 000 habitants, les directeurs, directeurs adjoints et chefs de cabinet des maires des communes de plus de 20 000 habitants. Ne sont pas soumis au dépôt d'une déclaration déontologique les 34 maires d'arrondissement de Paris, Lyon et Marseille[1].

Les déclarations de situation patrimoniale sont déposées au début et à la fin du mandat, « dans un délai de deux mois à compter de la fin de son mandat ou de ses fonctions », leur contrôle devant permettre de détecter un éventuel enrichissement illicite. Les déclarations d'intérêts visent à éviter en amont tout conflit d'intérêts et à détecter d'éventuelles fraudes ou illégalités. Depuis la loi 3 DS, elles doivent mentionner tous les mandats et fonctions exercés « au cours des cinq dernières années ». L'exemplarité découle d'abord du fait de déposer une déclaration qui soit « exhaustive, exacte et sincère ». C'est moins le produit du contrôle des déclarations que le dépôt en soi qui constitue une première forme d'exemplarité, faisant de la déontologie une modalité de légitimation à part entière du mandat local. Alors que la déontologie repose sur une logique préventive, elle renforce aussi la dimension pénale puisqu'elle prévoit de nouvelles infractions : le fait de ne pas déposer l'une des déclarations, d'omettre de déclarer une partie substantielle de son patrimoine ou de ses intérêts ou de fournir une évaluation mensongère de son patrimoine est puni d'une peine de trois ans d'emprisonnement et de 45 000 € d'amende (art. 26 de la loi de 2013). La légitimité-exemplarité consiste donc à se soumettre à des obligations dérogatoires de contrôle, en amont ou indépendamment de toute situation de corruption et de conflit d'intérêts. Récemment entré en vigueur, l'article L 52-11-1 du code électoral prévoit par ailleurs que « Le remboursement forfaitaire (de la campagne des candidats aux élections locales) n'est pas versé aux candidats (…) qui n'ont pas déposé leur déclaration de situation patrimoniale dans le délai légal et pour le scrutin concerné, s'ils sont astreints à cette obligation ».

En raison de la censure du Conseil constitutionnel, seules les déclarations d'intérêts sont rendues publiques sur le site Internet de la HATVP, celles de situation patrimoniale n'étant ni publiées ni consultables. En effet, selon le juge, une telle publicité aurait porté atteinte au secret de la vie privée en raison de la proximité existante entre les élus locaux et les électeurs. Une telle argumentation suppose que la déclaration de patrimoine est plus intrusive que celle d'intérêts, elle-même mise en ligne. Sans doute s'agit-il d'un biais culturel qui fait du

---

[1] Certaines listes aux municipales ont pu s'engager à déposer une déclaration d'intérêts pour tous les élus, y compris ceux ne composant pas l'exécutif, afin de permettre un contrôle des conflits d'intérêts pour l'ensemble des membres de l'assemblée délibérante (V. Charte Éthique Grenoble en Commun, 18 févr. 2020).

patrimoine une composante de la vie privée, quand bien même une telle reconnaissance est écartée de longue date par la Cour de cassation, mais aussi la CEDH. Toujours est-il que la proximité se présente donc comme une limite au développement de l'exemplarité et constitue elle-même une légitimation du mandat local qui compense l'absence de transparence.

Certains textes locaux ont contourné la censure du Conseil, la ville de Paris ayant par exemple prévu la possibilité de mettre en ligne les déclarations de patrimoine, à la discrétion toutefois des élus concernés. Face à cette simple incitation, des réticences se sont fait sentir : en mai 2021, 25% des élus refusaient que leur déclaration d'intérêts soit publiée alors qu'elle était déjà mise en ligne par la HATVP sur son site, et 55% n'avaient pas remis de déclaration de patrimoine ou en bloquaient la diffusion. De même, le texte déontologique de la région PACA prévoit que l'ensemble des élus, et non pas seulement les exécutifs, remplissent une déclaration de patrimoine et d'intérêts et la transmettent à la Commission de déontologie de la région. Celle-ci ne disposant pas de pouvoir de coercition, cette action de transparence est uniquement basée sur le volontariat. Les élus qui n'ont pas d'obligation légale de déclaration ne sont contraints que par l'engagement qu'ils ont bien voulu prendre au moment du vote du Code de déontologie le 16 janvier 2016, les élus de certains partis s'y étant toujours refusés.

B. Le contrôle de la reconversion professionnelle

Il existe un contrôle de la reconversion professionnelle des exécutifs locaux (2° du I de l'article 11 de la loi du 11 octobre 2013), principalement les présidents de collectivités, pendant les trois années qui suivent la cessation des fonctions (art. 23 de la loi de 2013). Le pantouflage constitue un risque pour l'exercice des fonctions politiques, puisque l'élu peut être tenté de satisfaire un intérêt particulier dans la perspective d'en être récompensé par une reconversion avantageuse à l'issue de son mandat. La HATVP propose dans son rapport d'activités de l'étendre aux vice-présidents titulaires d'une délégation de signature ou de fonction et aux adjoints au maire des communes de plus de 100.000 habitants. À ce titre, c'est l'ensemble des anciens titulaires de fonctions exécutives locales qui peuvent être poursuivis pour prise illégale d'intérêts suivant l'exercice des fonctions sur le fondement de l'article 432-13 du Code pénal. En conséquence, on mesure toute l'importance d'étendre le contrôle afin de sécuriser les situations des élus locaux souhaitant se reconvertir, le déontologue élu local étant à terme amené à les conseiller sur ce point.

Le contrôle de la reconversion professionnelle vise à apprécier les difficultés déontologiques et à prévenir le risque de prise illégale d'intérêts sanctionnée de trois ans d'emprisonnement et d'une amende de 200 000 € (C. pén., art. 432-13). Le champ d'intervention de la Haute Autorité est encore largement incomplet puisqu'il ne porte que sur le départ vers le secteur privé ou le secteur public concurrentiel. Durant les trois années consécutives à la fin du mandat, elle doit être saisie préalablement à l'exercice de toute nouvelle activité professionnelle dans le secteur privé. Le Président de la Haute Autorité peut lui-même saisir cette dernière dans l'hypothèse où le maire ou le président d'EPCI ne l'aurait pas fait. La Haute Autorité dispose d'un délai de deux mois, à compter de sa saisine, pour se prononcer. Elle apprécie si l'activité privée qu'un élu souhaite exercer à l'issue de son mandat risque de compromettre ou de mettre en cause le fonctionnement normal, l'indépendance ou la neutralité du service ; de méconnaître tout principe déontologique ; de placer l'intéressé en situation de commettre les infractions prévues aux articles 432-12 ou 432-13 du Code pénal (prise illégale d'intérêts).

Elle peut rendre trois types d'avis : un avis de compatibilité simple lorsqu'aucun risque déontologique ou pénal n'a été identifié ; un avis de compatibilité avec réserves, par lequel elle impose des mesures de précaution ; un avis d'incompatibilité, qui interdit à la personne d'exercer l'activité envisagée. Dans sa nouvelle activité professionnelle, un ancien élu ne peut prendre pour client une entreprise ayant entretenu des relations avec les services placés sous son autorité et dont il a rencontré à plusieurs reprises les dirigeants lorsqu'il occupait ses fonctions exécutives locales[1]. Cela réduit les possibilités de créer une entreprise, notamment un cabinet de conseils, en profitant des relations nouées en cours de mandat ou des moyens offerts par celui-ci. Toutefois, il n'est pas nécessaire de se reconvertir pour être en situation de conflit d'intérêts, même la reprise de l'ancienne activité n'est pas à l'abri de la déontologie dès lors qu'elle conduit à nouer des liens avec les acteurs publics ou privés avec lesquels l'élu était en contact tout au long de son mandat.

La méconnaissance d'un avis de la HATVP peut faire l'objet d'un rapport spécial publié au Journal officiel et transmis au procureur de la République (CPP, art. 40). Elle assure un suivi de ces avis pendant les trois années qui suivent la cessation de fonctions. Contrairement au régime de contrôle du pantouflage des agents publics, celui visant les exécutifs locaux ne connaît aucune sanction particulière. En cas de manquement aux avis d'incompatibilité et aux réserves ou en cas de défaut de saisine, la HATVP publie un rapport spécial au Journal Officiel avant de transmettre le dossier au procureur de la République, ce qui ne constitue pas une sanction en soi. La transmission au Parquet n'a de conséquence que dans l'hypothèse où une infraction pénale est commise, le manquement à une obligation déontologique n'entraînant, du moins devant la HATVP, aucune autre sanction que le *Name and Shame*.

Malheureusement, en l'absence d'obligation légale en ce sens, la HATVP ne publiait pas toujours ses avis relatifs aux acteurs locaux, seuls ceux relatifs aux membres du Gouvernement sont systématiquement mis en ligne sur son site Internet et, de manière plus récente, ceux des agents publics. En 2022, la

[1] Dans un tel cas, la HATVP a ainsi demandé à l'ancien élu de mettre immédiatement fin à ses relations avec cette entreprise et ses filiales jusqu'à l'expiration d'un délai de trois ans à compter de la fin de ses fonctions publiques (HATVP, délib. n° 2019-106, 6 nov. 2019).

HATVP a rendu 330 avis sur une mobilité public-privé dont 39 avis concernaient des responsables publics (élus locaux et gouvernants), les autres étant relatifs à des agents publics[1]. Sur les 39 avis, 90% ont concerné des membres du Gouvernement, le nombre très faible de saisines par les élus locaux soulignant l'absence de réflexe en la matière, voire une méconnaissance de leurs obligations et des compétences de la HATVP. L'éloignement géographique complique la tâche de la Haute Autorité qui prend connaissance des reconversions *via* la presse locale ou les dénonciations, ce qui reste insatisfaisant pour assurer un contrôle généralisé des situations à risque.

C. L'angle mort des cadeaux

Aucun texte n'encadre la question sensible des cadeaux reçus par les élus locaux, véritable angle mort des réformes législatives[2]. La déontologie endogène prend parfois le relais pour pallier les lacunes de la déontologie exogène. Des textes intègrent alors des dispositifs spécifiques. À l'instar de ce qui est prévu en interne à l'Assemblée nationale et au Sénat, plusieurs collectivités ont retenu le seuil de 150 € pour imposer une obligation déclarative au référent déontologue. Ainsi en est-il des régions Île-de-France, Grand-Est, Hauts-de-France, Nouvelle Aquitaine, ou encore de la métropole dijonnaise et de la ville de Toulouse. Les cadeaux et invitations non protocolaires des élus toulousains doivent faire l'objet d'une déclaration annuelle auprès du déontologue, être refusés lorsqu'ils dépassent 150 euros et remis à la collectivité lorsqu'ils ont été reçus. Une simple déclaration est imposée au fil de l'eau dans la région Grand-Est, via la plateforme Intér'Est, pour les cadeaux dépassant la valeur de 150 euros. Concernant les cadeaux protocolaires, ceux-ci sont remis à la collectivité, ainsi que l'énonce par exemple la charte de la région Île-de-France selon laquelle, « dans le cas où un refus pourrait apparaître diplomatiquement inopportun, le cadeau sera accepté et deviendra la propriété de la région en vertu du précepte selon lequel ces présents n'appartiennent pas aux élus mais aux seuls franciliens »[3]. D'autres textes optent pour une solution plus radicale. L'article 3 de la charte de déontologie des élus de la ville de Clamart prévoit que les élus « s'engagent à refuser tout cadeau et libéralité même lorsqu'ils n'appellent pas de contrepartie directe ou indirecte. Les cadeaux dits « protocolaires » reçus de délégation sont remis à la Ville de Clamart quelle que soit leur valeur. Ils s'engagent à refuser les invitations et voyages de nature à influencer ou paraître

---

[1] La Haute Autorité a rendu 79,9% d'avis de compatibilité avec réserves (254), 13,8% d'avis de compatibilité simple (44) et 6,3% d'avis d'incompatibilité (20) (rapport public pour l'année 2022).

[2] F. Jourdan, « Guide à destination des agents publics : l'AFA ne fait pas de cadeaux ! », *JCP A* 2022, 2325 ; A. Granéro, « Les cadeaux et invitations offertes aux élus locaux et aux agents territoriaux, un encadrement encore balbutiant », *JCP A* 2022, 2156.

[3] Certaines fois, les cadeaux protocolaires sont consignés dans un registre, le déontologue de la Région Sud ayant par exemple indiqué que neuf cadeaux protocolaires ont été reçus par le président de région : des livres, objets de décoration ou encore des sculptures (Commission de déontologie de la région Sud : Rapp. d'activité 2019, p. 108).

influencer l'exercice indépendant et impartial de leurs fonctions ». Aussi louables soient-elles, ces dispositions relèvent de la bonne volonté des élus puisqu'il n'existe aucune interdiction légale, ni aucun régime disciplinaire qui sanctionnerait les abus.

Le Code de déontologie de la région PACA en ses articles 2.3.4 à 2.3.6 et dans son article 3 ainsi que les Statuts de la Commission de déontologie à l'article 2.1.3 précisent à l'attention des Conseillers régionaux, en matière de prévention des conflits d'intérêts et de transparence, quelles sont les dispositions à prendre en cas de remise de cadeaux ou d'avantages. Ainsi convient-il de ne pas accepter de cadeaux ou avantages tendant à influencer directement ou indirectement leur décision et de refuser les cadeaux ou avantages d'une valeur supérieure à 150 €. Les conseillers doivent également déclarer annuellement la liste des cadeaux reçus au titre de leur mandat. La commission de déontologie de la région a reçu 65 formulaires, dont 3 émanent d'élus du groupe RN et 1 d'un élu non inscrit et non apparenté. 61 saisines indiquent « néant » et 4 indiquent des cadeaux du type produits de bouche, alcool, objet de décoration, médaille, ballon de rugby... 72 cadeaux protocolaires ont été reçus par le Président de la Région, parmi lesquels des cadeaux commémoratifs remis lors de déplacements officiels et de grands événements, constitués de livres, agendas, CD, objets décoratifs tels que tableaux, médailles, etc.

Concernant les voyages, les articles 2-3-7, 2-3-8 et 3 du Code de déontologie ainsi que l'article 2-1-2 des Statuts de la Commission prévoient que les élus déclarent au déontologue, une fois par an, la liste des voyages accomplis à l'invitation totale ou partielle d'une personne morale ou physique dans la mesure où les frais exposés partiellement ou en totalité ont été supportés par celle-ci. De même ils sont invités à faire preuve de vigilance « avant d'accepter une participation à des colloques ou séminaires financés par des tiers ». La Commission de déontologie est chargée de veiller à la bonne application de ces règles. Depuis sa mise en place, la Commission a fait cinq recommandations particulières sur cette thématique appelant les élus à la saisir, à titre préventif, en cas de doute dans l'appréciation de l'intention du tiers, ainsi que pour éclaircir le mandat au titre duquel ils sont invités et en rappelant la nécessité de déclarer ce type de voyage annuellement.

S'il convient de distinguer les cadeaux protocolaires et personnels, nul doute que s'impose aujourd'hui l'adoption d'un régime législatif général pour encadrer cette pratique. Dans certains cas, des exécutifs locaux destinataires d'invitations à des événements sportifs ou culturels les redistribuent aux agents publics de la collectivité via la mise en place de tirages au sort ou de tombolas, comme on a pu le voir à Marseille. Une telle pratique est-elle vraiment satisfaisante dans la mesure où elle perpétue l'existence d'une relation entre la collectivité et ses bienfaiteurs qui sème le doute sur l'indépendance et l'impartialité de la puissance publique ? Il ne faut pas laisser supposer que les nombreuses subventions publiques octroyées aux sociétés ou associations locales justifient l'invitation des élus, ou des agents envers qui les exigences déontologiques doivent être tout aussi strictes, à des événements particuliers, cette présence posant d'ailleurs d'autres difficultés vis-à-vis du régime des représentants d'intérêts. Le législateur ne doit plus faire l'économie d'une réflexion à ce sujet s'il veut clarifier les situations de conflit d'intérêts, le contrôle du lobbying, et le risque de capture privée de l'action publique.

III. Les acteurs

On peut classer les acteurs intervenant en matière de déontologie en trois catégories, en fonction de la nature de leurs compétences, les uns disposant du seul pouvoir d'avis et de recommandations (A) tandis que d'autres ont également un pouvoir de contrôle (B) ou encore de sanction (C).

A. Les avis et recommandations du référent déontologue

La déontologie endogène précède parfois la déontologie exogène. Ce fut le cas avec la fonction de référent déontologue pour les élus locaux qui avait déjà été installée dans certaines collectivités, comme l'atteste la lecture de la charte de déontologie de la ville de Nîmes, celle d'Orléans, de la MEL, de Bobigny, etc. Ce n'est que dans un second temps que cette fonction a été créée par l'article 218 de la loi 3DS[1] qui a introduit l'article L. 1111-1-1 du code général des collectivités territoriales (CGCT) selon lequel « tout élu local peut consulter un référent déontologue chargé de lui apporter tout conseil utile au respect des principes déontologiques » tels que consacrés dans la Charte de l'élu local[2]. Alors que la date limite de désignation était fixée au 1er juin 2023, certaines collectivités restent à ce jour sans déontologue. Des communes attendent sa désignation par l'EPCI auquel elles appartiennent en vue de mutualiser la fonction.

La désignation du référent doit faire l'objet d'une délibération de l'organe délibérant de la collectivité territoriale (CGCT, art. R. 1111-1-A), ce qui suppose un accord minimum entre les forces politiques. Les collectivités, un groupement de collectivités ou un syndicat mixte, peuvent partager un même référent déontologue, certaines structures ayant fait le choix de mutualiser la gestion de cette fonction auprès d'un Centre de gestion (CDG), activité effectivement exercée par plusieurs d'entre eux à ce jour (par exemple, CDG 69 et 38). Une polémique est d'ailleurs survenue à ce sujet : certains, parmi lesquels la Direction générale des collectivités locales (DGCL), ayant considéré qu'une telle responsabilité n'entrait pas dans les compétences des CDG. Ces critiques se

---

[1] Après une première tentative infructueuse dans le projet de loi relatif à l'engagement dans la vie locale et à la proximité de l'action publique souhaité, l'adoption résultant par ailleurs d'un amendement d'une députée (V. Amdt n° 264, AN, 2 déc. 2021, examen du projet de loi 3DS).

[2] J.-F. Kerléo et E. Untermaier-Kerléo, « Pour une déontologie des agents et des élus, étendre la compétence du référent déontologue aux élus locaux », Observatoire de l'éthique publique, nov. 2019 ; V. sur ce sujet, P. Villeneuve, « Mettre en œuvre le référent déontologue pour les élus locaux », *JCP A* n° 3, 23 janv. 2023, 2019.

sont fondées sur une confusion entre la fonction du référent déontologue, qui doit être indépendante, et la gestion administrative de son activité, qui peut être prise en charge par n'importe quelle structure dès lors qu'elle ne s'immisce pas dans ses fonctions. En revanche, personne ne trouve rien à redire au fait que cette fonction soit mutualisée par des cabinets d'avocats, alors que les risques de conflit d'intérêts y sont bien plus prégnants. Toujours est-il que, à l'heure actuelle, des choix très différents de rattachement ont pu être faits selon que les collectivités ont internalisé la fonction, à l'instar de plusieurs départements, que les EPCI, les associations des maires (AMF) ou encore les CDG ont également été conduits à mutualiser la fonction pour un nombre variable de communes.

Le décret n° 2022-1520 du 6 décembre 2022 confère une assez grande liberté aux collectivités territoriales, qui peuvent désigner un référent déontologue ou un collège de déontologie *ad hoc*. Pour autant, la loi prévoit que les personnes désignées ne peuvent exercer ou avoir exercé une activité au sein des collectivités territoriales concernées (CGCT, art. R. 1111-1-A, al. 3) et ce au cours des trois dernières années. L'article R. 1111-1-A du CGCT indique que la fonction peut être selon les cas, assurée par : « 1° Une ou plusieurs personnes n'exerçant au sein des collectivités auprès desquelles elles sont désignées aucun mandat d'élu local, n'en exerçant plus depuis au moins trois ans, n'étant pas agent de ces collectivités et ne se trouvant pas en situation de conflit d'intérêt avec celles-ci » ; « 2° Un collège, composé de personnes répondant aux conditions du 1°. Celui-ci adopte un règlement intérieur précisant son organisation et son fonctionnement (…) ». Les missions du référent déontologue sont exercées en toute indépendance et impartialité par des personnes choisies en raison de leurs expériences et compétences. Le référent déontologue est appelé à rendre un avis lorsqu'il est sollicité pour tout conseil utile au respect des principes déontologiques consacrés par la charte de déontologie de l'élu local. Cette dernière constitue désormais le socle des compétences du référent déontologue alors même qu'elle est assez incomplète et imprécise, voire contradictoire avec les dispositions de la loi de 2013 opposables aux élus[1].

Le référent déontologue semble critiqué par une grande partie de la classe politique locale. Outre l'argument de l'absence de garanties suffisantes à son indépendance, qui sans être infondé apparaît un peu excessif, cette fonction est apparue à tort comme étant contraignante pour les élus locaux. Pourtant, le référent déontologue se contente de rendre des avis confidentiels à ceux qui l'ont saisi, et nul n'est contraint de le solliciter. En cas de doute sur son impartialité, il suffit alors de l'ignorer ! Surtout, le décret rappelle que l'avis délivré à la suite d'une saisine est confidentiel, le référent déontologue étant soumis au secret et à la discrétion professionnels pour tous les faits ou informations dont il a connaissance (CGCT, art. R. 1111-1-D). Concrètement, il s'agit plutôt de sécuriser la situation d'élus locaux qui, dans le même temps, se plaignent des risques pénaux qui pèsent sur leur mandat. Cette fonction pourrait donc

[1] J.-F. Kerléo, « L'étrange destin de la charte de l'élu local », *AJCT*, mai 2023, p. 256-259.

constituer un levier efficace pour prévenir les risques, et de récentes affaires ont démontré à quel point celui de corruption s'est accru dans l'action publique locale.

Contrairement au référent déontologue des agents publics, celui compétent pour les élus locaux n'a pas l'obligation de rendre un rapport annuel faisant état de ses activités. Un état des lieux des risques et difficultés rencontrées est alors impossible sans recourir à des entretiens et à des rencontres avec ces acteurs soumis au secret professionnel, ce qui ne contribue pas à libérer une parole qui, tout en garantissant l'anonymat, éclairerait sans aucun doute sur les risques et les préoccupations réels. Difficile alors de faire ressortir les grands traits de la déontologie politique locale et d'apprécier, par exemple, les convergences avec les thématiques soulevées par les agents publics, les sujets que le législateur devrait aborder, les outils à améliorer ou les dispositifs à assouplir.

B. Les contrôles de la HATVP

Plusieurs acteurs sont susceptibles d'intervenir dans le contrôle déontologique, la HATVP étant l'un des principaux à côté de l'Agence française anticorruption (AFA) et des chambres régionales et territoriales des comptes. Instituée pour contrôler les déclarations d'intérêts et de situation patrimoniale que doivent lui transmettre certains responsables publics, la Haute Autorité s'est aussi vu confier le contrôle des mobilités public/privé des exécutifs locaux.

La HATVP reçoit, puis contrôle et, lorsque la loi le prévoit, publie les déclarations déontologiques qui lui sont transmises. Son rôle consiste à apprécier l'exhaustivité, l'exactitude et la sincérité des déclarations ainsi que la variation du patrimoine de l'élu entre le début et la fin du mandat. Dépourvue de pouvoir de sanction, elle peut seulement saisir le procureur de la République, sur le fondement de l'article 40 du Code de procédure pénale. Le bilan du respect, par les élus locaux, des obligations déclaratives est mitigé. Concernant les dernières élections municipales et communautaires, si la HATVP constate un taux satisfaisant de respect des obligations, de l'ordre de 99 %, ce résultat n'a pu être obtenu qu'après un travail très soutenu de relance de la Haute Autorité. À l'issue des délais légaux, seuls 47% des maires et 39 % des adjoints avaient déposé leurs déclarations. Les élus locaux constituent assurément les mauvais élèves, que ce soient les élus entrants ou les sortants, et tout particulièrement les vice-présidents de conseil régional et départemental titulaires d'une délégation de signature et de fonctions (64% de conformité pour les entrants et 84% pour les sortants) et les conseillers régionaux ou départementaux titulaires d'une délégation de signature ou de fonction (52% de conformité pour les entrants et 80% pour les sortants). En 2021, les services de la HATVP ont adressé 1261 relances et 250 injonctions aux déclarants pour défaut de dépôt.

La HATVP a souligné une forte baisse de conformité des déclarations aux exigences imposées, ce qu'elle explique par la présence de nouveaux élus, peu familiers avec les obligations déontologiques. De nombreuses déclarations présentaient des omissions relatives à la participation des élus locaux aux organes dirigeants d'organismes satellites des collectivités, au sein desquels ils siègent en tant que représentants de leur collectivité. 945 demandes d'informations complémentaires ont été adressées aux déclarants, constituant une augmentation de 21%. Pour cette même période, à propos des déclarations d'intérêts, 1550 déclarations ont fait l'objet d'un contrôle qui s'est conclu par une mesure de prévention de conflit d'intérêts, dont 83% des déclarations envoyées par les élus municipaux, 78% des déclarations envoyées par les élus communautaires, et 80% pour les déclarations envoyées par les autres élus (régionaux et départementaux). Sur les 30 avis formels rendus par la HATVP au cours de l'année 2021, 18 avaient pour destinataires des élus locaux, représentant le public le plus important.

Le contrôle des déclarations déontologiques doit permettre à la HATVP d'alerter les exécutifs locaux sur les risques de conflit d'intérêts. À ce titre, la Haute Autorité leur envoie de nombreux courriers afin d'anticiper de potentiels déports. Si cet exercice prophylactique est susceptible d'un contrôle effectif à l'échelon national, en raison de la visibilité des activités des membres du Gouvernement et de leurs conseillers, l'efficacité du contrôle de la HATVP pour les situations locales est moins évidente. La HATVP est une autorité nationale, largement déterritorialisée, et le nombre d'élus locaux ne permet pas un véritable suivi du risque déontologique. D'où l'émergence progressive d'un nouvel acteur à l'échelon local, les chambres régionales et territoriales des comptes, dont les contrôles incluent désormais une dimension déontologique de plus en plus prégnante, notamment sur les obligations dites de *compliance* découlant de la loi SAPIN 2 (cartographie des risques, procédures d'alerte, évaluation des tiers, etc.). Ces acteurs sont amenés à monter progressivement en puissance sur ces sujets, compensant partiellement les difficultés rencontrées par la HATVP dans son contrôle de la déontologie locale.

Depuis le 1er février 2020, la HATVP est également compétente pour contrôler le pantouflage des exécutifs locaux, précédemment traité. Ce contrôle se traduit par un véritable pouvoir de décision, comme l'a reconnu le Conseil d'État qui a estimé que l'avis par lequel la HATVP s'est prononcée sur la compatibilité d'un projet d'activité privée lucrative avec les fonctions exercées précédemment par un fonctionnaire a le caractère d'une décision susceptible de faire l'objet d'un recours pour excès de pouvoir relevant de la compétence en premier et dernier ressort du Conseil d'État (CE, 4 nov. 2020, n° 440963, Rec. 389). Parmi les 13 saisines ayant concerné des responsables publics en 2021, 2 seulement ont concerné des exécutifs locaux. Si le nombre de saisines a connu une très forte augmentation au cours de l'année 2022 (+ 93% par rapport à 2021), le pourcentage des acteurs locaux ayant sollicité la HATVP pour une reconversion professionnelle reste dérisoire. La HATVP estime qu'il existe encore un nombre élevé de défauts de saisine préalable à la mobilité dans le privé de la part de ce public, notamment pour une mobilité vers toute activité rémunérée au sein d'une entreprise, d'un établissement public ou d'un groupement d'intérêt public dont l'activité a un caractère industriel et commercial.

Quel que soit le contrôle effectué, la tâche de la HATVP est rendue plus difficile pour les élus locaux dont la visibilité est plus faible et moins sujette à l'attention des médias. Il conviendrait de permettre à la Haute Autorité de s'appuyer sur certains acteurs locaux, notamment les préfectures, pour assurer un meilleur suivi de la déontologie locale.

C. Les sanctions du juge

Contrairement aux agents publics, les élus locaux ne sont pas soumis à un régime disciplinaire. Toutefois, certains textes locaux prévoient des sanctions en cas de non-respect d'obligations particulières. Plusieurs d'entre elles rappellent par exemple le devoir d'assiduité[1]. L'engagement des élus de la ville de Toulouse sur la déontologie énonce ainsi que « Tout élu qui au terme d'un semestre échu comptabilise plus de 30 % d'absences non justifiées aux réunions du conseil municipal ou aux commissions thématiques dont il est membre, verra cette situation étudiée par la commission de déontologie. Celle-ci proposera des recommandations pour une orientation individuelle et/ou collective ainsi que des processus d'amélioration de cette situation./Une information à ce sujet sera portée à la connaissance du conseil municipal avec inscription à l'ordre du jour de la séance » (art. 6). Plus dure est la charte de déontologie des élus nantais et de la métropole, qui prévoit une retenue sur indemnités après 3 absences injustifiées aux séances du Conseil et en Commission sur une période de 12 mois écoulés.

D'autres fois, les chartes durcissent les obligations législatives, comme à propos du régime des emplois familiaux prévu à l'article 15 de la loi n° 2017-1339 du 15 septembre 2017. Celui-ci énonce l'interdiction pour une autorité territoriale de recruter comme collaborateur de cabinet son conjoint, son partenaire lié par un pacte civil de solidarité (PACS) ou son concubin, ses parents ou les parents de son conjoint, partenaire de PACS ou concubin, ses enfants ou les enfants de son conjoint, partenaire de PACS ou concubin. Cette interdiction peut poser des difficultés de recrutement dans certaines communes rurales[2]. Le texte précité de la ville de Toulouse prévoit ainsi en son article 2 que la mairie ne recrute au sein des services administratifs, ou de tout organisme dont le budget est majoritairement financé par elle (sauf délibération expresse),

---

[1] Rappelons ici que si l'art. L. 2121-5 du CGCT prévoit que « Tout membre d'un conseil municipal qui, sans excuse valable, a refusé de remplir une des fonctions qui lui sont dévolues par les lois, est déclaré démissionnaire par le tribunal administratif », le juge administratif a toujours considéré que ni le refus d'assister aux réunions du conseil municipal, ni l'absence répétée aux séances municipales ne pouvaient être regardées comme un refus d'exercer une fonction dévolue par la loi (CE, 6 nov. 1985, n° 68842, publié au Recueil Lebon). En revanche, il revient au conseil municipal de s'assurer que le versement des indemnités est suspendu dès lors que l'exercice effectif des fonctions n'est pas rempli (CGCT, art. L. 2123-24-1).

[2] V. question écrite n° 01933 de M. Daniel Gremillet, JO Sénat du 09/11/2017, p. 3475.

aucun membre de la famille d'un élu municipal sur un emploi permanent. De même, aucun rapport donnant lieu à rémunération ne peut être attribué à un élu ou un membre de sa famille proche (sauf délibération expresse). La Charte de l'élu local de la ville de Brive rappelle que tout élu « s'abstiendra notamment d'intervenir, aux fins de faciliter l'embauche d'un membre de sa famille : conjoint (époux, concubin, partenaire d'un pacte civil de solidarité) ou tout enfant au sein des services de la Ville ou de tout organisme majoritairement financé par la Ville./Les élus ne peuvent solliciter un emploi saisonnier proposé par la Ville pour l'un de leurs enfants ».

À côté de ces quelques cas particuliers, le pouvoir de sanction relève du juge. Ainsi l'ensemble du Code pénal s'applique aux élus locaux et certaines infractions visent spécifiquement les responsables politiques ou agents publics. On pense ici aux délits pour manquements au devoir de probité[1], qui rassemblent les infractions suivantes : la concussion (C. pén., art. 432-10), la corruption passive et le trafic d'influence commis par des personnes exerçant une fonction publique (art. 432-11 et 432-11-1), la prise illégale d'intérêts pendant l'exercice des fonctions (art. 432-12) ou à l'issue des fonctions (art. 432-13), les atteintes à la liberté d'accès et à l'égalité des candidats dans les marchés publics et les contrats de concession (art. 432-14), la soustraction et le détournement de biens publics (art. 432-15 et 432-16)[2]. Pour tous les délits, l'infraction doit être prévue par la loi (élément légal) ; l'auteur doit avoir commis les actes réprimés par la loi (élément matériel) et l'élu doit avoir eu la volonté de le commettre (élément moral ou intentionnel).

De manière générale, il s'agit d'éviter que les élus tirent de l'exercice de leur mandat des avantages ou bénéfices, pour eux-mêmes ou pour des tiers. Selon une étude statistique sur les atteintes à la probité enregistrées par la police et la gendarmerie conduite par l'AFA, en 2021, 800 infractions d'atteinte à la probité ont été enregistrées. Entre 2016 et 2021, elles ont augmenté de 28 %, soit en moyenne 5 % par an ; la hausse des atteintes à la probité est notamment liée à celles des infractions de corruption (+46 % sur la période), qui représentent près d'un tiers des atteintes à la probité[3]. En dépit du nombre croissant de poursuites et de condamnations, les peines restent assez légères[4].

---

[1] Au sein du chap. 2 « Des atteintes à l'administration publique commises par des personnes exerçant une fonction publique », du titre III « Des atteintes à l'autorité de l'État » du Code pénal. On relèvera que le délit de corruption active et de trafic d'influence commis par les particuliers (art. 433-1 à 433-2-1) est contenu dans le chap. III « Des atteintes à l'administration publique commises par les particuliers ». Voir not. J.-M. Brigant, *Contribution à l'étude de la probité*, PUAM, 2012 ; A. Bavitot, *La Probité publique en droit pénal*, PUAM, 2019.

[2] Certaines chartes déontologiques locales insistent sur ces délits, à l'instar de la charte de la ville de Marseille qui reprend et développe chacun de ces délits, portant une approche répressive de la déontologie qui se veut quelque peu intimidante.

[3] [https://www.agence-francaise-anticorruption.gouv.fr/fr/1ere-etude-statistique-sur-atteintes-probite-enregistrees-par-police-et-gendarmerie]

[4] J.-L. Nadal, *Renouer la confiance publique*, Rapport au Président de la République sur l'exemplarité des responsables publics, 2015, p. 124.

Parmi tous ces délits, celui de prise illégale d'intérêts joue un rôle d'épouvantail en raison notamment de l'interprétation très stricte qui en est faite par la Cour de cassation. La double réforme législative qui en a modifié la définition n'a finalement été d'aucun effet sur la jurisprudence[1], puisque la Cour a refusé la rétroactivité *in mitius* à son sujet, jugeant ainsi que la nouvelle formulation n'était pas moins sévère que la précédente (Cass. crim., 5 avril 2023, n° 21-87.217, publié au Bulletin). En conséquence, l'interprétation qui prévalait jusqu'alors est toujours applicable aux élus locaux, notamment un arrêt ville de Bagneux qui avait fait polémique. Dans cet arrêt, la Cour de cassation avait confirmé la condamnation pour prise illégale d'intérêts de quatre élus municipaux pour avoir voté des subventions à des associations qu'ils présidaient. Le juge a estimé que « les élus municipaux, détenant un mandat électif et des fonctions de présidents d'associations, sont soumis à l'obligation de veiller à la parfaite neutralité des décisions d'attribution des subventions à ces associations » et que « l'infraction est constituée même s'il n'en résulte ni profit pour les auteurs ni préjudice pour la collectivité » (Cass. Crim, 22 oct. 2008, n° 08-82068, publié au Bulletin ; *idem*. Cass. crim., 19 mars 2008, n° 07-84.288, publié au Bulletin).

Le juge pénal n'est pas le seul à intervenir en matière déontologique. Outre le juge financier qui ne sera pas ici évoqué, c'est sur la légalité de l'acte administratif que pèse également le conflit d'intérêts. L'article L. 2131-11 du CGCT énonce que « Sont illégales les délibérations auxquelles ont pris part un ou plusieurs membres du conseil intéressés à l'affaire qui en fait l'objet, soit en leur nom personnel, soit comme mandataires. » Le juge administratif définit le conseiller intéressé comme étant la personne ayant des « intérêts distincts de celui de la généralité des habitants » (CE, 16 déc. 1994, n° 145370, *Cne d'Oullins*, Rec. 559) et apprécie au cas par cas la situation en vérifiant, indépendamment des apparences, si un tel intérêt existe bien (CE, 12 oct. 2016, *M. B. c/ Cne de Saint-Michel-Chef-Chef*, n° 387308, Rec. 423). C'est l'influence effective qui est prise en compte par le juge administratif, qui apprécie concrètement l'intérêt professionnel ou patrimonial mais ne prend pas en compte les manifestations publiques de son expression personnelle sur tel ou tel projet (CE, 22 févr. 2016, n° 367901, *Société Entreprise routière du grand sud et la société d'aménagement de Piossane III*)[2].

---

[1] Sur la réforme de ce délit, J.-F. Kerléo, « Réformes de la prise illégale d'intérêts : l'alignement du droit pénal sur le droit administratif », *JCP A*, 21 fév. 2022, p. 36-41.

[2] J.-F. Kerléo, « Cumul d'activités des élus locaux. Typologie juridique des modes d'encadrement », *in* M. Caron, A. Granéro, J.-F. Kerléo, F. Waserman (dir.), *Le métier d'élu local. Statut, pouvoirs et transparence*, LGDJ, coll. IFDJ, fév. 2021, p. 113-137.

*

* *

In fine, la déontologie se greffe sur chacune des formes de la démocratie locale pour apporter ses propres modalités de légitimation. La démocratie électorale est ainsi limitée par le régime des inéligibilités et des incompatibilités mais, dans le même temps, les textes déontologiques participent à enrichir le mécanisme représentatif. La déontologie renvoie par exemple à l'*accountability*, qui exige de l'élu qu'il justifie et rende compte de ses choix : le point 7 de la charte de l'élu local énonce ainsi que « issu du suffrage universel, l'élu local est et reste responsable de ses actes pour la durée de son mandat devant l'ensemble des citoyens de la collectivité territoriale, à qui il rend compte des actes et décisions pris dans le cadre de ses fonctions ». Quelques textes locaux, à l'instar du guide de déontologie des élus et agents de la MEL ou encore de la charte de déontologie des élus de la ville de Toulouse (art. I principes généraux), reprennent ces formules.

La démocratie délibérative est conditionnée par les règles de prévention des conflits d'intérêts ainsi que le rappelle, par exemple, la « Charte pour une nouvelle éthique en Île-de-France » de janvier 2016 dont l'engagement n° 5 prévoit que « Les conseillers régionaux s'engagent à ne prendre part ni aux débats ni au vote de toute délibération concernant une entreprise, une association ou tout organisme dans lequel ils ont un quelconque intérêt soit directement, soit via leur conjoint, leur concubin ou leur partenaire du pacte civil de solidarité ou leurs enfants. » Tout le processus décisionnel local est affecté par l'exigence déontologique, qui parfois bloque la liberté d'expression des élus en exigeant un déport.

Si la démocratie de proximité, dépendante de la capacité des élus à rendre publique et à expliquer leur action politique, constitue quant à elle un obstacle constitutionnel à la transparence (cas des déclarations de patrimoine), la déontologie en est aussi une composante structurante. Ainsi, par exemple, l'article 8 de la charte de déontologie de la ville d'Orléans, intitulé transparence de l'action municipale, prévoit que « les séances du conseil municipal seront filmées et retransmises sur le site internet de la collectivité », conformément à ce que permet l'article 2121-18 du CGCT. La déontologie rapproche ici les collectivités des citoyens par une transparence censée leur permettre de s'approprier l'action publique.

En prolongement de ce point, la déontologie a intégré la démocratie participative, comme l'illustrent quelques textes locaux. Dans la charte de déontologie des élus de la ville de Nantes, il est ainsi mentionné que les élus « s'engagent à animer les politiques publiques et les projets en mode ouvert en associant les parties prenantes à leur mise en œuvre (gouvernance ouverte) et soutenir de manière transparente le suivi évaluatif et droit de suite des engagements pris » ou bien encore qu'une « évaluation d'impact santéenvironnement sera réalisée pour les politiques publiques et chaque grand projet urbain identifié et mené par la collectivité et elle sera rendue publique de manière systématique, transparente et pédagogique ».

La transversalité de la déontologie démontre qu'elle est devenue davantage que l'accessoire des autres formes de légitimité qu'elle perturbe autant qu'elle renforce. Son déploiement dans les procédures de décision et comme contrôle des comportements individuels participe de l'émergence d'une légitimité-exemplarité. Si l'intégrité a toujours participé d'une légitimation de fait[1], le droit a désormais investi cette matière. Sous le prisme de la déontologie, la légitimité-exemplarité peut se définir comme un ensemble normatif tenu par l'idée d'intégrité (critère 1) qui s'impose de manière dérogatoire aux acteurs publics avec davantage de rigueur qu'aux citoyens ordinaires (critère 2) en vue de justifier le bien-fondé de leur pouvoir (critère 3) par une capacité à s'extraire de sa situation personnelle pour faire prévaloir, en toutes circonstances, l'intérêt général sur les intérêts particuliers (critère 4). Il faut donc aussi compter sur la déontologie, et la légitimité-exemplarité dont elle est porteuse, pour participer de la légitimation politique (locale). La question reste entière quant au fait de savoir si, à côté des différentes formes de démocratie (électorale, délibérative, participative, de proximité…), cette évolution marque l'émergence d'une démocratie déontologique.

---

[1] J.-F. Kerléo, « Déontologie et exemplarité », *in L'exemplarité des gouvernants*, Jus Politicum, n° 28, juill. 2022.

Chapitre 2 :
Le positionnement politique des exécutifs locaux

Les relations entre les exécutifs locaux et leurs assemblées

Julien THOMAS
Maître de conférences en droit public - Université d'Orléans
Détaché dans le corps des magistrats de CRC[1]

La réflexion sur les relations entre les exécutifs locaux et leurs assemblées s'impose naturellement, au point d'être d'un classicisme problématique pour qui aimerait éviter de répéter ce que d'autres ont déjà mieux dit[2]. Pourtant, à l'occasion d'une réflexion collective portant sur les exécutifs locaux, on ne saurait faire l'économie d'un rappel de ce que sont censées être ces relations, ni du constat de l'écart entre cet idéal et la réalité. Ces relations sont en effet au cœur de la décentralisation et conditionnent certainement son avenir.

La décentralisation française repose sur une libre administration des collectivités territoriales par des conseils élus[3]. Les élections locales comptent parmi les quelques manifestations visibles de notre vie démocratique et correspondent à des séquences attendues – bien que leur fréquence soit ajustable – avec leur lot de surprises, faites d'alternances ou de renouvellements incertains, d'émergence de nouvelles personnalités ou, au contraire, d'évidentes continuités. En cela, elles prennent une part réelle dans la démocratie qui se donne à voir. Elles marquent des étapes tangibles de la vie politique locale aussi bien que nationale et donnent autant d'occasions de mobiliser urnes et isoloirs.

Bien que l'on fasse la part fondamentale entre l'expression directe de la souveraineté par la représentation nationale[4] et la participation seulement indirecte des élections locales à l'expression de cette même souveraineté[5], les suffrages politiques[6] locaux, de même que l'exercice par les organes délibérants de leurs compétences[7], concourent au rapprochement entre gouvernés et gouvernants, qui définit le système démocratique. Cela est vrai quantitativement, puisque la participation à ces scrutins donne à chacun quelques occasions supplémentaires de se sentir citoyen. Cela est plus vrai encore, dans la mesure où l'action d'administrer localement renvoie à des réalisations quotidiennes, particulièrement perceptibles pour chaque individu et clairement imputables à des élus souvent bien identifiés. Sans fonder une démocratie « continue »[8], elles nourrissent celle-ci, par une évidente permanence.

---

[1] Depuis le 1er septembre 2023.
[2] À commencer par les auteurs des manuels qui font référence en droit des collectivités territoriales.
[3] Art. 72 al. 3 C. 1958 et L. 1111-1 CGCT.
[4] Art. 3 C.
[5] V., à propos de la décision du Conseil constitutionnel n° 92-308 DC du 9 avr. 1992, M. Verpeaux, « La souveraineté nationale et les élections locales », *Les Petites Affiches*, 28 août 1996, p. 4.
[6] CC, n° 82-146 DC du 18 nov. 1982, cons. 7.
[7] CC, n° 2013-676 DC du 9 oct. 2013, cons. 20.
[8] D. Rousseau, *Radicaliser la démocratie*, Seuil, 2015, 231 p.

Les relations entre les assemblées locales et leurs exécutifs[1], en tant que pivots du fonctionnement des collectivités territoriales, devraient ainsi marquer une telle constance et contribuer à assurer que ceux qui ont été désignés directement par les citoyens, pèsent effectivement sur les décisions locales, initiées et mises en œuvre par les organes exécutifs. C'est là la condition pour que l'organisation décentralisée de la République[2] apporte à celle-ci l'enrichissement des libertés locales. Est-ce bien le cas, particulièrement dans le contexte d'une Cinquième République qui présente, parmi ses caractéristiques, une relégation de l'organe délibérant ? La réponse est évidemment négative et on doit au contraire admettre que tant le local que le national semblent trahir notre incapacité culturelle à fonder la démocratie sur le débat et l'hypothèse qu'il existe une différence substantielle entre les projets soumis à une assemblée et le texte qui résulte, au final, de leur examen.

Après avoir rappelé que ces relations sont en réalité à sens unique et marquées par la prééminence des exécutifs locaux (I), nous nous interrogerons sur la nécessité d'envisager, ou non, une évolution de cette situation (II).

I. La démocratie locale affectée par des relations institutionnelles à sens unique

On fera la part entre ce que sont censées être ces relations, reposant d'abord sur l'élection d'organes délibérants et la réalité de leurs travers, dans le contexte d'une indiscutable prééminence des exécutifs (B).

A. L'idéal d'une libre administration reposant sur des conseils élus

Les conditions de désignation des membres des organes délibérants des collectivités territoriales ont marqué l'histoire de la décentralisation et fluctué au gré des régimes post-révolutionnaires. Les grandes lois départementale du 10 août 1871 et municipale du 5 avril 1884 en ont fixé les principes, au sein du régime républicain. L'article 87 de la Constitution du 27 octobre 1946, disposant que « les collectivités territoriales s'administrent par des conseils élus au suffrage universel » et que l'« exécution des décisions de ces conseils est assurée par leur maire ou leur président », rend compte d'un intérêt pour les libertés locales, tout au moins au sein de l'assemblée constituante. La Constitution du 4 octobre 1958, reprenant la formule fondatrice de la libre administration, restera cependant en deçà de cette ambition, avant que le législateur ne vienne l'aviver à partir de la loi du 2 mars 1982 et réaliser les relations promises en 1946 entre exécutifs locaux et conseils élus.

---

[1] L'« exécutif » désigne le maire (L. 2122-21 CGCT), les présidents des EPCI, des conseils départementaux et régionaux (respectivement L. 5211-9, L. 3221-1 et L. 4231-1 CGCT). On parlera sinon d'« équipe exécutive ».

[2] Art. 1er C.

La structure institutionnelle locale qui s'est imposée et généralisée à toutes les catégories de collectivités territoriales, ainsi qu'aux établissements intercommunaux, met en relation une assemblée élue et un organe exécutif qui en émane. Cette formule, sans alternative majeure dès lors qu'il est question à la fois de représenter et d'agir, incite à l'analogie avec le parlementarisme, de même que le simple fait qu'il soit question d'un *exécutif*, censé non pas appliquer la loi – comme un gouvernement – mais les délibérations de l'assemblée locale. Ce rapprochement aide à penser l'organisation territoriale, en la soumettant à la grille de lecture bien connue de la théorie politique[1], sans toutefois permettre d'en tirer toutes les conséquences.

La ressemblance avec le régime parlementaire demeure en effet très superficielle en France, ne serait-ce que pour deux raisons : l'absence d'un exécutif local à deux têtes et, à ce jour, l'inexistence d'une responsabilité politique de l'exécutif devant l'organe délibérant[2]. Par ailleurs, la terminologie associée à la compétence générale des organes délibérants locaux interpelle : il leur revient d'*administrer* les collectivités[3] et de *régler* leurs affaires par leurs délibérations[4], tout en disposant d'un *pouvoir réglementaire*[5]. Ces termes, au niveau national, sont associés à la fonction gouvernementale. À ce stade[6], on n'en tirera pas d'autre conclusion que celle des limites d'une transposition terminologique du national vers le local, attestant le risque plus général d'une application aux collectivités de notions qui ressortent de la théorie des régimes politiques.

Quoi qu'il en soit, dans le périmètre des compétences attribuées par la loi, les textes font de l'organe délibérant celui qui dispose « de la compétence de droit commun pour administrer la collectivité »[7]. Les compétences propres des exécutifs sont délimitées et énumérées par des dispositions législatives du Code général des collectivités territoriales (ordonnateur, gestion du domaine, pouvoirs de police…) ; les compétences que l'organe délibérant peut leur déléguer sont déterminées par la loi[8]. Pour le reste, c'est bien afin de mettre en œuvre les délibérations que l'exécutif est amené à intervenir, ce que le Code illustre assez précisément pour les maires et définit largement pour les présidents de conseils départementaux et régionaux, puisque chacun « prépare et exécute les délibérations du conseil »[9].

---

[1] V. F. Sauvageot, « Pouvoir exécutif et pouvoir délibérant dans les collectivités territoriales françaises », *in Annuaire des collectivités locales*, t. 21 La démocratie locale, 2001, p. 25-43.
[2] V. *infra.*
[3] Art. 72 al. 3 C.
[4] Art. L. 2121-29, L. 3211-1 et L. 4233-1 CGCT.
[5] Art. 72 al. 3 C.
[6] V. *infra.*
[7] B. Faure, *Droit des collectivités territoriales*, 6e éd., Dalloz, Précis, 2021, p. 320.
[8] V. art. L. 2122-22, L. 3121-22 al. 2 et L. 4132-21 al. 2 CGCT.
[9] Art. L. 2122-21, L. 3221-1 et L. 4231-1 CGCT.

Notons que, au-delà du délicat parallélisme entre terminologies étatiques et locales, les textes relatifs aux collectivités territoriales sont porteurs d'une ambiguïté : alors que la Constitution consacre la liberté d'entités administrées librement « par des conseils élus », l'exécutif de chaque collectivité est, d'après la loi, « seul chargé de l'administration » de celle-ci[1]. On peut comprendre que la Constitution décrit la collectivité territoriale comme un tout institutionnel, sans égards pour les modalités de son organisation interne et que la loi lui donne bien la possibilité de s'administrer, en désignant en son sein un exécutif. Cela se concilie sans difficulté avec la fonction première de l'organe délibérant, qui résulte des textes rappelés précédemment, si l'on considère que l'exécutif est chargé d'une fonction secondaire, telle que l'assemblée administre en réalité au travers de lui. Effectivement, l'exécutif s'appuie bien sur des services créés par cette assemblée, agit en vertu d'un budget qu'elle a voté, ou encore recrute à des postes qu'elle a créés. Une disposition relative aux conseils régionaux apporte une définition plus collaborative, en affirmant que les différents organes « concourent à l'administration de la région »[2].

Cependant, cette description normative appelle d'autant plus de nuances que l'exécutif dispose de marges d'appréciation. Elles sont particulièrement sensibles, dans son rôle de président de l'assemblée. Il convoque celle-ci dans un cadre très ouvert, puisque le Code impose un minimum d'une séance par trimestre pour les sessions plénières[3] et d'une fois par semestre pour les commissions permanentes des départements et des régions[4]. Il détermine l'ordre du jour[5], en articulant celui-ci entre les réunions plénières et les commissions permanentes – qui ont généralement lieu une fois par mois – ce qui lui permet d'exposer plus ou moins certains projets de délibérations et éventuellement d'opter pour la discrétion lorsque les séances de la Commission ne sont pas publiques[6]. Enfin, si l'organe délibérant est source de légitimité, la fonction d'exécution des délibérations – après la conduite des débats – vaut à l'exécutif d'être un organe permanent, à même de réellement incarner l'institution locale,

---

[1] Art. L. 2122-18, L. 3221-3 et L. 4231-3 CGCT.

[2] Art. L. 4131-1 CGCT : « Le conseil régional par ses délibérations et celles de sa commission permanente, le président du conseil régional par l'instruction des affaires et l'exécution des délibérations, le conseil économique, social et environnemental régional par ses avis concourent à l'administration de la région. »

[3] Art. L. 2121-7, L. 3121-9 et L. 4132-8 CGCT.

[4] Art. L. 3122-6-2 et L. 4133-6-2 CGCT.

[5] Une disposition le prévoit expressément pour le maire (art. L. 2121-10 CGCT), tandis que l'on peut déduire cette compétence de celle plus générale de préparation des délibérations, déjà mentionnée, de même que des obligations d'information qui incombent aux présidents des conseils départementaux (L. 3121-18 et s.) et régionaux (L. 4132-17 et s.), ainsi que de leur pouvoir d'initiative, afin de convoquer les assemblées délibérantes (L. 3121-9 et L. 4132- 8 CGCT). De façon habituelle, le règlement intérieur de la collectivité indique que cet ordre du jour est établi par le président.

[6] Expression rare du pouvoir organisationnel des institutions des collectivités, leur règlement intérieur décide de la publicité ou non des commissions permanentes (CC, n° 98-407 DC du 14 janv. 1999, cons. 26).

de représenter celle-ci notamment auprès de l'État, ou encore de susciter un éventuel attachement de la population. Cette fonction destine à l'avant-scène, plutôt qu'à la réserve du subordonné. Les conditions politiques qui permettent d'y accéder, les conditions de son exercice, achèvent d'imposer des relations à son avantage.

B. La généralisation d'une démocratie locale réduite à la prééminence des exécutifs

Dans l'imaginaire collectif, le niveau local est celui que l'on associe le plus spontanément et directement à la démocratie. Il est d'ailleurs de bon ton pour certains élus de vanter leur présence « sur le terrain », quitte – pour les parlementaires – à revendiquer le cumul des mandats afin de s'imposer une telle hygiène. Derrière cette expression très discutable, une idée qui perdure : plus une action est déterminée dans un cadre territorial étroit, plus elle est proche des citoyens et de nature à réduire la distance – à la fois physique et théorique – entre gouvernés et gouvernants. Le principe de subsidiarité en est une expression[1].

Cependant, la pratique est bien celle d'institutions locales essentiellement représentatives[2] : cette vocation est expressément consacrée pour les seuls conseils départementaux depuis 2013[3] et consiste, pour les conseillers municipaux, départementaux et régionaux, à exercer des compétences déterminées, au nom des citoyens et sans que leur mandat ne puisse leur être retiré de façon anticipée par ces derniers. Il en résulte une distance, au quotidien, entre les organes au sein desquels ces élus siègent et les habitants concernés. Cela reste vrai, bien que les mécanismes de démocratie directe se multiplient[4] et ce d'autant plus que les compétences des collectivités se diversifient et se complexifient.

Ces institutions représentatives reproduisent au niveau local les caractéristiques de la Cinquième République : d'une part, une structure juridique supposée rationnelle, assurant le fondement démocratique de la représentation locale, tout en imposant un tempérament étatique omniprésent ; d'autre part, un système politique très favorable à l'exécutif local, qui oriente toute la pratique

---

[1] Art. 72 al. 2 C.

[2] R. Lefebvre, « Démocratie locale », dans R. Pasquier, S. Guigner, A. Cole, *Dictionnaire des politiques territoriales*, Presses de Sciences Po, « Références », 2020, p. 137.

[3] « Il y a dans chaque département un conseil départemental qui représente la population et les territoires qui le composent » (art. L. 3121-1 CGCT). Cet ajout à la formule de l'art. 1er de loi du 10 août 1871 (« il y a dans chaque département un conseil général »), codifiée par la loi n° 96-142 du 21 février 1996, a été accepté par le Gouvernement lors de l'examen en première lecture de la loi n° 2013-403 du 17 mai 2013 par l'Assemblée nationale, alors que l'introduction du scrutin majoritaire binominal suscitait de nombreuses interrogations parmi les députés sur la nature des mandats qui en résulteraient.

[4] V. par exemple la note présentant les résultats de l'enquête nationale 2022 de *lesbudgetsparticipatifs.fr*, publiée par la Fondation Jean Jaurès [www.jean-jaures.org].

institutionnelle. Cette dernière résulte avant tout de modes de scrutin, pensés afin de permettre l'apparition d'une majorité, gage d'une stabilité et d'une capacité à décider qui profitent à l'exécutif.

En effet, l'exécutif local cesse rarement de profiter de son ascendant de tête de liste, durant son mandat, que l'élection résulte d'un scrutin proportionnel au sein des régions et des communes, ou majoritaire dans les communes de moins de 1000 habitants. La désignation d'une tête de liste donne à celle-ci le rôle de la constituer et de l'ordonner. Certes, ce n'est pas là une œuvre arbitraire, car il est indispensable de composer avec les figures locales, les différents courants partisans, la règle de parité, des amitiés et inimitiés qu'il faut – pour les unes comme pour les autres – savoir parfois oublier, les équilibres territoriaux (quartiers, départements), le poids de certaines associations, la variété socio-professionnelle et générationnelle etc. Mais la part de choix qui demeure suffit souvent à rendre les autres candidats redevables, particulièrement si ledit choix les porte en position confortable sur la liste et plus encore s'ils sont ensuite nommés adjoints, vice-présidents ou encore, se voient attribuer une délégation. Ultérieurement, la mémoire de ce moment initial entretiendra la légitimité de la tête de liste, censée avoir apporté la victoire électorale en suscitant le choix des électeurs.

Ce lien de redevabilité est peut-être moins évident au sein des départements, où chaque élu doit l'emporter dans sa circonscription sans pouvoir attendre son succès d'une bonne place sur une liste. Pourtant, le scrutin binominal ne suffit pas à changer la donne[1]. Les candidatures supposent des investitures dans chaque canton et un prétendant au poste présidentiel doit disposer de suffisamment de stature politique pour que soient retenus ses amis. Un lien comparable à celui du scrutin de liste est ainsi noué. S'il a ses spécificités, on peut observer néanmoins une forme de « présidentialisme départemental » – comme au sein des autres collectivités – qui se traduit par une certaine longévité des présidents de conseil départemental, voire par une capacité à préparer leur succession[2].

L'importance d'une telle configuration politique locale, permettant à une personnalité de s'imposer, est certainement à prendre en considération afin de saisir la nature des relations entre exécutifs et assemblées, au sein des établissements de coopération intercommunale. Les membres du conseil communautaire ou métropolitain acquièrent eux aussi leur propre légitimité, en tant qu'élus municipaux et communautaires ou métropolitains. L'apparition d'une majorité nette est soumise à un important aléa qui, au-delà du facteur partisan, implique la pondération des représentations des communes et le rôle qu'entendent jouer la ou les communes principales. Les conseils de

[1] V. T. Procureur et M.-A. Grégory, « La construction des exécutifs départementaux », *Revue française d'administration publique*, n° 154, 2015, p. 407-421.

[2] *Ibid.*, p. 411, à propos des départements et P. Sadran, *La République territoriale : une singularité française en question*, La documentation française, 2015, p. 217, à propos des communes.

communauté ou de métropole sont devenus plus sujets à la politisation, depuis l'élection directe des conseillers, mais restent en retrait des sujets des campagnes électorales. On se gardera cependant de proposer un constat trop général, faute de données suffisamment pertinentes, si ce n'est pour pointer l'ironie du sort, lorsque des majorités fragiles s'y avèrent plus propices à la délibération qu'au sein des conseils municipaux.

Bien évidemment, la variété des situations, d'une catégorie de collectivités à l'autre et parfois plus encore, au sein d'une même catégorie, empêche d'arrêter un constat totalement uniforme et définitif : des contre-exemples existent nécessairement. Les relations entre exécutif et conseil municipal peuvent ainsi être très variables au sein des plus petites communes, selon qu'une ou plusieurs listes se sont présentées, selon que celles-ci ont été composées de candidats plus ou moins intéressés par la chose publique ou encore, en fonction de la présence ou non de quelques personnalités marquées, à même d'opposer la contradiction au maire. La question du temps que ces élus sont en mesure de consacrer à l'examen des dossiers, par rapport au maire ou aux principaux adjoints, est elle aussi déterminante. Cependant, la situation de prééminence de l'exécutif est suffisamment courante pour être présentée comme un phénomène caractéristique de la décentralisation.

Les observateurs et auteurs convergent afin d'établir ce constat : les relations entre un exécutif et son assemblée reposent très largement sur un bloc majoritaire[1], sur lequel s'appuie le maire ou le président[2]. En découle une relation de nature à « [inverser] le rapport juridiquement établi par les textes »[3] et une pratique délibérative au final très limitée, qui ne peut qu'interroger.

II. L'avenir de la décentralisation tributaire de relations institutionnelles rééquilibrées

L'ascendant des exécutifs sur les assemblées a pour effet d'appauvrir considérablement leur capacité à délibérer, c'est-à-dire à débattre afin de dégager des décisions qui soient réellement celles d'un organe collégial et qui, en conséquence, s'en trouvent légitimées (A). Un tel constat appelle nécessairement une réflexion sur la possibilité de réduire ce dysfonctionnement. Cependant, on cherchera d'abord à déterminer s'il s'agit réellement d'un enjeu (B).

[1] Dont l'existence est facilitée voire générée grâce au correctif de la prime majoritaire associée aux scrutins de liste à la proportionnelle : art. L. 262 C. élec., pour les communes de plus de 1000 habitants et L. 338 C. élec. pour les conseils régionaux.

[2] V. *infra*.

[3] P. Sadran, *op. cit*, p. 217.

A. La faiblesse délibérative des assemblées locales

Pour qualifier la nature des relations entre les exécutifs locaux et les assemblées délibérantes, les auteurs choisissent parfois des expressions dures et alarmantes, dans le contexte plus général d'une décentralisation qui, depuis 40 ans, présente un visage lui-même très critiqué, qu'on la qualifie de « désastre »[1], de système monarchique voire féodal[2] ou encore de forme de partage du pouvoir entre l'État et les collectivités conduisant à « une inacceptable confiscation du pouvoir au sein même de ces collectivités »[3]. Ainsi, il est dit que ces relations fondent une démocratie locale « plus bavarde que profonde »[4], sont à l'origine d'une « asthénie délibérative »[5] ou encore que l'assemblée locale n'est « qu'une vaste chambre d'enregistrement, voire de protestation, mais aucunement de contre-proposition à défaut de contre-pouvoir »[6].

Il s'agit d'exprimer là la conséquence de l'influence globale de l'exécutif local, qui couvre l'ensemble du champ décisionnel, de l'initiative à la mise en œuvre. Il concentre les fonctions qui, à l'échelle nationale, ont vocation à être séparées. Il revient ainsi à cet organe de démontrer qu'un projet de délibération, élaboré sous son autorité, par les services, est bon voire idéal, puis de présider des débats qui devraient, précisément, pouvoir donner lieu à une évolution dudit projet. La position institutionnelle qui en résulte lui est nécessairement favorable.

L'exécutif bénéficie, tout d'abord, d'une asymétrie informationnelle, puisque les connaissances techniques des services administratifs de la collectivité, mobilisés afin d'élaborer un projet de délibération, font par nature défaut aux autres élus de la collectivité. La complexité et l'expertise, tout comme la gestion des crises – degré supérieur de la complexité, associé à l'urgence – sont les choses de l'exécutif. Certes, les membres des commissions spécialisées peuvent bénéficier d'une certaine proximité avec l'administration, au stade préparatoire des délibérations. Ils peuvent ainsi prendre part à certaines évolutions d'un texte, si le président ou le maire, au travers de ses vice-présidents ou adjoints, le permet. Au moins des élus d'opposition pourront-ils en tirer une connaissance approfondie d'un dossier, afin d'élever le niveau des arguments qu'ils opposeront – idéalement en public – à l'équipe majoritaire. Mais, à moins que

[1] J.-B. Auby, « La décentralisation 40 ans après : un désastre », *in* F. Crouzatier-Durand et M. Touzeil-Divina (dir.), *40 regards sur 40 ans de décentralisation(s)*, Éd. L'Épitoge, 2022, p. 299-308.

[2] P. Sadran, *op. cit.*, p. 221 ; B. Faure, « L'échec de la décentralisation française : l'État, les élus et les règles », *in* F. Crouzatier-Durand et M. Touzeil-Divina (dir.), *op. cit.*, p. 284.

[3] S. Manson, « L'assemblée locale est-elle vraiment délibérante ? », dans J.-F. Brisson (dir.), *L'assemblée délibérante : avenir de la démocratie locale ?*, L'Harmattan 2016, p. 143.

[4] P. Sadran, *op. cit.*, p. 214.

[5] S. Manson, *L'opposition dans les assemblées locales*, L.G.D.J. - Lextenso éditions, 2012, p. 145.

[6] P. Jan, « La responsabilité politique des exécutifs locaux, nécessité ou absurdité ? », *in* J.-F. Brisson (dir.), *op. cit.*, p. 263.

l'exécutif, cherchant à couronner l'un de ses projets d'un soutien confortable, se prête à davantage d'écoute, la qualité des démonstrations et des discours n'empêchera pas la majorité de rappeler, lorsque sera venu le moment de voter, que le nombre lui donne raison. Il y a là de quoi dissuader tout élu qui souhaiterait investir son énergie dans un effort de contre-argumentation[1].

On ne doit par ailleurs pas négliger le fait que l'équipe exécutive, chargée de l'élaboration des projets, est aussi en position d'user de ce surplomb à l'égard de sa propre majorité : dans toute organisation, les porteurs d'un projet, informés et ayant consacré temps et efforts à l'élaboration de celui-ci, se trouvent naturellement poussés vers une forme de distanciation à l'égard de ceux qui sont restés en dehors de cette œuvre de conception. Lorsque le travail technique de confection d'une politique publique ou de préparation d'une décision cohérente a été réalisé, s'ouvre un temps d'explication, éventuellement de préparation des élus de la majorité au soutien politique de ce projet. Il est alors difficilement envisageable de reprendre l'économie générale du texte et d'ailleurs, la phase politique étant censée exclure la consultation des services administratifs – qui demeurent neutres – la connaissance technique nécessaire risque fort de faire défaut, par exemple si un chiffrage est à revoir. Alors, il est demandé aux élus de la majorité de soutenir le texte de l'exécutif et de se préparer à renvoyer quelques coups à l'opposition. Mais il n'est plus réellement temps de discuter du fond.

Le temps, ensuite, est effectivement un paramètre considérable des relations entre les exécutifs et les assemblées. L'implication de l'exécutif relève du quotidien, quand celle des autres élus est davantage liée aux réunions plénières et à celles des commissions permanentes. S'ouvrent alors des séquences souvent denses, marquées par des ordres du jour chargés et rendant complexe une pleine mobilisation de chaque élu, sur l'ensemble des points abordés. Ce cadre temporel devient un cadre matériel, puisque la parole est nécessairement restreinte et le débat borné. Quelques prises de paroles saillantes, coups d'éclat et bons mots, marqueront bien plus les esprits et les quelques représentants de la presse, qu'une mobilisation rigoureuse, soutenue et laborieuse. Certes, la participation aux commissions, les sollicitations pour représentation, la vie du groupe politique et autres réunions ponctuelles viennent enrichir ce temps d'investissement des élus. Mais ces activités restent marquées par la discontinuité et un regard principalement sectorisé et ponctuel, à la différence de l'exécutif qui dispose d'une vision d'ensemble sur l'activité de la collectivité.

À ces considérations politiques, techniques et temporelles, il faut enfin ajouter une dimension considérable de la latitude laissée aux exécutifs : leur absence de responsabilité politique devant les assemblées. Un raisonnement institutionnel reposant sur l'application du modèle parlementariste trouve nécessairement à s'émouvoir de ce manque manifeste. Si seul le maire est

[1] S. Manson, *L'opposition dans les assemblées locales*, *op. cit.*, p. 150.

expressément placé « sous le contrôle du conseil municipal »[1], l'ampleur des compétences exercées par les collectivités territoriales – donc par les exécutifs – rend difficilement justifiable l'absence de cette source de légitimité qu'est la confiance des conseils élus. Ce choix, assumé par la France au moment de ratifier la *Charte européenne de l'autonomie locale*[2], est une solution de stabilité radicale, seul l'État étant susceptible d'agir face à un maire ou à un adjoint[3] dont l'« autorité morale » est atteinte, en le révoquant[4], de même que pour prononcer la dissolution d'un organe délibérant lorsque son fonctionnement s'avère impossible[5]. Face à un blocage politique, la collectivité territoriale ne dispose pas des moyens d'y apporter une solution par elle-même.

L'absence de sanction ne signifie pas pour autant que les exécutifs ne sont pas soumis à des obligations de reddition des comptes. Le droit budgétaire en apporte le meilleur exemple, avec le vote du compte administratif[6]. Plus ponctuellement, mais de façon plus visible encore, les ordonnateurs soumis à un contrôle des comptes et de la gestion doivent assumer publiquement les observations et recommandations des chambres régionales des comptes[7]. Par ailleurs, le droit à l'information des élus est complété par des obligations qui incombent aux exécutifs. Au-delà de la transmission des pièces pertinentes, en amont des réunions, on peut apporter une illustration récente, dans un domaine crucial pour le bloc communal : l'article L. 2331-1 CGCT, complété par la loi *Climat et Résilience*[8], dispose qu'un rapport doit être établi au niveau communal et intercommunal au moins une fois tous les trois ans sur l'état de l'artificialisation des sols et présenté par l'exécutif local au conseil. Cependant, il ne ressort pas de tout cela suffisamment d'obligations pour rééquilibrer les rapports étudiés. Le sort de la démocratie représentative locale s'en trouve inchangé. Il reste à imaginer ce qui peut être fait en la matière.

B. Des relations à enrichir plutôt qu'à renouveler

Un déséquilibre, tel que celui que l'on vient de décrire à grands traits, relativise grandement les atouts de la démocratie locale. Se pose nécessairement la question de l'issue à envisager. Encore faut-il préciser en quoi la situation

1 Art. L. 2122-21 CGCT. On n'évoque ici que les collectivités de droit commun.

2 Ce texte, adopté le 15 oct. 1985 dans le cadre du Conseil de l'Europe, a en effet été assorti par la France, au moment de sa ratification le 17 janv. 2007, d'une déclaration interprétative de l'art. 3 §2, relatif à la responsabilité de l'organe exécutif devant l'organe délibérant. La France considère que l'instauration de ce mécanisme n'est qu'une faculté et non une obligation s'imposant aux États parties.

3 Révocation, art. L. 2122-16 CGCT.

4 CE, 2 mars 2010, *Dalongeville*, n° 328843, Rec. 65.

5 Art. L. 2121-6, L. 3121-5 et L. 4132-3 CGCT. On n'évoque pas ici les cas relevant de situations objectives ou de décisions juridictionnelles : incompatibilité, inéligibilité, annulation d'une élection.

6 Particulièrement les art. L. 1612-1 CGCT et s.

7 CJF, art. L. 243-6.

8 Loi n° 2021-1104 du 22 août 2021 *portant lutte contre le dérèglement climatique et renforcement de la résilience face à ses effets.*

décrite est réellement problématique. Le fait de ne pas pouvoir calquer les caractéristiques du système parlementaire sur les institutions locales ne suffit pas, en soi, à justifier la recherche d'une voie d'évolution. D'ailleurs, la relégation du Parlement incite à considérer que les institutions nationales doivent emprunter leur propre voie d'amélioration, avant d'être envisagées comme une possible référence pour le niveau local.

Surtout, une évidence mérite d'être rappelée : la décentralisation n'est pas un phénomène homogène. On a décrit un type de relations entre exécutifs et organes délibérants commun aux différentes collectivités territoriales. Mais les manifestations, causes et éventuelles pistes d'amélioration susceptibles d'être décrites, correspondent évidemment à des contextes variables, d'une catégorie de collectivité à l'autre. Quoi qu'il en soit, deux objectifs semblent pouvoir orienter une réflexion demeurant commune : faciliter la résolution des blocages politiques ; assurer que la pratique de réelles délibérations concoure à la qualité et à la légitimité des décisions locales.

Les situations de blocage, d'une part, ne sauraient être considérées comme une difficulté massive. Cependant, elles existent parfois et sont tout à fait dommageables. Nul ne peut se satisfaire de voir le maire d'une commune rester en fonction, alors que son conseil municipal manifeste une claire défiance à son égard. L'instauration d'un mécanisme de mise en cause, placé entre les mains de l'organe délibérant et donnant à celui-ci un moyen d'action en amont du dernier recours étatique, présenterait un intérêt certain[1]. On songe à l'équivalent d'une motion de défiance constructive[2], qui inciterait les membres d'un conseil à s'unir, tant pour s'opposer à l'exécutif que pour avancer une solution à la crise politique : un tel mécanisme permettrait à l'assemblée elle-même d'épuiser les éventuelles solutions qui existeraient en son sein, l'État n'étant précisément amené à intervenir qu'en l'absence attestée d'alternative. Cependant, il ne s'agirait là que d'une forme de soupape de sécurité. On ne répondra pas à la trop faible intensité de la démocratie représentative locale par une simple procédure ponctuelle, de réaction à des cas critiques. À plus forte raison, on ne réhabilitera pas ces institutions aux yeux des citoyens, en n'œuvrant qu'à la résolution des cas pathologiques. Il est fort possible, toutefois, que l'existence d'un tel mécanisme aide à tempérer des relations entre élus, avant qu'elles ne s'enveniment.

La réalité des délibérations, d'autre part, s'impose spontanément comme une préoccupation : en cause, la raison d'être des assemblées locales ; en jeu, la possibilité de modérer les exécutifs et d'enrichir les décisions adoptées. À cet égard, on ne saurait négliger le fait que la plupart des exécutifs sont déjà appelés à la modération, non pas en application de mécanismes dissuasifs, inspirés de la théorie de la séparation des pouvoirs, mais en raison de la structure même de la décision et de l'action locales. En effet, si le moment des délibérations n'a rien

---

[1] P. Jan, *op. cit.*, p. 247.

[2] En s'inspirant de l'exemple donné par la Corse et la Polynésie.

de concluant, le temps de l'élaboration des projets de délibérations est riche en échanges, voire en négociations et recherches de compromis. Interviennent des entités directement liées à la collectivité locale : les EPCI, les conseils de développement, les conseils de quartiers, etc. Les collectivités peuvent faire appel à des expertises extérieures, interroger d'autres collectivités, solliciter des représentants de différents intérêts professionnels et sectoriels, à commencer par les chambres consulaires et les syndicats professionnels. Les conseils régionaux – particulièrement – engagent naturellement ces échanges, lorsque ce n'est pas tout simplement obligatoire, avec leur Conseil économique social et environnemental régional : c'est là l'occasion de consulter, en amont de la conception d'un texte ou sur la base d'un projet de délibération, les représentants de la société civile organisée.

Plus généralement, si les relations entre exécutifs et assemblées présentent les travers déjà exposés, on doit rappeler qu'elles s'inscrivent dans un contexte local moins tranché. En l'absence de tutelle entre collectivités territoriales, celles-ci sont contraintes au dialogue et à la recherche de positions d'entente. Cela est particulièrement visible lorsqu'un conseil régional adopte l'un de ses grands schémas, que ce soit le SRDEII ou le SRADDET[1] : l'autorité qui en découle n'est pas l'expression d'un pouvoir unilatéral, mais repose en pratique sur un temps d'élaboration long et riche en échanges, consultations, négociations et tours de tables, qui imposent à ces collectivités de collecter autant d'approbation que possible auprès des futurs destinataires de ces documents. Il y a là une source de modération considérable et un apport déterminant à la légitimation des décisions locales.

Pourtant, on convient d'un travers majeur : ce système est trop peu visible et compréhensible. On ne saurait faire reposer l'équilibre d'institutions, issues d'un processus électoral, sur des mécanismes dont la perception n'est réservée qu'à quelques spécialistes. En cela, l'assemblée délibérante conserve une utilité certaine, ne serait-ce que pour être le lieu où un exécutif est sommé d'assumer ouvertement ses décisions et de faire l'effort de produire des explications un tant soit peu construites. Quand bien même il ne s'agirait que d'apparences, celles-ci présentent un intérêt évident. Elles en présenteront d'ailleurs d'autant plus que l'opposition sera capable de livrer des arguments solides, d'exiger des explications ou encore d'engager des travaux d'enquête. Il n'y a pas de délibérations plus riches que celles qui font sortir l'exécutif du confort et, face à l'adversité, celui-ci a plus que jamais besoin d'une majorité dont les membres sont capables de soutenir ses positions. Une condition à cela : qu'ils aient été préparés et associés bien en amont de la délibération. On peut donc plaider pour un accroissement des moyens d'information et d'investigation des élus. Encore faut-il que ceux-ci, particulièrement s'ils sont membres de groupes minoritaires,

---

[1] Respectivement *Schéma régional de développement économique, d'innovation et d'internationalisation* et *Schéma régional d'aménagement et de développement durable du territoire.*

aient un intérêt à cultiver des délibérations plus riches, en espérant être entendus[1]. L'introduction de décisions à la majorité qualifiée aurait l'avantage d'imposer davantage de débats, sur les sujets les plus importants[2].

Cependant, la faiblesse en question est bien plus profonde que cela et on peine à entrevoir la possibilité d'un remède simple et circonscrit : une réflexion d'ensemble est en effet à mener, sur la démocratie locale, voire nationale. Le fonctionnement des institutions dépend en effet de l'intérêt que les citoyens leur accordent. À l'abri de leurs regards, sauf sur des sujets ponctuels particulièrement marquants, les modalités des décisions – dont ils peinent souvent à entrevoir l'origine – ne sont pas nécessairement interrogées et demeurent les seules préoccupations d'un public averti. L'attachement à la personne de l'exécutif local, de même que sa bonne identification, sont aussi des facteurs de polarisation de l'attention.

Pourtant, après une crise sanitaire très mobilisatrice pour les collectivités territoriales, une action fondamentale doit être menée, qui va probablement éprouver durablement les modalités des décisions locales. Afin de répondre au changement climatique, des mesures contraignantes sont et seront déployées à leur niveau. La recherche de solutions à la fois efficaces et acceptables pour la population est indispensable : leur bonne réception dépendra autant de leur nature que des conditions de leur édiction, à commencer par l'existence de débats effectifs, mobilisant tant les exécutifs locaux que les organes délibérants.

---

[1] V. *supra*.
[2] S. Manson, « L'assemblée locale est-elle vraiment délibérante ? », *op. cit.*, p. 142.

Généalogie de la concentration administrative comme principe de fonctionnement de l'équipe exécutive

Fouad EDDAZI
Maître de conférences en droit public à l'Université d'Orléans, CRJ Pothier

Le fonctionnement interne des équipes exécutives locales ne relève pas des questions matières à controverse soulevées par la décentralisation. À l'inverse de sujets tels que, par exemple, les finances locales, la répartition des compétences ou encore le nombre de strates de collectivités, le cadre juridique fixant la manière dont les équipes exécutives locales remplissent leur fonction ne donne pas lieu à profonde contestation.

Pourtant, ces équipes exécutives locales, réunissant les exécutifs locaux *stricto sensu*, soit les maires et présidents à la tête des collectivités territoriales, ainsi que leurs adjoints et vice-présidents, sont riches d'enjeux. En premier lieu, l'articulation entre les exécutifs locaux et leurs équipes exécutives a un impact direct en termes d'efficacité administrative, c'est-à-dire quant à leur capacité à bien remplir leur rôle, dont on sait la richesse, particulièrement à travers les attributions des exécutifs *stricto sensu*, préparant et exécutant les décisions des organes délibérants, tout en exerçant des compétences propres. En second lieu, le fonctionnement interne des équipes exécutives locales n'est pas détaché de la question démocratique, en particulier du fait de l'intérêt à avoir des contrepoids parmi les adjoints et vice-présidents, afin de préserver des équilibres toujours menacés par une excessive personnalisation de la fonction exécutive.

Au regard des enjeux en cause, l'absence de lourdes polémiques relativement au fonctionnement des équipes exécutives locales révèle un certain consensus sur la question. Celui-ci, pas si fréquent dans le champ de la décentralisation, amène à s'interroger sur les sources de sa cristallisation. À cet égard, sur le fond, la présente contribution va se focaliser sur un principe de fonctionnement de ces équipes exécutives locales, la concentration administrative. Sur le plan méthodologique, sera retenue une approche généalogique, pour identifier comment et pourquoi un tel principe a pu apparaître, ainsi que sa portée actuelle. En application de cette méthode, on évoquera successivement l'affirmation du principe de concentration administrative (I.), puis ses atténuations (II.).

I. L'affirmation du principe de concentration administrative au bénéfice des exécutifs locaux

Par concentration administrative, on entend que le fonctionnement des équipes exécutives locales se caractérise par la détention de principe de la fonction exécutive par les seuls maires et présidents. Ces derniers réunissent en leur personne la totalité de la fonction exécutive.

Le caractère monocéphale des exécutifs locaux témoigne de cette concentration (A), d'où l'exigence, pour les adjoints et vice-présidents, de disposer de délégations pour agir (B).

A. Le caractère monocéphale des exécutifs locaux

Selon le Code général des collectivités territoriales, maires et présidents sont seuls chargés de l'administration[1]. Cette forte formule affirme le monocéphalisme des exécutifs locaux, dont la genèse tient au rejet de l'administration collective mise en place en 1789.

1. Un monocéphalisme issu du rejet de l'administration collective

La Constituante, en 1789, adopte des textes mettant en place des exécutifs locaux collectifs, c'est-à-dire attribuant la fonction exécutive à plusieurs individus.

D'un côté, la loi du 14 décembre 1789, sur les communes, instaure le corps municipal, *a minima* composé de trois personnes, élues, le nombre exact de membres variant selon la population (art. 25). Ce corps municipal se voit reconnaître des fonctions propres ou déléguées (art. 52), qui témoignent de sa nature exécutive, soit comme agent de l'administration générale pour les secondes (art. 51), soit comme représentant de la commune pour les premières (art. 50). Si le corps municipal crée en 1789 est marqué par son caractère collectif, celui-ci ne doit pas être compris comme étant synonyme de collégialité. Effectivement, tous les membres du corps municipal n'ont pas les mêmes attributions. En particulier, la loi de 1789 distingue le maire, chef du corps municipal (art. 4), disposant de prérogatives particulières, par exemple celle d'être toujours membre du bureau quand le corps municipal est divisé entre celui-ci et un conseil (art. 34, 35 et 36). Pour autant, si une structure hiérarchique ressort de la loi, celle-ci manifeste également son rejet d'une fonction exécutive exercée par un seul.

D'un autre côté, la loi du 22 décembre 1789 sur les départements, alors compris comme des sections du même tout qu'est l'État, crée le directoire (art. 20), composé de huit personnes, également élues (art. 23). Le directoire exerce la fonction exécutive, comme l'énonce l'instruction sur la formation des assemblées représentatives et des corps administratifs du 8 janvier 1790, évoquant l'exécution des arrêtés pris par le conseil et de l'expédition des affaires particulières. Par rapport au corps municipal, une différence essentielle doit être soulignée : on ne trouve pas l'équivalent du maire, c'est-à-dire d'un personnage qui serait le chef du directoire. En conséquence, ce dernier apparaît comme une réelle administration collégiale, la pluralité de ses membres se prolongeant par l'équivalence de leurs pouvoirs.

---

[1] V., respectivement pour les communes, départements et régions : CGCT, art. L. 2122-18, L. 3221-3, L. 4231-3.

Les circonstances politiques et militaires ont, par la suite, conduit à l'adoption de textes d'exception, pour permettre d'y faire face. Si on passe de la Convention au Directoire, ce dernier régime devant marquer le retour à une certaine normalité, on relève que l'ambition d'une administration collective demeure, comme le manifeste la Constitution du 5 fructidor an III. Ainsi, au niveau départemental, il y a une administration centrale (art. 174), composée de cinq membres (art. 177). Pour les communes, la Constitution prévoit une organisation complexe : d'abord, les municipalités de canton, qui réunissent les agents municipaux de chaque commune dont la population est inférieure à 5 000 habitants, avec un président de l'administration municipale (art. 179, 180 et 181) ; ensuite, est régi le sort des communes dont la population se situe entre 5 000 et 100 000 habitants, ces collectivités ayant un nombre d'officiers municipaux variable selon leur démographie, entre 5 et 9 (art. 182) ; enfin, les communes dont la population excède 100 000 habitants voient la coexistence d'au moins trois administrations municipales, leur division se faisant de manière que la population de l'arrondissement de chacune n'excède pas 50 000 individus et ne soit pas moindre de 30 000, chaque administration étant composée de 7 membres (art. 183). 1795 prolonge donc 1789, quant à la recherche d'administrations collectives.

Cette approche est bouleversée par la loi du 28 pluviôse an VIII. L'article 3 du texte de 1800 énonce que « le préfet sera chargé seul de l'administration », s'agissant des départements. Le préfet est naturellement une autorité nommée par le pouvoir central (art. 18). À propos des communes, la loi institue un maire et des adjoints, le nombre d'adjoints variant selon le nombre d'habitants (art. 12). Le pouvoir central nomme les maires et adjoints des communes de plus de 5 000 habitants, le préfet ayant cette prérogative pour les communes ayant une population inférieure. Le rôle exécutif des maires et adjoints est nettement affirmé : « Les maires et adjoints rempliront les fonctions administratives exercées maintenant par l'agent municipal et l'adjoint : relativement à la police et à l'état civil, ils rempliront les fonctions exercées maintenant par les administrations municipales de canton, les agents municipaux et adjoints. » (art. 13) Deux observations peuvent être formulées. La première est que l'on peut désormais caractériser l'origine de la formule « seul chargé de l'administration », que l'on trouve aujourd'hui dans le Code général des collectivités territoriales. Arrêtée à propos du préfet, lorsque celui-ci était l'exécutif du département, elle s'est transmise aux exécutifs locaux contemporains, maires et présidents. La seconde remarque concerne les maires, dont la position semble affermie. La loi de 1789 en faisait les chefs des corps municipaux, mais la nature de leurs relations avec les autres membres n'était pas très claire. Dans le contexte révolutionnaire, un positionnement du type « primus inter pares » demeurait concevable. En retenant le terme « adjoints », inutilisé en 1789, la loi du 28 pluviôse an VIII établit plus ostensiblement une hiérarchie dans l'équipe exécutive communale. Ce lien de subordination paraît marquer la fondation d'un autre monocéphalisme, à l'échelle communale. Effectivement, l'adjoint ne peut agir qu'avec l'aval de celui auquel il se rattache, le maire. Il faudra attendre la loi du 18 juillet 1837, sur l'administration municipale, pour voir formellement un parallélisme des formulations entre les échelles départementale et communale. Selon son article 14, « le maire est chargé seul de l'administration », avec la possibilité d'adjoints. L'article 31 de la loi n° 82-213 du 2 mars 1982, relative aux droits et libertés des communes, départements et régions, applique la formule au président du conseil général, devenu départemental. Soupçonnant l'Assemblée nationale de vouloir faire du bureau un exécutif collégial, le Sénat a fortement insisté pour la reprise du modèle communal, répondant à sa « préoccupation constante qui est de rapprocher le plus possible les nouvelles institutions départementales des institutions communales et de faire notamment du nouveau président du Conseil général une sorte de maire du département »[1]. L'article 6 de la loi n° 86-16 du 6 janvier 1986, relative à l'organisation des régions, transpose la même formulation au président du conseil régional, par renvoi à l'article 31 précité. La démarche entreprise en 1986 est purement pragmatique, un rapport sénatorial, durant la discussion parlementaire, relevant que « le projet de loi procède à un alignement des règles de fonctionnement applicables aux institutions régionales sur celles en vigueur pour les départements »[2].

2. Un rejet motivé par une nouvelle conception de l'exercice de la fonction exécutive

Le changement de paradigme, concernant le caractère collectif ou monocéphal de l'exécutif local, a été très bien accueilli, car témoignant d'une nouvelle conception de l'exercice de la fonction exécutive.

Parmi les fondateurs de ce que l'on nommera le droit administratif, on peut particulièrement mettre en exergue Portiez de l'Oise. L'auteur établit un lien direct entre le monocéphalisme et l'exigence d'efficacité de l'action administrative. Pour lui, « administrer, c'est agir ; l'action, pour atteindre son but, exige force et célérité : or, la célérité et la force sont dans l'unité ; tout le système organique de l'administration roulera donc sur le principe, qu'exécuter est le fait d'un seul, comme juger est le fait de plusieurs. ''Toute direction exécutive, a dit le Prince Primat, ne doit être confiée qu'à une seule main : deux personnes n'apercevroient jamais les objets sous le même point de vue, et, quoique l'intention de chacune pût être bonne, elles différeroient souvent entr'elles'' »[3]. Si Portiez de l'Oise, au moment de ces lignes, est titulaire d'un nouvel enseignement des écoles de droit, le « droit civil dans ses rapports avec l'administration publique », soit un cours de « Lois administratives », pour reprendre une formule de l'auteur, il ne faut pas occulter sa position institutionnelle au moment de l'adoption de la loi du 28 pluviôse an VIII. En

[1] M. Giraud, *Rapport fait au nom de la Commission des Lois du Sénat*, n° 33, 22 oct. 1981, p. 67.
[2] M. Bécam, *Rapport fait au nom de la Commissions des Lois du Sénat*, n° 157, 5 déc. 1985, p. 15.
[3] L. Portiez de l'Oise, *Cours de Législation Administrative*, t. 1, Garnery, 1808, p. XXXII.

effet, Portiez de l'Oise est alors membre du Tribunat, une des assemblées du Consulat, régime qui a adopté la fameuse loi. Son soutien doctrinal au monocéphalisme des titulaires des fonctions exécutives ne peut donc être totalement détaché de ses activités politiques.

La doctrine postérieure ne s'est pas érigée en critique des apports de la loi du 28 pluviôse an VIII, prolongée, on l'a vu, par la loi de 1837. Par exemple, Foucart critique l'administration collective prévue par la Constituante en 1789. Pour lui, « cette organisation, qui était fort bonne pour la délibération, ne l'était pas autant pour l'action. Le directoire de département, composé de huit personnes, devait manquer nécessairement de cette unité de vue, de cette promptitude d'exécution, nécessaires à l'administration »[1]. Aussi, Foucart soutient le schéma institutionnel issu de la loi du 28 pluviôse an VIII : « d'après l'organisation actuelle de notre administration, à chaque degré de la hiérarchie on trouve un conseil chargé de la délibération, et un fonctionnaire unique chargé de l'action. Ce système réunit tous les avantages des administrations collectives créées par l'Assemblée nationale, sans avoir leurs inconvénients »[2]. Autre illustration possible, Ducrocq, critiquant à son tour la Constituante, qui « n'aperçut pas (...) que si ''délibérer est le fait de plusieurs'', agir ''est le fait d'un seul'' »[3].

B. Des adjoints et vice-présidents agissant sur délégation des exécutifs locaux

La concentration de la fonction exécutive induite par le monocéphalisme n'implique pas que les exécutifs locaux soient seuls à l'exercer. Le principe de réalité impose que ces derniers soient assistés d'adjoints et vice-présidents. Ces derniers ne peuvent agir qu'en cas de délégations de fonctions, ce qui contribue à l'unité d'action de l'équipe exécutive, par la faculté d'abrogation des arrêtés portant délégation dont dispose l'exécutif local.

1. L'action des adjoints et vice-présidents conditionnée par l'existence de délégations de fonctions

a. La genèse de la faculté de délégation

On peut aborder successivement le sort des trois exécutifs locaux de droit commun.

Tout d'abord, le maire peut, sous sa surveillance et sa responsabilité, déléguer par arrêté une partie de ses fonctions à un ou plusieurs de ses adjoints et à des membres du conseil municipal (CGCT, art. L. 2122-18). Dès la loi du 28 pluviôse an VIII, l'existence d'adjoints aux maires est prévue par le droit (art.

---

[1] E.-V. Foucart, *Éléments de droit public et administratif*, t. 3, Marescq et Dujardin, 1856, p. 300.
[2] *Ibid.*, p. 314.
[3] T. Ducrocq, *Cours de droit administratif*, t. 1, Fontemoing, 1897, p. 134.

12, 13 et 14). Par contre, l'articulation entre adjoints et maires n'est pas clairement organisée. Ainsi, l'article 13 décrit les fonctions exercées par les maires et adjoints, sans en fixer le mode d'exercice. Toutefois, les sources réglementaires permettent de faire apparaître la possibilité du recours à la délégation. En effet, Portiez de l'Oise écrit que « le maire est seul chargé de l'administration ; il a seulement la faculté d'assembler ses adjoints, de les consulter lorsqu'il le juge à propos et de leur déléguer une partie de ses fonctions »[1]. En note de bas de page, il indique sa source : l'arrêté du 2 pluviôse an 9, B. 64, art. 7. Aussi, dès le 22 janvier 1801, la faculté de délégation est reconnue juridiquement. L'article 14 de la loi du 18 juillet 1837, sur l'administration municipale, accélère la cristallisation du droit positif en indiquant que le maire « peut déléguer une partie de ses fonctions à un ou plusieurs de ses adjoints, et, en l'absence des adjoints, à ceux des conseillers municipaux qui sont appelés à en faire les fonctions ». On note que le vecteur juridique, l'arrêté, n'est pas visé, ni la nécessité, pour le maire, d'assurer une surveillance quant aux fonctions déléguées, dont il reste responsable aux termes du droit positif. Ces deux précisions sont apportées par l'article 82 de la loi du 5 avril 1884 sur l'organisation municipale, qui, en outre, identifie, comme bénéficiaires potentiels des délégations, un ou plusieurs des adjoints et, en leur absence ou empêchement, des membres du conseil municipal. On relève qu'au-delà de l'absence, visée dès 1837, l'empêchement des adjoints permet le recours aux conseillers municipaux. Pour Macarel, c'était une lacune à corriger : « par *l'absence* de l'adjoint, (...) il faut entendre une impossibilité physique et morale, aussi bien qu'une absence réelle : ainsi une paralysie qui aurait atteint un adjoint, une grave maladie qui le retiendrait dans sa demeure, seraient, aussi bien qu'une absence momentanée, des motifs suffisants pour que le maire fût autorisé à chercher, parmi les conseillers municipaux, le délégataire dont il aurait besoin. Il faut donc entendre cette disposition dans le sens où il aurait été écrit (comme dans l'article 5 de la loi du 21 mars 1831) : *en cas d'absence ou d'empêchement* »[2]. Cette précision est apportée par la loi de 1884. À propos des conditions de désignation de conseillers municipaux, la loi de 1884 abandonne l'exigence selon laquelle ces derniers doivent être susceptibles d'être adjoints. Comme le remarque Léon Morgand, « le maire ne sera donc plus obligé d'observer l'ordre du tableau »[3], ce qui lui confère une plus grande liberté pour le choix du ou des conseillers bénéficiant de délégations. De la sorte, la formulation de 1884 est quasiment identique à celle de l'article L. 2122-18 du Code général des collectivités territoriales, à ceci près que la délégation à des membres du conseil municipal y est conditionnée par l'absence ou l'empêchement des adjoints. L'article 10 de la loi n° 2002-276 du 27 février 2002, relative à la démocratie de proximité, ajoute une nouvelle hypothèse, la

[1] L. Portiez de l'Oise, *op. cit.*, p. 56.
[2] L.-A. Macarel, *Cours d'administration et de droit administratif*, t. 1, Plon frères, 1852, p. 256.
[3] L. Morgand, *Commentaire de la loi du 5 avril 1884*, t. 1, Berger-Levrault, 1884, p. 426.

délégation aux conseillers municipaux pouvant être envisagée lorsque les adjoints sont tous titulaires d'une délégation. La discussion parlementaire a permis l'adoption de ce second cas d'ouverture de délégation, car il est apparu « opportun de pouvoir associer des membres du conseil municipal à la gestion de la commune en leur confiant une délégation, sans pour autant que les adjoints ne soient remis en cause dans leurs fonctions exécutives »[1]. Ces deux cas de recours aux conseillers municipaux sont supprimés par l'article 30 de la loi n° 2019-1461 du 27 décembre 2019, relative à l'engagement dans la vie locale et à la proximité de l'action publique, à l'origine de la formule actuelle de l'article L. 2122-18 du Code général des collectivités territoriales. Introduite par un amendement parlementaire lors de la discussion au Sénat, la suppression vise à « donner davantage de liberté au maire dans l'organisation de son conseil municipal en lui donnant la faculté d'attribuer librement des délégations aux adjoints ou aux conseillers municipaux, sans qu'un principe de priorité s'applique aux premiers »[2]. La réforme s'inscrit également dans un contexte de crise, lié au mouvement des « Gilets Jaunes », le pouvoir central cherchant à renouer le lien avec les maires, d'où des facilités accordées. Par contre, l'ordre de priorité demeure pour les présidents des conseils départementaux et régionaux.

Ensuite, le président du conseil départemental peut déléguer par arrêté, sous sa surveillance et sa responsabilité, l'exercice d'une partie de ses fonctions aux vice-présidents. Il peut également déléguer une partie de ses fonctions, dans les mêmes conditions, à des membres du conseil départemental en l'absence ou en cas d'empêchement des vice-présidents ou dès lors que ceux-ci sont tous titulaires d'une délégation (CGCT, art. L. 3221-3). Cette formulation découle quasi-totalement de l'article 31 de la loi n° 82-213 du 2 mars 1982, relative aux droits et libertés des communes, des départements et des régions. La différence entre l'écriture actuelle de la loi et celle de 1982 tient à la portée de la possible délégation aux membres de l'assemblée délibérante. Cette faculté est limitée à l'absence ou l'empêchement des vice-présidents en 1982 ; le droit positif prévoit une autre hypothèse, celle où les vice-présidents sont tous titulaires d'une délégation. La loi n° 2002-276 du 27 février 2002, relative à la démocratie de proximité, est à l'origine de cette nouvelle hypothèse, son article 12 réécrivant le Code général des collectivités territoriales dans sa formulation actuelle. Issue de la discussion parlementaire, la nouvelle formulation vise « à élargir les possibilités pour le président du conseil général ou régional de déléguer une partie de leurs fonctions à des conseillers »[3].

Enfin, le président du conseil régional peut déléguer par arrêté, sous sa surveillance et sa responsabilité, l'exercice d'une partie de ses fonctions aux vice-

---

[1] B. Derosier, *Rapport fait au nom de la Commission des Lois de l'Assemblée nationale*, n° 3113, 6 juin 2001, p. 100.

[2] H. Maurey, Amendement n° 683 rect. Bis, 8 oct. 2019.

[3] D. Hoeffel, *Rapport fait au nom de la Commission des Lois du Sénat*, n° 156, 19 déc. 2001, p. 167.

présidents et, en l'absence ou en cas d'empêchement de ces derniers, ou dès lors que ceux-ci sont tous titulaires d'une délégation, à d'autres membres du conseil régional (CGCT, art. L. 4231-3). Comme pour le département, la loi n° 82-213 du 2 mars 1982 relative aux droits et libertés des communes, des départements et des régions est à l'origine de l'essentiel du droit positif, particulièrement son article 73. À l'instar du département, on constate que la différence de rédaction entre 1982 et 2024 tient à la possibilité actuelle de déléguer une partie des fonctions aux membres du conseil régional dans une autre situation que l'absence ou l'empêchement, à savoir lorsque les vice-présidents sont tous titulaires d'une délégation. L'article 13 de la loi n° 2002-276 du 27 février 2002 relative à la démocratie de proximité en est la source, cristallisant ainsi le droit positif, pour la même raison évoquée précédemment, augmenter la liberté de choix de l'exécutif.

b. *L'enracinement précoce du régime de la délégation*

La délégation a rapidement donné lieu à des études, logiquement centrées sur le maire et ses adjoints, soulignant les éléments clés de son régime, dont on peut donner quelques exemples.

En premier lieu, la question de l'intérêt même du recours à la délégation est abordée. Celui-ci est identifié comme résidant dans la recherche d'efficacité administrative, en particulier pour les communes d'une certaine importance démographique, afin de pouvoir répondre à l'ampleur du travail à réaliser. À ce titre, Macarel indique que « le droit des communes d'avoir, à leur tête, et pour seconder leur maire, un ou plusieurs adjoints, dépend donc de cette étendue »[1]. Macarel le manifeste encore, en relevant que le maire « retiendra le plein exercice de ses fonctions, s'il ne lui paraît pas au-dessus de ses forces ; il en déléguera une partie, s'il le juge convenable »[2].

En deuxième lieu, la liberté de l'appréciation du maire, pour y recourir ou non, a été soulignée. Macarel écrit à cet égard que « la délégation est purement volontaire, elle peut avoir ou n'avoir pas lieu, selon la volonté du maire »[3]. Cette impérative manifestation de volonté explique l'impossibilité d'une subdélégation. Selon Macarel, « la délégation reçue ainsi, en vertu de la loi, n'autorise pas celui qui l'a reçue à la transmettre à un autre ». À une époque où maires et adjoints sont nommés, l'auteur le justifie ainsi : « la loi, sans cela, serait d'une grande imprudence (...). De délégation en délégation, l'exercice effectif du pouvoir pourrait ainsi arriver à ceux des conseillers municipaux que (...) l'administration supérieure n'a pas jugé convenable de choisir »[4].

En troisième lieu, le primat de la volonté du maire a des effets quant aux personnalités choisies et au nombre d'adjoints. S'agissant des personnes,

---

[1] L.-A. Macarel, *op. cit.*, p. 187.
[2] *Ibid.*, p. 255.
[3] *Ibid.*
[4] *Ibid.*, p. 258.

Hauriou met en avant la relative liberté du maire pour désigner ses délégués, dans le cadre juridique post-1884 : « il n'est astreint à suivre ni l'ordre de nomination des adjoints, ni l'ordre du tableau »[1]. Concernant le nombre d'adjoints, Macarel souligne que « la délégation peut se faire à un ou plusieurs adjoints ; et j'appelle un moment votre attention sur ces mots : à *plusieurs adjoints* »[2], dans les limites fixées par la loi, le texte de 1831 alors applicable n'autorisant « la nomination de deux adjoints ou d'un plus grand nombre que dans les villes qui ont plus de 2,500 habitants »[3]. Aujourd'hui, pour les communes, la règle est que le conseil municipal détermine le nombre des adjoints au maire sans que ce nombre puisse excéder 30 % de l'effectif légal du conseil municipal (CGCT, art. L. 2122-2). L'article 10 de la loi n° 82-974 du 19 novembre 1982, modifiant le code électoral et le code des communes, est à l'origine de cette formulation, qui rompt avec le droit antérieur, qui faisait varier le nombre d'adjoints selon le nombre d'habitants. Du côté des départements (CGCT, art. L. 3122-4) et des régions (CGCT, art. L. 4133-4), les vice-présidents doivent être entre quatre à quinze, sous réserve, s'agissant des premiers, que le nombre de ceux-ci ne soit pas supérieur à 30 % de l'effectif du conseil départemental. Le principe applicable au département découle de l'article 45 de la loi n° 2002-276 du 27 février 2002 relative à la démocratie de proximité. Le droit antérieur, issu de l'article 24 de la loi n° 82-213 du 2 mars 1982 relative aux droits et libertés des communes, des départements et des régions, fixe un plafond de 10 vice-présidents, sans évoquer une limite calculée selon l'effectif du conseil départemental. La modification opérée en 2002 vise simplement l'« harmonisation des règles de composition des commissions permanentes des conseils généraux et des conseils régionaux »[4]. S'agissant des vice-présidents du conseil régional, la règle originaire fut posée par l'article 6 de la loi n° 86-16 du 6 janvier 1986 relative à l'organisation des régions, transposant l'article 24 de la loi de 1982, applicable au département, au bureau régional. L'article 77 de la loi n° 92-125 du 6 février 1992, relative à l'administration territoriale de la République, porte le nombre maximum de vice-présidents à 15, sous réserve que le nombre de ceux-ci ne soit pas supérieur à 30% de l'effectif du conseil. Un amendement parlementaire est à l'origine de la hausse du plafond, justifiée de la sorte : « ce dispositif pourrait être opportun pour les conseils régionaux : certaines régions comprenant d'assez nombreux départements, il peut être souhaitable de leur laisser la faculté de désigner jusqu'à quinze vice-présidents »[5]. L'article 7 de la loi n° 2010-1563 du 16 décembre 2010 de réforme des collectivités territoriales aboutit à la rédaction actuelle, conservant le nombre de vice-présidents entre 4 et 15, mais sans le plafonner par référence à l'effectif du conseil régional, contrairement à la

[1] M. Hauriou, *Précis de droit administratif et de droit public*, Sirey, 1921, p. 272.
[2] L.-A. Macarel, *op. cit.*, p. 256.
[3] *Ibid.*, p. 257.
[4] D. Hoeffel, *op. cit.*, p. 238.
[5] P. Graziani, *Rapport fait au nom de la Commission des Lois du Sénat*, n° 230, 8 janv. 1992, p. 71.

commune et au département. La discussion parlementaire a conduit à l'insertion de cette disposition, s'expliquant par le contexte de l'époque, marqué par le projet de création du conseiller territorial : il s'agit de revoir le « fonctionnement des conseils régionaux afin de les adapter à la mise en place des conseillers territoriaux - c'est-à-dire à une réforme qui implique, mécaniquement, une forte augmentation de leurs effectifs ». Ainsi, « pour éviter que la création des conseillers territoriaux ne provoque une explosion du nombre de membres de la commission permanente, les députés ont prévu que l'effectif total de la commission permanente (et non plus seulement le nombre de ses vice-présidents) ne pourrait dépasser le tiers de celui du conseil régional »[1].

En quatrième lieu, l'enjeu de la formalisation juridique de la délégation est caractérisé. Toujours d'après Macarel, « il faut un acte du maire pour que la délégation se réalise »[2]. Dans le cadre juridique applicable à l'époque de son ouvrage, la loi de 1837 ne faisait pas explicitement mention de la nécessité d'un arrêté en pareille hypothèse ; la loi de 1884 viendra compléter le droit, dans la continuité de la remarque de Macarel.

En cinquième lieu, est mise en exergue l'importance d'une délimitation précise des délégations, qui ne sauraient aller jusqu'à dessaisir le maire de tout rôle effectif. Macarel le souligne de la sorte : « le maire « pourrait-il répartir (...) entre tous ses adjoints, ou quelques-uns d'entre eux seulement, la totalité de ses attributions, de telle sorte qu'il ne restât *maire que de nom*, pour ainsi dire ? (...) La loi (...) ne permet pas le moindre doute à cet égard ; elle n'autorise la délégation du maire que *pour une partie de ses fonctions* »[3].

En sixième lieu, la responsabilité de la délégation est mise en avant. Par exemple, Berthélemy souligne que le maire « n'est pas responsable des actes du suppléant ; il répond au contraire de ceux de l'adjoint délégué. La délégation est exercée sous son contrôle et sous son autorité »[4].

2. La possibilité d'abroger des délégations comme facteur d'unité de l'action exécutive

a. *La faculté d'abrogation*

L'exécutif local peut toujours abroger les arrêtés portant délégation. D'après le droit positif, les délégations du maire (CGCT, art. L. 2122-20), du président du conseil départemental (CGCT, art. L. 3221-3) et du président du conseil régional (CGCT, art. L. 4231-3) « subsistent tant qu'elles ne sont pas rapportées ».

[1] J.-P. Courtois, *Rapport fait au nom de la Commission des Lois du Sénat*, n° 559, 16 juin 2010, p. 38-40.
[2] L.-A. Macarel, *op. cit.*, p. 255.
[3] *Ibid.*, p. 257.
[4] H. Berthélemy, *Traité élémentaire de droit administratif*, Rousseau, 1913, p. 203.

L'origine de cette formulation du droit positif est l'article 82 de la loi du 5 avril 1884 sur l'organisation municipale. La loi n° 82-213 du 2 mars 1982 relative aux droits et libertés des communes, des départements et des régions transpose la formule, à propos des exécutifs départementaux (art. 31) et régionaux (art. 73).

Cependant, avant l'inscription explicite de la faculté d'abrogation dans les textes, la doctrine a déjà identifié sa mobilisation possible. Par exemple, Macarel évoque les « arrêtés par lesquels les maires révoqueraient, feraient cesser leurs délégations antérieures, pour reprendre leurs pouvoirs délégués »[1], soulignant alors la nécessité d'« inscrire ces arrêtés au registre des actes de la mairie »[2], à l'instar des arrêtés procédant à une délégation, afin d'assurer la connaissance et la preuve d'une abrogation. De la sorte, un parallélisme des compétences et des formes est mis en avant. Macarel insiste d'ailleurs sur la vertu de la publicité, en relevant qu'il est « facile de comprendre qu'il est des cas nombreux où il pourrait être utile aux habitants de connaître l'existence de ces délégations et des révocations prononcées »[3]. L'article 96 de la loi de 1884 règle cette question de la publicité, en indiquant que « les arrêtés du maire ne sont obligatoires qu'après avoir été portés à la connaissance des intéressés, par voie de publications et d'affiches, toutes les fois qu'ils contiennent des dispositions générales et, dans les autres cas, par voie de notification individuelle. (...) Les arrêtés, actes de publication et de notification sont inscrits à leur date sur le registre de la mairie. » La jurisprudence postérieure a pu rappeler la nécessité de publication régulière de l'arrêté de délégation (CE, 1er déc. 1993, *Veillard*, n° 128953, Lebon T.), comme l'affichage, visé dans l'affaire *Veillard*, ou, autre exemple, une publication au recueil des actes administratifs (CAA Marseille, 29 juill. 2004, n° 00MA00102). Les actuels articles L. 2122-29, L. 3131-1 et L. 4141-1 du Code général des collectivités territoriales sont les héritiers de l'article 96 de la loi de 1884, respectivement pour la commune, le département et la région.

La lettre législative reste floue, s'agissant des circonstances pouvant conduire à l'abrogation d'un arrêté portant délégation de fonction(s). La jurisprudence a apporté des éléments d'encadrement, de manière à éviter l'arbitraire.

D'une part, s'est posée la question de la motivation de la décision d'abrogation de la délégation. À ce titre, le juge a relevé que le code de l'administration communale, codifiant les dispositions de la loi de 1884, ne prévoit aucune forme particulière pour rapporter des délégations consenties par le maire. Particulièrement, il n'exige pas que ces décisions soient motivées. Dès lors, il écarte le moyen selon lequel un arrêté abrogeant les délégations d'un adjoint serait illégal faute de motivation (CE, 11 avr. 1973, *Sieur Nemoz*, n° 83844, Rec. 293). L'adoption postérieure de la loi n° 79-587 du 11 juillet 1979, relative à la motivation des actes administratifs et à l'amélioration des

[1] L.-A. Macarel, *op. cit.*, p. 260.
[2] *Ibid.*
[3] *Ibid.*

relations entre l'administration et le public, ne change pas la donne. Certes, cette loi affirme le droit des personnes physiques ou morales d'être informées sans délai des motifs des décisions administratives individuelles défavorables qui les concernent. Cependant, le juge administratif considère que la décision par laquelle le maire rapporte la délégation consentie à un adjoint n'a pas le caractère d'une sanction. Il ajoute que cette abrogation touche une décision de nature réglementaire, l'acte de délégation se voyant ainsi qualifié. Dès lors, la décision d'abrogation n'entre dans aucune des catégories de décisions qui, en vertu de la loi du 11 juillet 1979, doivent être motivées (CE, 29 juin 1990, *De Marin*, n° 86148, Rec. 183). De manière expresse, le Conseil d'État indiquera ultérieurement que la décision par laquelle le maire rapporte la délégation qu'il a consentie à l'un de ses adjoints est une décision à caractère réglementaire qui a pour objet la répartition des compétences entre les différentes autorités municipales. Aussi, une telle décision ne relève pas du champ des actes devant être motivés (CE, avis, 27 janv. 2017, n° 404858). Cette qualification en acte réglementaire entraîne, par voie de conséquence, le fait que l'abrogation de délégation n'entre pas dans le champ d'application de l'article 8 du décret du 28 novembre 1983, qui imposait à l'autorité administrative de mettre l'intéressé à même de présenter des observations écrites, avant de prendre une décision devant être motivée en application de la loi du 11 juillet 1979 (CE, 29 juin 1990, *De Marin*, n° 86148, Rec. 183). Plus largement, l'article L. 121-1 du code des relations entre le public et l'administration ne trouve pas à s'appliquer. Celui-ci prévoit qu'exception faite des cas où il est statué sur une demande, les décisions individuelles qui doivent être motivées en application de l'article L. 211-2 de ce code, ainsi que les décisions qui, bien que non mentionnées à cet article, sont prises en considération de la personne, sont soumises au respect d'une procédure contradictoire préalable. Le juge confirme l'inapplicabilité de cette disposition à la décision par laquelle le maire rapporte la délégation qu'il a consentie à l'un de ses adjoints (CE, avis, 27 janv. 2017, n° 404858).

D'autre part, l'enjeu du motif de l'abrogation de la délégation est abordé. La même jurisprudence *Sieur Nemoz* de 1973 considère qu'il résulte des dispositions de l'article 64 du code de l'administration communale (codifiant l'article 82 de la loi de 1884) qu'il appartient au maire de mettre fin à tout moment aux délégations qu'il a consenties, sous réserve que sa décision ne soit pas inspirée par des motifs étrangers à la bonne marche de l'administration municipale. Les motifs reconnus comme relevant de la bonne marche de l'administration municipale sont essentiellement de deux ordres. D'un côté, l'existence de désaccords politiques entre l'exécutif et l'adjoint en cause (v., p. ex. : CE, 1er oct. 1993, *Bonnet*, n° 128485, Rec. 255 ; CE, 20 mars 1996, *Mme Richard*, n° 137847, Rec. 43) ou de mauvaises relations personnelles, entravant la bonne gestion municipale (CE, 11 juin 1993, *Commune de Coudekerque-Branche*, n° 105066). D'un autre côté, la manifestation publique des désaccords et différends peut être un motif légal (v., p. ex. : CE, 29 juin 1990, *De Marin*, n° 86148, Rec. 183 ; CAA Lyon, 6 nov. 2012, n° 11LY02704).

b. Les effets de la faculté d'abrogation

Par la faculté d'abrogation, l'exécutif local dispose d'un moyen efficace pour maintenir l'unité de son équipe et la cohérence de l'action menée. L'abrogation est un instrument juridique ayant pour effet politique la restriction du risque de dissension, d'où la préservation d'un bloc exécutif soutenant le maire ou le président.

Un tempérament à l'efficacité de l'instrument peut être mentionné : abroger une délégation n'implique pas *ipso facto* que l'adjoint ou le vice-président en cause quitte l'équipe exécutive. Autrement dit, la démission n'est pas automatique. À cet égard, la loi prévoit une procédure spécifique aux adjoints aux maires : « lorsque le maire a retiré les délégations qu'il avait données à un adjoint, le conseil municipal doit se prononcer sur le maintien de celui-ci dans ses fonctions » (CGCT, L. 2122-18). L'origine de cette disposition est l'article 143 de la loi n° 2004-809 du 13 août 2004, relative aux libertés et responsabilités locales. Issu d'un amendement en seconde lecture à l'Assemblée nationale (n° 4526), le dispositif vise à éviter les blocages dans le fonctionnement des équipes exécutives. En effet, dans sa version antérieure à la loi de 2004, l'article L. 2122-18 indique que lorsque le maire retire les délégations qu'il a données à un adjoint et que celui-ci ne démissionne pas, alors ces délégations peuvent être attribuées à un conseiller municipal. Autrement dit, l'adjoint, en ne démissionnant pas, peut demeurer dans l'équipe exécutive. Tout l'intérêt de la réforme de 2004 est d'offrir au maire la possibilité de sortir de l'équipe exécutive l'adjoint qu'il dépouille de sa délégation, s'il obtient le soutien de son conseil. Une évolution juridique peut être soulignée, s'agissant des conséquences d'une décision du conseil de maintenir l'adjoint dans les fonctions. Antérieurement, le maire était tenu de retirer sans délai les délégations attribuées à des conseillers municipaux, sauf à conférer à l'adjoint intéressé une nouvelle délégation, afin de ne pas porter atteinte au droit de priorité des adjoints dans l'attribution des délégations (CE, avis, 14 nov. 2012, n° 361541). Comme on l'a vu, cet ordre de priorité n'existe plus. Cela implique la possibilité d'un maintien comme adjoint, sans délégation. Sans pouvoir forcer son départ de l'équipe exécutive, le maire ou président neutralise fortement l'adjoint ou vice-président se maintenant, mais sans délégation aucune. Il faut souligner que cette procédure sollicitant le conseil municipal après l'abrogation d'une délégation n'existe pas du côté du département et de la région.

En pratique, l'abrogation des délégations apparaît comme une arme ultime pour les exécutifs locaux, dont la mobilisation n'est pas si fréquente. D'autres instruments apparaissent plus efficaces pour maintenir l'unité de l'équipe exécutive.

Premièrement, la réalité du travail de l'équipe exécutive ne relève ni du modèle d'un fonctionnement en silos, voyant les adjoints et vice-présidents agir dans leur périmètre comme ils l'entendent, ni du modèle d'un fonctionnement hyper-verticalisé qui verrait l'exécutif tout décider pour ses adjoints et vice-présidents. Hauriou avait relevé cette dimension : « Les résolutions importantes qui doivent être prises sous la responsabilité du maire sont arrêtées en conseil par le maire et les adjoints d'un commun accord. La réunion du maire et des adjoints forme alors ce qu'on peut appeler le bureau municipal ou bureau d'administration ; mais ce bureau n'a pas d'existence légale, ou tout au moins ne constitue pas une autorité administrative distincte. (...) Assurément, ce serait une réforme à faire (...). »[1] La réforme a été partiellement réalisée, avec la création de bureaux réunissant le président du conseil départemental (CGCT, art. L. 3122-8) ou du conseil régional (CGCT, art. L. 4133-8), les vice-présidents et les membres de la commission permanente ayant reçu délégation en vertu des articles L. 3221-3 et L. 4231-3. La loi du 2 mars 1982 est à l'origine de ces bureaux, institués pour les départements (art. 24) et les régions (art. 71). Cependant, le bureau institué en 1982 n'a pas exactement la même signification que celle évoquée par Hauriou : au lieu d'être exclusivement une instance propre à l'équipe exécutive, le bureau assiste le conseil dans l'exercice de ses compétences délibératives. En effet, les conseils généraux (art. 24) et régionaux (art. 71) peuvent déléguer une partie de leurs attributions aux bureaux. Toutefois, cette approche est abandonnée par la loi n° 92-125 du 6 février 1992 relative à l'administration territoriale de la République. Son article 37 remplace le bureau par la commission permanente, pour l'exercice des compétences déléguées des conseils. L'enjeu est de mieux séparer la fonction délibérative de la fonction exécutive, le bureau étant source de confusions en confondant les deux[2]. Dès lors, le bureau devient exclusivement une instance d'échanges entre les membres de l'équipe exécutive. Si cela correspond à la description d'Hauriou, on note que les communes ne sont pas concernées, même si, en pratique, des bureaux municipaux existent souvent, mais hors tout cadre juridique.

Deuxièmement, la politisation des instances exécutives locales a conduit à l'émergence du cabinet, instance politique composée de collaborateurs politiques, accompagnant les équipes exécutives, parallèlement aux structures administratives classiques. Ces cabinets peuvent être aussi un outil permettant de garder cohérence et discipline dans l'équipe exécutive, en particulier en veillant au respect de la ligne impulsée par le maire ou le président. Paradoxalement, le préfet s'est montré précurseur sur le sujet, à l'époque où il constituait l'exécutif départemental, avec la montée en puissance des questions électorales et politiques sous la IIIe République. Hauriou souligne ce point : « Hier encore pure organisation de fait qui n'était régie par aucun texte, les cabinets des préfets viennent d'être visés par la loi du 1er avril 1920 et classés en tête du personnel des bureaux de la préfecture. »[3] Les exécutifs locaux ont vu la consécration de cet instrument en leur faveur par l'article 110 de la loi du 26 janvier 1984,

---

[1] M. Hauriou, *op. cit.*, p. 260.
[2] P. ex. : P. Graziani, *op. cit.*, p. 42.
[3] M. Hauriou, *op. cit.*, p. 212.

énonçant que l'autorité territoriale peut librement recruter ou plusieurs collaborateurs et mettre librement fin à leurs fonctions, pour former son cabinet. Un rapport du Sénat précise qu'il s'agit de procéder à la « légalisation de l'existence des cabinets »[1], ce qui montre, à l'instar de l'observation d'Hauriou, que la pratique a précédé le droit, aujourd'hui codifié au sein de l'article L. 333-1 du Code général de la fonction publique[2].

La concentration administrative apparaît comme un principe de fonctionnement ancien des exécutifs locaux, son enracinement historique devant beaucoup à la relation entre maires et adjoints, transposée aux présidents et vice-présidents des conseils départementaux et régionaux. Cette longue inscription dans le temps connaît cependant des atténuations d'inégales importances, certaines anciennes, d'autres plus récentes.

II. Les atténuations au principe de concentration administrative au bénéfice des équipes exécutives locales

Deux catégories d'atténuations peuvent être distinguées. La première, dont l'apparition est concomitante à l'affirmation du principe de concentration, tient au fait que certains membres des équipes exécutives disposent d'attributions ne découlant pas de délégations (A.). La seconde, beaucoup plus récente, réside dans la résurrection d'exécutifs collectifs dans des statuts particuliers (B.).

A. L'existence d'attributions exercées par les membres de l'équipe exécutive en dehors de toute délégation

Il peut arriver que des membres de l'équipe exécutive détiennent des attributions propres, c'est-à-dire consacrées directement par la loi et non par l'exécutif lui-même, via le mécanisme de la délégation. Historiquement, les adjoints au maire en ont été à l'origine, en pouvant exercer certaines fonctions par attribution directe de la loi.

À leur égard, aujourd'hui, le droit positif laisse apparaître deux catégories pertinentes. D'une part, les adjoints ordinaires, qui se voient reconnaître par la loi deux compétences : à l'instar du maire, ils sont officiers de police judiciaire, conformément à l'article 16 du Code de procédure pénale (CGCT, art. L. 2122-31) ; ils sont également officiers d'état civil, comme le maire (CGCT, art. L. 2122-32). D'autre part, il y a des adjoints spécialisés, dont la loi fixe les rôles. D'un côté, les adjoints chargés de quartier, pouvant exister dans les communes de 80 000 habitants et plus (CGCT, art. L. 2122-2-1). Ils connaissent de toute question intéressant à titre principal le ou les quartiers dont ils ont la charge. Ils veillent à l'information des habitants et favorisent leur participation à la vie du

[1] D. Hoeffel, *Rapport fait au nom de la Commission des Lois du Sénat*, n° 82, 30 nov. 1983, p. 127.
[2] Le décret du 16 déc. 1987 relatif aux collaborateurs de cabinet des autorités territoriales demeure applicable, en l'absence de partie réglementaire au CGFP.

quartier (CGCT, art. L. 2122-18-1). D'un autre côté, les adjoints spéciaux. Ces derniers peuvent être institués dans deux cas : lorsqu'un obstacle quelconque, ou l'éloignement, rend difficiles, dangereuses ou momentanément impossibles les communications entre le chef-lieu et une fraction de commune ; en cas de fusion de communes (CGCT, art. L. 2122-3). Les adjoints spéciaux remplissent les fonctions d'officier d'état civil et peuvent être chargés de l'exécution des lois et règlements de police dans la partie de la commune pour laquelle ils ont été désignés. Ils n'ont pas d'autres attributions (CGCT, art. L. 2122-33).

Ce droit positif s'est bâti par étapes.

À propos des adjoints ordinaires, divers textes ont attribué directement des fonctions aux adjoints. S'agissant de celles encore exercées aujourd'hui, deux textes peuvent être cités. Le premier est le décret du 20 septembre 1792, sur le mode de constater l'état civil des citoyens : en visant le maire ou un officier municipal comme acteurs possibles de l'état civil, il annonce les adjoints comme officiers d'état civil. Le second texte est l'article 9 du code d'instruction criminelle de 1808, mentionnant les adjoints aux maires comme pouvant exercer la police judiciaire, d'où leur qualité d'officiers de police judiciaire. L'article 13 de la loi du 28 pluviôse an VIII prévoit quant à lui que les maires et adjoints rempliront les fonctions relativement à la police et à l'état civil. Par le passé, d'autres attributions ont pu être directement reconnues aux adjoints, mais celles-ci ont largement disparu. L'examen des premiers auteurs du droit administratif illustrent cette tendance, à l'instar de Macarel. Par exemple, celui-ci note, du côté des fonctions judiciaires, que, notamment, le ministère public sera exercé auprès du maire, dans les matières de police, par l'adjoint, en vertu du code d'instruction criminelle (art. 167). Autre illustration, concernant les fonctions administratives, l'auteur relève, notamment, que, « d'après la loi du 3 frimaire an VII, art. 9, un adjoint fait nécessairement partie du conseil des répartiteurs, destiné à procéder, dans chaque commune, à la répartition du montant des contributions foncière, personnelle et mobilière et des portes et fenêtres »[1].

La reconnaissance de prérogatives tirées directement de la loi s'explique par la double nature du pouvoir municipal, disposant de compétences propres, liées à son incarnation des intérêts communaux, ainsi que de compétences exercées au nom de l'État, en tant qu'organe également chargé d'intérêts généraux. Lorsque les adjoints agissent au nom de l'État, ils ne peuvent le faire que sur le fondement de la loi. Comme l'écrit Macarel, « telle est (...) la nature du pouvoir municipal, que rien ne fait obstacle à ce que ceux qui l'exercent soient chargés de fonctions étrangères à celles qui leur sont propres ; qu'en effet le gouvernement, ou plutôt les lois de l'État, délèguent à leurs chefs quelques branches de l'administration générale ; et qu'aussi les lois les rendent habiles à la confection de quelques-uns des actes qui appartiennent à l'autorité judiciaire »[2]. Que l'on évoque les adjoints ordinaires ou les adjoints spéciaux, il

[1] L.-A. Macarel, *op. cit.*, p. 266.
[2] *Ibid.*, p. 191.

est vrai que leurs attributions, en matière de police et d'état civil, sont exercées au nom de l'État.

S'agissant de l'adjoint spécial, Gérando rattache sa création à la loi du 18 floréal an X (8 mai 1802), selon laquelle, « dans les parties de communes dont les communications avec le chef-lieu sont difficiles ou temporairement impossibles, il est nommé un adjoint spécial chargé de la tenue des registres de l'état civil »[1]. La loi du 21 mars 1831 précise son régime : « lorsque la mer ou quelque autre obstacle rend difficiles, dangereuses ou momentanément impossibles, les communications entre le chef-lieu et une portion de commune, un adjoint spécial, pris parmi les habitants de cette fraction, est nommé en sus du nombre ordinaire, et remplit les fonctions d'officier de l'état civil dans cette partie détachée de la commune » (art. 2). Macarel explique ainsi cette création : « c'est ici, de la part du législateur, une mesure de prudence, sans laquelle les intérêts d'administration et de famille que peuvent avoir les habitants des fractions de communes qui se trouvent dans les cas prévus, auraient pu être gravement compromis »[2]. On note deux différences par rapport au droit positif : le rôle de l'adjoint spécial est cantonné à l'état civil, l'exécution des lois et règlements de police n'étant pas évoquée ; manque aussi le cas de l'adjoint spécial institué en cas de fusion de communes. La loi du 5 mai 1855 sur l'organisation municipale complète la loi de 1831 sur le plan fonctionnel : l'adjoint spécial peut, désormais, être chargé de l'exécution des lois et règlement de police dans cette partie de commune (art. 3). L'exposé des motifs du projet de loi l'explique : « la disposition finale de l'article 3, en déclarant que l'adjoint spécial pourra être chargé de la police, ne fait que consacrer la jurisprudence qui s'était établie sur la loi du 18 floréal an X »[3]. Commentant cet ajout, Berthélemy indique que « cela ne signifie pas (...) qu'il peut exercer par délégation les droits du maire en matière de police municipale. Il ne pourrait pas, notamment, prendre lui-même des arrêtés réglementaires »[4]. Sur le plan matériel, l'article 36 de la loi n° 1297 du 31 décembre 1970, sur la gestion municipale et les libertés communales, ajoute la possibilité d'instituer un adjoint spécial en cas de fusion de communes. Cette faculté est présentée par le Ministre de l'Intérieur, Raymond Marcellin, comme un moyen permettant de faciliter la fusion des communes, dont il souligne le faible nombre, lié en partie à un état du droit peu favorable : « rien, dans la législation actuelle, n'autorise à maintenir au chef-lieu des anciennes communes un minimum d'activité administrative. Aussi, le projet de loi qui vous est soumis, prévoit-il qu'un ou plusieurs postes d'adjoint spécial pourront être créés et que les actes d'état civil seront établis, sur autorisation du procureur de la République, dans les mairies des anciennes communes, y maintenant ainsi une activité permanente utile à la population »[5].

---

[1] J.-M. de Gérando, *Institutes du droit administratif français*, t. 1, Nève, 1829, p. 191.
[2] L.-A. Macarel, *op. cit.*, p. 188.
[3] Bulletin officiel du Ministère de l'Intérieur, 1855, n° 3 et 4, p. 80.
[4] H. Berthélemy, *op. cit.*, p. 204.
[5] JORF, Débats parlementaires, Assemblée nationale, n° 105 AN, Mer. 25 nov. 1970, p. 5871.

Concernant l'adjoint de quartier, tant le principe de son institution que la définition de son rôle sont posés par l'article 3 de la loi n° 2022-276 du 27 février 2002 relative à la démocratie de proximité. Selon le projet de loi, le souci de « mieux prendre en compte les questions de proximité préside à la possibilité offerte par la loi de créer des postes spécifiques d'adjoints exclusivement chargés de quartiers »[1], dans la continuité des recommandations de la commission pour l'avenir de la décentralisation, figurant dans le rapport « Refonder l'action publique locale » de 2000. Il est intéressant de constater que ce nouvel adjoint et ses fonctions ne sont classés, ni dans la sous-section dédiée aux attributions exercées au nom de la commune, ni dans la sous-section relative aux attributions exercées au nom de l'État. Logiquement, la première de ces sous-sections auraient dû accueillir ce nouvel adjoint, qui agit manifestement au nom de la commune. Mais on peut noter que cela aurait rompu avec le schéma habituel, voyant la loi attribuer directement des fonctions aux adjoints lorsque ces derniers agissent au nom de l'État.

De nos jours, les adjoints au maire ne sont plus les seuls membres des équipes exécutives pouvant exercer des attributions du fait de la loi, en dehors de toute délégation de l'exécutif local. Effectivement, la résurgence d'exécutifs collectifs participe à cette atténuation du principe de concentration administrative. En effet, les membres des conseils exécutifs et gouvernements ont des fonctions exécutives du fait d'attributions directement reconnues à ces instances, comme en Corse, Martinique, Nouvelle-Calédonie, Polynésie ou encore à Saint-Martin, Saint-Barthélemy, Saint-Pierre-et-Miquelon et Wallis-et-Futuna. On peut désormais en tracer la généalogie.

B. L'instauration d'exécutifs collectifs particuliers

Le retour d'exécutifs collectifs est une véritable rupture avec la philosophie à l'œuvre dans la loi du 28 pluviôse an VIII. On peut classer ces exécutifs collectifs selon l'argument dominant ayant conduit à leur instauration.

1. Les exécutifs collectifs instaurés pour des raisons politiques et d'efficacité administrative

En premier lieu, en Corse, il existe un conseil exécutif, composé d'un président assisté de dix conseillers exécutifs (CGCT, art. L. 4422-19). Le terme « assisté » marque une prééminence du président. Cela montre que l'exécutif n'est pas collégial, mais collectif : tous les membres du conseil exécutif n'ont pas de pouvoirs égaux. À ce titre, les conseillers exécutifs agissent sur délégation du président ou pour remplacer celui-ci en cas d'empêchement (CGCT, art. L. 4422-25). Pour autant, leur action n'est pas circonscrite au périmètre des délégations. Effectivement, la loi attribue directement des fonctions au conseil exécutif : il dirige l'action de la collectivité territoriale de

[1] Projet de loi relatif à la démocratie de proximité, Assemblée nationale, n° 3089, 23 mai 2001, p. 4.

Corse, par exemple dans le champ économique et social ou encore s'agissant de l'aménagement de l'espace (CGCT, art. L. 4422-24). Dès lors, le conseil exécutif peut adopter des délibérations (CGCT, art. L. 4423-1). Les conseillers exécutifs disposent ainsi de deux titres pour agir. L'exécutif collectif corse est prévu dès la loi n° 91-428 du 13 mai 1991 portant statut de la collectivité territoriale de Corse. Les débats parlementaires ont souligné l'innovation institutionnelle corse, d'ailleurs parfois de manière critique, car éloignant la Corse du modèle continental traditionnel. Par exemple, un rapport sénatorial[1] souligne que « le schéma de base diffère sensiblement à la fois du statut de toutes les autres collectivités territoriales de France métropolitaine (dans la dévolution du pouvoir exécutif local, notamment) » (p. 21). Si le rapport partage l'ambition gouvernementale, « conférer plus d'efficacité à l'action administrative de la Corse, notamment par un renforcement de la stabilité et des compétences de son exécutif » (p. 22), il refuse le schéma institutionnel retenu. En effet, pour la Commission des Lois, un exécutif responsable séparé de l'assemblée et doté de larges compétences revient à une « organisation pseudo-constitutionnelle (qui) ne pourrait que modifier substantiellement la nature même de la collectivité territoriale de Corse » (p. 22). Malgré cette opposition, le conseil exécutif sera finalement consacré en droit positif. Le rapport est significatif : si l'intention gouvernementale affichée, notamment à travers un exécutif collectif, est une meilleure efficacité administrative, particulièrement pour le développement économique, social et culturel, l'arrière-plan politique de la réforme ne peut pas être négligé et sera plus assumé dans les réformes ultérieures.

En deuxième lieu, Saint-Martin est également caractérisé par l'existence d'un conseil exécutif, composé du président du conseil territorial, président, de quatre vice-présidents et de deux autres conseillers (CGCT, art. LO6322-5). À nouveau, il faut écarter l'hypothèse d'un exécutif collégial pour cette collectivité régie par l'article 74 de la Constitution. Ainsi, il est explicitement énoncé que « le président du conseil territorial est l'organe exécutif de la collectivité » (CGCT, art. LO6352-1). De même, « le président du conseil territorial est seul chargé de l'administration » (CGCT, art. LO6352-3). C'est par délégation qu'une partie de ses fonctions peut revenir aux vice-présidents et, en l'absence ou en cas d'empêchement de ces derniers, à d'autres membres du conseil exécutif. (CGCT, art. LO6352-3). On se trouve bien en présence d'un exécutif collégial, sans équivalence des prérogatives de ses membres. Cependant, les membres du conseil exécutif n'agissent pas que sur délégation : effectivement, le conseil exécutif se voit reconnaître des attributions propres, par exemple l'arrêt des projets de délibérations à soumettre au conseil territorial ou encore la prise, sur proposition du président du conseil territorial, des règlements nécessaires à la mise en œuvre des délibérations (CGCT, LO6353-1). Ces différentes règles découlent de la loi organique n° 2007-223 du 21 février 2007

[1] J. Larché, *Rapport fait au nom de la Commission des Lois du Sénat*, n° 234, 14 mars 1991.

portant dispositions statutaires et institutionnelles relatives à l'outre-mer. L'exposé des motifs du projet de loi ne donne pas d'explications particulières quant au choix d'un exécutif collectif[1]. Le débat parlementaire permet d'en savoir plus. D'un côté, Saint-Martin devenant une collectivité unique exerçant les compétences d'une commune, d'un département et d'une région, l'efficacité administrative est recherchée : « inspirées de celles d'un département, les institutions des futures collectivités d'outre-mer de Saint-Barthélemy et de Saint-Martin s'en distingueraient néanmoins pour tenir compte des nombreuses compétences que devraient exercer leur assemblée délibérante et leur organe exécutif ». D'un autre côté, l'enjeu politique est présent, l'exécutif collectif permettant « d'assurer la présence en son sein d'élus n'appartenant pas à la majorité du conseil »[2].

En troisième lieu, on retrouve la formule du conseil exécutif à Saint-Barthélemy, collectivité également régie par l'article 74 de la Constitution. Ce conseil exécutif est composé du président du conseil territorial, président, de quatre vice-présidents et de deux autres conseillers (CGCT, art. LO6222-5). La prééminence du président interdit d'évoquer un exécutif collégial. Selon des formules déjà rencontrées, le président du conseil territorial est l'organe exécutif de la collectivité et il est seul chargé de l'administration (CGCT, art. LO6252-3). De même, il peut toujours, sous sa surveillance et sa responsabilité, déléguer par arrêté une partie de ses fonctions aux vice-présidents et, en l'absence ou en cas d'empêchement de ces derniers, à d'autres membres du conseil exécutif (CGCT, art. LO6252-3). À l'instar de Saint-Martin, l'équipe exécutive n'agit pas seulement sur délégation. La charge de l'administration est reconnue au président « sous réserve des dispositions du chapitre III ». Celui-ci développe les compétences du conseil exécutif. On y lit, notamment, que le conseil exécutif arrête les projets de délibérations à soumettre au conseil territorial, qu'il prend, sur proposition du président, les règlements nécessaires à la mise en œuvre des délibérations (CGCT, art. LO6253-1). Ainsi, le conseil exécutif dispose d'attributions propres. Comme pour Saint-Martin, la source juridique est la loi organique n° 2007-223 du 21 février 2007 portant dispositions statutaires et institutionnelles relatives à l'outre-mer. L'exposé des motifs du projet de loi rattache le choix d'un exécutif collectif à l'enjeu politique, « la minorité du conseil (...) y sera représentée »[3]. On a vu que le débat parlementaire fonde également la spécificité institutionnelle de l'île sur les compétences importantes pesant sur la collectivité, qui concentre les compétences d'une commune, d'un département et d'une région.

---

[1] Texte n° 359 (2005-2006) de M. F. Baroin, ministre de l'outre-mer, *op. cit.*

[2] C. Cointat, *Rapport fait au nom de la Commission des Lois du Sénat*, n° 25, t. I, 18 oct. 2006, p. 37-38.

[3] Texte n° 359 (2005-2006) de M. F. Baroin, ministre de l'outre-mer, *op. cit.*

2. Les exécutifs collectifs instaurés pour des raisons essentiellement politiques

a. Le cas de la Martinique, relevant de l'article 73 de la Constitution

Il faut évoquer ici le conseil exécutif de la Martinique (CGCT, art. L. 7221-1), composé d'un président assisté de huit conseillers exécutifs (CGCT, art. L. 7224-1). Révélant un exécutif collectif plutôt que collégial, la loi dispose que « le président du conseil exécutif est seul chargé de l'administration », les conseillers exécutifs agissant sur délégation (CGCT, art. L. 7224-12). Ces conseillers exécutifs disposent toutefois de prérogatives en dehors des délégations, par les attributions directement reconnues au conseil exécutif par la loi. De manière générique, celui-ci dirige l'action de la collectivité territoriale de Martinique (CGCT, art. L. 7224-8). Notamment, il est amené à délibérer sur certains arrêtés du président du conseil exécutif, notamment ceux tendant à préciser les modalités d'application des délibérations de l'assemblée ou ceux fixant les règles d'organisation et de fonctionnement des services de la collectivité. Ces dispositions particulières sont issues de la loi n° 2011-884 du 27 juillet 2011 relative aux collectivités territoriales de Guyane et de Martinique. L'étude d'impact explique l'instauration d'un exécutif collectif par une demande locale, liée au contexte politique : « Pour la Martinique, conformément au souhait de la majorité des groupes politiques, le Gouvernement a décidé d'instituer (...) un conseil exécutif et un président responsables devant l'assemblée. (...) Ce choix d'un système de collégialité s'explique par le contexte politique de la Martinique. »[1] Comme l'ont souligné les parlementaires, « À l'inverse de la Guyane, le projet de loi a retenu en Martinique un schéma institutionnel original, qui ne s'apparente pas à celui des régions et des départements, comportant une Assemblée de Martinique et un conseil exécutif distinct élu par elle. Ce schéma s'inspire très nettement de celui conçu en 1991 pour la collectivité territoriale de Corse. »[2]

---

[1] Étude d'impact sur le projet de loi organique portant diverses mesures de nature organique relatives aux collectivités régies par l'art. 73 de la Constitution et sur le projet de loi relatif aux collectivités de Guyane et de Martinique, 2011, en ligne, p. 33.

[2] C. Cointat, *Rapport fait au nom de la Commission des Lois du Sénat*, n° 467, 27 avr. 2011, p. 29.

b. *Les cas de Wallis et Futuna, de la Polynésie française et de Saint-Pierre-et-Miquelon, relevant de l'article 74 de la Constitution*

Tout d'abord, Wallis et Futuna retiennent l'attention : s'il existe un « chef du territoire », selon l'article 9 de la loi n° 61-814 du 29 juillet 1961 conférant aux îles Wallis et Futuna le statut de territoire d'outre-mer, celui-ci est assisté par un conseil territorial pour l'administration des îles (art. 10). Élément très original, le chef du territoire n'est pas totalement libre de la composition de ce conseil, vu la présence de chefs traditionnels identifiés ayant statut de vice-présidents (art. 10). Le chef du territoire monopolise l'essentiel de l'exercice de la fonction exécutive, par exemple la prise des actes réglementaires propres à assurer l'exécution des délibérations de l'assemblée territoriale et tous actes réglementaires qui relèvent de sa compétence. C'est à nouveau un exécutif collectif qui est en cause, avec un trait extrêmement spécifique : il n'est pas prévu que le chef du territoire puisse déléguer une partie de ses fonctions aux membres du conseil territorial. Cependant, ces derniers ne constituent pas une instance symbolique. La loi prévoit qu'ils assistent le chef du territoire pour l'administration des îles et examinent des projets de textes, en particulier ceux devant être soumis à l'assemblée territoriale (art. 10), ou encore les actes réglementaires du chef du territoire concernant la gestion des affaires territoriales, qui doivent être pris en conseil territorial (Décr. n° 62-288 du 14 mars 1962 fixant les attributions du conseil territorial des îles Wallis et Futuna, art. 8). On retrouve donc des attributions directement reconnues par la loi. La discussion autour de la loi de 1961 en souligne la motivation, en l'occurrence l'adaptation à la réalité politico-sociale du territoire : « Je me félicite de ce que le Gouvernement ait admis pour Wallis et Futuna une structure administrative et judiciaire absolument spécifique (...). Ceci démontre (...) que désormais le Gouvernement est disposé à doter chaque territoire d'outre-mer d'un vêtement fait sur mesures au lieu de lui imposer le vêtement prêt-à-porter tiré d'une loi-cadre initialement conçue, avant tout, à l'intention des anciens territoires de l'Afrique noire. Si le pouvoir central avait admis plus tôt l'opportunité de doter chaque territoire d'une organisation et d'institutions qui lui soient propres et qui correspondent exactement à son degré d'évolution politique et à ses composantes ethniques, on eût sans doute évité certains mécontentements et malentendus. »[1] Cette adaptation institutionnelle aux traditions politiques locales est également un verrou contre toute évolution contraire à celles-ci. De ce point de vue, une réponse ministérielle indique que « le conseil territorial institué par l'article 10 de la loi du 29 juillet 1961 (...), au sein duquel les trois chefs traditionnels Hau ou Sau (rois) ont la qualité de vice-présidents, constitue une garantie contre toute

[1] JO, Débats parlementaires, Sénat, Séance du 18 mai 1961, n° 12, 19 mai 1961, p. 345.

promulgation de délibération de l'assemblée territoriale portant atteinte au droit coutumier »[1].

Par ailleurs, la Polynésie française doit être mise en exergue. En effet, selon l'article 63 de la loi organique n° 2004-192 du 27 février 2004 portant statut d'autonomie de la Polynésie française, « le gouvernement de la Polynésie française est l'exécutif de la Polynésie française dont il conduit la politique ». Composé de 7 à 10 ministres (art. 73), le gouvernement « dispose de l'administration » (art. 63). Les attributions de chacun des ministres sont définies par arrêté du président de la Polynésie française (art. 73). Ce dernier peut déléguer certains de ses pouvoirs au vice-président et aux ministres (art. 67) et il dirige l'administration de la Polynésie française (art. 64). Parallèlement, le texte reconnaît des compétences propres au conseil des ministres, via les articles 89 et suivants. Ainsi, « le conseil des ministres est chargé collégialement et solidairement des affaires de la compétence du gouvernement » (art. 89), comme l'arrêt des projets de « lois du pays » ou la prise des règlements nécessaires à leur mise en œuvre. On retrouve, pour les membres de cet exécutif collectif, le cumul entre fonctions déléguées par le président et fonctions directement attribuées par la loi. L'existence de ce gouvernement précède la loi organique de 2004. Le point de départ est la loi n° 56-619 du 23 juin 1956 autorisant le Gouvernement à mettre en œuvre les réformes et à prendre les mesures propres à assurer l'évolution des territoires relevant du ministère de la France d'outre-mer. L'article 1er de ce texte autorise les ministres intéressés à prendre des décrets pour instituer dans tous les territoires des conseils de gouvernement. L'objectif poursuivi est « d'associer plus étroitement les populations d'outre-mer à la gestion de leurs intérêts propres » (art. 1er). Par la suite, interviendra le décret n° 57-812 portant institution d'un conseil de gouvernement et extension des attributions de l'assemblée territoriale dans les Établissements français de l'Océanie. Selon son article 2, il est institué, dans les Établissements français de l'Océanie, un conseil de gouvernement. Le contexte politique de la décolonisation a joué dans l'instauration de cette forme d'exécutif, faisant penser à l'organisation d'un État indépendant, tout en maintenant la souveraineté française.

Enfin, un conseil exécutif est aussi à l'œuvre à Saint-Pierre-et-Miquelon. Celui-ci est composé du président du conseil territorial, président, de cinq vice-présidents et de deux autres conseillers (CGCT, art. LO6432-5). Le président du conseil territorial est seul chargé de l'administration (CGCT, art. LO6462-8), ce qui caractérise un exécutif collectif plutôt que collégial. De façon identique à Saint-Barthélemy et Saint-Martin, cette concentration est tempérée de deux façons. D'une part, le conseil exécutif dispose d'attributions propres, comme l'arrêt des projets de délibérations à soumettre au conseil territorial ou la prise, sur proposition du président, des règlements nécessaires à la mise en œuvre des délibérations (CGCT, art. LO6463-1). D'autre part, classiquement, le président

[1] Question n° 17956, Réponse publiée au JO le 03/09/2019, p. 7890.

peut déléguer par arrêté, sous sa surveillance et sa responsabilité, l'exercice d'une partie de ses fonctions aux vice-présidents ou à des membres du conseil territorial en l'absence ou en cas d'empêchement des vice-présidents ou dès lors que ceux-ci sont tous titulaires d'une délégation (CGCT, art. LO6462-8). À l'instar de Saint-Barthélemy et Saint-Martin, l'origine des dispositions relatives à Saint-Pierre-et-Miquelon est la loi organique n° 2007-223 du 21 février 2007 portant dispositions statutaires et institutionnelles relatives à l'outre-mer. De manière originale, à la différence de Saint-Barthélemy et Saint-Martin, c'est le Sénat qui est à l'origine du conseil exécutif de Saint-Pierre-et-Miquelon. Selon l'exposé des motifs, le projet de loi organique « actualise les règles d'organisation et de fonctionnement des institutions de l'archipel en les alignant sur celles applicables aux conseils généraux et aux conseils régionaux »[1], d'où, notamment, l'évocation d'une commission permanente. Le débat parlementaire voit le Sénat formuler la proposition d'un exécutif collectif, pour la cohérence générale du cadre juridique : « Afin d'harmoniser les institutions des collectivités d'outre-mer dotées de pouvoirs normatifs, votre commission vous soumet un amendement tendant à substituer à la commission permanente du conseil général un conseil exécutif qui serait élu à la représentation proportionnelle, sur le modèle des conseils exécutifs de Saint-Barthélemy et de Saint-Martin, afin d'y assurer la présence d'élus n'appartenant pas à la majorité. »[2] La proposition sénatoriale sera retenue.

c. *Le cas de la Nouvelle-Calédonie, relevant des articles 76 et 77 de la Constitution*

Selon l'article 108 de la loi n° 99-209 organique du 19 mars 1999, l'exécutif de la Nouvelle-Calédonie est le gouvernement. On retrouve donc un exécutif collectif, dont l'effectif, compris entre 5 et 11, est fixé préalablement à son élection par délibération du congrès (art. 109). Cet exécutif collectif est cependant original, en comparaison des collectivités précitées : effectivement, au-delà de la dimension collective, les textes insistent sur la collégialité. Ainsi, d'après l'article 128 de la loi organique, le gouvernement est chargé *collégialement* et solidairement des affaires de sa compétence. Cela se traduit, selon la même disposition, par le fait que les décisions du gouvernement sont prises à la majorité de ses membres. En cas de partage égal des voix, celle du président est prépondérante. Le mécanisme décisionnel a une forte portée, notamment au vu des nombreuses attributions reconnues au gouvernement par les articles 126 et 127 de la loi organique. Si l'on retrouve la reconnaissance du

---

[1] Texte n° 359 (2005-2006) de M. F. Baroin, ministre de l'outre-mer, *op. cit.*

[2] C. Cointat, *Rapport fait au nom de la Commission des Lois du Sénat*, n° 25, tome I, 18 oct. 2006, p. 80.

possible recours à la délégation, la loi organique l'envisage de manière tout à fait inhabituelle en droit des collectivités territoriales. D'une part, l'article 131 évoque la possibilité de délégations du gouvernement à son président, alors que, communément, l'exécutif local délègue à ses adjoints et vice-présidents. D'autre part, l'article 135 énonce que le congrès, à la majorité des trois cinquièmes de ses membres, pourra autoriser le président du gouvernement à déléguer certaines de ses attributions aux membres du gouvernement, le président conservant des pouvoirs propres énumérés aux articles L. 134 à L. 136-1 de la loi organique. La différence est forte par rapport au droit commun, permettant à l'exécutif local de choisir seul de recourir à la délégation d'une partie de ses fonctions. Il ressort de ces différents éléments que l'exécutif néo-calédonien, au-delà d'être un exécutif collectif, est celui qui se rapproche le plus d'un exécutif collégial, la détention de pouvoirs propres au bénéfice du président empêchant d'évoquer une stricte équivalence des pouvoirs des membres de cet exécutif. La loi organique de 1999 est à l'origine de cet exécutif particulier. Comme l'indique le projet de texte, « le chapitre III, aux articles 100 à 127, évoque le gouvernement et son président, auxquels est transféré l'exécutif de la Nouvelle-Calédonie jusqu'alors assuré par le haut-commissaire »[1]. Le débat parlementaire ne manque de souligner cette innovation : « les deux principales novations de ce statut – elles sont de taille – consistent en la création d'un gouvernement de la Nouvelle-Calédonie et d'un sénat coutumier qui remplacera le conseil consultatif coutumier institué en 1988 »[2]. Cette création institutionnelle est naturellement motivée par l'accord politique de Nouméa et la recherche d'une organisation susceptible de ramener la paix civile, comme le projet de loi et les rapports parlementaires en témoignent, par exemple en rappelant que « les deux projets de loi organique et ordinaire qui nous sont soumis aujourd'hui par le gouvernement sont destinés à traduire, dans notre droit, les orientations contenues dans l'accord de Nouméa »[3].

*

*   *

La concentration administrative est incontestablement un principe de fonctionnement des équipes exécutives locales, en droit commun. Le monocéphalisme exécutif de principe découle d'une histoire très particulière, marquée par la matrice communale. Celle-ci résulte d'un compromis entre la reconnaissance d'intérêts communaux propres, distincts de ceux de l'État, d'où l'exigence d'institutions particulières, et une recherche de maillage administratif par l'État, désireux d'être incarné jusqu'à l'échelon territorial de base, selon le

---

[1] Projet de loi organique n° 1229 relatif à la Nouvelle-Calédonie, p. 5.

[2] R. Dosière, *Rapport fait au nom de la Commission des Lois de l'Assemblée nationale*, n° 1275, t. I, 16 déc. 1998, p. 17.

[3] *Ibid.*, p. 13.

mode du début du XIXème siècle, l'agent unique. C'est ainsi que la figure du maire-janus s'est progressivement formée, nommé puis élu au sein du conseil, tout en étant seul chargé de l'administration. L'efficacité administrative et la stabilité politique de cette organisation ont permis sa transposition aux départements et régions, par mimétisme institutionnel.

Cependant, les marqueurs idéologiques qui ont forgé ce principe de fonctionnement ont disparu. Il n'est plus guère question de métaphysique communale et le postulat selon lequel l'exécution est le fait d'un seul a laissé place à d'autres préoccupations, en particulier l'enjeu de la concertation, pour affermir la légitimité de la décision. Dès lors, la concentration administrative n'apparaît plus comme une « masse de granit » dans le fonctionnement institutionnel local, pouvant laisser place à d'autres solutions, selon les circonstances administratives et politiques particulières aux territoires concernés. L'outre-mer l'illustre abondamment, le continent pouvant aussi se laisser gagner par la perspective, comme on a pu le voir lors du projet des élus locaux alsaciens soumis aux électeurs en 2013, prévoyant notamment, sans succès, la création d'un conseil exécutif d'Alsace. Dès lors, si la concentration administrative au bénéfice des exécutifs locaux, par ses résultats positifs en termes de bonne administration, semble devoir demeurer un principe de fonctionnement des équipes exécutives locales, les nouveaux temps politiques, favorables à la différenciation et à l'adaptation des organisations, peuvent en réduire la portée, selon l'analyse pragmatique du contexte politique et des besoins administratifs des territoires.

Chapitre 3 :
Le positionnement administratif des exécutifs locaux

Le chef de l'exécutif, chef de l'administration locale

Julien MARTIN
Professeur de droit public à l'Université de Bordeaux

Aux termes des articles L. 2122-18 du code général des collectivités territoriales pour les communes, L. 3221-3 pour les départements, L. 4231-3 pour les régions, ou L. 5211-9 pour les établissements publics de coopération intercommunale, le maire ou le président « est seul chargé de l'administration. ». Pour les communes, la formule est ancienne et a été reproduite à l'identique depuis la loi du 10 juillet 1837 *sur l'administration municipale*[1], en passant par celle du 5 avril 1884 *relative à l'organisation municipale*[2]. Mais ce n'est qu'à la faveur de la loi de décentralisation que la formule a été étendue aux départements, en même temps qu'elle était adoptée pour les régions nouvellement créées[3]. En effet et en ce qui concerne les départements, l'article 3 de la loi du 28 pluviôse an VIII *concernant la division du territoire français et l'administration*, prévoyait, elle, que c'est : « Le préfet [qui] sera chargé seul de l'administration [du département] ».

Avec la loi du 2 mars 1982, apparaît également une nouvelle formule qui n'était pas présente dans la loi du 10 août 1871 *relative aux conseils généraux*. Le président du conseil encore général devient ainsi « le chef des services du département », et peut, à ce titre, donner délégation de signature en toute matière aux responsables desdits services[4]. Par renvoi et depuis la même époque, le président du conseil régional se voit également explicitement reconnaître la qualité de chef de service[5], de la même façon que le président de l'établissement public de coopération intercommunale en est le chef de ses services[6]. La notion de chef de service n'est pas inconnue en droit public, et est immédiatement reliée à l'arrêt *Jamart*, qui prévoit que : « si, même dans le cas où les ministres ne tiennent d'aucune disposition législative un pouvoir réglementaire, il leur appartient, comme à tout chef de service, de prendre les mesures nécessaires au bon fonctionnement de l'administration placée sous leur autorité »[7]. Cette qualité a ensuite été étendue à d'autres autorités, responsables d'administration nationale[8], ou directeur d'un établissement public[9]. Les décisions sont rares au

[1] Loi du 10 juill. 1837, *sur l'administration municipale*, art. 14.
[2] Loi du 5 avr. 1884, *relative à l'organisation municipale*, art. 82.
[3] Loi n° 82-213 du 2 mars 1982 *relative aux droits et libertés des communes, des départements et des régions*, art. 31, et par renvoi de la loi n° 72-619 du 5 juill. 1972 *portant création et organisation des régions*, art. 11.
[4] Loi du 2 mars 1982, *préc.*, art. 25.
[5] Loi du 5 juill. 1972 *préc.*, art. 11.
[6] CGCT, art. L. 5211-9.
[7] CE, Sect. 7 fév. 1936, *Jamart*, Lebon p. 172 ; *S.* 1937, III, 113, note J. Rivero.
[8] CE, 13 nov. 1992, *Syndicat national des ingénieurs des études et de l'exploitation civile*, Lebon T. p. 966, *AJDA* 1993, p. 221, note B. Mathieu.

niveau local, mais pas inexistantes, et un tel pouvoir a par exemple été explicitement reconnu au maire, si un doute devait subsister à la vue de l'absence d'une telle mention expresse dans les textes[1].

On ne peut non plus, enfin, s'empêcher de penser au pouvoir hiérarchique, qui bien que différent des fonctions de chef de service, complète celles-ci. Pour certains auteurs, tout chef de service exerce sur ses subordonnés un pouvoir hiérarchique[2], et le pouvoir d'organisation s'inscrit nettement dans une relation de type hiérarchique[3]. Pour d'autres, les deux fonctions se distinguent pourtant en ce que le pouvoir hiérarchique vise non pas l'organisation mais l'exécution du service, et en ce que l'acte d'organisation n'a pas nécessairement pour destinataire un organe de la personne publique. Le chef de service serait ainsi notamment en mesure de prendre des mesures à destination des usagers, et pas seulement des agents[4].

Au niveau local, le chef de l'exécutif possèderait une double qualité. Il serait le chef des services de la collectivité et l'autorité hiérarchique sur le personnel de la collectivité. Ces deux qualités sont généralement présentées ensemble, mais se distinguent[5]. Le lien est ainsi explicitement fait par les auteurs entre le chef de l'exécutif, « seul chargé de l'administration », et les qualités de « chef de service », également visée par les textes, et de supérieur hiérarchique[6]. Toutefois, l'utilisation par les textes, au moins pour les départements, les régions et les établissements publics de coopération intercommunale, des deux formules précédentes renvoie à deux aspects distincts, mais complémentaires. Le chef de chaque exécutif local est « seul chargé de l'administration », mais il peut déléguer par arrêté, sous sa surveillance et sa responsabilité, l'exercice d'une partie de ses fonctions à ses adjoints ou à ses vice-présidents, ce qui permet de préciser la titularité de ces fonctions. Puis le code ajoute, au moins pour tous les « présidents », qu'ils sont le « chef des services » de la collectivité ou de l'établissement public de coopération intercommunale, ce qui amènera à revenir sur le contenu de cette fonction.

---

[9] CE, 4 fév. 1976, *Section syndicale C.F.D.T. du Centre psychothérapeutique de Thuir*, n° 97685, Lebon T. p. 970, *AJDA* 1978, p. 50, note F. H. V.

[1] CE, 25 juin 1975, *Roscarrat et Rouquairol*, n° 90273, Lebon T. p. 898.

[2] G. Vedel et P. Delvolvé, *Droit administratif*, 12e éd., P.U.F., coll. « Thémis », 1992, t. I, p. 257.

[3] P. Combeau, *L'activité juridique interne de l'administration. Contribution à l'étude de l'ordre administratif intérieur*, Thèse Bordeaux IV, 2000, p. 94.

[4] C. Chauvet, *Le pouvoir hiérarchique*, thèse Paris 2, 2011, p. 152-153.

[5] B. Faure, *Droit des collectivités territoriales*, 7e éd., *op. cit.*, n° 399.

[6] *Ibid.*, n° 402.

I. Les titulaires de la fonction de chef de l'administration

Depuis la loi du 10 juillet 1837, il est disposé que : « Le maire est chargé seul de l'administration, mais il peut déléguer une partie de ses fonctions à un ou plusieurs de ses adjoints, et en l'absence des adjoints à ceux des conseillers municipaux qui sont appelés à en faire les fonctions. » La formule sera reproduite à l'identique dans la loi du 5 avril 1884[1] puis dans le code général des collectivités territoriales à l'article L. 2122-18, en même temps qu'elle est étendue aux présidents de département, de région, et d'intercommunalités, aux articles L. 3221-3, L. 4231-3 et L. 5211-9. Le but originel de ces dispositions était clairement d'exclure toute direction collégiale, mais, dès l'origine les délégations restaient possibles.

A. L'exclusivité de la direction de l'administration

La proclamation de l'exclusivité de la compétence du chef de l'exécutif, essentiellement du maire dans un premier temps, pour assurer la direction des services administratifs, s'est faite pour revenir sur l'existence d'exécutifs collégiaux. Par la suite, il s'est plutôt agi d'affirmer que la direction des services est une compétence de l'exécutif, et non des organes délibérants.

La formule est alors relativement nouvelle en 1837. Tout juste trouve-t-on aux XXXV et XXXVII de l'article premier du décret de l'Assemblée Nationale du 28 Décembre 1789, *pour la constitution des municipalités*, que : « Le Bureau sera composé du tiers des Officiers Municipaux, y compris le Maire, qui en fera toujours partie : les deux autres tiers formeront le Conseil. », et que : « Le Bureau sera chargé de tous les soins de l'exécution, & borné à la simple régie. Dans les Municipalités réduites à trois Membres, l'exécution sera confiée au Maire seul. » L'utilisation de l'épithète « seul » ne semble alors avoir de signification que parce que l'exécutif peut également être collégial. En revanche, on trouvait bien à la section II. : « De la formation et de l'organisation des assemblées administratives » de la Loi du 22 décembre 1789 *relative à la constitution des assemblées primaires et des assemblées administratives* que chaque administration de département sera divisée en deux sections, l'une sous le titre de « Conseil de département », l'autre, sous celui de « Directoire » de département. Les membres de chaque conseil de département devaient élire, à la fin de leur première session, huit d'entre eux pour composer le directoire ; ils les renouvelaient tous les deux ans par moitié. Le président de l'administration de département pouvait assister et avait droit de présider à toutes les séances du directoire, qui pouvait néanmoins se choisir un vice-président.

Quelques années plus tard, la loi du 28 pluviôse an VIII (17 février 1800) *concernant la division du territoire français et l'administration*, n'utilisera cette expression qu'à un seul endroit, à son article 3, pour prévoir que : « Le préfet

[1] Loi du 10 juill. 1837, *préc.*, art. 14.

sera chargé seul de l'administration [du département] ». Dans la mesure où l'article précédent disposait qu' : « Il y aura dans chaque département un préfet, un conseil de préfecture, et un conseil général de département lesquels rempliront les fonctions exercées maintenant par les administrations et commissaires de département », on en déduit que le préfet assurera seul les fonctions exécutives. Il s'agit là également d'une renonciation textuelle explicite à l'exercice collégial des fonctions exécutives. Le rapport de M. Vivien sur la future loi du 10 mai 1838 *sur les attributions des conseils généraux et des conseils d'arrondissement* lèvera tout doute qui aurait pu subsister et soulignera que : « L'administration se compose de deux éléments distincts : la pensée et l'exécution, ou, en d'autres termes, la délibération et l'action. [...] En effet, si la délibération appartient essentiellement à plusieurs, l'action doit être le fait d'un seul ; elle veut de la rapidité, de l'unité ; elle doit offrir la garantie d'une responsabilité réelle et directe. [...] La loi du 28 pluviôse an 8, corollaire de l'acte constitutionnel du 22 frimaire précédent, vint compléter l'œuvre de l'Assemblée constituante, en plaçant l'exécution entre les mains d'un seul agent ; elle créa les préfets et rétablit les conseils de département. » La loi de 1838 n'abroge pas celle de l'an VIII et ne contient aucune disposition sur l'exécutif, fonction que le préfet continue d'assumer. Ce constat corroborant celui fait aux termes de la loi du 10 juillet 1837 *sur l'administration municipale*, qui dispose que le maire « est seul chargé de l'administration. », il s'agit essentiellement de revenir sur la pratique de l'exécutif collégial, et de confier cette fonction à une personne seule, le maire pour la commune, et le préfet pour le département. Bien des années plus tard, et dans son ouvrage de référence sur la loi municipale, Léon Morgand reprendra cette idée en soulignant que cette formule se contente de signifier que : « Le maire est seul chargé de l'administration ; ses adjoints sont ses collaborateurs, mais ne sont pas membres d'une administration collective. Sans doute, il arrivera souvent qu'avant de prendre une décision importante, le maire fera appel aux conseils de ses adjoints, mais ce concert officieux ne doit pas être mentionné dans les actes que le maire signe sous sa seule responsabilité. »[1]

Aujourd'hui, et aux termes des articles L. 2122-18, L. 3221-3, L. 4231-3 et L. 5211-9 du code général des collectivités territoriales, le maire, le président du conseil départemental, celui du conseil régional, ou le président de l'établissement public de coopération intercommunale est toujours « seul chargé de l'administration ». L'enjeu est toutefois ailleurs, désormais : ces dispositions fondent donc sa compétence, en même temps qu'elles le protègent de l'organe délibérant.

Cette formule fonde donc la compétence de l'exécutif en l'absence de texte. La comparaison entre la situation du maire et celle du président de l'assemblée départementale est très révélatrice à cet égard. D'un côté, l'article 88 de la loi de

[1] L. Morgand, *La loi municipale : commentaire de la loi du 5 avril 1884 sur l'organisation et les attributions des conseils municipaux. Organisation*, p. 424.

1884, reproduisant les dispositions de l'article 12 de la loi du 18 juillet 1837 avant d'être codifié à l'article L. 412-1 du code des communes, disposait déjà que le maire nomme à tous les emplois communaux pour lesquels la loi ne fixe pas un droit spécial de nomination. Situé après l'article 82 qui disposait, comme on le sait, que : « Le maire est seul chargé de l'administration », il a nécessairement une signification autonome, et le fait d'être seul chargé de l'administration n'implique pas en tant que tel de disposer d'un pouvoir de nomination. Il en va toutefois différemment lorsque les textes ne prévoient rien. Le Conseil d'État a donc déduit de l'article 31 de la loi du 2 mars 1982, qui prévoit, de manière similaire, que : « le président du Conseil général est seul chargé de l'administration », que ce dernier a seul compétence pour pourvoir les emplois nécessaires au bon fonctionnement des services départementaux[1]. En tant que de besoin, le Conseil d'État peut donc aller chercher dans cette formule le titre d'un exécutif à intervenir dans un domaine pour lequel la loi ou le règlement n'a rien prévu de particulier.

Ces dispositions protègent également l'organe exécutif contre les ingérences de l'organe délibérant dans l'exercice de cette compétence. Le chef de l'exécutif est « seul compétent » pour organiser les services administratifs, dès lors qu'il ne crée ou supprime de poste, et qu'il ne crée ou modifie le contenu d'un service public[2]. En l'absence de disposition législative ou réglementaire en ce sens, rien ne lui impose de solliciter l'autorisation préalable de l'organe délibérant[3]. Et l'organe délibérant ne peut déléguer au bureau une compétence qui ne lui appartient pas[4]. En revanche, il appartient au seul organe délibérant de décider de créer ou de supprimer des services publics, d'en fixer les « règles générales d'organisation » et, de façon générale, de prendre toutes les mesures portant sur la définition des missions remplies par les services de la collectivité[5]. Ainsi, il résulte des dispositions du code des communes alors en vigueur qu'il appartient au conseil municipal de régler, par ses délibérations, « l'organisation des services communaux » et, notamment, de créer ou de supprimer des emplois municipaux[6], de fixer ou de modifier la définition et le nombre des emplois communaux[7], mais également la durée hebdomadaire de travail afférente aux emplois permanents à temps non complet[8]. De même, il résulte des dispositions

[1] CE, 17 oct. 1990, *Préfet de la Guadeloupe*, n° 67719, Lebon, p. 283.
[2] CE, 6 janv. 1995, *Ville de Paris*, n° 93428, Lebon p. 4 : une mesure d'organisation des services – telle que le contrôle du temps de présence - relevant de la compétence du maire en qualité de chef des services municipaux.
[3] CAA Versailles, 15 mars 2018, 16VE03904, Inédit au recueil Lebon : le président du Conseil général a seul compétence pour pourvoir les emplois nécessaires au bon fonctionnement des services départementaux.
[4] CE, 17 oct. 1990, *Préfet de la Guadeloupe*, *préc.*
[5] CE, 6 janv. 1995, *Ville Paris*, *préc.*
[6] CE, 24 fév. 1971, *Commune de Sainte-Maure-de-Touraine*, n° 76250, Lebon 155.
[7] CE, 4 janv. 1995, *Pinon*, n° 135589, Lebon T. p. 680 ; CAA Paris, 20 fév. 1996, n° 94PA02029, Lebon T., p. 998.
[8] CE, 25 oct. 1996, *Commune d'Olivet*, n° 128723, Lebon T. p. 1100.

de l'article 34 de la loi du 26 janvier 1984 et des articles 23 (« Le conseil général règle par ses délibérations les affaires du département. »), 24 et 31 (« Le président du conseil général est seul chargé de l'administration. ») de la loi du 2 mars 1982 que le conseil général est seul compétent pour créer les emplois nécessaires au bon fonctionnement des services départementaux et en définir les caractères essentiels[1].

Cette disposition avait initialement pour signification d'exclure tout exercice collégial de la fonction exécutive. Elle tend aujourd'hui à fonder la compétence de l'exécutif à l'exclusion de l'organe délibérant.

B. Le partage de la direction de l'administration

Si le chef de l'exécutif exerce une autorité sur les services administratifs de la collectivité, il peut déléguer une partie de ses fonctions à ses adjoints et aux vice-présidents. Il s'appuie par ailleurs sur son directeur général des services, qui exerce lui-même une autorité sur les agents.

Il est possible au chef de l'exécutif – maire ou président – de déléguer ses compétences à ses adjoints ou vice-présidents. Il peut donc, « sous sa surveillance et sa responsabilité », déléguer par arrêté une partie de ses fonctions à un ou plusieurs de ses adjoints ou vice-présidents et, en l'absence ou en cas d'empêchement de ceux-ci ou dès lors que ceux-ci sont tous titulaires d'une délégation à des membres du conseil[2]. La jurisprudence s'est alors essentiellement concentrée sur la régularité formelle de la délégation. Comme pour toute délégation, l'arrêté doit clairement manifester qu'il opère une délégation[3], et définir avec une précision suffisante les limites de la délégation donnée[4]. La nature juridique des délégations de fonctions que les maires ou présidents peuvent accorder à leurs adjoints ou vice-présidents n'est, en revanche, pas clairement établie. La délégation de fonctions permet de conférer un plein rôle d'initiative et de direction des services dans un domaine déterminé, n'impliquant pas forcément la signature d'actes juridiques[5]. Le « droit d'intervenir à titre individuel dans l'administration de la commune » provient ainsi d'un arrêté de l'exécutif déléguant une partie de ses pouvoirs sous sa surveillance et sa responsabilité[6].

---

[1] CE, 3 avr. 1998, *Département de la Vendée*, n° 133422, Lebon T. p. 781.

[2] CGGT, art. L. 2122-18, L. 3221-3, L. 4231-3.

[3] CE, 21 juill. 2006, *Commune de Boulogne-sur-Mer*, n° 279504, Lebon T. p. 747, *JCP A* 2006, comm. 1216, note J. Moreau, *Dr. adm.* 2006, comm. 145 et 163, note E. G.

[4] CE, 18 fév. 1998, *Commune de Conflans-Sainte-Honorine*, n° 152572 ; CE, 2 fév. 2000, *Commune de Saint-Joseph*, n° 117920, Lebon T. p. 856 ; CE, 16 nov. 2005, *Commune de Nogent-sur-Marne*, n° 262360, Lebon p. 507, *AJDA* 2005, p. 2323.

[5] F.-P. Bénoit, J. Bénoit, « Chapitre 3 (folio n° 480) - Municipalité : fonctionnement », *Encyclopédie Dalloz Collectivités locales*, 2014, n° 145.

[6] CE, Ass., 9 nov. 1973, *Commune de Pointe-à-Pitre*, n° 80724, Lebon p. 631 : *AJDA* 1974. 93, chron. M. Franc et R. Boyon ; *Dr. adm.* 1973, n° 374 ; *RDP* 1974. 1143, note M. Waline.

Le directeur général des services des communes de 2 000 habitants et plus, des établissements publics de coopération intercommunale, du département ou de la région, est, quant à lui, chargé, respectivement « sous l'autorité » du maire ou du président concerné, de « diriger l'ensemble des services » de la collectivité ou de l'établissement et d'en coordonner l'organisation[1]. Cette compétence de droit commun peut être complétée par une « délégation de signature » de l'exécutif, « sous sa surveillance et sa responsabilité » : cette dernière se caractérise alors par l'édiction d'actes, ce qui n'est pas forcément topique du pouvoir de direction, et peut également être fait au bénéfice des « responsables » de services locaux[2]. Or, le maire, ou les présidents des conseils départemental ou régional, restent respectivement « seul chargé de l'administration » aux termes des articles L. 2122-18, L. 3221-3, et L. 4231-3 du code général des collectivités territoriales. La question de l'articulation de cette compétence avec celle du directeur général des services se pose donc. Lorsqu'un supérieur a entendu édicter un acte pour lequel seul son subordonné a compétence, hors de toute considération tenant à la carence ou à la mise en demeure de celle-ci, le juge administratif censure l'empiètement ainsi commis[3]. C'est ce que l'on présente habituellement comme l'absence de pouvoir de substitution au bénéfice du supérieur hiérarchique lorsque le subordonné dispose d'une compétence exclusive[4]. Pour certains auteurs, un texte exprès serait susceptible d'introduire cette modalité dans le cadre des rapports hiérarchiques[5]. Mais si les deux autorités disposent d'une égale compétence à intervenir, peu important alors qu'elles interviennent au même niveau, il existe bien un pouvoir de substitution[6]. Tel est le cas au niveau local, où le directeur général des services ne semble posséder qu'un pouvoir de direction, moins étendu que le pouvoir hiérarchique dont dispose le chef de l'exécutif local. Toutefois, et de manière

---

[1] Décret n° 87-1101 du 30 déc. 1987 *portant dispositions statutaires particulières à certains emplois administratifs de direction des collectivités territoriales et des établissements publics locaux assimilés*, art. 2 et 3.

[2] CGCT, art. L. 2122-18, L. 3221-3, et L. 4231-3 ou L. 5211-9.

[3] CE, Sect., 12 nov. 1949, *Sieur Yasri Alloua*, Lebon p. 474, *D.* 1950, J., p. 303, note J. G. ; CE, Sect., 27 fév. 1948, *Sieur Frocrain*, Lebon p. 97 ; CE, Sect., 5 mai 1950, *Sieur Buisson*, Rec. p. 258 ; CE, 15 fév. 1962, *Sieur Alfred-Joseph*, Lebon p. 114 ; CE, 28 fév. 1973, *Union départementale des sociétés mutualistes des Ardennes*, Lebon p. 171, *RTDSS* 1973, p. 234, concl. M. Rougevin-Baville ; CE, 20 juin 1973, *Ministre de la Santé publique et de la Sécurité sociale c. Union départementale des sociétés mutualistes de Haute-Garonne*, Lebon p. 422.

[4] É. Laferrière, *Traité de la juridiction administrative et des recours contentieux*, Paris, Berger-Levrault, 1887-1888, rééd. LGDJ, 1989, t. II, p. 482-483 ; 2e éd., 1896, t. II, p. 511. V. également É.-H. Perreau, « Du contrôle hiérarchique en matière administrative », *RDP* 1897, n° 8, p. 62.

[5] R. Alibert, *Le contrôle juridictionnel de l'administration au moyen du recours pour excès de pouvoir*, Payot, 1926, p. 214 ; P. Duez et G. Debeyre, *Traité de droit administratif*, Dalloz, 1952, p. 25 ; P. Di Malta, *Essai sur la notion de pouvoir hiérarchique*, LGDJ, coll. « Bibliothèque de droit public », t. 34, 1961, p. 152 ; J.-M. Auby et R. Drago, *Traité de contentieux administratif*, 3e éd., LGDJ, 1984, t. II, p. 292. V. également, B. Genevois, concl. sur CE, Sect., 11 juin 1982, *Berjon et Mestdahg*, Lebon p. 225.

[6] C. Chauvet, *op. cit.*, p. 359, n° 353.

très générale, il semble que l'usage par le supérieur de ces procédés de substitution reste une singularité dans la vie administrative. C'est souvent davantage par l'usage de la direction que le supérieur obtient que l'acte soit édicté dans un certain sens[1]. Le chef de l'exécutif adressera donc ses ordres au directeur général des services qui les transmettra, disposant ainsi d'une autonomie plus ou moins importante en fonction de la pratique de la direction de l'administration mise en œuvre par le chef de l'exécutif.

Le chef de l'exécutif est donc seul chargé de l'administration, et les membres de l'organe délibérant ne peuvent intervenir dans ce cadre, notamment en sollicitant directement l'administration. Il peut partager ce pouvoir avec ses adjoints ou ses vice-présidents, et l'exerce de conserve avec le directeur général des services. L'existence d'un « pouvoir de direction » au bénéfice de ce dernier, qui semble s'incorporer au sein de celui de « chef de l'administration », impose toutefois d'identifier précisément le contenu de l'un et de l'autre.

II. Le contenu de la fonction de chef de l'administration

Si la titularité de cette fonction est bien identifiée dans les textes, le contenu de celle-ci ne l'est pas. Il faut se reporter à deux qualités juridiques distinctes et bien connues, celle de chef de service et celle de supérieur hiérarchique, pour l'approcher, au moins en partie.

A. Le rôle de chef de service

Comme déjà évoqué, c'est comme chef de service que le chef de l'exécutif dispose du pouvoir d'édicter des actes opposables aux administrés[2]. Tel était le cas dans l'arrêt *Jamart*, qui avait jugé que : « si, même dans le cas où les ministres ne tiennent d'aucune disposition législative un pouvoir réglementaire, il leur appartient, comme à tout chef de service, de prendre les mesures nécessaires au bon fonctionnement de l'administration placée sous leur autorité, et s'ils peuvent notamment, dans la mesure où l'exige l'intérêt du service, interdire l'accès des locaux qui y sont affectés aux personnes dont la présence serait susceptible de troubler le fonctionnement régulier dudit service »[3]. Il appartient en effet aux ministres, « même en l'absence de texte, de prendre les mesures nécessaires au bon fonctionnement des administrations placées sous leur autorité »[4].

Au niveau local, les décisions sont rares en la matière, et ce d'autant plus lorsque les auteurs se fondent sur des espèces ne concernant pas cet aspect, mais,

---

[1] *Ibid.*, p. 361, n° 355.

[2] B. Faure, *Droit des collectivités territoriales*, 7e éd., *op. cit.*, n° 395.

[3] CE, Sect. 7 fév. 1936, *Jamart*, Rec. p. 172, *S.* 1937, III, 113, note J. Rivero.

[4] CE, Sect. 8 janv. 1982, *S.A.R.L. Chocolat de régime Dardenne*, n° 17270, Lebon p. 1, *D.* 1982, J., p. 261, concl. B. Genevois, *RA* 1982, p. 624, note B. Pacteau.

par exemple, l'accomplissement de tâches pour le compte de l'État[1], même si c'est pour juger que la responsabilité des communes est engagée[2]. La décision de Section du 6 janvier 1995, *Ville Paris*, est notable à bien des égards, et souvent citée de ce fait[3]. Elle est tout d'abord une des rares à se fonder sur les dispositions étudiées (dans leur version issue du code des communes en l'espèce). Elle fait, ensuite, le départ entre les différents pouvoirs de l'exécutif, ce qui est sans doute déterminant. Le Conseil d'État se fonde ainsi sur trois dispositions bien distinctes : l'article L. 121-26 du code des communes, qui dispose que : « Le conseil municipal règle par ses délibérations les affaires de la commune », l'article L. 122-19 du code des communes, aux termes duquel : « Sous le contrôle du conseil municipal et sous le contrôle administratif du représentant de l'État dans le département, le maire est chargé, d'une manière générale d'exécuter les décisions du conseil municipal (...) », et bien évidemment, l'article L. 122-11, qui prévoit que : « Le maire est seul chargé de l'administration (...) ». Pour le Conseil d'État, il résulte de ces dispositions que si le maire en sa qualité de « chef des services municipaux » est compétent pour prendre les mesures relatives à « l'organisation interne » des services de la commune et à la gestion de leurs agents, il appartient au seul conseil municipal et, à Paris, au seul conseil de Paris, de décider de créer ou de supprimer des services publics, d'en fixer les « règles générales d'organisation » et, de façon générale, de prendre toutes les mesures portant sur la « définition des missions remplies par les services de la commune ».

Ce pouvoir de chef de service permet explicitement d'adopter un arrêté fixant les conditions d'exercice des fonctions des agents affectés à un service[4], ou, en d'autres termes, le « règlement intérieur » d'un tel service[5]. Celui-ci peut prévoir les horaires, et les absences[6], les modalités de contrôle du temps de présence des agents[7], la compensation des heures supplémentaires non rémunérées par des repos d'égale durée[8], et les différentes tâches à accomplir durant le service[9]. Ce pouvoir lui permet également de suppléer le législateur : dans le silence des textes, le maire peut, en sa qualité de chef des services de la commune et sur le fondement de son pouvoir d'organisation du service, définir les modalités des demandes de communication des documents administratifs fondées sur ces dispositions, dans le but de concilier le droit d'accès à ces documents reconnu aux citoyens avec le « bon fonctionnement des services

[1] CE, 1er mai 1914, *Barthez, D.* 1915. III. 31. Lebon p. 520.
[2] CE, 9 mars 1923, *Devilliers*, Lebon p. 228.
[3] CE, 6 janv. 1995, *Ville de Paris, préc.*
[4] CE, 25 juin 1975, *Roscarrat et Rouquairol, préc.*
[5] CE, 8 janv. 1969, *Guillaume*, n° 71921, Lebon p. 766.
[6] *Ibid.*
[7] CAA Versailles, 15 mars 2018, *M. D...C...*, n° 16VE03904, inédit au recueil Lebon.
[8] CE, 24 juill. 1987, *M. X...*, n° 60096, inédit au recueil Lebon.
[9] CE, 25 juin 1975, *Roscarrat et Rouquairol, préc.*

placés sous son autorité »[1]. Plus largement, et en dehors du contexte strictement local, on sait que le chef de service réglemente la grève dans les services placés sous ses ordres[2] : « dans l'exercice de ses prérogatives de chef de service »[3], ou en application « de ses pouvoirs généraux d'organisation des services places sous son autorité »[4]. En revanche, et comme déjà évoqué, il appartient au seul organe délibérant de décider de créer ou de supprimer des services publics, d'en fixer les « règles générales d'organisation » et, de façon générale, de prendre toutes les mesures portant sur la définition des missions remplies par les services de la collectivité[5]. Ainsi, il peut notamment, créer ou supprimer des emplois[6], en définir les caractères essentiels (et uniquement cela[7]), et fixer ou modifier la définition et le nombre des emplois communaux[8], mais également la durée hebdomadaire de travail afférente aux emplois permanents à temps non complet[9].

La définition des différentes tâches à accomplir concrètement par les agents, les conditions dans lesquelles elles doivent être réalisées, notamment vis-à-vis des usagers sont donc du ressort du chef de service, qui dispose d'autres prérogatives en tant qu'autorité hiérarchique.

B. Le rôle de supérieur hiérarchique

Même s'il existe des divergences de point de vue sur le périmètre des fonctions de supérieur hiérarchique, le chef de l'exécutif local prend toutes les mesures relatives à la carrière des agents territoriaux, et dispose d'un certain nombre de pouvoirs contre leurs actes.

Si les textes reconnaissant au chef de l'exécutif le pouvoir de prendre un ensemble de décisions relatives à la carrière des agents, l'autorité hiérarchique a, plus largement, compétence pour adopter toute mesure individuelle en la matière. Avec la loi du 26 janvier 1984 *portant dispositions statutaires relatives à la fonction publique territoriale* – dont les dispositions figurent aujourd'hui dans le code général de la fonction publique -, un certain nombre de prérogatives sont confiées à « l'autorité territoriale » : nomination, mutations, mouvements au sein de la collectivité ou de l'établissement, appréciation de la valeur

---

[1] CE, 11 avr. 2018, *Mottard*, n° 409590, inédit au recueil Lebon.

[2] CE, Ass. 7 juill. 1950, *Dehaene*, Lebon p. 426, *D.* 1950, J., p. 538, note A. Gervais, *DS* 1950, p. 317, concl. F. Gazier, *JCP* 1950, II, 5681, concl., *RA* 1950, p. 366, concl., note G. Liet-Veaux, *RDP* 1950, p. 691, concl., note M. Waline, *S.* 1950, III, p. 109, note J. D. V.

[3] CE, 13 nov. 1992, *Syndicat national des ingénieurs des études et de l'exploitation civile*, n° 83177, Lebon T. p. 966, *AJDA* 1993, p. 221, note B. Mathieu.

[4] CE, 4 fév. 1976, *Section syndicale C.F.D.T. du Centre psychothérapeutique de Thuir*, n° 97685, Lebon T. p. 970, *AJDA* 1978, p. 50, note F. H. V.

[5] CE, 6 janv. 1995, *Ville Paris, préc.*

[6] CE, 24 fév. 1971, *Commune de Sainte-Maure-de-Touraine, préc.*

[7] CE, 3 avr. 1998, *Département de la Vendée, préc.*

[8] CE, 4 janv. 1995, *Pinon, préc.*

[9] CE, 25 oct. 1996, *Commune d'Olivet, préc.*

professionnelle, avancement, pouvoir disciplinaire[1]... Par renvoi aux dispositions des articles L. 2122-18, L. 3221-3, et L. 4231-3 du code général des collectivités territoriales, on en déduit que ce sont bien les exécutifs locaux qui en sont compétents. Toutefois, cette compétence de gestion des agents est attribuée par un texte exprès, et les dispositions précédentes ne font que désigner l'autorité compétente pour assumer cette fonction. Comme déjà évoqué, ces dispositions ne se contentent pas de désigner l'autorité compétente pour adopter les actes prévus par d'autres dispositifs, elles fondent également la compétence de l'exécutif pour ce faire, même si rien n'est prévu par un texte. La comparaison entre les dispositions applicables aux communes et aux départements l'illustre, une nouvelle fois, très bien. Le Conseil d'État a en effet déduit de l'article 31 de la loi du 2 mars 1982, qui dispose que : « le président du Conseil général est seul chargé de l'administration », qu'il a seul compétence pour pourvoir les emplois nécessaires au bon fonctionnement des services départementaux, à l'exclusion du Conseil général[2]. À l'inverse, et à la même époque, l'article L. 412-1 du code des communes disposait explicitement que : « Le maire nomme à tous les emplois communaux », cependant que l'article L. 122-11 prévoyait que le maire est « seul chargé de l'administration », laissant à penser que la seconde formule ne comprend pas la première compétence. Le juge ajoute que, en toute hypothèse, il appartient à l'autorité locale investie du pouvoir hiérarchique de prendre, à l'égard des agents placés sous sa responsabilité, les décisions, notamment d'affectation et de mutation, répondant à l'intérêt du service[3]. Plus largement, le juge reconnaît au chef de l'exécutif local la compétence de prendre toutes les décisions relatives à la situation individuelle des agents[4].

Le supérieur hiérarchique dispose également en toute hypothèse d'un pouvoir d'instruction, et d'un pouvoir d'annulation et de réformation des actes de ses subordonnés. On peine toutefois à trouver du contentieux sur ce rôle joué par le maire ou les présidents des conseils départementaux ou régionaux. Nul doute toutefois que ces prérogatives lui sont reconnues. L'essentiel n'est vraisemblablement pas là. Depuis la loi du 13 juillet 1983 *portant droits et obligations des fonctionnaires*, tout fonctionnaire, quel que soit son rang dans la hiérarchie, est responsable de l'exécution des tâches qui lui sont confiées. Il doit se conformer aux instructions de son supérieur hiérarchique, sauf dans le cas où l'ordre donné est manifestement illégal et de nature à compromettre gravement

---

[1] Respectivement art. L. 415-1, L. 327-7, L. 332-27, L. 415-1, L. 512-23, L. 512-24, L. 521-3, L. 522-24, L. 522-26, L. 522-28 du Code général de la fonction publique, issus des art. 4 et 40, 51, 52, 76, 80 et 89 de la loi n° 84-53 du 26 janv. 1984 *portant dispositions statutaires relatives à la fonction publique territoriale.*

[2] CE, 17 oct. 1990, *Préfet de la Guadeloupe*, *préc.*

[3] CE, 24 fév. 2011, *Laupretre*, n° 335453, Lebon p. 61, *RDT* 2011.558, concl. D. Botteghi.

[4] CE, 28 juill. 1995, *Cavazza*, n° 138102, Lebon p. 682.

un intérêt public[1]. Le devoir d'obéissance s'applique plus largement au subordonné comme organe de l'administration[2]. Le Conseil d'État a, par ailleurs, déjà admis que le maire peut légalement, lorsqu'il procède à une délégation de fonctions, soustraire du champ de cette délégation la faculté de signer les actes qu'elle concerne, réduisant ainsi la fonction déléguée à l'édiction d'actes matériels, et notamment à l'émission d'ordres oraux[3]. Plus largement, la direction de l'administration passe par beaucoup d'éléments informels, et requiert, également, le concours d'autres disciplines, à commencer par le management[4]. Être chef de l'administration n'est donc pas uniquement, et peut-être même pas principalement, une question de droit.

---

[1] Loi n° 83-634 du 13 juill. 1983 *portant droits et obligations des fonctionnaires*, art. 28, devenu article L. 121-9 du Code général de la fonction publique.

[2] C. Chauvet, *op. cit.*, n° 397, se fondant sur CE, 10 nov. 1944, *Langneur*.

[3] CE, 23 déc. 2011, *Halfon*, 323309, Lebon p. 646, *BJCL* 2012, p. 31, concl. F. Aladjidi et obs. B. Poujade, *RJEP* 2012, n° 52, concl. F. Aladjidi, *AJDA* 2012. 833, note C. Marliac, *Dr. adm.* 2012, n° 29, note T. Fleury, *JCP Adm.* 2012, n° 2281, note F. Dieu.

[4] D. Huron, J. Spindler, « Fasc. 4000 : management public local (MPL). – Définitions et caractéristiques », *JurisClasseur Collectivités territoriales*, 2020.

Les exécutifs locaux et la politique d'emploi territorial

Annie FITTE-DUVAL
Maîtresse de conférences HDR en droit public
Université de Pau et des Pays de l'Adour
Institut Fédératif de recherches sur les Transitions Juridiques

La genèse de la fonction publique territoriale résulte d'un compromis historique, tout autant que celle de la fonction publique d'État statutaire en 1946[1]. Elle s'inscrit dans le contexte d'une recherche d'équilibre, qui s'avère définitivement fragile entre volonté d'affirmation du pouvoir local et étatisation du statut des personnels. Mais cette évolution historique qui accompagne la remise en cause de pratiques clientélistes régulièrement épinglées par la doctrine politiste et publiciste n'a jamais évincé les exécutifs locaux de la politique d'emploi territorial dont on précisera qu'elle désigne dans le cadre de cette communication, les choix faits en matière d'emploi et de gestion des ressources humaines par les collectivités pour leurs services.

Dès le XIXe siècle, en effet, le droit administratif affirme les pouvoirs des employeurs locaux et singulièrement des maires sur les agents publics locaux. L'article 12 de la loi sur l'administration municipale du 18 juillet 1837, puis l'article 88 de la loi du 5 avril 1884 reconnaissent dans le sillage de l'autonomie communale le pouvoir de nomination aux emplois communaux, le pouvoir de suspension et de révocation des agents. Le juge administratif n'en affirme pas moins le caractère d'agent public des agents communaux avec l'arrêt Cadot en 1889 qui reconnaît dès lors l'office du juge administratif et sa protection dans les litiges avec leurs employeurs. L'intervention du législateur demeure en revanche timide : une loi du 23 octobre 1919 prévoit un statut pour les agents communaux, dont le modèle est fourni par un décret du 10 mars 1920, et préconise le recrutement sur titres ou concours, mais ne s'applique qu'aux communes ayant une population supérieure à 5 000 habitants. Eu égard à l'importance des micro-communes françaises, c'est une limite réelle à la portée du texte, qui sera cependant élargie à l'ensemble des communes en 1930. La véritable reconnaissance des agents communaux intervient avec la loi du 28 avril 1952 qui ne les identifie cependant pas encore comme fonctionnaires, n'a vocation à s'appliquer qu'aux agents à temps complet et ne leur reconnaît qu'un droit à la carrière limité, amputé notamment de la mobilité. L'évolution sera plus tardive pour les départements et les régions, et il faut attendre la réforme de décentralisation engagée dans les années quatre-vingt pour que soit affirmée clairement la recherche d'une construction législative ayant pour enjeu la reconnaissance d'une grande fonction publique pour la République et celle d'un

[1] Sur ce point, v., not. : F. Melleray, « Les réformes contemporaines de la fonction publique remettent-elles en cause le compromis de 1946 ? », *RDP*, 2006, n°1, p. 185.

statut unique pour les agents des différentes catégories de collectivités territoriales.

À ce titre, la systématisation du recours au concours engagée par la loi du 26 janvier 1984 dans le contexte de décentralisation s'est inscrite dans une volonté de rapprochement de la fonction publique de l'État mais aussi d'encadrement des pratiques locales. Néanmoins, le modèle étatique de recrutement n'était pas totalement transposable. Présent dès l'origine, le principe de spécificité mis en avant au même titre que la recherche d'unité et de parité entre les différents volets de la fonction publique a nécessité des accommodements, parfois mal digérés. Ainsi, la version originelle de la loi n° 84-53 du 26 janvier 1984 portant dispositions statutaires relatives à la fonction publique territoriale, qui met en avant l'unité de la fonction publique en calquant bon nombre de dispositions sur le statut des fonctionnaires de l'État, est rapidement remise en cause. La tendance est esquissée par le Conseil constitutionnel lui-même, dont la composition il est vrai, favorise une certaine perméabilité politique. Sa décision n° 83-168 DC du 20 janvier 1984 relative à la loi portant statut de la fonction publique territoriale concède la constitutionnalité de conditions de recours aux non-titulaires plus favorables que dans la fonction publique d'État et interdit les sanctions financières contre les collectivités qui ne recruteraient pas de lauréats de concours, limitant par là même les pouvoirs des nouveaux centres de gestion (CDG).

Au nom d'un principe de libre administration des collectivités territoriales aux contours encore flous, les parlementaires (également maires pour l'essentiel) vont reconquérir avec la loi Galland en 1987, une partie du terrain sacrifié dans la loi du 26 janvier 1984 sur l'autel de l'unité de la fonction publique. La loi Galland du 13 juillet 1987 restaure en effet le rôle des autorités territoriales élues dans la gestion de leurs personnels en leur redonnant une marge importante d'appréciation en matière de gestion et de recrutement. La substitution d'une liste d'aptitude par ordre alphabétique à la liste d'aptitude par ordre de mérite, le remplacement des corps par des cadres d'emplois réputés mieux adaptés à la gestion locale, la suppression des corps comparables entre fonction publique d'État et territoriale, constituent autant d'aménagements qui valorisent la spécificité de la fonction publique territoriale et rétablissent l'influence des élus sur les processus de recrutement. Ainsi restauré pour partie, le pouvoir décisionnel de l'exécutif local s'est inséré néanmoins dans un schéma qui l'encadre et le dépasse, et ce constat a perduré tout au long de l'évolution de la fonction publique territoriale.

Quoique informulés dans les textes statutaires, les trois points d'ancrage de la réforme de 1983, l'unité, la parité et la spécificité, demeurent pertinents au terme de trente-neuf années d'une construction statutaire en perpétuel renouvellement. À l'usage, le triptyque se traduit par un mouvement de balancier entre deux principes constitutionnels, qui se veulent complémentaires mais portent en eux des germes de contradiction.

Le premier mouvement autour de l'unité et de la parité s'ancre dans le principe constitutionnel d'égalité. L'unité qui avait vocation à créer une fonction publique grande et forte n'apparaît pas séparable de la parité (entre les volets étatique et territorial de la fonction publique), n'existe pas sans elle, et trouve son expression majeure dans le respect de l'égale admissibilité des citoyens que postule l'article 6 de la DDHC. Le principe de non-discrimination dans l'accès à la fonction publique qui en découle nécessite une forme d'étatisation du statut, dans la logique de l'État unitaire, qui privilégie l'État comme garant de l'égalité de traitement. L'égalité s'affirme dans les droits et les obligations des agents publics même si certains droits échappent à l'uniformisation et marquent la différence entre fonctionnaires et agents non titulaires : la carrière ne concerne en effet que les agents statutaires et le principe d'égalité ne s'applique qu'aux personnes qui se trouvent dans une même situation[1].

Le second mouvement, la spécificité, s'impose concrètement au regard d'une liberté d'agir –contrôlée– des collectivités, reconnue sur le plan constitutionnel avec le principe de libre administration prévu à l'article 34 de la Constitution et conforté par l'organisation décentralisée de la République.

Ainsi les deux mouvements coexistent et leur puissance s'affirme en alternance, privilégiant tantôt le modèle de carrière étatique, tantôt la revendication d'autonomie des autorités territoriales pour le recrutement et la gestion de leurs agents. Désormais commun à toutes les branches de la fonction publique française, le système de la carrière s'attache depuis lors à s'adapter à la fois aux exigences générales de l'action publique, et à celles plus particulières de l'action locale dans un processus de réforme permanent, nourri par les mutations liées tant à la décentralisation qu'à l'intégration européenne. Plus de quatre-vingts modifications législatives, dont certaines très récentes, ont contribué à des évolutions d'inégale importance, parfois communes, parfois spécifiques.

Quel rôle jouent donc aujourd'hui les exécutifs locaux dans la politique d'emploi territorial, et en ont-ils la maîtrise? S'ils continuent à exercer une influence essentielle dans les politiques d'emploi menées au sein des collectivités dont ils ont la charge, ils ne bénéficient pas, pour autant, d'une totale liberté dans l'élaboration ou la mise en œuvre de ces politiques. Le rôle actuel des exécutifs locaux se révèle sujet à fluctuation, au rythme des contraintes statutaires et budgétaires, des évolutions du droit des collectivités mais plus encore, du droit de la fonction publique sur lequel nous concentrerons notre attention.

La reconnaissance d'autres intervenants dans les processus de création et de gestion de l'emploi public territorial a permis de mettre fin au monopole historique de l'exécutif sur son personnel. Les réformes législatives successives du droit de la fonction publique, qu'elles proviennent du droit interne ou du droit européen, sont désormais intégrées dans le nouveau code général de la fonction

---

[1] V. A. Fitte-Duval, « Les dialectiques du principe d'égalité dans la fonction publique », *in* C. Fortier (dir.), *Le statut général des fonctionnaires : trente ans et après ?*, Dalloz, 2014, p. 215.

publique, applicable depuis mars 2022. La codification, intervenant à droit constant et limitée pour l'heure aux textes législatifs, a conduit dans la forme à l'abrogation des textes spécifiques aux trois volets de la fonction publique. Elle n'en préserve pas moins sur le fond les équilibres antérieurs. Ainsi, dans les collectivités territoriales, l'exécutif demeure le premier bénéficiaire du pouvoir d'emploi (I) même si ses compétences ne sont ni homogènes, ni exclusives, ni statiques (II).

I. L'exécutif local, acteur de premier plan dans la politique d'emploi territorial

Si l'exécutif local, qui peut être le maire pour la commune ou le président de la collectivité ou de l'établissement public, joue un rôle dans tous les domaines de la carrière ou du parcours professionnel de l'agent public, son autorité s'épanouit particulièrement dans des enjeux symboliques tels que le recrutement.

A. La primauté de l'exécutif en matière de recrutement

Ramené au premier plan de la phase de recrutement, l'exécutif semble désormais bénéficier d'un rapport de forces favorable entre agents publics et employeur territorial. Le concours territorial, s'il demeure en théorie le principe, est à la peine.

1. Le déclin du concours

Déjà assimilé à une épreuve de présélection, par sa nature de concours de réserve, le concours territorial apparait largement concurrencé par les dérogations législatives prévues pour l'ensemble de la fonction publique, mais davantage utilisées dans la fonction publique territoriale, qui renforcent l'implication des futurs employeurs dans les processus de sélection. Certes les candidats à la fonction publique bénéficient de la faculté de postuler aux seuls emplois qui leur conviennent. Mais l'envers du décor est que les concours ne donnent pas directement accès aux emplois et que l'égal accès aux emplois publics et donc le principe de non-discrimination s'avèrent plus difficiles à protéger dans le système de la liste d'aptitude par ordre alphabétique.

Le principe du recrutement par concours se trouve en outre devancé par le recrutement direct sans concours, important aux deux extrémités de la chaîne hiérarchique, c'est-à-dire pour les emplois fonctionnels de direction et pour les cadres d'emplois de la catégorie C , aux termes de l'article L. 326-1 du CGFP : « lorsque le grade de début est doté de l'échelle de rémunération la moins élevée de la fonction publique, le cas échéant, selon des conditions d'aptitude prévues par les statuts particuliers ».

Surtout, la part du contrat, symbole fort de l'évolution de l'emploi public, n'a cessé de croître ces dernières années.

2. La montée en puissance du contrat

La loi du 26 janvier 1984 limitait le recours aux contractuels tant en ce qui concernait la durée des contrats, que dans l'énoncé des hypothèses de recours. Toutefois, dès 1987, la loi Galland introduit des assouplissements et facilite le recrutement de non-titulaires dans les communes de moins de 2 000 habitants. L'introduction du contrat à durée indéterminée par la loi n° 2005-843 du 26 juillet 2005 résultant d'une interprétation du droit européen[1], les premières mesures de sécurisation des parcours des contractuels par la loi du 12 avril 2012[2], la validation législative de nouvelles situations dérogatoires inscrites en dernier lieu dans la loi du 6 août 2019[3] de transformation de la fonction publique confirment une montée en puissance du contrat, corrélée mécaniquement à une forme de délitement du concours dont l'attractivité connaît une baisse drastique. L'innovation porte par exemple sur la diversification et l'accroissement des modalités de recours au contrat, la création de nouveaux contrats comme le contrat de projet (qui se définit comme un contrat à durée déterminée dont l'échéance est la réalisation du projet ou de l'opération), l'extension du contrat à toutes les catégories A, B, C de la fonction publique…

Majoritairement à durée déterminée, le contrat offre en effet plus d'espace à la flexibilité financière et fonctionnelle, favorise l'*intuitu personae* et la liberté de l'exécutif employeur, dont les décisions échappent pour partie aux procédures de régulation et d'encadrement prévues par les textes. L'offensive du contrat prépare-t-elle un réveil du clientélisme, longtemps associé à l'emploi local, en particulier communal ?

À vrai dire, ce risque n'a jamais tout à fait disparu, les pratiques clientélistes reposant alternativement ou cumulativement sur la valorisation de dimensions inhérentes au microcosme local, qui sont l'intérêt politique, la préférence territoriale, et le recrutement social. Or, s'il est vrai que l'employeur public local demeure vulnérable aux difficultés du marché du travail sur son territoire, la prise en compte de l'intérêt politique et de la préférence territoriale s'ajoutent souvent à cette première préoccupation. Toutefois, l'observation des pratiques d'emploi montre, chez les élus, une exigence croissante d'expertise de leurs agents qui se conjugue aux limitations posées par le législateur tant sur le plan budgétaire qu'en matière de gestion des ressources humaines.

Si le statut préserve la prééminence des exécutifs dans le recrutement, leur positionnement s'avère plus modeste dans la gestion de la carrière des agents.

---

[1] A. Fitte-Duval, « Contrats à durée indéterminée dans la fonction publique : les risques d'une transposition inadaptée », *AJFP*, 2007, p. 4.

[2] V. p. ex. A. Fitte-Duval, « La libre administration des collectivités territoriales à l'épreuve de la loi du 12 mars 2012 », *AJFP*, 2013 p. 137.

[3] V. not. C. Fortier, « La loi du 6 août 2019, ou comment développer le statut « en même temps » que le contrat », *RDP*, 1-2021, p. 111 ; S. Niquège, « L'extension du recours au contrat d'engagement », *RDP*, 1-2021, p. 67 ; A. Zarca, « Contractualisation(s) et transformation de la fonction publique : de la sédimentation à la disruption », *AJFP* 2019, p. 125.

B. L'exécutif en retrait dans la gestion de carrière des agents

Certes, l'autorité territoriale est l'autorité de gestion des fonctionnaires, celle qui a la responsabilité d'organiser leur carrière ou leur parcours, du recrutement à la sortie de fonctions. Mais plusieurs facteurs contribuent à limiter ce rôle après le recrutement, tant en ce qui concerne la carrière des fonctionnaires, que le parcours professionnel des non-titulaires.

1. La carrière, acquis statutaire du fonctionnaire

La conquête de la « fonctionnarisation » des agents publics locaux, en 1984, n'aurait pu être remise en cause sans dévoyer radicalement le projet statutaire. Mais la loi du 13 juillet 1987 en a limité la portée sous couvert du principe de libre administration. En raison du système de la liste d'aptitude par ordre alphabétique, le principe de carrière ne s'affirme dans la territoriale qu'après le recrutement, ce qui est une des différences essentielles avec la fonction publique d'État, où le principe de carrière produit en général des effets dès la réussite au concours. En outre, la structure particulière de l'emploi territorial imposait une approche collective de certaines opérations de gestion, initiée dès le texte originel de la loi du 26 janvier 1984. En raison du nombre de collectivités et des faibles effectifs d'agents de la plupart d'entre elles (il y a encore aujourd'hui près de 42 000 employeurs publics territoriaux dont les trois quarts emploient moins de 10 agents), et pour rationaliser la gestion de leurs personnels, des centres de gestion (CDG) ont été mis en place dans chaque département afin de prendre en charge, pour les collectivités obligatoirement ou volontairement affiliées, une part notable des actes de gestion des personnels. Dès lors, l'exécutif local ne se trouve plus en première ligne en ce qui concerne les fonctionnaires dont la carrière fait l'objet de l'intervention des organes collectifs de gestion (CDG et CNFPT pour les plus hauts emplois).

Toutefois, il n'appartient qu'à l'autorité territoriale de prendre des décisions relatives à la situation individuelle des agents de la collectivité (v. p. ex. CAA Lyon, 26 avr. 2018, req. n° 16LY02029).

Si la fin de carrière est aussi au cœur de la compétence de l'exécutif, cette dernière est fortement encadrée pour les fonctionnaires. Les hypothèses de fin de carrière sont solennellement prévues par le statut, et aujourd'hui répertoriées par le CGFP qui, dans l'article L. 550-1, identifie huit situations communes à l'ensemble de la fonction publique et débouchant sur la cessation définitive de fonctions ou d'emploi. Seules parmi elles, le licenciement et la révocation font une place prépondérante au pouvoir de l'exécutif mais sont strictement encadrées par les textes qui laissent peu de place au pouvoir discrétionnaire. En témoigne, en cas de suppression d'emploi, l'obligation prévue à l'article L. 542-1 du nouveau CGFP, selon laquelle, « Dès lors qu'un emploi est susceptible d'être supprimé, l'autorité territoriale recherche les possibilités de reclassement du fonctionnaire concerné. » La suppression d'emploi est en tout état de cause très rare. Quant à la perte d'emploi pour raison disciplinaire d'un fonctionnaire, la révocation, elle résulte d'une procédure disciplinaire qui préserve les garanties du fonctionnaire (conseil de discipline et droit à communication du dossier).

S'agissant des non-titulaires, l'influence des autorités territoriales s'affirme plus décisive dans leur parcours professionnel, mais n'est pas exempte d'interventions tierces qui constituent autant de garde-fous.

2. Le parcours professionnel du contractuel, vecteur de sécurisation

Si le Conseil d'État a pu reconnaître au pouvoir réglementaire une compétence de principe afin de fixer les règles applicables aux contractuels[1], le législateur n'en a pas moins saisi, à maintes reprises, l'occasion d'intégrer dans la loi des dispositions relatives à l'ensemble des agents publics, réduisant progressivement la spécificité de l'agent contractuel. L'introduction du contrat à durée indéterminée dans la fonction publique a contribué à renforcer les garanties des agents contractuels. La volonté politique d'affermir la contractualisation et de valoriser la mobilité s'est accompagnée du souci affiché de conforter l'égalité dans l'accès aux emplois publics, comme le souligne l'article L. 332-21 du CGFP, issu de la loi du 6 août 2019, qui prévoit que « le recrutement d'agents contractuels pour pourvoir des emplois permanents est prononcé au terme d'une procédure permettant de garantir l'égal accès aux emplois publics ». Hormis le cas des emplois de cabinet, intimement liés au mandat, le parcours professionnel des agents publics est également sous contrôle. Même si les fonctionnaires conservent le monopole de la carrière *stricto sensu*, les agents publics contractuels se voient reconnaître des garanties croissantes tant dans la loi que dans la jurisprudence, notamment à travers les droits à protection.

Le Conseil d'État avait précisé l'invocabilité du droit à protection fonctionnelle par tout agent public quel que soit le mode d'accès à ses fonctions (CE, sect., 8 juin 2011, n° 312700, *Farré*, Rec. 270). Ainsi, les agents publics recrutés par contrat, y compris dans un service public industriel et commercial, bénéficient également de la protection fonctionnelle comme l'a rappelé le Tribunal des conflits dans une affaire relative à un office public d'aménagement et de construction (T. confl. 14 nov. 2016, req. n° 4070, Rec. 590). Le CGFP, dans les nombreux articles touchant aux différentes formes de protection, prévoit une identité de traitement pour les agents publics quelle que soit leur condition. L'élargissement du champ de ces protections, qui englobe aujourd'hui expressément la protection contre toutes les discriminations, y compris les harcèlements (art. L. 131-1 - art. L. 131-13), la protection fonctionnelle (art. L. 134-1 à L. 134-12), les protections en cas d'alerte ou de signalement (art. L. 135-1 à L. 135-6), la protection en matière d'hygiène et de sécurité (art. L. 136-1), et les garanties liées au contenu et à la communication du dossier (art. L. 137-1 à L. 137-4), démontre, s'il en était besoin, un

[1] CE, 30 mars 1990, *Fédération générale des fonctionnaires Force ouvrière et autres*, n° 76538, Lebon T.

rapprochement de la situation des agents contractuels et des fonctionnaires qui accentue le contrôle exercé sur les élus.

Aussi, bien que le pouvoir des exécutifs s'affirme incontestablement en matière de recrutement, il ne s'agit ni d'un pouvoir discrétionnaire, ni d'un pouvoir exclusif mais plutôt de prérogatives encadrées, modulables et évolutives.

II. Des prérogatives encadrées et évolutives

Les textes qui régissent la situation des personnels territoriaux n'évoquent jamais expressément l'exécutif local en tant que tel, le législateur lui préférant les dénominations d'autorité territoriale ou plus rarement d'autorité hiérarchique.

L'une ou l'autre expression renvoie à la fonction première de l'exécutif et au modèle hiérarchique qu'il incarne, qui évolue sous l'influence des textes ou du contexte.

A. Un encadrement modulable selon les textes et le contexte

Eu égard à la place du statut dans l'emploi public territorial, réaffirmée par le Code général de la fonction publique, les politiques d'emploi territorial sont soumises à un encadrement normatif et jurisprudentiel qui délimite et module les compétences de l'exécutif.

1. Un pouvoir partagé au regard des textes

La répartition entre les normes législatives et réglementaires s'avère ici classique : la loi impose les grands principes, le règlement national complète et met en œuvre. Ainsi, l'espace de liberté reconnu à l'exécutif doit en premier lieu s'inscrire dans le cadre délimité par le pouvoir normatif national. Au-delà de la reconnaissance d'instances territoriales et d'un pouvoir réglementaire local, l'État demeure l'autorité décisionnaire principale qui délimite le périmètre d'intervention des acteurs locaux.

Si ce périmètre s'épanouit dans le processus de sélection après le concours ou dans l'hypothèse du recrutement direct, il existe toutefois une répartition des compétences traditionnelle entre les exécutifs et les assemblées délibérantes qu'on peut résumer de manière lapidaire dans les termes mêmes du CGCT : l'assemblée délibérante crée et supprime les emplois, tandis que l'exécutif nomme et met fin aux fonctions.

Ainsi, le juge administratif a-t-il pu préciser que la création de l'emploi constitue un préalable obligatoire au recrutement par le maire, et donc que la qualité de chef des services de ce dernier ne lui confère pas de compétence pour créer un emploi, le conseil municipal étant exclusivement compétent en la matière (CE, 24 fév. 1971, *Commune de Sainte-Maure-de-Touraine*, req. n°76250, Rec. Leb. p. 155).

Cette attribution du conseil municipal est générale et concerne tant les fonctionnaires municipaux que les agents non titulaires. Ni la loi du 26 janvier 1984, également intégrée dans le CGFPT, ni les dispositions de l'article 3 du décret du 15 février 1988 relatif aux agents non titulaires, en vertu desquelles l'acte d'engagement définit le poste occupé et ses conditions d'emploi, ne transfèrent au maire une compétence exclusive que tient le conseil municipal de définir les emplois communaux et la fixation de leur nombre (CE, 14 juin 1993, *Commune de Sainte-Marie-de-la-Réunion,* n°127692, Lebon T.).

L'exécutif local doit ainsi respecter les compétences reconnues par la loi et le règlement aux autres acteurs traditionnels qui sont les instances de gestion (les centres de gestion) et de formation (le Centre national de la fonction publique territoriale), les instances consultatives locales à travers lesquelles il s'agit aussi de composer avec les organisations syndicales et de mettre en œuvre le dialogue social[1]. L'exemple du concours territorial s'avère riche d'enseignements. S'il demeure le principe, au moins en théorie, il présente des caractéristiques spécifiques : concours de réserve, liste d'aptitude par ordre alphabétique, qui donne davantage de pouvoir aux élus et notamment aux exécutifs, mais n'efface pas la nécessité d'observer les règles prévues par les textes (CGFP, art. L. 325-38). Ceux-ci établissent les modalités d'organisation de ces concours, les programmes et les contraintes qui pèsent sur les jurys, et accordent une place prépondérante aux CDG et au CNFPT dans une organisation qui s'avère toutefois flexible en fonction des collectivités.

Avant même que soit posé solennellement le principe de différenciation reconnu par la loi 3DS[2], et en dépit d'une uniformisation factice du régime juridique des collectivités héritée de la Révolution, l'hétérogénéité de ces dernières avait dû être prise en compte par les textes, entraînant une modulation du pouvoir décisionnel de l'exécutif.

2. Un pouvoir modulable au regard du contexte

L'importance de la collectivité conditionne largement les règles applicables en matière de recrutement et les pouvoirs des exécutifs : les grandes collectivités bénéficient souvent d'une plus grande latitude que les collectivités plus modestes, les CDG n'intervenant obligatoirement sur les questions de gestion des carrières que pour les collectivités affiliées tandis que les collectivités non affiliées peuvent avoir leurs propres concours, leurs propres commissions paritaires... À l'inverse, certaines dérogations en matière de recrutement bénéficient aux petites communes et notamment aux communes rurales. Ainsi, l'article L. 332-8 du CGFP prévoit la possibilité de pourvoir des emplois permanents de manière permanente par des contractuels « pour tous les emplois

[1] A. Fitte-Duval, « Liberté et droits syndicaux dans la fonction publique territoriale, au prisme de la libre administration », *Droit social*, n° 6, juin 2017, p. 525.

[2] Loi n° 2022-217 du 21 fév. 2022, relative à la différenciation, la décentralisation, la déconcentration et portant diverses mesures de simplification de l'action publique locale.

des communes de moins de 1 000 habitants et des groupements de communes regroupant moins de 15 000 habitants ».

La nature des emplois peut aussi influencer la marge de manœuvre de l'exécutif, plus limitée dans le cas des titulaires que dans celui des contractuels (surtout à durée déterminée). La loi du 6 août 2019 a largement ouvert le champ de recrutement des contractuels or, comme le prévoit l'article L. 332-27 du CGFP, « la signature du contrat des agents contractuels territoriaux relève de la compétence exclusive de l'autorité territoriale ». Cependant, l'obligation de recourir au CDI prévue par l'article L. 332-10 pour le renouvellement de tout contrat passé « pour pourvoir un emploi permanent en application de l'article L. 332-8 avec un agent contractuel territorial qui justifie d'une durée de services publics de six ans au moins sur des fonctions relevant de la même catégorie hiérarchique » contribue à réduire l'espace de décision de l'exécutif local[1]. Celui-ci s'avère toutefois remarquable pour les emplois fonctionnels pour lesquels la procédure de détachement sur emploi fonctionnel ou le recrutement direct ouvre de véritables opportunités. La liberté de choix par l'exécutif de ses collaborateurs s'affirme enfin de manière quasi totale pour les emplois de cabinet[2], soumis toutefois à des limites déontologiques[3] et à des restrictions quantitatives dictées par des considérations démographiques[4].

Le niveau des emplois peut également constituer un facteur éventuel d'accroissement ou de limitation du pouvoir exécutif dans le choix des postulants, encore que la liberté de recrutement s'exprime davantage aux deux extrémités de la chaine hiérarchique, autant en ce qui concerne les emplois de direction que les emplois d'exécution du premier grade.

Les seuils démographiques affectent enfin indirectement la capacité de décision de l'exécutif. Si la création des emplois est libre dans certaines collectivités et fonction des seules contraintes budgétaires et légales, elle doit dans d'autres cas respecter des exigences supplémentaires de seuils démographiques, ce qui limite par ricochet les possibilités de l'exécutif de nommer des agents sur ces emplois. À l'inverse, certaines dérogations (par exemple, les emplois à temps non complet) concernent les petites collectivités et la proximité entre les élus et les agents dans ce contexte implique plus

[1] Mais il demeure possible de ne pas renouveler le contrat.

[2] CGFP, art. L. 333-1 - *Pour former son cabinet, l'autorité territoriale d'une collectivité ou d'un établissement mentionné à l'article L. 4 peut librement recruter un ou plusieurs collaborateurs et mettre librement fin à leurs fonctions* ; art. L. 333-10 - *Les collaborateurs de cabinet ne rendent compte qu'à l'autorité territoriale auprès de laquelle ils sont placés, laquelle décide des conditions et des modalités d'exécution du service accompli auprès d'elle.*

[3] L'art. L. 333-5 interdit le recrutement des personnes de la famille de l'élu pour son cabinet.

[4] L'art. L. 333-9 dispose qu'*un décret en Conseil d'État détermine l'effectif maximal des collaborateurs de cabinet en fonction :*

1° Pour les collectivités territoriales, de leur importance démographique ;

2° Pour leurs établissements publics administratifs et la métropole de Lyon, du nombre de fonctionnaires employés.

directement les exécutifs dans les processus de création d'emplois qui, au regard des textes, leur échappent en théorie.

En tout état de cause, l'encadrement normatif du droit de la fonction publique territoriale s'étant caractérisé depuis sa création par un dynamisme extrême[1], intègre régulièrement de nouveaux objectifs et de nouvelles procédures susceptibles de redéfinir le modèle hiérarchique.

B. Un modèle hiérarchique en voie de refondation

On a souligné précédemment que la recomposition des modes de recrutement contribue à une redéfinition du rôle de l'exécutif. Au-delà de la préservation, parfois aléatoire, des principes traditionnels, le pouvoir des exécutifs locaux et le modèle hiérarchique peuvent aussi se trouver affectés par l'irruption de nouveaux enjeux, procédures et acteurs dans la fonction publique.

1. Nouveaux enjeux…

Ainsi, et à titre d'illustration, les nouvelles approches managériales et la consécration de la déontologie, en dépit de leurs différences d'inspiration idéologique, sont de nature à remodeler la relation hiérarchique et peut-être à remettre en cause le management traditionnel.

La vision traditionnelle du rapport de l'exécutif à son personnel a subi l'inflexion des modèles managériaux modernes, le plus connu, quoique déjà en perte de vitesse[2], étant celui du *New Public Management*, qui tend principalement à transposer vers le secteur public les outils, modes de gestion et d'organisation du secteur privé et a joué un rôle non négligeable dans le développement de la contractualisation. L'évolution des conceptions managériales profite de la montée en puissance des élus des plus grandes collectivités, qui recrutent davantage et sont mieux sensibilisés par les cadres territoriaux à l'utilité de privilégier l'expertise plutôt que le recrutement de proximité, le recrutement social ou électoral.

Plus récemment, la réaffirmation des valeurs républicaines telles que l'égalité, la laïcité, l'impartialité et la quasi-sacralisation de la transparence ont aussi conduit à valoriser les principes déontologiques, qui sont à l'origine de bon nombre de dispositions pénales, mais bénéficient d'un regain de visibilité ces dernières années. Énoncée dans plusieurs textes récents, l'exigence déontologique commune aux élus et aux agents trouve naturellement sa place dans la relation entre l'exécutif, chef de l'administration, et ses agents.

---

[1] Depuis la loi du 26 janv. 1984, le statut des agents territoriaux a été très fréquemment modifié (plusieurs dizaines de modifications antérieures pouvaient être recensées au moment de la codification).

[2] V. p. ex. N. Matyjasik et M. Guenoun (dir.), *En finir avec le New Public Management*. Nouvelle édition [en ligne], Institut de la gestion publique et du développement économique, 2019 (généré le 21 mai 2023). Disponible sur [http://books.openedition.org/igpde/5756].

Les lois organique et ordinaire relatives à la transparence de la vie publique du 11 octobre 2013 (respectivement n° 2013-906 et n° 2013-907) avaient en effet incarné une volonté de consolider la lutte contre les conflits d'intérêts et la transparence de la vie publique. Cette volonté a trouvé écho, tant dans la loi du 20 avril 2016, inscrivant solennellement principes et contraintes déontologiques exigibles des agents publics, que dans la charte des élus locaux[1], qui énonce les sept principes déontologiques que tout élu local devra respecter durant son mandat. Depuis la loi du 20 avril 2016, tout agent public peut bénéficier des conseils d'un référent déontologue désigné par la collectivité ou le centre de gestion et la loi n°2022-217 du 21 février 2022, dite loi « 3DS », améliore aussi l'accompagnement déontologique des élus locaux en prévoyant dans la charte de l'élu local la nomination d'un déontologue[2]. Ces initiatives contribuent à rapprocher les obligations pénales et déontologiques de l'élu et de l'agent.

Pour le volet pénal, le Code pénal assimile assez largement ces deux catégories identifiables selon les fonctions exercées, soit à des personnes dépositaires de l'autorité publique, soit à des personnes chargées d'une mission de service public, et prévoit des peines et sanctions comparables en cas d'infractions. Pour le volet déontologique, les obligations contenues dans la charte de l'élu local s'avèrent, sur le plan de la transparence et de l'exemplarité, très largement comparables à celles des agents publics qui ont vu leurs obligations déontologiques renforcées avec la loi du 20 avril 2016. Les exigences de probité, de dignité, de neutralité, ont été inscrites dans le statut puis dans le CGFP au même titre que les obligations traditionnelles d'obéissance, de discrétion professionnelle ou de secret. On assiste ainsi à l'émergence d'une culture commune aux employeurs et aux agents dont les interactions et les références communes sont portées par de nouveaux acteurs.

2. Nouveaux acteurs…

Sur le plan national, la Haute Autorité pour la Transparence de la vie publique (HATVP), acteur de premier plan par sa mission de contrôle de l'intégrité individuelle des responsables publics et la diffusion d'une culture de l'intégrité publique, initialement prévue pour les élus et responsables publics[3], a aussi vu son champ d'action s'étendre aux agents publics. Le législateur, en lui confiant la succession de la commission de déontologie des agents publics, a consacré une nouvelle étape de la progression d'une culture et d'un climat déontologique partagés dans la mise en œuvre des politiques d'emploi territorial. Il a, dans le même temps, établi un partage du contrôle déontologique entre

---

[1] Charte instaurée par la loi du 31 mars 2015 visant à faciliter l'exercice, par les élus locaux, de leur mandat.

[2] Disposition mise en œuvre par le décret n° 2022-1520 du 6 déc. 2022 relatif au référent déontologue de l'élu local.

[3] La HATVP est également compétente en matière d'obligations déclaratives (patrimoine et intérêts) communes aux élus et à certains agents.

autorité hiérarchique et HATVP, au sein duquel les référents déontologues (décret n° 2017-519 du 10 avr. 2017), qui ont un rôle de conseil auprès des agents et des administrations, mais aussi des autorités territoriales dans des hypothèses de cumul et de mobilité prévues par la loi, assurent une fonction relais.

D'autres figures référentes ont aussi été créées, signe de la volonté d'offrir un modèle comportemental aux agents hors de la logique strictement hiérarchique et statutaire, incarné par le référent laïcité (prévu par la circulaire du 15 mars 2017 et rendu obligatoire par la loi n° 2021-1109 du 24 août 2021 confortant le respect des principes de la République), le référent alerte éthique (décret n° 2017-564 du 19 avr. 2017) ou le référent signalement des actes de Violence, Discrimination, Harcèlement ou d'Agissements Sexistes (décret n° 2020-256 du 13 mars 2020).

Certains de ces référents contribuent à un dispositif protecteur des agents contre l'arbitraire[1]. Entre conseil et intermédiation, aucun d'entre eux ne bénéficie de véritable pouvoir de décision. Toutefois, leur présence peut contribuer à la refondation du modèle hiérarchique désormais touché par le droit souple, et à l'affirmation des principes qui font l'unité de la fonction publique, à travers le service public, commun à toutes ses composantes, qu'elles soient étatique, territoriale, ou hospitalière.

Face à la plasticité croissante du statut, la question de l'utilité du maintien de la fonction publique n'est pas abordée de front par les réformes récentes. On peut toutefois se la poser, et même prendre ici le parti de refuser la réductibilité de l'intérêt général aux intérêts privés et de s'inspirer pour la fonction publique territoriale des constats formulés par le conseiller d'État Christian Vigouroux. On le rejoint lorsqu'il affirme que « sans la fonction publique, la défense serait confiée à une garde suisse ou une légion étrangère, la police à des vigiles, gardiens, surveillants, agents privés de sécurité, l'enseignement aux religions ou au commerce, la santé au lucratif, aux assureurs et aux compagnies pharmaceutiques, la culture serait programmée par les mécènes qui bâtissent leurs propres temples… ». On le suit toujours lorsqu'il conclut que « la fonction publique, recrutée sans exclusivité politique ni copinage, doit être formée, intègre, impartiale et efficace. À ces conditions, elle est vitale pour une conception républicaine de la nation »[2].

---

[1] On se reportera p. ex. à la protection reconnue aux lanceurs d'alerte récemment renforcée par le décret n° 2022-1284 du 3 oct. 2022 relatif aux procédures de recueil et de traitement des signalements émis par les lanceurs d'alerte et fixant la liste des autorités externes instituées par la loi n° 2022-401 du 21 mars 2022 visant à améliorer la protection des lanceurs d'alerte.

[2] C. Vigouroux, « Nous avons besoin de la fonction publique », *Après-demain*, 2023/1 (n ° 65), p. 34.

PARTIE 2 :
L'ACTION DES EXÉCUTIFS LOCAUX

Chapitre 1 :
Les moyens d'action des exécutifs locaux

Continuités et ruptures entre les pouvoirs propres et les compétences d'exécution des exécutifs locaux

François PRIET
Professeur émérite de l'Université d'Orléans – Centre de recherche juridique Pothier UR 1212

S'il est bien un couple incarnant la collectivité territoriale en tant que personne morale, c'est bien celui formé par l'organe délibérant et l'autorité exécutive, le premier étant chargé d'exprimer la volonté de la personne morale, la seconde ayant vocation à mettre en œuvre les décisions issues de cette volonté. Historiquement pourtant, ce modèle ne va pas de soi. Il faut attendre 1982 pour que le préfet cesse d'assurer le rôle d'autorité exécutive du conseil général, et que les régions soient consacrées en tant que troisième catégorie de collectivité. Et si l'organisation communale autour du conseil municipal et du maire peut apparaître comme un modèle qui s'est diffusé à l'ensemble des catégories de collectivités territoriales, ainsi que des établissements publics de coopération intercommunale, un tel modèle ne commencera à se dégager véritablement qu'à la fin du XIXème siècle, avec la loi du 5 avril 1884 sur l'organisation municipale.

C'est en effet au moment où le législateur affirme la compétence de principe du conseil municipal pour toutes les affaires d'intérêt local que le rôle du maire est clairement identifié par rapport à celui du conseil municipal. Après avoir énuméré, selon la méthode utilisée jusqu'alors par le législateur[1], les attributions que le maire est chargé d'assurer « sous le contrôle du conseil municipal et la surveillance de l'autorité supérieure », l'article 90 de la loi de 1884 se termine par la formule : « et d'une manière générale, d'exécuter les décisions du conseil municipal ».

Le binôme organe délibérant/autorité exécutive n'a toutefois jamais totalement rendu compte du fonctionnement des institutions locales. L'appellation d'exécutif local est couramment utilisée parce qu'elle recouvre la majeure partie des attributions dévolues au maire, ainsi qu'au président des conseils départemental et régional, mais ceux-ci disposent également de pouvoirs propres, indépendamment de l'organe délibérant dont ces autorités assurent la présidence. Le pouvoir de police du maire en est l'expression la plus emblématique, mais cette notion de « pouvoirs propres » s'applique, certes dans une moindre mesure, à toutes les catégories de collectivités territoriales. De manière significative, la loi 3 DS du 21 février 2022 attribue au président du

---

[1] L'article 10 de la loi du 18 juill. 1837 sur l'administration municipale, et relatif aux attributions que le maire exerce « sous la surveillance de l'administration supérieure », en restait à une liste énumérative.

conseil régional la police de la circulation sur les catégories de routes qui, à titre expérimental, peuvent être mises à la disposition des régions volontaires.

De lege lata, ce modèle d'organisation ne pose pas de difficultés majeures de délimitation. Le juge administratif est amené de temps à autre à préciser la ligne de partage entre les attributions respectives du conseil municipal et du maire[1] ; et lors des premières années d'application des lois de décentralisation, on a vu le Conseil d'État interpréter extensivement l'étendue du pouvoir de police de gestion du domaine départemental dévolu au président du conseil général[2].

Ce modèle toutefois doit également être apprécié dans le contexte de la décentralisation telle qu'elle est pratiquée depuis une quarantaine d'années. De la gestion d'affaires locales, on est assez vite passé à des politiques publiques locales sans cesse plus complexes au regard des exigences de la société, telles que le législateur entend les traduire. L'organisation institutionnelle quant à elle a été bouleversée par le développement de l'intercommunalité, où la recherche d'une plus grande efficacité se paie souvent au prix de lourdeurs nouvelles, que le Parlement s'efforce de pallier par d'incessantes réformes ponctuelles et très techniques. Si le modèle traditionnel d'organisation des collectivités territoriales résiste assez bien, les mutations qu'il connaît sont nombreuses. On les appréhendera selon deux axes : dans les rapports entre organe délibérant et autorité exécutive, on constate une relative marginalisation du premier (I) ; s'agissant des pouvoirs propres du maire, c'est surtout le pouvoir de police qui connaît les tensions les plus nombreuses (II).

I. La relative marginalisation de l'organe délibérant

L'organe délibérant demeure bien le pivot de toute collectivité territoriale ainsi que des groupements de collectivités, mais deux phénomènes poussent, dans une certaine mesure, à le marginaliser. D'une part les nécessités de la gestion locale conduisent à la multiplication des délégations au profit de l'autorité exécutive (A). D'autre part le développement de l'intercommunalité, dans le cadre de groupements de taille parfois considérable, a entraîné une

[1] Dans l'essentiel des hypothèses, il s'agit de faire le départ entre la fixation des conditions générales d'exercice et/ou d'organisation d'une compétence déterminée, qui incombe au conseil municipal, et la gestion quasiment au quotidien d'une telle compétence, qui appartient au maire. Le juge doit faire dans ces conditions un exercice d'équilibriste afin de ne pas brider à l'excès l'action du maire, sans pour autant vider la compétence de l'organe délibérant de sa substance (ainsi en ce qui concerne la « conservation et l'administration des propriétés de la commune » : CE, 21 juin 1996, *Association "Saint Rome demain"*, n° 134243, *Rec. T.* 749 ; CE, 30 oct. 1996, *M. et Mme Selmi*, n° 123638, *Rec. T.* 749). Certaines législations, compte tenu de leur rédaction, peuvent susciter des difficultés spécifiques d'interprétation : ainsi on a vu le Conseil d'État, compte tenu des textes alors applicables affirmer la compétence du maire au détriment de celle du conseil municipal, pour décider d'engager la modification d'un plan local d'urbanisme : CE 4 juin 2014, *Commune de Magland*, n° 360950, *Rec. T.* 541 et 898.

[2] CE, 15 janv. 1988, *Asso. foncière de Semoutiers*, n° 76946, *AJDA* 1988, p. 406, obs. X. Prétot : le président du conseil départemental peut exercer ce pouvoir de gestion en se fondant, au besoin, sur des motifs d'ordre public.

certaine dilution des communes mal vécue par les élus, et provoqué en retour une volonté de revaloriser le rôle des maires (B).

A. Les nécessités de la gestion locale

On imagine difficilement que l'administration puisse fonctionner sans avoir recours à la technique de la délégation, qu'elle soit de compétence ou de signature. Or la faculté pour le conseil municipal de déléguer certaines compétences au maire apparaît au moment où se métamorphose l'administration communale, telle que l'a analysée le préfet Paul Bernard dans son essai « *Le grand tournant des communes de France* » paru en 1969[1]. Pour bon nombre de communes, l'heure est à la gestion d'affaires dont les enjeux en matière d'aménagement, de développement économique, social et culturel sont considérables. Le rythme de réunion des séances du conseil municipal n'est plus adapté et c'est pourquoi l'article 8 de la loi n° 70-1297 du 31 décembre 1970 sur la gestion municipale et les libertés communales[2] introduit un article 75 bis dans le code de l'administration communale qui prévoit – déjà – pas moins de quatorze cas où le maire peut recevoir délégation du conseil municipal pendant la durée de son mandat.

D'autres cas de délégation seront ajoutés par la suite mais c'est au cours des deux premières décennies du XXIème siècle que le mouvement va s'emballer, soit pour étendre des cas de délégation existants, soit pour instituer de nouvelles hypothèses de délégation. Le décompte est éloquent : le législateur intervient respectivement en 2000, 2002, 2003, 2004, 2005, 2007 (deux fois), 2009, 2011, 2014, 2015, 2017 (deux fois), 2018 et 2022. Mais le procédé de la délégation au profit du maire peut également se présenter comme une des conséquences induites par la généralisation de l'intercommunalité à fiscalité propre. Depuis la loi n° 2019-1461 du 27 décembre 2019, le « pacte de gouvernance » adopté par l'organe délibérant de l'EPCI peut fixer les conditions dans lesquelles son président peut déléguer au maire d'une commune membre l'engagement de certaines dépenses d'entretien courant d'infrastructures ou de bâtiments communautaires. La délégation permet alors au maire d'exercer une autorité fonctionnelle sur les services de l'établissement public (CGCT, art. L. 5211-11-2 I, 6°).

S'agissant des départements et des régions, le problème s'est posé un peu différemment car conseil général et conseil régional disposaient déjà de la faculté de donner délégation à la commission permanente. La loi du 2 mars 1982 n'a apporté aucune modification à cette situation, et il faut attendre le début de ce siècle pour qu'une faculté de délégation du conseil général et du conseil régional à leur président respectif apparaisse. Le même phénomène

---

[1] P. Bernard, *Le grand tournant des communes de France*, éd. Armand Colin, 352 p.
[2] *JO* 1er janv. 1971.

d'accélération des hypothèses de délégation se produit alors : le législateur intervient en 2002, 2005, 2009, 2011, 2014, 2017 et 2022.

Chaque fois que le législateur intervient, les mêmes justifications reviennent : il s'agit de favoriser une « meilleure organisation »[1], de « prendre rapidement des décisions permettant une meilleure administration de la collectivité »[2]. L'objectif de simplification, qui caractérise de manière récurrente toutes les réflexions sur le fonctionnement de l'administration en général, n'est jamais très loin quand il s'agit de justifier de nouveaux cas de délégation. On reconnaîtra sans réserve le bien-fondé de certaines interventions du législateur à cet égard : tel est le cas de la loi n° 2009-526 du 12 mai 2009 qui aligne le régime applicable aux conseils généraux et régionaux en matière d'actions en justice sur celui des communes – lesquelles étaient seules à bénéficier de ce régime de délégation – et permet à ces conseils de déléguer à leur président la faculté d'agir et de défendre en justice de façon générale et pour toute la durée du mandat de ce dernier.

Dès lors que de telles délégations ont pour objet de faciliter la gestion locale, et qu'elles sont souvent adoptées à la suite de propositions de loi ou d'amendement de parlementaires en même temps élus locaux, elles ne suscitent guère de controverses. Du côté de la doctrine, au moins en ce qui concerne les communes, c'est presque d'un certain fatalisme que l'on pourrait parler. Ainsi Francis-Paul et Jean Bénoit écrivent-ils dans l'encyclopédie *Dalloz des Collectivités locales* que « ces dispositions sont la traduction évidente d'une évolution des esprits dans un sens favorable à une certaine "présidentialisation" du régime communal »[3].

Ce mouvement d'expansion des délégations amène pourtant à se poser la question du seuil à partir duquel l'organe délibérant de la collectivité perdrait ce qui constitue sa raison d'être. Si cette question se pose essentiellement à propos des communes, c'est parce que ces collectivités sont le plus concernées par les délégations au plan quantitatif, et surtout parce que le conseil municipal est et reste encore fondamentalement aujourd'hui le lieu d'expression même de la démocratie locale, voire de la démocratie tout court.

Déjà, lors des débats qui avaient précédé l'adoption de la loi organique n° 2003-705 du 1er août 2003 relatif au référendum local, le Sénat, suivi sans réserve par l'Assemblée nationale, avait voulu remettre le conseil municipal au cœur de l'organisation du référendum local. Alors que le projet de loi prévoyait que le projet d'acte relevant des attributions de l'autorité exécutive serait soumis à référendum local par l'exécutif local, après autorisation de l'assemblée délibérante, c'est à cette dernière que la commission des lois du Sénat a entendu

[1] Intervention du ministre chargé des collectivités territoriales lors des débats relatifs à la loi n° 2017-257 du 28 févr. 2017 relative au statut de Paris et à l'aménagement métropolitain : Assemblée nationale, 1ère séance du 15 déc. 2016.

[2] Rapport A.N. n° 1145 sur la proposition de loi de M. Jean-Luc Warsmann (n° 1085) de simplification et de clarification du droit et d'allègement des procédures.

[3] Chapitre 4 – Municipalité : fonctions du maire, § 348.

réserver la compétence pour soumettre un projet d'acte de l'exécutif à référendum[1]. Quelques années plus tard, c'est directement au plan des principes que s'est engagé le débat lors du dépôt, en 2016, d'un long et complexe amendement gouvernemental visant à étendre considérablement la faculté, pour le conseil municipal, de déléguer certaines compétences au maire. L'amendement a été repoussé par le co-rapporteur de la commission des lois de l'Assemblée nationale qui exprimait ses inquiétudes dès lors que l'extension proposée des délégations ne « (devait) pas se faire au détriment du processus démocratique, d'autant plus que nombreux sont ceux qui souhaitent voir les citoyens s'impliquer davantage au niveau municipal »[2]. Il faisait remarquer au surplus que ce type de délégation ne distinguait pas selon la taille des communes : « l'exercice des compétences municipales ne peut pas se concevoir de la même manière dans des contextes aussi différents. On ne peut pas imaginer que, dans une commune modeste, les maires n'aient pas comme instrument premier l'assemblée délibérante des conseillers municipaux »[3].

On ne peut dans ces conditions que regretter qu'aucune réflexion d'ensemble ne soit engagée sur le contenu, l'étendue et la pertinence des délégations, ainsi que sur la taille et la catégorie des collectivités délégantes.

B. La revalorisation du rôle des maires au sein des EPCI

Après avoir paru être un mouvement irrésistible, le développement de l'intercommunalité à fiscalité propre, tout particulièrement dans les EPCI de grande taille, a connu un certain nombre de tiraillements entre la gouvernance du groupement, et les maires des communes membres. Le transfert d'un nombre croissant de compétences a entraîné le découragement de bon nombre d'élus, qui ont pu s'interroger sur l'utilité de leur mandat. Si la volonté du législateur de revaloriser le rôle des maires au sein des EPCI est incontestable, elle se présente sous forme de simples palliatifs, qui masquent difficilement la crise existentielle de l'institution communale.

La revalorisation du rôle des maires intéresse l'ensemble des EPCI à fiscalité propre, quelle que soit leur taille, mais également la métropole de Lyon qui, bien qu'ayant le statut de collectivité territoriale à statut particulier, est concernée par la même problématique. Toutefois le législateur n'a pas retenu une situation uniforme non seulement parce que la situation des métropoles de Lyon et d'Aix-Marseille-Provence, par leur taille et leur statut, se distingue du reste des autres groupements intercommunaux, mais également en raison du fait que le droit spécial de ces métropoles n'exclut pas nécessairement celui des autres groupements.

---

[1] Sénat, rapport n° 315 présenté au nom de la commission des lois par M. Hoeffel.

[2] Intervention de M. Le Bouillonnec, co-rapporteur de la commission des lois de l'Assemblée nationale lors des débats relatifs à la loi n° 2017-257 du 28 févr. 2017 relative au statut de Paris et à l'aménagement métropolitain : Assemblée nationale, 1ère séance du 15 déc. 2016.

[3] *Ibid.*

La métropole de Lyon est la seule collectivité à comprendre de plein droit deux types d'instances différentes, les conférences territoriales des maires (CGCT, art. L. 3633-1), et la conférence métropolitaine des maires (art. L. 3633-2). Il peut donc y avoir plusieurs conférences territoriales, dont le nombre et le périmètre ne sont pas fixés *a priori* par la loi : de telles conférences pouvant « être consultées lors de l'élaboration et de la mise en œuvre de politiques de la métropole » ; c'est donc le contenu de ces dernières qui, au cas par cas, déterminera les conditions de création de ces instances. Leur caractère semble présenter un aspect plus technique que la « conférence métropolitaine des maires », instance unique de nature plus politique puisque celle-ci peut débattre « de tous sujets d'intérêt métropolitain ou relatifs à l'harmonisation de l'action de ces collectivités ». La distinction apparaît en vérité bien ténue puisque cette conférence métropolitaine est chargée en outre d'émettre un avis, préalablement à leur adoption, à toute une série de procédures.

La métropole d'Aix-Marseille-Provence ne comprenait à l'origine qu'une conférence métropolitaine des maires (CGCT, art. L. 5218-9) pouvant « être consultée pour avis lors de l'élaboration et de la mise en œuvre de politiques de la métropole d'Aix-Marseille-Provence ».

Le modèle lyonnais a inspiré le législateur pour tous les autres EPCi à fiscalité propre. À chaque renouvellement général des conseils municipaux, l'organe délibérant doit délibérer pour décider ou non d'adopter un « pacte de gouvernance » dont le contenu est en principe ouvert au débat. La création de « conférences territoriales des maires » peut faire partie des rubriques du pacte de gouvernance : leurs compétences restent celles d'un organe consultatif puisqu'elles peuvent « être consultées lors de l'élaboration et de la mise en œuvre des politiques de l'établissement public de coopération intercommunale à fiscalité propre » (CGCT, art. L. 5211-11-2 II, 5°). Par contre l'EPCi est tenu de constituer une « conférence des maires », instance permanente de discussion entre la gouvernance intercommunale et les maires des communes membres, que le législateur a voulu la plus souple possible puisque sa compétence n'est pas fixée *a priori* : « Elle se réunit, sur un ordre du jour déterminé » à l'initiative du président de l'EPCI.

Cette volonté de revalorisation du rôle des maires n'est pas dénuée d'une certaine confusion.

Sur le plan terminologique, on remarquera que la conférence métropolitaine des maires propre à la métropole marseillaise ne dispose pas, comme on aurait pu le concevoir, d'une compétence analogue à celle de son homologue lyonnais, mais est par contre dotée du même type de compétence que les conférences territoriales des maires instituées sur le territoire de la métropole de Lyon. Par ailleurs, si la loi 3 DS du 21 février 2022 a complété une lacune s'agissant de la métropole marseillaise en ajoutant un alinéa à l'article L. 5218-9 CGCT sobrement rédigé (« Des conférences territoriales des maires définies au 5° du II de l'article L. 5211-11-2 peuvent être réunies »), le renvoi à ce dernier article laisse perplexe : les conférences territoriales des maires qui peuvent être créées par le « pacte de gouvernance » dans les EPCI de droit commun exercent les mêmes compétences que la conférence métropolitaine des maires de la métropole marseillaise. La seule différence réside dans le fait que ces conférences territoriales sont plurielles, précisément parce que leurs périmètres géographiques et de compétences dépendent du contenu des politiques publiques au sujet desquelles elles peuvent être consultées ; ce sont d'ailleurs les élus métropolitains qui définissent ces périmètres en adoptant le « pacte de gouvernance »[1].

Il arrive au surplus que le législateur entend revaloriser le rôle des maires au sein des EPCI dans le cadre de législations particulières. Tel est le cas lors de l'élaboration des plans locaux d'urbanisme intercommunaux. Afin que les communes membres de l'EPCI ne se sentent pas dépossédées, la loi prévoit que chaque plan doit être élaboré « en collaboration » avec celles-ci, les modalités de cette collaboration étant arrêtées par le président de l'établissement public après réunion d'une « conférence intercommunale (…) rassemblant l'ensemble des maires des communes » (C. urb., art. L. 153-8, 1°). Cette même conférence intervient en fin de procédure, avant l'approbation du plan par l'organe délibérant : elle examine alors l'ensemble des avis émis, les observations du public et le rapport d'enquête publique (art. L. 153-21, 1°). Si cette conférence n'a donc, elle aussi, qu'une fonction consultative, ses avis peuvent peser plus ou moins lourd selon les configurations locales et les enjeux concernés. Mais à la différence des conférences des maires dans les EPCI de droit commun, ou de la conférence métropolitaine des maires dans les métropoles lyonnaise et marseillaise, sa compétence *ratione temporis* est étroitement circonscrite et ses membres ne peuvent pas prendre l'initiative de demander sa convocation.

À propos de cette conférence intercommunale prévue par le code de l'urbanisme, un membre du barreau a écrit que « la rédaction retenue par le législateur (…) est suffisamment vague pour rassurer les communes (…) et ne pas inquiéter, outre mesure, l'EPCI en charge de l'élaboration d'un document de plus en plus complexe »[2]. On peut se demander si, *mutatis mutandis*, cette remarque ne vaudrait pas pour toutes les hypothèses de conférences des maires. La revalorisation du rôle des exécutifs locaux est bien une préoccupation du législateur, mais peine à trouver une réalité concrète.

Si l'on envisage à présent le cas des pouvoirs propres des exécutifs locaux, et plus précisément l'emblématique pouvoir de police des maires, celui-ci est assujetti à des tensions dues à une pluralité de facteurs.

---

[1] On ajoutera que le contenu de ce pacte n'est pas figé et que la loi prévoit expressément qu'il peut être modifié : CGCT, art. L. 5211-11-2 III.

[2] Ph. Peynet, « La conférence intercommunale, nouvelle instance instituée par la loi ALUR dans le cadre de l'élaboration d'un PLUI », *AJCT* mars 2015, p. 153.

II. Les tensions affectant le pouvoir de police des maires

Le traditionnel pouvoir de police des maires connaît un double mouvement en sens contraire. Tandis que s'étend le contenu des missions de maintien de l'ordre public qui leur incombent (A), inversement le pouvoir de police peut échapper aux maires pour être confié à d'autres autorités (B).

A. L'extension des missions de police des maires

Deux grandes politiques publiques affectent l'étendue des missions de police dévolues aux maires : la protection de l'environnement et, dans une moindre mesure, la lutte contre l'insalubrité des installations et immeubles. Les incidences sur le pouvoir de police des maires peuvent être sensiblement différentes non seulement d'une hypothèse à l'autre, mais aussi au sein même d'une hypothèse donnée.

Le contenu de la police de l'ordre public exercée par les maires comprend des habilitations dont la portée n'a cessé de s'étendre sous l'effet de l'aggravation des menaces portant sur l'environnement. Sont concernées plus précisément les dispositions régissant la police de la circulation et du stationnement. C'est ainsi que les pouvoirs dont dispose le maire pour interdire ou réserver l'accès de certaines voies, réglementer l'arrêt et le stationnement des véhicules ou réserver des emplacements de stationnement pour certaines catégories de véhicules peuvent être mis en œuvre « eu égard aux nécessités (…) de la protection de l'environnement », et pas seulement à celles de la circulation (CGCT, art. L. 2213-2). L'objectif concernant la qualité de l'air justifie la création de « zones à faibles émissions mobilité » où les restrictions à la liberté de circulation peuvent être particulièrement contraignantes (CGCT, art. L. 2213-4-1). Enfin le maire peut interdire en tout ou partie l'accès de certaines voies aux véhicules de transport de matières dangereuses visées par la directive 82/501 du 24 juin 1982 concernant les risques d'accidents majeurs de certaines activités industrielles (CGCT, art. L. 2213-5).

Les exigences de protection de l'environnement n'ont pas seulement pour objet et pour effet de multiplier les restrictions aux libertés individuelles – et notamment à l'une des plus éminentes d'entre elles, la liberté de se déplacer –, elles peuvent restreindre la liberté d'agir des maires, ce qui change l'aspect habituel de la police municipale. En principe libre, l'établissement d'une zone à faibles émissions mobilité est obligatoire dans un nombre important de cas. Si la commune est couverte par un plan de mobilité prévu par le code des transports, « les actes pris au titre du pouvoir de la police du stationnement (…) sont rendus compatibles avec les mesures d'organisation du stationnement prévues par le plan de mobilité, dans les délais qu'il fixe » (C. transports, art. L. 1214-5).

Ces mêmes exigences affectent également les quelques pouvoirs de police spéciales dont bénéficient les maires et qui sont prévus par la législation de l'environnement. Certes, ces polices spéciales relèvent majoritairement de l'État, et ce n'est que de manière assez parcimonieuse que le code de l'environnement habilite les maires à intervenir : par exemple en matière de déchets[1]. Aussi le transfert complet aux maires de la police de la publicité par la loi Climat du 22 août 2021 est-il digne d'attention, surtout au regard des justifications fournies par l'un des rapports de l'Assemblée nationale[2] : « Proche du terrain et des citoyens, le maire est en effet le plus à même de concevoir et de faire respecter des règlementations adaptées à son territoire et à ses réalités. (…) Ces dispositions, conformément au principe de libre administration des collectivités territoriales, permettent une meilleure adaptation des politiques publiques aux spécificités locales. »[3] Ces explications peuvent surprendre quand on songe à la jurisprudence bien connue qui censure impitoyablement les interventions des maires dans l'exercice d'un certain nombre de polices spéciales dévolues au représentant de l'État, en consacrant l'exclusivité des pouvoirs de ce dernier, au nom d'une incompétence technique supposée des élus locaux. Dès lors on peut se demander si cette intervention du législateur, certes dans un domaine limité, n'envoie pas un signal au juge pour assouplir sa jurisprudence, ce qui répondrait aux vœux d'une partie de la doctrine[4].

La police spéciale de la salubrité, régie par le code de la santé publique et le code de la construction et de l'habitation[5], affecte également la compétence des maires. Si cette police demeure une compétence dévolue au préfet, l'ordonnance n° 2020-1144 du 16 septembre 2020 habilite ce dernier à la déléguer aux maires des communes membres d'un EPCI et disposant d'un service communal d'hygiène et de santé[6].

Cette délégation est originale puisque le maire agit alors au nom de l'État, dans des conditions fixées dans une convention. Le recours à la technique de la

---

[1] C. env., art. L. 541-3 : CE, 11 janv. 2007, *Ministre de l'écologie et du développement durable c/ soc. Barbazanges Tri Ouest*, n° 287674, *Rec. T.* 958 et 962 ; *RJE* 2007, p. 347, note Ph. Billet. Le préfet est toutefois seul compétent si les déchets sont abandonnés ou déposés sur le site d'une installation classée pour la protection de l'environnement : CE, 7 mars 2022, *Soc. Est Environnement*, n° 438611 (concl. N. Agnoux en ligne sur *ArianeWeb*).

[2] On notera aussi la position favorable mais nuancée du Conseil d'État, qui relève dans son avis sur le projet de loi Climat « qu'aucune disposition ni aucun principe ne fait obstacle à ce que le maire devienne dans tous les cas, même en l'absence d'un règlement local de publicité, l'autorité chargée de veiller au respect des règles applicables en matière de police de la publicité extérieure, *lesquelles, destinées à protéger le cadre de vie, présentent un intérêt local et n'interfèrent avec aucune prérogative régalienne* (nous soulignons) » (point 15).

[3] Rapport A.N. n° 3995 au nom de la commission spéciale chargée d'examiner le projet de loi, portant lutte contre le dérèglement climatique et renforcement de la résilience face à ses effets, tome II, p. 45-46.

[4] Y. Jégouzo, « Police générale et polices spéciales en matière environnementale », *in* Ch. Vautrot-Schwarz (dir.), *La police administrative*, PUF, 2014, notamment p. 163-164.

[5] L'art. L. 1331-22 C. santé publ. définit l'insalubrité de la manière suivante : « Tout local, installation, bien immeuble ou groupe de locaux, d'installations ou de biens immeubles, vacant ou non, qui constitue, soit par lui-même, soit par les conditions dans lesquelles il est occupé, exploité ou utilisé, un danger ou risque pour la santé ou la sécurité physique des personnes est insalubre ».

[6] Et à condition que les maires n'aient pas transféré au président de l'intercommunalité leurs pouvoirs en matière de police de l'habitat.

délégation de compétence n'est pas nouveau – elle avait été utilisée par la loi du 13 août 2004 en matière d'aides au financement de l'habitat[1] –, mais il semble que ce soit la première fois qu'elle est utilisée pour une compétence en matière de police. Quoi qu'il en soit, même si cette délégation ne peut être accordée qu'à la condition que les maires en fassent expressément la demande, elle place ces derniers dans une logique d'exécution d'une politique relevant de l'État. On notera à cet égard que, parmi les clauses obligatoires de cette convention, figurent « les conditions de son évaluation et celles dans lesquelles il est rendu compte annuellement de son exécution » (CCH, art. L. 301-5-1-2, alin. 6).

Le pouvoir de police des maires n'est pas seulement affecté quant à son contenu, il peut l'être en raison d'un transfert à une autre personne ou collectivité.

B. Le transfert du pouvoir de police des maires

Deux hypothèses sont à distinguer ici. La première est bien connue : c'est celle où le maire se décharge d'une partie de son pouvoir de police sur un tiers, phénomène qui constitue une tentation qui est loin d'être rare chez les élus locaux, pour des raisons pratiques et/ou idéologiques. La seconde est une conséquence induite par le développement de l'intercommunalité.

La délégation du pouvoir de police a donné lieu à une jurisprudence abondante, qui montre que si les hypothèses qu'elle mentionne peuvent se rattacher au concept d'externalisation[2], celui-ci ne se présente pas de manière uniforme. Même si tous les arrêts se rattachent à l'idée d'indélégabilité du pouvoir de police, en particulier par la voie contractuelle, deux situations peuvent être distinguées. Une première porte sur les cas où le contrat a pour objet[3] ou pour effet[4] de transférer purement et simplement l'exercice du pouvoir de police sur un prestataire privé. Une seconde montre que ce transfert a lieu en quelque sorte *à l'occasion* de l'attribution d'un certain nombre de missions à un opérateur privé ; c'est donc seulement l'une des clauses qui apparaît comme illicite[5].

---

[1] Mais il est vrai dans un contexte juridique et politique largement différent, car le logement demeure une responsabilité majeure de l'État pour des raisons constitutionnelles. Comme l'expliquait le rapporteur de la commission des lois devant l'Assemblée nationale, « Le choix de la délégation a été préféré à celui d'un transfert ; il permet ainsi de concilier l'impératif de solidarité nationale, qui relève de la responsabilité de l'État avec le principe de subsidiarité qui prévoit l'exercice d'une compétence au plus près des réalités du terrain. » : Rapport A.N. n° 1435, tome 1, 2ème partie, 12 fév. 2004, p. 107.

[2] Sur l'externalisation en tant que concept, V. l'étude d'ensemble réalisée par L. Vanier dans sa thèse *L'externalisation en matière administrative*, Dalloz, 2018.

[3] CE, 29 déc. 1997, *Commune d'Ostricourt*, n° 170606, *Rec. T.* 706.

[4] CE, 1er avril 1994, *Commune de Menton*, n° 144152, *Rec.* 175.

[5] CE, 30 sept. 1983, *Fédération départementale des associations agréées de pêche de l'Ain*, n° 31875, *Rec.* 392 (affaire intéressant l'État mais parfaitement transposable au pouvoir de police du maire).

Mais l'indélégabilité du pouvoir de police n'a pas seulement des conséquences quant à la licéité du contrat. Elle vise plus fondamentalement à éviter que la collectivité ne se décharge de la responsabilité qui est inhérente à l'exercice de sa compétence. C'est ce que rappelle le vieil arrêt *consorts Amoudruz* du 23 mai 1958, plus connu pour son apport (même s'il est aujourd'hui daté) au régime de la responsabilité du fait de l'exercice de la police administrative[1]. L'arrêt n'aborde pas explicitement la question de la licéité du contenu du contrat par lequel la commune, elle-même concessionnaire d'une dépendance du domaine maritime, avait confié l'exploitation du service des bains de mer à un particulier : le juge affirme plus généralement que, quelles que soient les clauses d'un tel contrat, la commune investie par la loi du pouvoir de police de l'ordre public doit assumer la responsabilité qui découle de son exercice fautif. Le contrat ne saurait jamais être une échappatoire à la responsabilité de la puissance publique.

Plus complexe est la situation où le pouvoir de police du maire peut être transféré à l'EPCI dont la commune est membre.

La question du transfert d'un certain nombre de pouvoirs de police au président de l'EPCI par les maires des communes qui en sont membres est une illustration de l'extrême désordre dans lequel a sombré le projet intercommunal, tel qu'il a été en particulier voulu par la loi Chevènement du 12 juillet 1999.

Le transfert de certains pouvoirs de police au niveau intercommunal part d'une suggestion judicieuse exprimée dans le rapport de la Commission pour l'avenir de la décentralisation présidée par Pierre Mauroy et qui visait à donner à l'intercommunalité les pouvoirs de police spéciale dès lors qu'il y a transfert de la compétence correspondante[2]. C'est cette proposition qui constitue le fil directeur de l'actuel article L. 5211-9-2 CGCT, inséré par la loi Libertés et responsabilités locales du 13 août 2004. Dès l'origine, il était entendu que ce transfert devait préserver la police générale des maires, et c'est la raison pour laquelle, au risque d'une certaine lourdeur rédactionnelle, la loi précise que les transferts s'effectuent « sans préjudice de l'article L. 2212-2 *[CGCT]* » relatif à la police générale de l'ordre public.

Cette épure s'est singulièrement complexifiée au fil des modifications législatives qui ont suivi. S'il fallait les caractériser de manière univoque, on peut dire que le législateur cherche de manière récurrente à faire coexister le transfert d'un certain nombre de pouvoirs de police au profit du président de l'EPCI, tout en maintenant, mais dans une certaine mesure seulement, la compétence des maires.

Sur le premier point, le nombre de pouvoirs de police susceptibles d'être transférés au président de l'EPCI a connu un accroissement régulier. La loi distingue désormais entre les pouvoirs qui sont transférés de plein droit au

[1] CE, Sect., 23 mai 1958, *Rec.* 301.

[2] *Refonder l'action publique locale*, rapport de la Commission pour l'avenir de la décentralisation, oct. 2000 : proposition n° 99, p. 81.

président de l'EPCI (art. L. 5211-9-2 I A), et ceux qui peuvent l'être à l'initiative des maires (art. L. 5211-9-2 I B). Dans les deux cas, le transfert est pur et simple, puisque l'exercice conjoint de la compétence, par le président de l'EPCI et par le maire, qui était prévu dans la version initiale du texte[1], a été opportunément supprimé par la suite.

En réalité la compétence des maires resurgit sous d'autres formes.

S'agissant des transferts de plein droit, un ou plusieurs maires ont toujours la possibilité de s'opposer à un tel transfert dans le délai de six mois à compter de la date du transfert. En outre le président de l'EPCI dispose d'un mois, à compter de la première notification de l'opposition d'un maire, pour renoncer à un tel transfert dans chacun des domaines concernés par le transfert de plein droit. Mais ces facultés de renonciation sont elles-mêmes assorties d'exceptions : d'une part la renonciation du président de l'EPCI au transfert des pouvoirs de police en matière d'habitat lui est interdite, sauf si une majorité qualifiée de maires a fait jouer son droit d'opposition (c'est l'exception à l'exception) ; d'autre part un maire qui s'est opposé au transfert dispose d'un droit de repentir puisqu'il conserve toujours la possibilité de transférer ultérieurement les pouvoirs de police concernant – mais seulement eux – l'assainissement, les déchets ménagers et la réalisation d'aires d'accueil pour les gens du voyage, ce qui n'exclut pas, malgré tout, que le président de l'EPCI puisse refuser le transfert.

Quant aux transferts laissés à l'initiative des maires (défense extérieure contre l'incendie, collecte des déchets ménagers, protection et mise en valeur de l'environnement), ils risquent d'être peu nombreux puisqu'est requise l'unanimité des maires des communes membres et du président de l'EPCI[2].

La loi crée dans ces conditions une mosaïque de situations qui peuvent varier en fonction des équilibres politiques locaux, situations qui rendent compte des tiraillements constants entre deux logiques qui pourtant tendent toutes deux, au nom d'un principe implicite de subsidiarité, à la satisfaction de l'intérêt public local : d'une part une logique privilégiant une certaine rationalité technocratique, en favorisant l'exercice des compétences, en l'espèce de police, au niveau intercommunal ; d'autre part une logique de terrain, dans laquelle le maire apparaît le mieux placé pour apprécier les réalités locales. La récente crise sanitaire a montré que cette seconde logique conservait sa pertinence.

---

[1] Cet exercice conjoint avait été introduit suite à un amendement de la Commission des lois du Sénat « dans un double objectif symbolique et de sécurité juridique » : Sénat, rapport n° 31 sur le projet de loi relatif aux responsabilités locales, 22 oct. 2003, p. 437.

[2] Sauf s'il s'agit d'une communauté urbaine : une majorité qualifiée de maires suffit pour exprimer l'accord.

*

* *

Les observations qui précèdent montrent que le modèle d'organisation de la collectivité territoriale connaît un certain nombre de tensions, qui s'expliquent à la fois par la complexification croissante des affaires locales, les interrogations récurrentes sur la pertinence de notre organisation territoriale et les incessantes modifications, corrections et mises au point dont elle fait l'objet. Mais la distinction entre organe délibérant, pouvoir d'exécution et pouvoirs propres de l'autorité exécutive reste théoriquement pertinente : elle demeure en capacité de s'adapter à ces évolutions, pour peu que le Parlement s'attache à élaborer des textes fondés sur des principes clairs et donc d'une certaine durée, plutôt que des réformes ponctuelles.

L'action des exécutifs locaux en temps de crise sécuritaire

Marc-Antoine GRANGER
Maître de conférences HDR en droit public à l'Université Côte d'Azur – CERDACFF ; Membre du conseil d'administration de l'AFDSD

Cette contribution, qui prolonge par écrit les travaux de l'Association française de droit des collectivités locales (AFDCL) menés à l'occasion de son colloque annuel de 2022, a pour objet l'action des exécutifs locaux en temps de crise sécuritaire. Pour l'intelligibilité du propos, deux séries d'observations liminaires doivent être formulées.

En premier lieu, c'est un fait, nous sommes voués à vivre dans un monde dangereux[1] où la crise est partout, et tout le temps présente. Le constat est dressé par la *Revue nationale stratégique* du mois de novembre 2022 en ces termes : « le durcissement de la compétition stratégique, la fragilisation des outils de l'architecture de sécurité collective, les effets des postures d'intimidation ou des stratégies agressives, mêlant modes d'actions militaires et non militaires, manipulation de l'information, voire menace nucléaire à fins d'intimidation, se sont imposés aux yeux du monde, et singulièrement à ceux de nos concitoyens. La désinhibition de puissances globales et régionales poursuivant des agendas révisionnistes et des politiques militaires opportunistes se conjugue au renforcement de la tendance aux replis isolationnistes ou identitaristes. Par ailleurs, les conséquences de la prolifération, technologique ou autre, et la persistance de la menace terroriste demeurent également prégnantes. À ce tableau s'ajoutent enfin d'autres grands défis globaux susceptibles de nourrir des déséquilibres importants tels que les impacts du changement climatique (accès à l'eau, insécurité alimentaire, migrations, démographie, pandémies, etc.) »[2]. Sous ce regard, on comprendra que le temps de crise s'installe dans la durée et ne se réduit pas aux périodes de mise en œuvre des pouvoirs de crise, c'est-à-dire des régimes d'exception[3], même si, au cours de ces dernières années, les états d'urgence ont longtemps, trop longtemps sans doute[4], fait partie de notre

[1] M. Delmas-Marty, *Libertés et sûreté dans un monde dangereux*, Seuil, coll. La couleur des idées, 2010, 277 p.

[2] Secrétariat général de la défense et de la sécurité nationale (SGDSN), *Revue nationale stratégique 2022*, p. 7.

[3] Pour une étude comparative des régimes d'exception dans les démocraties contemporaines, voir Conseil d'État, *Les états d'urgence : la démocratie sous contraintes*, Étude annuelle 2021, La documentation française, 2021, p. 63-73.

[4] En ce sens, voir, notamment, O. Gohin, « Les leçons en droit d'un état d'urgence à l'endroit (2015-17) », *in Annuaire du droit de la sécurité et de la défense 2019*, Mare & Martin, vol. 4, p. 138-139, et M.-A. Granger, « Les pouvoirs de police administrative de la loi Collomb : la banalisation de l'état d'urgence », *in Annuaire du droit de la sécurité et de la défense 2019*, Mare & Martin, vol. 4, p. 149-150.

quotidien. Dans ces conditions, le temps de crise[1] correspond à la situation où la sécurité de la Nation est susceptible d'être affectée, non par les menaces du quotidien, mais par de graves menaces[2], soit des menaces de haute intensité, à l'instar de la menace terroriste[3]. Concrètement, s'agissant de la permanence de cette dernière menace, le Premier ministre a indiqué récemment que, depuis 2017, 45 projets d'attentats terroristes ont été déjoués[4].

En second lieu, en matière de sécurité, la « tradition politico-administrative [est] fondée sur un État fort »[5]. Faut-il rappeler que l'idée d'un État garant de la sécurité est ancienne ? Tout le monde connaît ses classiques, notamment, les auteurs du contrat social de Thomas Hobbes, à John Locke en passant par Jean-Jacques Rousseau. Au-delà des idées, et comme l'a écrit le professeur Xavier Latour, « historiquement (…) la centralisation, d'un côté, et l'amplification de l'insécurité, de l'autre, ont progressivement conduit à une approche étatisée, au point de faire apparaître la sécurité comme une compétence régalienne, indissociable de la souveraineté »[6]. D'ailleurs, la deuxième phrase du code de la sécurité intérieure (CSI) est ainsi rédigée : « l'État a le devoir d'assurer la sécurité en veillant, sur l'ensemble du territoire de la République, à la défense des institutions et des intérêts nationaux, au respect des lois, au maintien de la paix et de l'ordre publics, à la protection des personnes et des biens »[7]. Pourtant, la troisième phrase du même code précise immédiatement que l'État « associe à la politique de sécurité (…) les collectivités territoriales et les établissements publics de coopération intercommunale »[8]. C'est dire que, depuis quelques décennies, le cadre étatique d'appréhension des questions sécuritaires n'a cessé d'être questionné, voire entamé. Il existe au moins deux raisons à cela. La première raison est connue. Elle tient à l'approfondissement de la

---

[1] La crise ne se confond pas avec la guerre. « Connaître la crise et donc ne connaître ni la paix ni la guerre, c'est admettre que les portes du temps de Mars puissent être ni fermées ni ouvertes, mais bien entrouvertes lorsque l'État est confronté à une situation qui ne cesse pas, pour autant, d'être entièrement policière, aucunement militaire, même si les armées peuvent y concourir dans une logique de service public » : O. Gohin, « L'état d'urgence : droit et contentieux constitutionnels », *in Annuaire du droit de la sécurité et de la défense 2017*, Mare & Martin, vol. 2, p. 104.

[2] Par exemple, le lien entre « *crise* » et « *grave menace* » est établi par le juge des référés du Conseil d'État qui, dans son ordonnance *Rolin* de 2005, rappelle que « la loi du 3 avril 1955 a eu pour objet de permettre aux pouvoirs publics de faire face à des situations de crise ou de danger exceptionnel et imminent qui constituent une menace pour la vie organisée de la communauté nationale » : CE, ord., 14 novembre 2005, *Rolin*, n° 286835, *Rec.* 499.

[3] Sur l'actualité de cette menace, V. M. Gérald Darmanin, audition par la mission d'information sur l'application de la loi du 19 mai 2023 relative aux Jeux olympiques et paralympiques de 2024, compte rendu de la commission des lois du Sénat, 5 mars 2024.

[4] Réponse de M. Gabriel Attal, Premier ministre, à la question posée par M. le député Sylvain Maillard, *in* Compte rendu des débats de l'Assemblée nationale, 2e séance du 26 mars 2024.

[5] V. Malochet, « La pluralisation du policing en France. Logiques d'hybridation, effets de tropisme et enjeux d'articulation », *Sciences & Actions sociales*, 2021, n° 16, p. 53-67.

[6] X. Latour, « La sécurité intérieure, entre échelon national et échelon local », *AJDA* 2022, p. 614.

[7] Art. L. 111-1, al. 2, du code de la sécurité intérieure (CSI).

[8] Art. L. 111-1, al. 3, du CSI.

décentralisation territoriale. Inutile d'insister sur ce point. La seconde raison est davantage méconnue et nécessite un mot d'explication. « Construit sur l'idée qu'il fallait protéger l'État là où il était susceptible d'être attaqué ou mis en cause »[1], le modèle policier français s'est progressivement réorienté davantage vers la protection des personnes et des biens, à partir de la seconde moitié des années 1970[2]. En atteste, de façon significative, la consécration législative d'un droit fondamental à la sécurité[3], qui traduit la volonté politique de répondre à une demande sociale de toujours plus de sécurité. Dans le même temps, l'État a fait l'aveu de son impuissance à répondre seul à cette demande. Dès les premières lignes du rapport de la commission des maires sur la sécurité, présidée par le maire Gilbert Bonnemaison, remis au Gouvernement en 1983, on peut lire que si « la sécurité des citoyens est de la responsabilité de l'État », « il est (…) évident que la prévention de la délinquance, qui touche la vie journalière des habitants, nécessite la participation active des maires »[4]. À la suite de nombreuses interventions législatives, la sécurité est devenue « l'affaire de tous »[5] et le maire le « gestionnaire des politiques locales de sécurité »[6]. Malgré cette évolution favorable à l'action des exécutifs locaux en matière de sécurité et, en particulier, des maires[7], lorsque survient la crise, le réflexe défensif est d'origine étatique, non local. Pour l'exprimer à la manière du professeur Jean Rivero, « les temps difficiles sont centralisateurs. En présence d'une crise qui ébranle la Nation, le Gouvernement cherche le salut dans un renforcement de son autorité : les collectivités l'éprouvent, comme les individus »[8]. C'est au bénéfice de ces considérations que s'inscrit la proposition soumise à la réflexion. En temps de crise, la capacité de résistance locale est limitée (I), mais, par leurs actions, les exécutifs locaux renforcent la capacité de résilience nationale (II),

---

[1] O. Renaudie, « Les évolutions institutionnelles contemporaines du droit de la police », *in* X. Latour et P. Mbongo, *Sécurité, libertés et légistique. Autour du code de la sécurité intérieure*, L'Harmattan, coll. Logiques Juridiques, 2012 p. 53.

[2] Sur cette évolution, voir M.-A. Granger, *Constitution et sécurité intérieure. Essai de modélisation juridique*, LGDJ, Bibliothèque constitutionnelle et de science politique, t. 138, 2011, p. 4 et s.

[3] Pour quelques développements sur cette consécration législative d'un droit fondamental à la sécurité, voir, M.-A. Granger, comm. de l'art. L. 111-1 du CSI, *in CSI Dalloz 2024*.

[4] Rapport de la Commission des maires sur la sécurité, présidée par Gilbert Bonnemaison, *Face à la délinquance : prévention, répression, solidarité*, La documentation française, 1983, p. 11.

[5] Il s'agit du slogan adopté par l'Institut des hautes études de la sécurité intérieure (IHESI). En 2004, l'IHESI a été remplacé par l'Institut national des hautes études de la sécurité et de la justice (INHESJ). L'INHESJ a été dissous le 16 décembre 2020 (décret n° 2020-1591 du 16 décembre 2020) après qu'un service à compétence nationale dénommé « *Institut des hautes études du ministère de l'Intérieur* » a été créé le 3 septembre 2020.

[6] J. Millet, *Autorités de police et sécurité locale*, thèse pour le doctorat en droit, Mare & Martin, 2012, p. 356.

[7] L'étude concernera le pouvoir des maires, car, pour l'heure, les régions et départements « doivent se contenter d'interventions limitées, parfois avec des intervenants privés » (X. Latour, « La sécurité intérieure, entre échelon national et échelon local », *op. cit.*).

[8] J. Rivero, « La décentralisation : problèmes et perspectives », *Études*, Janvier-mars 1950, t. 264, p. 50.

entendue comme « la volonté et la capacité du pays, de la société et des pouvoirs publics à résister aux conséquences d'une agression (…), puis à rétablir leur capacité de fonctionner normalement »[1].

I. Une capacité de résistance locale limitée

Disons-le sans détour, pour répondre aux crises les pouvoirs de police des exécutifs locaux ont un effet relatif (A), tandis que la déclaration de l'état d'urgence n'a qu'un « effet platonique » à leur égard (B).

A. L'effet relatif des pouvoirs de police des exécutifs locaux pour répondre aux crises

En vertu de l'article L. 132-1 du CSI, « le maire concourt par son pouvoir de police à l'exercice des missions de sécurité publique et de prévention de la délinquance ». La définition de ce pouvoir de police fait l'objet, à l'article L. 131-1 du même code, d'un renvoi aux dispositions du code général des collectivités territoriales (CGCT). En particulier, il résulte d'une lecture combinée des articles L. 2212-1 et L. 2212-2 du CGCT que, dans les limites du territoire de la commune, le maire est chargé de la police municipale, laquelle consiste à assurer le bon ordre, la sûreté, la sécurité et la salubrité publiques. Aussi, en temps ordinaire, c'est-à-dire de paix civile[2], comme en temps de crise, lorsque surgit la menace, le maire peut-il seulement faire usage de son pouvoir de police administrative générale de droit commun, pour autant, bien entendu, qu'il en maîtrise les conditions d'exercice[3]. Cela étant, la police municipale n'est pas spécialement conçue pour répondre aux crises et ces dernières produisent généralement leurs effets bien au-delà du périmètre d'une seule commune. En guise d'illustration, à la suite du décès, le 27 octobre 2005, des jeunes Zyed Benna et Bouna Traoré dans un transformateur électrique à Clichy-sous-Bois alors qu'ils tentaient de se soustraire à un contrôle de police, des violences urbaines ont été constatées dans plusieurs centaines de communes de France. Pour faire face à cette « crise urbaine » – l'expression est employée par M. le ministre de l'Intérieur Nicolas Sarkozy[4] –, certains maires ont adopté des arrêtés municipaux de couvre-feu. « Ainsi, un arrêté du maire du Raincy du 7 novembre 2005 interdit la circulation des mineurs entre 22 heures et 6 heures

[1] *Livre blanc sur la défense et sécurité nationale*, La documentation française, 2008, p. 64.

[2] Sur cette expression, voir O. Gohin, « L'état d'urgence : droit et contentieux constitutionnels », *op. cit.*, p. 101.

[3] « Les associations d'élus (…) soulignent l'importance d'une meilleure appropriation de certains concepts judiciaires par les élus, et d'une meilleure appréhension de l'usage concret de leurs pouvoirs de police » : rapport de la mission « flash » de la commission des lois de l'Assemblée nationale sur les entraves opposées à l'exercice des pouvoirs de police des élus municipaux, 14 avril 2021, p. 23.

[4] Nicolas Sarkozy, *in* Compte rendu analytique des débats de l'Assemblée nationale, 1ère séance du mardi 15 novembre 2005.

du matin. Le 8 novembre 2005, le maire d'Orléans a interdit la circulation des mineurs de moins de seize ans de 21 heures à 6 heures, tandis que le maire de Savigny-sur-Orge a interdit la circulation des mineurs non accompagnés de 22 heures à 7 heures. »[1] Toutefois, cette première réponse des exécutifs locaux s'est révélée rapidement insuffisante, de sorte que l'état d'urgence a dû être déclaré à compter du 9 novembre 2005[2], puis prorogé pour une période de trois mois à compter du 21 novembre 2005[3]. Précisément, au cours des débats parlementaires relatifs à la prorogation de l'état d'urgence, l'effet relatif des pouvoirs de police du maire a été souligné de cette manière : « si ces arrêtés ont une utilité certaine, elle n'en demeure pas moins extrêmement limitée. En effet, ces arrêtés ne peuvent édicter une interdiction générale et absolue de circuler, pour l'ensemble de la population, sans courir le risque d'être censurés par le juge administratif. Leur adoption relève d'un choix du maire, alors que les violences urbaines se diffusent selon une logique qui ne correspond pas à celle des frontières communales et exigent de ce fait une réponse cohérente et uniforme à l'échelle d'un ensemble de quartiers, voire de l'ensemble d'une agglomération. Enfin, il est difficile d'assurer le respect de ces arrêtés, d'une part parce que leur exécution forcée n'est possible qu'en cas d'urgence manifeste, d'autre part parce que la sanction de leur non-respect est une simple amende de première classe, et par conséquent très faiblement dissuasive »[4]. Finalement, les pouvoirs de police municipale accordés aux exécutifs locaux ne sont pas dimensionnés pour constituer une réponse crédible aux crises sécuritaires. Du reste, relèvent du pré carré de l'État, le maintien de l'ordre public assuré principalement par la gendarmerie mobile – la « *Jaune* » dans le jargon militaire – et les compagnies républicaines de sécurité[5], le renseignement[6] essentiel notamment au titre de la lutte contre le terrorisme, ainsi que, dans une large mesure, l'exercice de la police judiciaire en matière délictuelle et criminelle[7].

---

[1] Rapport n° 2675 présenté par M. Philippe Houillon au nom de la commission des lois constitutionnelles, de la législation et de l'administration générale de la République sur le projet de loi (n° 2673) prorogeant l'application de la loi n° 55-385 du 3 avril 1955, enregistré à la présidence de l'Assemblée nationale le 15 novembre 2005, p. 12.

[2] Art. 1er du décret n° 2005-1386 du 8 novembre 2005 portant application de la loi n° 55-385 du 3 avril 1955.

[3] Art. 1er de la loi n° 2005-1425 du 18 novembre 2005 prorogeant l'application de la loi n° 55-385 du 3 avril 1955. Avant le terme prévu par cette loi de prorogation, le Président de la République a mis fin à l'état d'urgence, à compter du 4 janvier 2006 : art. 1er du décret n° 2006-2 du 3 janvier 2006 mettant fin à l'application de la loi n° 2005-1425 du 18 novembre 2005.

[4] Rapport n° 2675 préc., p. 12.

[5] En ce sens, voir Ministère de l'Intérieur, *Schéma national du maintien de l'ordre*, décembre 2021, p. 8.

[6] En vertu de l'art. L. 811-1 du CSI, « la politique publique de renseignement (…) relève de la compétence exclusive de l'État ».

[7] Pour l'essentiel, il faut retenir qu'il est interdit de confier à des agents des polices municipales au sens du CSI des pouvoirs généraux d'enquête criminelle ou délictuelle si ces agents ne sont pas mis à la disposition d'officiers de police judiciaire ou de personnes présentant des garanties

Par ailleurs, la déclaration de l'état d'urgence ne profite pas à la police municipale.

B. L'« effet platonique » de la déclaration de l'état d'urgence sur les prérogatives de police des exécutifs locaux

Dans la période récente, l'état d'urgence, issu de la loi du 3 avril 1955, a été déclaré à deux occasions en raison de périls imminents résultant d'atteintes graves à l'ordre public. D'une part, il a été appliqué du 9 novembre 2005 au 4 janvier 2006 dans le contexte, ci-dessus rappelé, des violences urbaines commises dans plusieurs banlieues. D'autre part, il a été utilisé de façon inédite du 13 novembre 2015 au 1er novembre 2017 pour lutter contre la menace terroriste, à la suite des attentats perpétrés à Paris. Sur cette période longue de quasiment deux ans, les lois de prorogation ont profondément adapté et modernisé le cadre juridique dans lequel s'inscrit l'état d'urgence afin de prévenir plus efficacement les actes terroristes et de renforcer « les garanties offertes (…) dans la mise en œuvre des prérogatives confiées à l'autorité administrative »[1]. Toujours est-il que l'état d'urgence confère au ministre de l'Intérieur, pour l'ensemble du territoire où est institué l'état d'urgence, et aux préfets, dans le département, des pouvoirs de police administrative particulièrement étendus. Pour s'en convaincre, il suffit de citer, par exemple, le pouvoir d'ordonner, de jour comme de nuit, des perquisitions administratives en tout lieu[2] (sauf dans un lieu affecté à l'exercice d'un mandat parlementaire ou à l'activité professionnelle des avocats, des magistrats ou des journalistes), d'assigner à résidence toute personne à l'égard de laquelle il existe des raisons sérieuses de penser que son comportement constitue une menace pour la sécurité et l'ordre publics[3] ou encore de fermer provisoirement des salles de spectacles, débits de boissons et lieux de réunion[4]. Il reste que l'état d'urgence n'a qu'un « effet platonique » sur les compétences de police des exécutifs locaux. En d'autres termes, l'état d'urgence n'accroît pas les compétences de police du maire. En ce sens, dans sa circulaire du 14 novembre 2015, le ministre de

---

équivalentes. Pour quelques développements sur cette jurisprudence constitutionnelle, voir M.-A. Granger, « Le "*continuum* de sécurité" à l'épreuve des exigences constitutionnelles de la sécurité intérieure. Commentaire de quelques aspects de la décision n° 2021-817 DC du 20 mai 2021 », *RFDC* 2022, n° 129, p. 143-152.

[1] Exposé des motifs du projet de loi n° 3225 prorogeant l'application de la loi n° 55-385 du 3 avril 1955 relative à l'état d'urgence et renforçant l'efficacité de ses dispositions, enregistré à la présidence de l'Assemblée nationale le 18 novembre 2015. En particulier, le législateur a institué un contrôle parlementaire en temps réel des mesures prises dans le cadre de l'état d'urgence, qui s'exerce en sus du contrôle classique *a posteriori* de l'action du Gouvernement. Sur ce point, voir M.-A. Granger, « Oversight of the state of emergency in France », *in* B. Goold et L. Lazarus (dir.), *Security and Human Rights*, Hart Publishing, Oxford Legal Studies Research Paper, 2019, p. 389-419.

[2] Art. 11 de la loi n° 55-385 du 3 avril 1955 relative à l'état d'urgence.

[3] Loi n° 55-385 préc., art. 6.

[4] Loi n° 55-385 préc., art. 8.

l'Intérieur a demandé aux préfets de « rappeler aux maires que la déclaration de l'état d'urgence n'emporte aucune extension de leurs propres compétences en matière de police »[1]. Tout au plus, la même circulaire invite-t-elle les préfets à consulter les maires afin « de déterminer avec eux les mesures les plus appropriées et d'identifier les périmètres où leur mise en œuvre s'avère le plus nécessaire »[2]. En pratique, si « les préfets ont réuni dans les départements les maires et les parlementaires pour les informer des mesures prises pendant l'état d'urgence, (…) cette information [a été] d'une densité extrêmement variable d'un département à l'autre »[3]. En outre, l'état d'urgence ne modifie pas non plus les conditions d'exercice des pouvoirs de police du maire. C'est ce qui ressort du contentieux des arrêtés anti-burkini[4]. En effet, compte tenu de « l'émotion et des inquiétudes résultant des attentats terroristes, et notamment de celui commis à Nice le 14 juillet »[5] 2016, certains maires de communes du littoral ont cru devoir user de leur pouvoir de police municipale pour interdire le port du burkini sur les rivages de la mer. Tel fut le cas du maire de Cagnes-sur-Mer qui a pris, le 24 août 2016, un arrêté prévoyant notamment, à son article 1er, que « l'accès aux plages publiques et à la baignade sur la commune de Cagnes-sur-Mer est interdit (...) à toute personne n'ayant pas une tenue correcte, respectueuse des bonnes mœurs et de la laïcité, respectant les règles d'hygiène et de sécurité des baignades adaptées au domaine public maritime ». Par-delà les termes très généraux de l'interdiction, l'arrêté vise évidemment le port du burkini. Ceci explique que l'Association de défense des droits de l'Homme – Collectif contre l'islamophobie en France ait demandé au juge du référé-liberté de suspendre cet arrêté. En appel, le Conseil d'État a fait droit à cette demande en jugeant que « l'altercation verbale, survenue le 23 août 2016 sur l'une des plages de la commune, entre une famille, dont deux membres portaient des (…) "burkinis", et d'autres usagers de la plage, (…) n'est pas susceptible, compte tenu de sa nature et, au demeurant, de sa gravité limitée, malgré la proximité des attentats de Nice et le maintien de l'état d'urgence, de faire apparaître des risques avérés

[1] Circulaire du 14 novembre 2015 du ministre de l'Intérieur concernant la mise en œuvre du décret n° 2015-1475 du 14 novembre 2015 portant application de la loi n° 55-385 du 3 avril 1955 modifiée instituant un état d'urgence et du décret n° 2015-1476 du 14 novembre 2015 relatif à l'application de la même loi, p. 7.

[2] Circulaire du 14 novembre 2015, *préc.*

[3] Jean-Frédéric Poisson, *in* Rapport d'information n° 4281, présenté par MM. Dominique Raimbourg et Jean-Frédéric Poisson, au nom de la commission des lois constitutionnelles, de la législation et de l'administration générale de la République, sur le contrôle parlementaire de l'état d'urgence, enregistré à la présidence de l'Assemblée nationale le 6 décembre 2016, p. 200.

[4] Sur ce contentieux, voir notamment, P. Bon, Chronique de jurisprudence n° 33, *in Annuaire des collectivités locales 2017*, n° 37, p. 429-433, et M.-A. Granger, « Burkini et maintien de l'ordre public sur les rivages de la mer », *AJ Collectivités Territoriales*, tribune, 2016, p. 529 ; « Police du maire et interdiction du burkini sur la plage », note sous CE, 10e ch., 17 juillet 2023, *LDH*, n° 475636, *Veille juridique du CREOGN*, octobre 2023, n° 117, p. 32-42.

[5] CE, ord., 26 août 2016, *Ligue des droits de l'Homme et a.*, n° 402742, *Rec.* 390.

de troubles à l'ordre public de nature à justifier légalement la mesure d'interdiction contestée »[1].

On conviendra donc que, face aux crises sécuritaires, les exécutifs locaux sont largement démunis. Il n'en demeure pas moins que, par leurs actions, ils peuvent renforcer la capacité de résilience nationale. Après tout, le rapport annexé à la loi du 24 janvier 2023 d'orientation et de programmation du ministère de l'Intérieur (LOPMI) rappelle justement que « les polices municipales (…) jouent un rôle essentiel, aux côtés des forces de sécurité intérieure, pour la sécurité des citoyens »[2].

II. Une capacité de résilience nationale renforcée par l'action des exécutifs locaux

Depuis les attentats terroristes de 2015, la police municipale est mobilisée « en complément, voire en substitution des forces de la police nationale, pour assurer la surveillance générale de la voie publique et la garde des bâtiments, notamment des écoles »[3]. Le 29 octobre 2020, c'est d'ailleurs la police municipale qui, à l'intérieur de la basilique Notre-Dame de Nice, neutralise le terroriste qui a semé « la mort avec une sauvagerie sans nom »[4]. La crise révèle ce qui est nécessaire. En décidant d'instituer des forces de police municipale (A) et, quelle que soit la doctrine d'emploi retenue (B), les exécutifs locaux renforcent la capacité de résilience nationale.

A. Choisir d'instituer des polices municipales

Acteur désormais incontournable du *continuum* de sécurité, les polices municipales constituent « *la troisième force de sécurité du pays* »[5]. Sur le plan quantitatif, les chiffres sont éloquents. En 1984, on dénombrait 5 641 agents de police municipale[6], tandis qu'au 14 mars 2024, la France en comptait 27 131[7].

---

[1] CE, ord., 26 septembre 2016, *Association de défense des droits de l'Homme – Collectif contre l'islamophobie en France*, n° 403578, *Rec. T.* 659 et 849.

[2] Rapport sur la modernisation du ministère de l'Intérieur, annexé à la loi n° 2023-22 du 24 janvier 2023 d'orientation et de programmation du ministère de l'Intérieur, point 2.8.

[3] Cour des comptes, *Les polices municipales*, rapport public thématique, octobre 2020, p. 23.

[4] Déclaration de M. Jean Castex, Premier ministre, sur l'attentat terroriste du 29 octobre à Nice et l'islamisme radical, prononcée à Nice le 7 novembre 2020 [en ligne]. Disponible sur [www.vie-publique.fr/discours/277374-jean-castex-07112020-attentat-eglise-nice-islamisme-radical].

[5] J.-M. Fauvergue et A. Thourot, *D'un continuum de sécurité vers une sécurité globale*, rapport de la mission parlementaire, septembre 2018, p. 6.

[6] Rapport d'information n° 447 présenté par M. Michel Mercier au nom de la mission commune d'information chargée de dresser le bilan de la décentralisation et de proposer les améliorations de nature à faciliter l'exercice des compétences locales, t. 1, enregistré à la présidence du Sénat le 28 juin 2000, p. 389.

[7] Donnée chiffrée disponible sur [www.data.gouv.fr/fr/datasets/police-municipale-effectifs-par-commune].

Ce dernier chiffre ne doit cependant pas masquer les grandes disparités selon les communes, les polices municipales étant « soumises (...) au cadre de mission défini à la fois par la loi mais aussi par les assemblées élues, qui apprécient leurs interventions en fonction des contextes locaux »[1]. Autrement dit, la création des polices municipales et leur dimensionnement relèvent de choix politiques, pris au nom de la libre administration des collectivités territoriales. Par exemple, à Nice, il y a 446 policiers municipaux alors qu'à Nantes ils sont au nombre de 127[2]. Sans évidemment être imposée, la création des polices municipales est encouragée par l'État, comme en témoignent, par exemple, la consécration législative, à Paris, d'une police municipale et, à l'échelon intercommunal, de possibilités accrues de mutualisation des policiers municipaux. *Primo*, longtemps « *tabou* »[3], la police municipale parisienne est née à la faveur de la loi du 25 mai 2021 pour une sécurité globale préservant les libertés, dite loi Fauvergue-Thourot, qui lui consacre des dispositions spécifiques au sein du CSI[4]. Il s'agit là d'« une mesure que l'on peut qualifier d'historique »[5] à deux égards. « Premièrement, la ville de Paris est une collectivité *sui generis*. Elle a été la première et la seule à bénéficier du statut de commune, comme capitale du pays, tout en ayant un conseil départemental. Les statuts ont certes évolué, mais la différence avec les autres villes persiste. (...) Deuxièmement, si l'État, pendant très longtemps, n'a pas souhaité donner de pouvoirs de police à la ville de Paris, c'est parce que cette dernière s'est confondue avec le pouvoir central, avec la Nation française, et même avec ses institutions, jusqu'à son drapeau. (…) La capitale se caractérise non seulement par la concentration des lieux de pouvoir et la présence du pouvoir suprême, mais aussi par la concentration du pouvoir économique, et par celle des transports, car, dans la tradition jacobine, la capitale est au centre du réseau ferroviaire, aérien et routier. »[6] Comme le souligne le professeur Olivier Renaudie, l'un des motifs, qui a justifié la réforme, a été « de pouvoir répondre aux attentes de la population en mobilisant des agents de police municipale, affectés à la résolution des problèmes du quotidien auxquels sont confrontés les Parisiens », dès lors que, « depuis plusieurs années, la prévention du risque terroriste, d'un côté, et le maintien de l'ordre, de l'autre,

---

[1] Discours du ministre de l'Intérieur, Bruno Le Roux, à l'occasion de la signature des conventions de coordination entre les polices municipales et les forces de l'ordre de Meurthe-et-Moselle, Nancy, 20 janvier 2017 [en ligne]. Disponible sur [https://mobile.interieur.gouv.fr/Archives/Archives-ministres-de-l-Interieur/Archives-Bruno-Le-Roux-decembre-2016-mars-2017/Interventions-du-ministre/Signature-des-conventions-de-coordination-entre-les-polices-et-les-forces-de-l-ordre-a-Nancy].

[2] Donnée chiffrée disponible sur [www.data.gouv.fr/fr/datasets/police-municipale-effectifs-par-commune].

[3] O. Renaudie, « La création de la police municipale parisienne », *JCP Adm.*, n° 27, 5 juillet 2021, 2216.

[4] ART. 6 DE LA LOI N° 2021-646 DU 25 MAI 2021 POUR UNE SÉCURITÉ GLOBALE PRÉSERVANT LES LIBERTÉS.

[5] M. Gérald Darmanin, *in* Compte rendu intégral des débats du Sénat, séance du 16 mars 2021.

[6] *Ibid.*

mobilisent les effectifs de la préfecture de police au détriment d'autres missions, notamment la police de proximité et la tranquillité publique »[1]. *Secundo*, la tendance du législateur a été de faciliter la mutualisation des polices municipales au niveau intercommunal. Les illustrations ne manquent pas. On en retiendra deux. D'une part, en vertu de l'article L. 512-1 du CSI, les communes limitrophes ou appartenant à une même agglomération au sein d'un même département ou à un même établissement public de coopération intercommunale (EPCI) à fiscalité propre peuvent avoir un ou plusieurs agents de police municipale en commun, compétents sur le territoire de chacune d'entre elles[2]. Par cette mise en commun des agents de police municipale, qui n'est plus subordonnée à un quelconque seuil démographique depuis la loi susvisée du 25 mai 2021, le législateur offre aux petites ou moyennes municipalités un avantage à la fois financier et opérationnel, notamment lors de la mise en place et de l'utilisation des dispositifs de vidéoprotection[3]. D'autre part, mais cette fois-ci de façon temporaire, c'est-à-dire en cas de manifestation exceptionnelle, notamment à caractère culturel, récréatif ou sportif ou d'un afflux important de population, l'article L. 512-3 du CSI permet aux représentants de l'État dans les départements concernés d'autoriser les maires de communes limitrophes ou appartenant à une même agglomération à utiliser en commun, sur le territoire d'une ou plusieurs communes, pour un délai déterminé, tout ou partie des moyens et des effectifs de leurs services de police municipale.

Une fois instituée, la police municipale peut être employée selon des modalités diverses qui dépendent des décisions prises par les exécutifs locaux.

B. Choisir la doctrine d'emploi des forces de police municipale

L'évolution est marquée par une « montée en gamme » des polices municipales, à tel point que ces dernières « attirent de plus en plus de policiers et gendarmes »[4]. D'un côté, il y a la professionnalisation de la filière et, de l'autre, un renforcement des prérogatives des agents de police municipale : accroissement des compétences de police judiciaire des policiers municipaux, accès à un certain nombre de fichiers[5], armement des agents[6], usage des « stick » qui sont placés devant le véhicule avant qu'il ne redémarre, provoquant sa décélération rapide puis son immobilisation par diminution progressive de la

---

[1] O. Renaudie, « La création de la police municipale parisienne », *op. cit.*

[2] Concernant le régime juridique de la mutualisation des policiers municipaux, V. M.-A. Granger, comm. de l'art. L. 512-1 du CSI, *in CSI Dalloz 2024*.

[3] Pour un exemple concret, V. Cour des comptes, *Les polices municipales*, *op. cit.*, p. 41-42.

[4] Cour des comptes, *Analyse de l'exécution budgétaire 2022 : mission « Sécurités »*, avril 2023, p. 42.

[5] V. M.-A. Granger, comm. de l'art. L. 511-1 du CSI, *in CSI Dalloz 2024*.

[6] Art. L. 511-5 et L. 511-5-1 du CSI.

pression des pneumatiques[1], création de brigades cynophiles[2] ou de polices municipales intercommunales des transports[3], etc. Les censures prononcées en 2011[4], 2021[5] et 2022[6] par le Conseil constitutionnel sur le terrain de la judiciarisation des polices municipales, de l'usage des drones et du recours aux caméras embarquées invitent cependant à s'interroger : les avancées en la matière sont-elles définitivement condamnées ? Sans nécessairement modifier la Constitution, ou compter sur un hypothétique revirement de jurisprudence, la reconnaissance de nouvelles prérogatives en ces domaines au profit des policiers municipaux est envisageable. C'est en tout cas ce qui s'infère d'une lecture attentive des décisions rendues par le Conseil. De ce point de vue, les conclusions de la mission d'information sur les missions et l'attractivité des polices municipales, présidée par MM. les députés Lionel Royer-Perraut et Alexandre Vincendet, retiennent l'attention[7]. Elles invitent le législateur à reprendre le crayon[8]. Quoi qu'il en soit, et en l'état actuel du droit, les dispositions du CSI relatives aux polices municipales laissent aux exécutifs locaux le choix de la doctrine d'emploi de leurs forces de police municipale. Un cas concret et une observation générale illustreront la situation. Voilà le préfet de tel ou tel département qui, sur le fondement de l'article L. 226-1 du CSI, institue par arrêté motivé un périmètre de protection pour assurer la sécurité d'un lieu ou d'un événement exposé à un risque d'actes de terrorisme à raison de sa nature et de l'ampleur de sa fréquentation. Au sein de ce périmètre de protection, l'accès et la circulation des personnes sont réglementés. Afin de réaliser les palpations

---

[1] Sur les conditions d'usage de ces matériels, voir l'art. L. 511-4-1 du CSI et l'arrêté du 12 juillet 2023 définissant les normes techniques applicables aux matériels d'immobilisation des véhicules en application de l'art. L. 511-4-1 du CSI.

[2] Art. L. 511-5-2 du CSI. Pour quelques développements, V. M.-A. Granger, « Le cadre juridique des brigades cynophiles de police municipale », *Veille juridique du CREOGN*, février 2024, n° 120, p. 44-53.

[3] Art. L. 512-1-1 du CSI.

[4] CC, décision n° 2011-625 DC du 10 mars 2011, *Loi d'orientation et de programmation pour la performance de la sécurité intérieure*, *Rec.* 122.

[5] CC, décision n° 2021-817 DC du 20 mai 2021, *Loi pour une sécurité globale préservant les libertés*, *JO* 26 mai 2021, texte n° 2.

[6] CC, décision n° 2021-834 DC du 20 janvier 2022, *Loi relative à la responsabilité pénale et à la sécurité intérieure*, *JO* 25 janvier 2022, texte n° 3.

[7] Rapport d'information n° 1544 rédigé par MM. les députés Lionel Royer-Perreaut et Alexandre Vincendet, au nom la délégation aux collectivités territoriales et à la décentralisation en conclusion des travaux d'une mission d'information sur les missions et l'attractivité des polices municipales, enregistré à la présidence de l'Ass. nat. le 19 juillet 2023.

[8] Voir M.-A. Granger, « Les recommandations de la mission parlementaire sur les missions et l'attractivité des polices municipales », *Veille juridique du CREOGN*, septembre 2023, n° 116, p. 42-55. Pour quelques développements complémentaires s'agissant, à titre prospectif, de la judiciarisation des polices municipales, V. M.-A. Granger, *in* Compte rendu de l'audition du 20 mars 2024 par le Groupe d'études de l'Assemblée nationale sur les polices municipales [en ligne]. Disponible sur [www2.assemblee-nationale.fr/16/les-groupes-d-etudes/les-comptes-rendus/comptes-rendus-ge-polices-municipales/compte-rendu-de-l-audition-de-constitutionnalistes].

de sécurité ainsi que l'inspection visuelle et la fouille des bagages, le préfet peut, « après accord du maire »[1], autoriser les agents de police municipale à participer à ces opérations sous l'autorité d'un officier de police judiciaire. Le maire peut donc ponctuellement mettre ses forces de police au service de l'État. Outre cette illustration particulière, la doctrine d'emploi des polices municipales est fonction des décisions prises par l'exécutif local en ce qui concerne la politique de recrutement des agents, les moyens mis à leur disposition et les conditions de leur intervention en lien avec les autres forces publiques de sécurité intérieure. Schématiquement, trois modèles de police municipale ont été identifiés par la Cour des comptes. « Les *polices de proximité et de prévention* restent cantonnées à la surveillance de l'espace public, la verbalisation du stationnement, la police de la route, le dialogue et l'assistance aux personnes. L'îlotage a uniquement des visées préventives et ne conduit pas à l'interpellation. Ces polices ne sont pas armées ou bien sont dotées d'armement de catégorie D. Elles ne travaillent pas la nuit. À l'opposé du spectre, les *polices de proximité et de répression* obéissent à une doctrine d'emploi axée (…) sur l'intervention et la lutte contre la délinquance, dans un partenariat davantage assumé avec la police nationale. Elles travaillent la nuit en complémentarité de la brigade anti-criminalité et utilisent leurs moyens à des fins d'interpellation. Elles sont équipées d'armes à feu. Les *polices intermédiaires* sont chargées d'occuper le terrain de manière visible, ce qui peut les amener à réaliser des interpellations en flagrant délit. Elles ne travaillent pas la nuit et leurs activités répressives visent principalement à lutter contre les incivilités et la petite délinquance routière »[2]. S'il appartient au maire, ce choix du modèle policier est influencé, à tout le moins implicitement, par l'État. En ce sens, notons que, le programme « Sécurisation » du fonds interministériel de prévention de la délinquance (FIPD) permet la participation financière de l'État concernant l'acquisition des équipements des polices municipales (par exemple, les gilets pare-balles, caméras individuelles, et terminaux portatifs de radiocommunication), ainsi que l'installation des caméras de vidéoprotection sur la voie publique, la création des centres de supervision urbain et le raccordement de ces centres aux services de police ou de gendarmerie territorialement compétents[3].

---

[1] Art. L. 226-1, al. 5, du CSI.

[2] Cour des comptes, *Les polices municipales*, *op. cit.*, p. 80.

[3] Instruction du 16 février 2023 du ministre de l'Intérieur et des Outre-mer relative aux orientations des politiques soutenues par le FIPD pour 2023.

*

*   *

Pour conclure, l'évidence est là. Le monde de demain ne cessera pas d'être dangereux. En sus de l'action des exécutifs locaux, nécessaire pour renforcer la capacité de résilience nationale, l'État doit « mieux piloter le continuum de sécurité »[1], y compris avec les acteurs de la sécurité privée. Gageons que les engagements formulés à l'occasion du vote la LOPMI seront tenus.

---

[1] Rapport sur la modernisation du ministère de l'Intérieur précité, point 2.8.

Former et protéger les exécutifs locaux en action

Reine WAKOTE
Maître de conférences en droit public, Université de Lorraine, IRENEE[1]

Lors d'une conférence prononcée en 1919 à l'Université de Munich, Max Weber[2], sociologue allemand, décrivait le processus d'apparition d'« hommes politiques professionnels », à l'aube du XXème siècle. L'auteur constatait ainsi que la politique s'était professionnalisée et, désormais, elle n'était plus seulement une vocation mais était devenue un métier[3].

En premier lieu, si les propos de Max Weber peuvent aisément être transposés à l'époque contemporaine, se pose alors la question des compétences et de la formation préalablement requises pour exercer en politique. Mais si la politique, en tant que métier, n'induit pas des compétences préalables, faudrait-il en déduire qu'elle incarne un métier qui ne s'apprend que « sur le tas » ? La politique serait alors un métier empirique dont les rudiments ne s'acquièrent que par la pratique.

En réalité, si les élus peuvent disposer d'une expertise professionnelle issue d'activités professionnelles antérieurement exercées (médecin, géographe, sociologue enseignant, salarié ou tout autre), et donc de compétences et de formations préalables, celles-ci ne sont pas toujours en lien avec le métier *du* politique. Et surtout, bien que disposant de certaines compétences, expertises et formations antérieures, les politiques, parmi lesquels les élus, ne disposent pas toujours d'une connaissance experte et solide des institutions.

L'interrogation sur la formation des élus apparaît avec les travaux de Max Weber, à la fin du XIXème siècle, à une période de transformation majeure de la

---

[1] Membre du CNFEL et du COR, examinés ci-après.

[2] M. Weber, *Le savant et le politique*, J. Freund (trad.), R. Aron (préf.), 1919, rééd. Plon, Collect. 10/18, 2002, p. 123 et s. (*nota* : les pages sont citées à partir de l'édition de 2002).

[3] *La politique* incarnant, selon l'auteur, l'une des trois formes de domination et de légitimité était alors entendue comme *« activité directive autonome »*, *idem*, p.123. Elle traduit « l'autorité fondée sur la grâce personnelle et extraordinaire d'un individu (charisme) ; elle se caractérise par le dévouement tout personnel des sujets à la cause d'un homme et par leur confiance en sa seule personne en tant qu'elle se singularise par des qualités prodigieuses, par l'héroïsme ou d'autres particularités exemplaires qui font le chef. C'est là le pouvoir "charismatique" que le prophète exerçait, ou – dans le domaine politique – le chef de guerre élu, le souverain plébiscité, le grand démagogue ou le chef d'un parti politique ». La deuxième justification de la domination ou de la légitimité consiste *en* « l'autorité de l'"éternel d'hier", c'est-à-dire celle des coutumes sanctifiées par leur validité immémoriale et par l'habitude enracinée en l'homme de les respecter. Tel est le "pouvoir traditionnel" que le patriarche ou le seigneur terrien exerçaient autrefois ». Enfin la dernière justification de la domination ou de la légitimité consiste en « l'autorité qui s'impose en vertu de la "légalité", en vertu de la croyance en la validité d'un statut légal et d'une "compétence" positive fondée sur des règles établies rationnellement, en d'autres termes l'autorité fondée sur l'obéissance qui s'acquitte des obligations conformes au statut établi. C'est là le pouvoir tel que le l'exerce le "serviteur de l'État" moderne, ainsi que tous les détenteurs du pouvoir qui s'en rapprochent sous ce rapport », *Ibid.*, p. 126-127.

pratique politique. L'auteur relevait que jusque-là, la profession et la vocation de politique permettait de distinguer, d'une part, entre celui qui, économiquement indépendant, dispose d'une fortune personnelle ou de rente et n'a pas besoin d'être rémunéré[1], de sorte que « l'acquisition de revenus ne l'oblige pas à consacrer constamment et personnellement, en tout ou partie, toute sa puissance de travail et de pensée à sa subsistance »[2] et, d'autre part, l'élu et le salarié permanent des partis politiques, lequel est rémunéré. Or, le tournant du XIXème et le début du XXème siècle donnent lieu à l'apparition « d'une nouvelle sorte d'"hommes politiques professionnels" »[3], à savoir ceux qui ne disposent pas de ressources financières (personnelles) suffisantes pour œuvrer en politique, mais incités, néanmoins, dans cette voie, par le développement du suffrage universel.

Si la question de la rémunération des politiques occupe une place centrale dans les propos de M. Weber, l'auteur aborde aussi de manière sous-jacente la relation entre les capacités financières et la formation des édiles politiques.

Les mouvements ouvriers ont saisi la portée de cette relation. Afin de permettre aux moins aisés « de vivre "de" la politique »[4], ces mouvements vont investir le terrain de la formation des élus ouvriers non seulement pour les légitimer, mais, paradoxalement, aussi pour pouvoir les contrôler[5]. Toutefois, ce n'est qu'après la Seconde Guerre mondiale que les maires et les adjoints vont bénéficier d'indemnités de fonction[6] au même titre que les conseillers généraux et que parallèlement, la formation des élus va être appréhendée dans le sens des connaissances à maîtriser pour l'exercice du mandat local. Si cette approche est impulsée par l'Association pour la Démocratie et l'Éducation Locale et Sociale (ADELS), elle reste liée, dans le mouvement d'éducation populaire qui se développe, alors, à un objectif de « structuration politique du catholicisme social », afin d'assister les édiles chrétiens souvent marginalisés[7]. L'essor de la formation des élus locaux prend véritablement son essor avec la création, par le

[1] *Ibid.*, p. 141.

[2] Cette situation étant illustrée, selon l'auteur, par le rentier, *Ibid.*, p. 138.

[3] *Ibid.*, p. 134 et s.

[4] Selon l'auteur, cette catégorie s'oppose ainsi à celle qui « vit "pour" la politique, [en faisant] d'elle, dans le sens le plus profond du terme, le "but de sa vie" », *Ibid.*, p. 137.

[5] P. Camus, *La formation des élus locaux en France (1880-2020). Les conditions d'une institutionnalisation instable*, thèse, Université de Nantes, 2021, p. 36-51.

[6] Ord. (n° 45-269) du 21 fév. 1945 relative aux indemnités de fonctions des maires et adjoints, annulant la loi du 15 janv. 1942 fixant les conditions d'attribution des indemnités aux maires, adjoints et conseillers municipaux. Toutefois, malgré le principe de gratuité des mandats posé par la loi du 21 mars 1831 et réitéré par celle du 10 août 1871, les élus municipaux bénéficiaient, par dérogation à ces textes, de remboursement des frais nécessités par l'exécution des mandats spéciaux. Tandis que l'art. 38 de la loi de finances du 27 fév. 1912 avait institué au profit des conseillers généraux une indemnité de déplacement et de séjour, pour leur permettre d'assister aux réunions des assemblées délibérantes souvent éloignées de leur domicile ; elle sera modifiée par la loi (n° 47-588) du 4 avr. 1947 ; Sénat, *Rapport d'information n° 166 (1999-2000) sur la sécurité juridique des actes des collectivités locales et les conditions d'exercice des mandats locaux*, 18 janv. 2000, p. 75 et s.

[7] P. Camus, *op. cit.*, p. 52-60 [53].

département de l'Isère, sur la commune de Crolles, du Centre départemental de Formation Communale et Sociale. La formation des élus s'inscrit, désormais, dans une dimension élargie et se déploie de manière « concrète, pluridisciplinaire et ouverte à tous, indépendamment de la nature de la collectivité ou de l'affiliation partisane »[1].

Mais étonnamment, à l'occasion de la décentralisation opérée par Gaston Deferre[2], le législateur avait annoncé une loi aménageant « les garanties statutaires accordées aux personnels des collectivités territoriales [... et] le statut des élus », sans pour autant être prompt à l'adopter. En effet, malgré quelques tentatives de renforcement, la formation des élus ne sera reconnue comme politique publique et institutionnalisée qu'à travers la loi du 3 février 1992 relative aux conditions d'exercice des mandats locaux[3], laquelle a instauré le Conseil National de la Formation des Élus Locaux (CNFEL). En réalité, le législateur répondait aux demandes pressantes de formation formulées par les élus. L'ordonnance[4] du 20 janvier 2021 contient la dernière réforme de cette institution.

En second lieu, l'absence de loi portant véritable statut de l'élu local n'a pas permis d'aménager un cadre pour la protection fonctionnelle des édiles. Par conséquent, la protection fonctionnelle des élus a longtemps été appréhendée par transposition, dans la mesure du possible, de la relation que l'autorité administrative entretient avec ses agents publics, c'est-à-dire en tant que l'ensemble des mesures de protection que l'administration doit leur assurer lorsqu'ils sont mis en cause ou victimes. L'œuvre prétorienne a longtemps prévalu permettant de délimiter un socle largement commun à la protection fonctionnelle des agents publics et à celle des élus locaux, bien que ces derniers ne relèvent pas du statut de la fonction publique reconnu aux premiers[5].

---

[1] P. Camus, *op. cit.*, p. 61-70 [61].

[2] V. ainsi l'art. 1er de la loi (n° 82-213) du 2 mars 1982 relative aux droits et libertés des communes, des départements et des régions : « (...) Des lois détermineront la répartition des compétences entre les communes, les départements, les régions et l'État, ainsi que (...) les garanties statutaires accordées aux personnels des collectivités territoriales, le mode d'élection et le statut des élus...». La version en vigueur de cette loi, modifiée par celle du 21 fév. 1996 (n° 96-142), n'a pas apporté de bouleversement sur ce point.

[3] L'art. 14-II de la loi du 3 fév. 1992 (n° 92-108) relative aux conditions d'exercice des mandats locaux dispose ainsi : « Il est créé un conseil national de la formation des élus locaux, présidé par un élu local, composé de personnalités qualifiées et, pour moitié au moins, de représentants des élus locaux, ayant pour mission de définir les orientations générales de la formation des élus locaux concernés par les dispositions du titre II de la présente loi et de donner un avis préalable sur les demandes d'agrément ».

[4] Ord. (n° 2021-45) du 20 janv. 2021 portant réforme de la formation des élus locaux.

[5] La protection fonctionnelle reconnue aux fonctionnaires relevant du statut de la fonction publique a été étendue largement aux agents contractuels. V. ainsi : CE, Sect., 8 juin 2011, *Farré c. CCI de Toulouse*, n° 312700, Rec. 270, concl. P. Collin, *AJDA* 2011, p. 1175 ; CE, 11 juill. 2015, *Masson c. Office public de l'habitat Moselis*, n° 388404 et TC, 14 nov. 2016, *Masson c. Office public de l'habitat Moselis*, n° 4070, Rec. 590, note L. Dutheillet de Lamothe et G. Odinet, « L'établissement public et ses administrateurs unis sous un régime de droit public », *AJDA*, 2017, p. 276 ; CE, 13

Ces deux éléments, protection fonctionnelle et formation des élus, participent incontestablement à la formalisation du statut des élus locaux, annoncé déjà par l'article 1er de la loi[1] du 2 mars 1982 et toujours dans l'attente d'une consécration textuelle[2].

Dans la perspective de consécration d'un « véritable » statut de l'élu local, au-delà de textes épars[3], les élus locaux en action bénéficient d'une protection fonctionnelle présentant quelques singularités notables **(I)**, tandis que le cadre de leur formation semble être entré dans une nouvelle phase de consolidation **(II)**.

I. La protection des exécutifs en action : des singularités notables

Alors que les élus ont longtemps été exclus de la protection fonctionnelle, ils bénéficient, désormais, d'une telle protection, résultat d'une longue évolution prétorienne. La protection fonctionnelle qui leur est reconnue, dorénavant, partage un socle commun avec celle allouée aux fonctionnaires, aux agents publics et aux collaborateurs occasionnels. Objets de nombreuses études[4], les

---

janv. 2017, *Fievet*, n° 386799, Rec. 1, *AJDA* 2011, p. 1175, note M.-C. Rouault, *Le collaborateur occasionnel et la protection fonctionnelle*, 4.04.2017 Lextenso, Actu-juridique, sur [https://www.actu-juridique.fr/administratif/le-collaborateur-occasionnel-et-la-protection-fonctionnelle/]

[1] V. art. 1er de la loi (n° 82-213) du 2 mars 1982 relative aux droits et libertés des communes, des départements et des régions, note 11.

[2] Cependant doivent être signalées deux propositions de loi actuellement en discussion : la proposition de loi (n° 263) portant création d'un statut de l'élu local, déposée le 18 janv. 2024, par les sénateurs sur [https://www.senat.fr/dossier-legislatif/ppl23-263.html] et la proposition de loi (n° 2151) portant réforme du statut de l'élu local, déposée par les députés de la majorité, le 6 fév. 2024.

[3] V. not. : « "Statut" de l'élu local », Dossier, *AJCT*, 2023, p. 255 et s. ; « Loi Engagement et proximité », Dossier *AJCT* 2020, p. 223 et s., en particulier, S. Dyens, « Le statut des élus locaux après la loi Engagement et proximité : entre approfondissement et élargissement », p. 227. Parmi les textes venant conforter le socle d'un statut de l'élu local : la loi du 3 fév. 1992 (n° 92-108) ; en plus de reconnaître le droit à la formation des élus, elle revalorise le montant des indemnités de fonction des élus locaux, étend leur droit à la retraite. Le titre II de la loi du 27 fév. 2002 relative à la démocratie de proximité aménage les conditions d'exercice des différents mandats (art. 65 à 101) ; elle a été complétée par la loi (n° 2019-1461) du 27 déc. 2019 relative à l'engagement dans la vie locale et à la proximité de l'action publique qui est intervenue au niveau de la formation des élus locaux et du dispositif du droit individuel à la formation (DIFE). La loi du 31 mars 2015 (n° 2015-366) visant à faciliter l'exercice, par les élus locaux, de leur mandat a instauré la Charte de l'élu (désormais codifiée à l'art. L. 1111-1 CGCT). La portée de cette Charte a été consolidée par le référent déontologue institué par l'art. 2018 de la loi du 21 fév. 2022 (n° 217) relative à la différenciation, la décentralisation, la déconcentration et portant diverses mesures de simplification de l'action publique locale (3 DS). La loi du 27 déc. 2019 relative à l'engagement dans la vie locale et à la proximité de l'action publique remanie, entre autres, la formation, la rémunération et la protection juridique des élus locaux ainsi que la protection des maires. Par ailleurs, elle s'efforce d'encourager l'engagement des citoyens dans la vie politique et publique locales.

[4] V. not. : CAA Nancy, 12 déc. 2019, *Association Anticor*, n° 18NC02134, note S. Niquège, « Protection fonctionnelle des élus locaux : deux poids, deux mesures ? », *AJDA*, 2020, p. 1290 ; B.

éléments de ce socle commun puisent dans les règles de la responsabilité administrative **(A)** et seront succinctement esquissés, afin de relever les spécificités encore persistantes et, au demeurant critiquables, de la protection fonctionnelle des élus **(B)**.

A. Un cadre largement imprégné par la responsabilité administrative

La protection fonctionnelle des agents publics et celle des élus reposent sur les principes généraux de la responsabilité administrative. En ce sens, elles puisent leurs fondements d'une part dans l'arrêt *Blanco*[1] proclamant l'autonomie du droit administratif par rapport au droit civil, en matière de responsabilité de la personne publique et de ses agents et, d'autre part, dans l'arrêt *Pelletier*[2] lequel distingue ente la faute de service et la faute personnelle[3].

Si la protection fonctionnelle a été reconnue précocement au profit des agents publics, le législateur et le juge administratif en avaient exclu les élus, lesquels ne relevaient pas du statut de fonctionnaires[4]. Dans une certaine mesure, si un parallèle peut être relevé entre la protection reconnue aux agents publics et celle dont bénéficient les salariés du privé, cette transposition aux édiles était délicate, dès lors qu'ils n'étaient pas employés par l'administration communale, mais étaient élus, justement, pour l'incarner. D'autre part, cette protection fonctionnelle était reconnue aux agents « dans l'intérêt du service et pour en assurer, dans toute la mesure du possible, le bon fonctionnement et la continuité »[5]. Le juge administratif n'a pas transposé cette exigence aux élus locaux, mais il a recherché, dans les rares cas où il a admis le bénéfice de la protection fonctionnelle aux élus locaux, si un intérêt communal[6] prévalait. La reconnaissance de la protection fonctionnelle en tant que principe général du droit, dans l'arrêt *Centre hospitalier régional de Besançon*[7], en 1963, permit,

---

Nuret, « Protection fonctionnelle des élus locaux et protection statutaire des agents : spécificités et convergences », *RFDA*, 2013, p. 271 ; CE, 13 janv. 2017, *M. Fievet*, n° 386799, Rec. 1 et note préc. ; N. Pauthe, « Les récentes évolutions de la protection fonctionnelle du fonctionnaire », *RFAP*, n° 166, 2018, p. 371 ; CAA Paris, 13 mai 2003, *AP-HP*, n° 98PA01392, concl. C. Heu, « Protection fonctionnelle et honoraires d'avocat : donner et retenir ne vaut », *AJFP*, 2003, p. 19 ; et notre note sur l'arrêt CE, 5 juillet 2021, *Commune de Messimy-sur-Saône*, n° 433537, Rec. T. 542, R. Wakote, « Protection fonctionnelle des élus locaux et pragmatisme face au vote unique », *AJDA*, 2022, p. 578.

[1] TC, 8 fév. 1873, *Blanco*, n° 00012, concl. E. David, Rec. 1er suppl., p. 611.

[2] TC, 30 juill. 1873, *Pelletier*, Rec. 1er suppl. 117, concl. E. David.

[3] J. Petit, P.-L. Frier, *Droit administratif*, LGDJ, 2020-2021, 14ème éd., n° 1080 ; E. Aubin, « Agents publics territoriaux : responsabilité civile », *in Encyclopédie Dalloz des collectivités locales*, Chapitre 10 (folio n° 10265), 2020-2, n° 20-23.

[4] CE, Ass., 27 fév. 1942, *Sieur Quilichini*, Rec. p. 65.

[5] M. Guyomar, « La protection fonctionnelle », *Cah. fonct. publ.*, oct. 2012, p. 1.

[6] CE, Ass., 1er juill. 1932, *Sieur Lallemand*, Rec. p. 655. En l'espèce, le Conseil d'État avait jugé qu'une commune ne pouvait pas assumer les frais d'instance en diffamation intentée par un maire, au motif qu'une telle action ne reposait pas sur un intérêt local.

[7] CE, Sect., 26 avr. 1963, *Centre hospitalier régional de Besançon*, concl. J. Chardeau, Rec. 243.

ultérieurement, de l'étendre aux élus, dans l'arrêt *Gillet*[1] en 1971, lorsque ceux-ci étaient poursuivis et encouraient une condamnation civile.

Toutefois, contrairement aux fonctionnaires et aux agents publics, cet élargissement de la protection fonctionnelle aux élus locaux ne s'appliquait pas lorsque ceux-ci encouraient une condamnation pénale. Cette barrière fut franchie, tardivement, avec l'adoption de la loi[2] du 13 mai 1996. Mais, parce qu'elle impliquait que le juge pénal recherchât l'intention des élus[3], cette loi fût adaptée par la loi Fauchon[4] du 10 juillet 2000. Modifiant le Code général des collectivités territoriales, la loi Fauchon disposait désormais, s'agissant de la commune, qu'« [elle] est tenue d'accorder sa protection au maire, à l'élu municipal le suppléant ou ayant reçu une délégation ou à l'un de ces élus ayant cessé ses fonctions lorsque celui-ci fait l'objet de poursuites pénales à l'occasion de faits qui n'ont pas le caractère de faute détachable de l'exercice de ses fonctions »[5].

Ainsi, en dehors de la sphère pénale où le législateur est intervenu pour poser les aménagements, les conditions de mise en œuvre de la protection fonctionnelle reconnue aux élus locaux ont convergé vers celles de la protection fonctionnelle allouée aux agents publics. Elle se déploie sous trois aspects.

Tout d'abord, la protection fonctionnelle reconnue aux agents et aux élus a pour but de leur permettre d'assurer leur défense, lorsqu'ils sont mis en cause ou sont victimes. La jurisprudence administrative s'avère particulièrement souple, puisqu'elle a intégré les différentes formes d'attaques et de violences dont aussi bien les agents publics que les élus peuvent être l'objet dans l'exercice de leurs missions et fonctions, qu'il s'agisse « des menaces, violences, voies de fait, injures, diffamations ou outrages »[6]. Le législateur a fait sienne cette souplesse dans la détermination des motifs de la demande de protection fonctionnelle, par l'adoption de l'article 11 de la loi Anicet Le Pors[7] du 13 juillet 1983. La

---

[1] CE, 5 mai 1971, *Gillet*, n° 79494, Rec. 323, concl. S. Grevisse, *AJDA*, 1971, p. 495.

[2] Loi du 13 mai 1996 (n° 96-393) relative à la responsabilité pénale pour des faits d'imprudence ou de négligence.

[3] L'art. 2. I. A. de la loi du 13 mai 1996 disposait ainsi qu'un « [élu local] ou ayant reçu une délégation ne peut être condamné sur le fondement du troisième alinéa de l'article 121-3 du code pénal pour des faits non intentionnels commis dans l'exercice de ses fonctions que s'il est établi qu'il n'a pas accompli les diligences normales compte tenu de ses compétences, du pouvoir et des moyens dont il disposait ainsi que des difficultés propres aux missions que la loi lui confie ».

[4] Loi (n° 647) du 10 juill. 2000 tendant à préciser la notion de délits non intentionnels.

[5] Art. 10 et s. de la loi précitée codifiés à l'art. L. 2123-34 al. 2 CGCT pour la commune. Cette protection est aussi reconnue aux présidents des EPCI et à leurs vice-présidents ayant reçu délégation (art. L. 5211-15 CGCT), et aux exécutifs et élus départementaux ayant reçu une délégation (art. L. 2132-8, al. 2 CGCT), ainsi qu'aux élus régionaux dans les mêmes conditions (art. L. 4135-28, al. 2 CGCT).

[6] CE, 13 janv. 2017, *M. Fievet*, n° 386799, Rec. 1, *préc.*, point 3.

[7] L'art. 11 de la loi Anicet Le Pors du 13 juill. 1983, modifié par l'art. 73 de la loi (n° 727) du 10 août 2018 pour un État au service d'une société de confiance a repris ces différents cas de figure en disposant :

jurisprudence a aussi intégré les évolutions technologiques et les nouveaux modes de communication qu'ils offrent, en admettant que la mise en cause des élus puisse se dérouler sur les réseaux sociaux[1].

Ensuite, la protection fonctionnelle permet de prendre en charge les frais d'instance dans le cadre d'actions civiles ou pénales auxquelles les intéressés sont confrontés. En revanche, elle permet la prise en charge des seules condamnations civiles imposées aux bénéficiaires et non les condamnations pénales[2].

Enfin, il convient d'insister : en raison de ce qu'elle constitue un droit aussi bien pour les agents publics que pour les élus, seule la faute personnelle détachable du service, en ce qui concerne les agents, et seule la faute personnelle détachable des fonctions, en ce qui concerne les élus, permet de faire obstacle à l'octroi de la protection fonctionnelle[3]. Mais, s'agissant des agents publics, l'évolution jurisprudentielle a permis d'admettre que la faute personnelle détachable du service soit anéantie par le lien persistant avec le service, notamment lorsqu'une telle faute est intervenue avec les moyens du service ou à

« La collectivité publique est tenue de protéger les fonctionnaires contre les menaces, violences, voies de fait, injures, diffamations ou outrages dont ils pourraient être victimes à l'occasion de leurs fonctions, et de réparer, le cas échéant, le préjudice qui en est résulté.

Les fonctionnaires bénéficient, à l'occasion de leurs fonctions, d'une protection organisée par la collectivité publique dont ils dépendent, conformément aux règles fixées par le code pénal et les lois spéciales.

Lorsqu'un fonctionnaire a été poursuivi par un tiers pour faute de service et que le conflit d'attribution n'a pas été élevé, la collectivité publique doit, dans la mesure où une faute personnelle détachable de l'exercice de ses fonctions n'est pas imputable à ce fonctionnaire, le couvrir des condamnations civiles prononcées contre lui.

La collectivité publique est tenue de protéger les fonctionnaires contre les menaces, violences, voies de fait, injures, diffamations ou outrages dont ils pourraient être victimes à l'occasion de leurs fonctions, et de réparer, le cas échéant, le préjudice qui en est résulté ».

[1] V. not., pour un message posté sur Twitter présentant un caractère supposé injurieux ou diffamant ou encore insultant, CAA Douai 11 mai 2021, *Commune de Roubaix*, n° 20DA00183, concl. B. Baillard, « La protection fonctionnelle des élus municipaux : pour quel(s) fait(s), pour quelle(s) fonction(s), sur quel fondement ? », *AJDA*, 2021, p. 1737.

[2] Conformément à la jurisprudence du Conseil constitutionnel fondée sur les art. 8 et 9 de la Déclaration des droits de l'Homme et du citoyen, les condamnations pécuniaires prononcées au pénal sont exclues, eu égard au principe de personnalité des peines, CC n° 99-411 DC du 16 juin 1999, *Loi portant diverses mesures relatives à la sécurité routière et aux infractions sur les agents des exploitants de réseau de transport public de voyageurs*.

[3] Toutefois, comme le relève la doctrine, « si la définition de la faute personnelle, au sens de la protection fonctionnelle, a un temps été considérée comme autonome de celle de la faute personnelle utilisée dans le cadre de la responsabilité administrative, tel n'est plus le cas aujourd'hui » : C. Froger, « Protection fonctionnelle et collaborateur du service public : une nouvelle extension », *AJDA*, 2017, p. 1075. Pour une approche privilégiant l'autonomie, V. D. Jean-Pierre, « Le refus pour faute personnelle de la protection fonctionnelle », *JCP Adm.*, 2012, n° 2381. Pour une convergence des deux types de faute personnelle : S. Von Coester, concl. sur CE, 11 fév. 2015, *Ministre de la justice c/ Craighero*, n° 372359, Rec. 60, *AJDA*, 2015, p. 944.

l'occasion du service[1]. En revanche, aussi bien pour les agents que pour les élus, lorsque la faute personnelle présente une *particulière gravité*, la protection fonctionnelle ne peut plus être allouée ; en particulier, pour les agents publics, le lien fugace avec le service ne peut finalement plus prospérer favorablement. Tel est le cas pour un maire ayant tenu des propos à l'encontre de personnes Roms, illustrant « un comportement incompatible avec les obligations qui s'imposent dans l'exercice de fonctions publiques »[2] ou, encore, pour un maire qui a acquis des véhicules luxueux ne répondant pas aux besoins de la commune et réservés à un usage privé et familial[3]. Tel est aussi le cas pour un agent public qui, à la suite d'une altercation avec son collègue, en est venu aux mains[4].

Par ailleurs, le *motif d'intérêt général* permettait de refuser le bénéfice de la protection fonctionnelle sollicitée par un agent ou un élu, alors même qu'aucune faute personnelle détachable du service n'était imputable à l'intéressé[5]. L'ordonnance du 24 novembre 2021, entré en vigueur le 1er mars 2022, a modifié l'article 11 de la loi Anicet Le Pors, désormais codifié aux articles L. 134-1 et suivants du CGFP. Elle écarte le motif d'intérêt général, lequel permettait, antérieurement, de refuser le bénéfice de la protection fonctionnelle.

---

1 V. O. Gohin, « Le retour à la garantie des fonctionnaires », note sur TC, 19 oct. 1998, *Préfet du Tarn*, n° 03131, Rec. T., *Dalloz*, 1999, p. 127.

2 CE, Ord. 30 déc. 2015, *Commune de Roquebrune-sur-Argens*, n° 391800, Rec. T. 568.

3 CE, Ord. 30 déc. 2015, *Commune de Roquebrune-sur-Argens*, n° 391798, Rec. T. 568.

4 CAA de Nancy, 25 fév. 2020, *M. B Comte*, n° 19NC00382 : la cour a ainsi jugé qu'une « une faute commise par un fonctionnaire ou agent public qui, eu égard à sa nature, aux conditions dans lesquelles elle a été commise, aux objectifs poursuivis par son auteur et aux fonctions exercées par celui-ci est d'une particulière gravité doit être regardée comme une faute personnelle justifiant que la protection fonctionnelle soit refusée à l'agent, alors même que, commise à l'occasion de l'exercice des fonctions, elle n'est pas dépourvue de tout lien avec le service ».

5 V. CE, 26 juill. 2011, *Mme Mirmiran*, Rec. T., 982 ; *AJFP*, 2011, p. 347. En l'espèce, eu égard à « l'existence d'un climat gravement et durablement conflictuel au sein du service, qui résultait au moins pour partie du comportement de l'intéressée… la poursuite de l'action en diffamation engagée par (la requérante) ne pouvait qu'aggraver, et qui était susceptible d'avoir une incidence sur la qualité des soins assurés dans l'établissement, constituait un motif d'intérêt général sur lequel le directeur du centre hospitalier a pu légalement se fonder pour refuser… la prise en charge des frais de procédure et d'avocat… ». V. aussi CE, 20 avr. 2011, *Bertrand*, n°332255, Rec. 166, *AJDA*, 2011, p. 1442, note P. Lagrange : sur fond de l'affaire Clearstream, « le motif tiré de ce que l'État ne saurait couvrir de son autorité les agissements d'un directeur central des renseignements généraux ayant recueilli sur des personnalités publiques, dont certaines investies de responsabilités nationales ou de mandats électifs, des informations sans lien avec les missions de service public dont il avait la responsabilité, et gravement attentatoires à l'intimité de la vie privée de ces personnes ; qu'il ressort des pièces du dossier que le ministre aurait pris la même décision s'il n'avait retenu que ce motif, lequel constitue un motif d'intérêt général de nature à fonder légalement le refus de protection statutaire opposé à la demande de M. A relative aux attaques dont il a été l'objet à l'occasion de ses fonctions ». Toutefois, le président R. Denoix de Saint Marc estimait dans ses conclusions que seul un motif tout à fait impérieux d'intérêt général pourrait justifier le refus de protection fonctionnelle : concl. sur CE, 16 déc. 1977, *Vincent*, Rec. 507. Dans cet arrêt la Haute juridiction administrative avait jugé que la politique d'apaisement poursuivie par l'autorité administrative ne constituait pas un motif d'intérêt général susceptible de faire obstacle au bénéfice de la protection fonctionnelle.

En définitive, seule la faute personnelle exclusivement détachable du service ou la faute personnelle présentant une particulière gravité permettrait de fonder un refus de la protection fonctionnelle[1].

En troisième lieu, la question de l'impartialité de l'autorité administrative octroyant la protection fonctionnelle se pose. S'agissant des agents, la Cour administrative de Marseille a récemment rappelé que « si la protection fonctionnelle résultant d'un principe général du droit n'est pas applicable aux différends susceptibles de survenir, dans le cadre du service, entre un agent public et l'un de ses supérieurs hiérarchiques, il en va différemment lorsque les actes du supérieur hiérarchique sont, par leur nature ou leur gravité, insusceptibles de se rattacher à l'exercice normal du pouvoir hiérarchique »[2]. En l'espèce, le principe d'impartialité fait obstacle à ce que le supérieur hiérarchique mis en cause à raison d'actes de harcèlement, insusceptibles de se rattacher à l'exercice normal du pouvoir hiérarchique, puisse régulièrement, quand bien même il serait en principe l'autorité compétente pour prendre une telle décision, statuer sur la demande de protection fonctionnelle présentée pour ce motif par son subordonné[3]. Cette précaution jurisprudentielle permet ainsi, dans les collectivités ou les institutions de taille restreinte, que le supérieur hiérarchique concerné, de près ou de loin, par les motifs ayant incité l'agent à solliciter la protection fonctionnelle ne soit aussi celui qui en décide[4]. Le principe d'impartialité semble plus assuré s'agissant des élus locaux, dès lors que la décision d'octroi de la protection fonctionnelle relève de l'assemblée délibérante et non de l'exécutif[5]. De plus l'élu intéressé par la demande de protection fonctionnelle est tenu de ne pas assister aux délibérations[6].

Le régime de la protection fonctionnelle reconnue aux élus s'est ainsi rapproché de celui alloué aux agents publics. Néanmoins, l'adoption du décret

[1] Le TA de Nantes a même jugé, relativement à une affaire liée à la tempête Xynthia en 2010, que la commune de la Faute-sur-Mer était tenue d'accorder et de prendre en charge les honoraires d'avocats, dans la procédure pénale engagée contre l'ancien maire René Marratier, alors même que celui-ci avait été mis en examen pour imprudences ayant conduit à des homicides involontaires, dès lors la faute a été jugée comme non détachable de l'exercice des fonctions par la chambre criminelle de la Cour de cassation : TA Nantes, 9 oct. 2019, *M. René Marratier c. Comm. de la Faute-sur-Mer*, n° 1710480.

[2] CAA de Marseille, 10 nov. 2022, *M. C. c. Département du Var*, n° 21MA00887 ; points 3 et 4.

[3] En revanche, l'exécutif local étant chargé de l'administration locale, il n'appartient qu'à cette autorité locale de prendre les décisions relatives à la situation individuelle des agents communaux, CAA Lyon, 26 avr. 2018, n° 16LY02029.

[4] V. déjà, CE, 29 juin 2020, *M. B c. Centre hosp. Louis Constant Fleming de St-Martin*, n° 423996, Rec. 237 ; note C. Biget, « Différend entre un agent public et son supérieur et protection fonctionnelle », *AJDA*, 2020, p. 1317.

[5] CAA Versailles, 20 déc. 2012, *M. D. c. Commune de Sevran*, n° 11VE02556. Sauf, bien entendu en cas de délégation de l'assemblée délibérante à l'exécutif ; TA Lille, 12 oct. 2021, *Pick c. Métropole européenne de Lille (MEL)*, n° 1909928. Sauf délégation de celle-ci à celui-là.

[6] Sous peine de se rendre coupable de prise illégale d'intérêts, CAA de Douai, 24 mai 2017, n° 15DA00805.

du 26 janvier 2017 oblige à souligner les éléments traduisant des spécificités persistantes de la protection fonctionnelle des élus.

B. Des spécificités critiquables

Paradoxalement, alors que le décret[1] du 26 janvier 2017 est venu préciser les conditions et les limites de la prise en charge des frais exposés dans le cadre d'instances civiles ou pénales enclenchées par l'agent public ou ses ayants droits, ce texte a aussi mis en exergue deux spécificités de la protection fonctionnelle reconnue aux élus. Celles-ci portent sur l'obligation de solliciter par écrit la protection fonctionnelle et sur l'obligation de prise en charge de l'ensemble des frais de cette instance.

En premier lieu, la question du formalisme que doit revêtir la demande de protection fonctionnelle a été débattue s'agissant des agents publics. Rares sont cependant les arrêts qui illustrent ce point. Dans une décision du 6 février 2018, la Cour administrative d'appel de Bordeaux avait confirmé la décision de l'autorité administrative refusant le bénéfice de la protection, au motif qu'« il ne ressort pas des pièces du dossier que M. C... ait sollicité auprès des autorités responsables de la région le bénéfice de la protection instituée par ces dispositions. Il ne peut, dès lors, s'en prévaloir en l'absence de décision lui refusant cette protection »[2]. Toutefois, l'arrêt n'insiste pas sur une quelconque forme de la demande, mais semble plutôt retenir que le requérant n'a pas procédé à une telle demande de protection fonctionnelle. Car s'il avait procédé à une demande verbale, la solution contenue dans l'arrêt aurait pu être interprétée comme assimilant la demande verbale à un défaut de demande et, par voie de conséquence, inciter à soutenir que la demande devait être formelle.

Il n'en demeure pas moins que cette question n'est plus d'actualité, puisque l'article 2 du décret du 26 janvier 2017 est venu poser l'exigence formelle de la demande de protection fonctionnelle présentée par les agents publics[3].

Déjà, avant l'entrée en vigueur de ce décret, le Conseil d'État avait expressément affirmé, dans un arrêt de 2020, s'agissant des élus locaux « que la commune pouvait légalement accorder sa protection sans qu'une demande écrite

[1] L'art. 2 du décret (n° 2017-97) du 26 janv. 2017 relatif aux conditions et aux limites de la prise en charge des frais exposés dans le cadre d'instances civiles ou pénales par l'agent public ou ses ayants droit dispose ainsi : « La demande de prise en charge des frais exposés dans le cadre d'une instance civile ou pénale au titre de la protection fonctionnelle est formulée par écrit auprès de la collectivité publique qui emploie l'agent à la date des faits en cause ou des faits ayant été imputés de façon diffamatoire.
Lorsque l'agent est, à raison de ses fonctions, l'objet de poursuites ou victime de faits prévus à l'article 11 de la loi du 13 juillet 1983 susvisée alors qu'il n'exerce plus, à titre provisoire ou définitif, les fonctions au titre desquelles il sollicite la protection fonctionnelle, cette demande est formulée auprès de la collectivité publique qui l'employait à la date des faits en cause ou des faits ayant été imputés de façon diffamatoire. »

[2] CAA Bordeaux, 6 fév. 2018, *M. A c. Région Aquitaine*, n° 16BX00059.

[3] V. l'art. 2 du décret de 2017 précité, note 47.

formalisée lui soit adressée par le bénéficiaire »[1]. Le juge du Palais Royal distinguait déjà le degré de formalisme selon que la situation concernât un élu ou un agent.

Une tentative de justification de cette solution différenciée et favorable aux élus pouvait reposer sur le fait que, face aux nombreux agents publics susceptibles de relever de l'autorité administrative qui les emploie, l'exigence de formalisme avait pour but d'informer l'autorité compétente des perspectives d'actions qui pourraient concerner ses agents. D'autant plus que le régime de la protection fonctionnelle des agents publics a été étendu, entre autres, aux collaborateurs occasionnels[2], dont le nombre, certes restreint, ne saurait être projeté, toutefois, avec précision. Au surplus, cette exigence jurisprudentielle peut aussi apparaître comme une mesure de protection des deniers publics, dès lors qu'elle permet à la collectivité d'évaluer financièrement le coût financier de la protection fonctionnelle. À l'inverse, les bénéficiaires de la protection fonctionnelle des élus sont restrictivement énumérés, puisqu'au niveau communal, la protection ne peut être octroyée qu'au « maire, à l'élu municipal le suppléant ou ayant reçu délégation »[3] et s'applique par analogie aux niveaux départemental et régional. Nous en avions déduit que le régime de la protection fonctionnelle applicable aux élus locaux présente ainsi deux particularités : il est *intuitu personae* et il demeure fortement imprégné par la nature des fonctions exercées[4]... Et apparaît, sous cet angle, paradoxalement, plus restrictif que celui applicable aux agents publics[5].

---

[1] CE, 8 juill. 2020, *Commune de Messimy-sur-Saône*, n° 427002 (point 4) et note préc.

[2] CE, Sect. 8 juin 2011, *Farré c. Chambre de commerce et d'industrie de Toulouse*, n° 321700, préc. : reconnaissance de la protection fonctionnelle en faveur du président élu d'un établissement public administratif; en faveur des agents non titulaires, v. l'art. 50 de la loi du 16 déc. 2016 relative à l'emploi dans la fonction publique et à diverses mesures d'ordre statutaire ; en faveur des collaborateurs occasionnels de la personne publique, CE, 13 janv. 2017, *M. Fievet*, n° 386799, note préc. ; et même en faveur des interprètes afghans employés par le service des Armées, CE, Ord., 14 déc. 2018, *M. B c. Ministre des Armées*, n° 424847 et CE, 26 fév., 2020, *Mme B c. Ministre des Armées*, n° 436176, Rec. T. 579.

[3] Cette protection est reconnue par analogie aux niveaux départemental et régional (président de l'assemblée délibérante, vice-présidents ou conseillers ayant reçu une délégation) conformément aux art. L. 3123-28 et L. 4135-26 CGCT. Par ailleurs, la loi du 13 mai 1996 (n° 96-393) relative à la responsabilité pénale pour des faits d'imprudence ou de négligence régissant ainsi la situation des élus mis en cause ; la loi 27 fév. 2002 (n° 2002-276) relative à la démocratie de proximité a élargi cette protection aux élus victimes. La protection fonctionnelle bénéficie aussi, dans des conditions identiques, aux élus des communautés d'agglomération, communautés urbaines et métropoles (art. L. 5216-4, L. 5215-16 et L. 5217-7 CGCT). Elle bénéficierait pareillement aux élus des communautés de communes dont la situation n'est aménagée ni par un texte ni par la jurisprudence, *Question écrite* n° 18413 de P. Chaize, député de l'Ain, JO Sénat du 22 oct. 2020, p. 4772 et réponse de la ministre de la Cohésion des territoires et des relations avec les collectivités territoriales, JO Sénat du 14 janv. 2021, p. 214.

[4] V. pour un refus de la protection fonctionnelle à un élu n'exerçant pas des fonctions exécutives, CAA Nancy, 12 déc. 2019, *Association Anticor*, n° 18NC02134, note S. Niquège, « Protection fonctionnelle des élus locaux : deux poids, deux mesures ? », *AJDA*, 2020, p.1290 ; *AJFP*, 2020,

En second lieu, l'obligation de prise en charge de l'ensemble des coûts financiers traduit l'autre spécificité de la protection fonctionnelle aménagée au profit des élus.

Dans l'arrêt *Messimy-sur-Saône*, énoncé en 2021, la Haute juridiction administrative avait antérieurement affirmé que « la collectivité publique doit… [prendre] en charge l'ensemble des frais de cette instance ». Une telle affirmation sans restriction du cercle des intéressés pouvait laisser penser qu'elle s'appliquait tant aux élus locaux qu'aux agents publics. Or, le juge du Palais-Royal avait déjà eu à juger, s'agissant des agents publics, que la protection fonctionnelle n'avait pas « pour effet de contraindre l'administration à prendre à sa charge, dans tous les cas, l'intégralité de ces frais »[1]. Il avait aussi énoncé les modalités de prise en charge financière de la protection fonctionnelle, laquelle ne pouvait pas, toutefois, être limitée de prime abord[2]. La charge financière de la protection fonctionnelle pouvait néanmoins faire l'objet d'une convention entre la personne publique et le conseil de l'agent bénéficiaire de la protection fonctionnelle ; le litige en résultant ayant été attribué à la compétence de la juridiction administrative[3]. Sur ce point aussi, le décret du 26 janvier 2017 est venu confirmer la solution jurisprudentielle, puisque l'article 5 prévoit que « la collectivité publique peut conclure une convention avec l'avocat désigné ou accepté par le demandeur et, le cas échéant, avec le demandeur. La convention détermine le montant des honoraires pris en charge selon un tarif horaire ou un forfait, déterminés notamment en fonction des difficultés de l'affaire. Elle fixe les modalités selon lesquelles les autres frais, débours et émoluments sont pris en charge. Elle règle le cas des sommes allouées à l'agent au titre des frais exposés et non compris dans les dépens. La collectivité publique règle directement à l'avocat les frais prévus par la convention. La convention peut prévoir que des frais sont pris en charge au fur et à mesure de leur engagement, à titre d'avances et sur justificatifs. Le règlement définitif intervient à la clôture de l'instance sur présentation du compte détaillé… »[4].

---

p. 119. B. Nuret, « Protection fonctionnelle des élus locaux et protection statutaire des agents : spécificités et convergences », *RFDA*, 2013, p. 271.

[5] Par ailleurs, si la protection fonctionnelle peut être accordée aux conjoints, enfants, ascendants directs des élus admis à en bénéficier, s'agissant des agents publics, c'est plus largement leurs ayants droits qui peuvent en bénéficier, CE, 9 juill. 2014, M. *Gérard E. et autres*, n° 380377.

[1] CE 2 avr. 2003, *M. Chantalou*, n°s 249805 et 249862, Rec. T. 909.

[2] CE, 19 oct. 2016, *Ministre de l'Éducation nationale*, n° 401102. V. antérieurement, CAA Paris 13 mai 2003, *AP-HP*, n° 98PA01392, concl. C. Heu, « Protection fonctionnelle et honoraires d'avocat : donner et retenir ne vaut », *AJFP*, 2003, p. 19.

[3] TC, 13 sept. 2021, *Maître Stepniewski c. agent judiciaire de l'État et ministère de l'Intérieur*, n° C4226, Rec. 447.

[4] L'art. 6 du décret dispose quant à lui que : « dans le cas où la convention prévue à l'article 5 n'a pas été conclue, la prise en charge des frais exposés est réglée directement à l'agent sur présentation des factures acquittées par lui. Le montant de prise en charge des honoraires par la collectivité publique est limité par des plafonds horaires fixés par arrêté conjoint du ministre chargé de la fonction publique, du ministre de la justice et du ministre chargé du budget ». L'art. 7 contient que « si la convention prévue à l'article 5 comporte une clause en ce sens ou en l'absence de convention,

Là encore, la souplesse dont bénéficie le régime de la protection des élus par rapport à celle des agents publics et assimilés, peut être justifiée par la volonté du pouvoir règlementaire de maîtriser les dépenses budgétaires en la matière, et, par voie de conséquence, de protéger les deniers publics. Néanmoins, il semble que le législateur ait déjà intégré cet aspect s'agissant des élus, en énonçant un cercle de restreint de bénéficiaires de la protection fonctionnelle[1]. Et si des dérapages devaient se produire, il n'est pas à douter que le Conseil d'État imposerait les limites requises, dans l'attente de l'intervention du législateur.

À côté de la protection fonctionnelle des élus, le cadre de leur formation participe incontestablement à les doter d'un statut. Ce cadre a fait, récemment, l'objet de nouveaux aménagements venus l'étayer.

II. La formation des élus : une nouvelle phase de consolidation

Comme cela a été énoncé précédemment, la nécessité d'une formation des exécutifs locaux est très tôt apparue[2].

La période 1970-1980 est marquée par une réflexion sur la formation des élus et la multiplication des acteurs, avec la volonté de prise en considération des besoins spécifiques au sein du département. Sous le gouvernement de Raymond Barre, pointe la prise de conscience d'une connaissance insuffisante de l'offre de formation à disposition des élus ainsi que des acteurs. Christian Bonnet, alors ministère de l'Intérieur, entreprend, à la veille des années 80, de cerner et de maîtriser le périmètre de la formation des élus. Le gouvernement socialiste initiateur de l'Acte I de la décentralisation rechercha les éventuelles solutions propices au statut des élus locaux, mais resta, principalement, focalisé sur le non-cumul des mandats électifs[3]. Ce faisant, l'attention apportée à la formation

---

la collectivité publique peut ne prendre en charge qu'une partie des honoraires lorsque le nombre d'heures facturées ou déjà réglées apparaît manifestement excessif. Le caractère manifestement excessif s'apprécie au regard des prestations effectivement accomplies par le conseil pour le compte de son client, des pièces et des justificatifs produits ou de la nature des difficultés présentées par le dossier. Lorsque la prise en charge par la collectivité publique ne couvre pas l'intégralité des honoraires de l'avocat, le règlement du solde incombe à l'agent dans le cadre de ses relations avec son conseil ». Enfin, l'art. 8 s'efforce de limiter les dépenses éventuelles à la charge de la collectivités publique : « Pour chaque instance, l'agent public peut demander, sur justificatifs, le remboursement de ses frais de déplacement ou d'hébergement liés à l'instance dans les conditions et selon les modalités de règlement des frais occasionnés par les déplacements prévues par les dispositions applicables dans la fonction publique dont il relève. La collectivité n'est pas tenue de rembourser les frais engagés par l'agent pour des déplacements ou de l'hébergement dont le nombre ou la fréquence sont manifestement sans rapport avec les nécessités de sa défense ».

[1] V. note 2, p. 227.

[2] Sur cet aspect de l'évolution historique, nous ne pouvons que renvoyer à la première partie de la très belle thèse précitée de P. Camus, *op. cit.*, p. 11-135. V. aussi H. Maisl, B. Pouyet, « La formation des responsables locaux », *in Annuaire des collectivités locales*, t. 3, Chap. XII, 1983, p. 583-600 ; J.-M. Becet, « Le maire, statut et pouvoirs », *Pouvoirs*, 1982, n° 24, p. 135-158.

[3] V. le rapport rédigé par M. Debarge chargé par le premier ministre P. Mauroy, *Rapport au Premier ministre sur le statut de l'élu local, départemental et régional et la limitation du cumul des fonctions et mandats électifs*. Le rapport resta sans suites concrètes, jusqu'au second rapport rédigé,

des élus vient atténuer l'idée que la politique, en tant que métier, s'apprend sur le tas. Sans pour autant considérer la politique et le mandat d'élu local comme une profession, il appert que les édiles doivent être munis et équipés, ne serait-ce que de connaissances relatives aux institutions ou aux principales politiques publiques, pour exercer leur mandat.

La loi[1] du 3 février 1992 incarne un texte majeur dans ce but. Elle crée, dans son titre II, un droit à la formation des élus (DIFE) et institue, à l'article 14, un Conseil national de la formation des élus locaux (CNFEL) chargé de délivrer au ministre de l'Intérieur un avis préalable sur les demandes d'agrément présentées par les organismes de formation œuvrant auprès des élus. La loi prend ainsi en considération les nouvelles responsabilités des élus locaux depuis l'Acte I de la décentralisation et s'efforce de rompre avec « la conception de l'élu local héritée de l'État centralisé, qui reposait, pour l'essentiel, sur le bénévolat et l'amateurisme »[2]. La loi vient ainsi souligner combien la « professionnalisation des fonctions exécutives locales n'a cessé de s'accroître »[3].

La reconnaissance textuelle d'un droit à la formation en faveur des élus locaux a été concrétisée par la loi du 3 février 1992 (A). La situation actuelle résulte de l'impulsion majeure donnée par la loi[4] du 31 mars 2015. Ce texte a fortement modifié l'aménagement de la formation des élus locaux, participant ainsi à renforcer un élément clé de leur statut en construction. L'ordonnance du 20 janvier 2021 a modernisé, quant à elle, la gouvernance du CNFEL aux missions duquel participe désormais le Conseil d'orientation (COR) (B).

A. La reconnaissance du droit à la formation des élus

La formation des élus locaux s'enracine incontestablement avec la loi du 3 février 1992 (1). Mais la situation actuelle résulte de la loi du 31 mars 2015, laquelle a incarné un tournant majeur de la formation des élus locaux, et dans laquelle vont s'ancrer les évolutions ultérieures (2).

1. La consécration réalisée par la loi du 3 février 1992

La loi du 3 février 1992 institue, en ses articles 9 et 11, un droit à la formation pour les conseillers municipaux et généraux[5] ; la situation des

---

en 1990, par le même auteur, à la demande de P. Joxe, alors ministre de l'intérieur, qui aboutit à l'adoption de la loi de 1992 ; V. *Rapport en conclusion des travaux d'une mission d'information sur le statut de l'élu local*, 20 déc. 2023, p. 34-35.

[1] La loi du 3 fév. 1992 (n° 92-108) relative aux conditions d'exercice des mandats locaux.

[2] Y. Jégouzo, « Commentaire de la loi n° 92-108 du 3 février 1992 relative aux conditions d'exercice des mandats locaux », *AJDA*, 1992, p. 427 ; A. Haquet, « Le statut de l'élu local en filigrane », *AJDA*, 2015, p. 1210.

[3] A. Haquet, *loc. cit.*

[4] Loi (n° 2015-366) du 31 mars 2015 visant à faciliter l'exercice, par les élus locaux, de leur mandat.

[5] L'art. 9 de la loi (n° 1992-108) du 3 fév. 1992 dispose ainsi : « les membres d'un conseil municipal ont droit à une formation adaptée à leurs fonctions ». Ce droit est codifié à l'art. L. 121-

conseillers régionaux ayant été assimilée à celle des conseillers généraux par la loi. La loi rompt ainsi avec l'idée longtemps[1] répandue que l'élu local n'était pas un « administrateur professionnel »[2], justifiée en cela par la structure et les fonctions initiales du système local[3]. Mais si la loi entend répondre au constat qu'une certaine professionnalisation des élus locaux avait point, elle « *reste fidèle au refus de la professionnalisation qui marque la tradition française : celle-ci reste considérée comme "contraire à l'esprit républicain"* »[4]. En effet, évacuant l'idée de rémunération, elle privilégie celle d'indemnités. Les dispositions législatives contenaient en filigrane cette approche.

En premier lieu, la durée de la formation n'est pas, en elle-même, expressément déterminée dans la loi, mais celle-ci précise que les élus locaux disposent, désormais, d'un droit à un congé-formation d'une durée de six jours par mandat. Ce temps de formation est assez imprécis, dès lors que le nombre d'heures de formation programmables sur une journée n'est pas explicité. De plus, un temps de formation aussi bref surprend, au regard du but initial qui consistait, justement, à faire quitter les élus locaux du terrain de l'amateurisme dans la gestion publique : comment peuvent-ils se doter d'une formation solide s'ils ne disposent que d'une journée par an ?

Une première interprétation consistait à retenir que le temps de formation était aligné sur le temps de congé-formation. Or c'était confondre le temps de congé-formation que le législateur imposait aux employeurs d'accorder aux salariés-élus avec le temps de formation. Parallèlement, cette rédaction interroge : comment les salariés-élus pouvaient disposer d'un temps de formation adapté si le temps prévu pour le congé-formation était aussi bref ? Fallait-il comprendre, au-delà du temps de congé-formation, que le temps

---

46 du code des communes et à l'art. 10 de la loi du 10 août 1871 pour les départements. Cette consécration avait été maintenue par l'art. 12 de la loi (n° 1996-142) du 21 fév. 1996, désormais codifié à l'art. L. 2123-12 CGCT. Pour le département, V. l'art. L. 3123-10 CGCT, pour la région l'art. L. 4135-10 et, pour les EPCI à fiscalité propre, entre autres, les art. L. 5214-8, L. 5215-16 et L. 5216-4 CGCT.

[1] On signalera, toutefois, la situation antérieure : la loi de finances du 27 fév. 1912 venue organiser un système d'indemnités de présence des conseillers généraux et la loi (n° 1952-883) du 24 juill. 1952 relative aux indemnités aux maires et adjoints, aux conseillers municipaux et conseillers généraux pour que soit mis en place un régime indemnitaire des élus municipaux... Régime devenu très rapidement insuffisant, Y. Jégouzo, « Commentaire de la loi n° 92-108 du 3 février 1992 relative aux conditions d'exercice des mandats locaux », *loc. cit.*, p. 427.

[2] *Ibid.*

[3] Comme l'écrivait le professeur Y. Jégouzo, « l'élu local est "l'honnête homme" que ses concitoyens ont désigné pour les représenter, un médiateur entre les administrés et l'autorité et non un administrateur professionnel. Compte tenu de la structure et des fonctions initiales du système local tel qu'il sera longtemps conçu, cet amateurisme ne posera d'ailleurs pas de problèmes. Au sein des assemblées départementales, les fonctions de gestion sont concentrées sur le préfet, titulaire de l'exécutif. Quant aux communes, leurs attributions sont peu étendues (services de voisinage principalement) et la tutelle tant administrative que technique de l'État protège les citoyens contre les erreurs et garantit la légalité et la pertinence des décisions prises par des élus peu au fait du droit et de la gestion publique », *Ibid.*

[4] *Ibid.*

consacré à une formation n'avait pas à être pris en considération par l'employeur ?

Une seconde interprétation consistait à découpler le temps de formation du temps de congé-formation auquel l'employeur devait accéder. Dans ce cas, l'objectif même de permettre, notamment aux élus-salariés de se former perdait de sa substance. Car si une formation se déroulait au-delà d'une journée ou si les élus sollicitaient différentes formations nécessitant plus d'une journée, l'employeur n'étant plus tenu de l'octroyer, cela revenait pour les élus-salariés à prendre sur leur temps de travail salarié, en mobilisant, entre autres leurs congés.

En deuxième lieu, la loi aménage le financement de la formation. La loi de 1992 imposait les frais de formation de l'élu comme dépense obligatoire pour la commune[1]. L'article 9 de la loi précise les frais de formation pris en considération : ceux-ci intègrent les frais de déplacement, de séjour et, le cas échéant, d'enseignement. Par ailleurs les pertes de revenus doivent être supportées par la collectivité dans la limite de six jours durant le mandat et à hauteur d'une fois et demie la valeur du salaire minimum de croissance auquel a succédé le salaire minimum interprofessionnel de croissance (SMIC). Toutefois, la loi prend soin de limiter cette dépense à charge des collectivités. La loi fixe ainsi un plafond à 20% du montant total des crédits ouverts au titre des indemnités de fonction versées dans la collectivité en cause[2]. Mais, en pratique, la perspective de formation ne concernait, principalement, que les « conseillers "ordinaires" des grandes et moyennes collectivités » dès lors, comme le relevait le professeur Yves Jégouzo, que d'une part les « "grands élus" aux emplois du temps surchargés, [allergiques] à des actions de formation qui leur paraissent superflus et confiant en leur expérience » devaient s'en détourner et, d'autre part, que « sauf exception… la grande foule des conseillers municipaux des "micro-communes" rurales, devaient peu s'y intéresser »[3].

En dernier lieu, la loi de 1992 pose, en son article 14, le principe d'un agrément dont doit disposer les organismes de formation, sur décision du ministre de l'intérieur, après avis du Conseil national de la formation des élus locaux, créé à cette fin. Cette instance présidée par un élu local, composée de personnalités qualifiées et, pour moitié au moins, de représentants des élus

---

[1] La commune devait ainsi prendre en charge les frais de formation, les frais de déplacement, de séjour et, le cas échéant, d'enseignement, lesquels donnaient droit donnent droit à remboursement. De plus, l'article 9 de la loi imposait à la commune de supporter les pertes de revenu de l'élu dans la limite de six jours par élu sur la durée d'un mandat et d'une fois et demie la valeur horaire du salaire minimum de croissance. Les dépenses à la charge de la commune ne pouvant excéder 20% du montant total des crédits ouverts au titre des indemnités de fonction susceptibles d'être allouées aux élus de la commune.

[2] L'art. 9 de la loi ayant porté codification en ce sens de l'article L. 121-47 du code des communes. Pour le département, V. l'art. 11 de la loi portant modification de l'arti. 11 de la loi du 10 août 1871.

[3] Y. Jégouzo, « Commentaire de la loi n° 92-108 du 3 février 1992 relative aux conditions d'exercice des mandats locaux », *loc. cit.*

locaux, est chargée de définir les orientations générales de la formation dont doivent bénéficier les élus locaux[1].

Toutefois, si la loi du 3 février 1992 a instillé une évolution de la formation des élus, elle reste décrite comme une loi molle[2]. D'une part, elle demeure générale sur les caractéristiques de la formation que doivent recevoir les élus. Ensuite, elle ne définit pas les conditions de délivrance de l'agrément par le CNFEL. Et enfin, l'agrément lui-même s'apparente principalement plus à un outil de contrôle des deniers publics qu'à un outil pour s'assurer du sérieux des acteurs intervenant sur le marché de la formation. Au demeurant, sans « instaurer le grand statut des élus locaux qui fut longtemps en projet [néanmoins, elle se contente] plus modestement, de légiférer sur les "conditions d'exercice des mandats locaux" »[3].

2. Le renforcement opéré par la loi du 31 mars 2015

La loi du 31 mars 2015, précisée par celle[4] du 23 mars 2016, est venue consolider l'édifice inauguré par la loi de 1992.

En premier lieu, tout en préservant le cadre antérieur, l'article 15 de la loi du 31 mars 2015 prévoit désormais que les conseillers locaux bénéficient chaque année d'un droit individuel à la formation des élus (DIFE) d'une durée de vingt heures, cumulables sur toute la durée du mandat[5]. Le décret du 29 juin 2016 précise que le DIFE porte tant sur les formations relatives à l'exercice du mandat qu'à l'acquisition des compétences nécessaires, le cas échéant, à la réinsertion professionnelle à l'issue du mandat[6].

La durée de la formation est désormais comptabilisée en heures[7], alors que la loi de 1992 ne prévoyait qu'une durée de six jours durant le mandat, sans

---

[1] Le décret (n° 92-1206) du 16 nov. 1992 relatif au Conseil national de la formation des élus locaux est venu énoncer les conditions relatives à la composition de ce Conseil. Ses membres alors au nombre de 14 étaient nommés pour trois ans en prenant en considération des élus locaux en fonction de la taille des collectivités, des personnalités qualifiées, parmi lesquelles des membres de l'enseignement supérieur ou des directeurs du CNRS ou d'organismes publics similaires.

[2] P. Camus, *op. cit.*, p. 129-136.

[3] Y. Jégouzo, « Commentaire de la loi n° 92-108 du 3 février 1992 relative aux conditions d'exercice des mandats locaux », *loc. cit.*

[4] Loi (n° 2016-341) du 23 mars 2016 visant à permettre l'application aux élus locaux des dispositions relatives au droit individuel à la formation et relative aux conditions d'exercice des mandats des membres des syndicats de communes et des syndicats mixtes.

[5] Cette disposition de la loi a été codifiée, dans le CGCT, aux art. L. 2123-12-1 pour les communes, L. 3123-10-1 pour les départements et L. 4135-10-1 pour les régions, mais aussi aux art. L. 7125-12-1, pour la Guyane, L. 7227-12, L. 7227-12-1 pour la Martinique. Au surplus, l'art. 19 II 2° de la loi de 2015 aménage aussi un tel cadre pour Mayotte codifié à l'art. L. 2564-4 CGCT ; tandis que l'art. 19 II 7° aménage ce cadre pour la Nouvelle-Calédonie en insérant un art. L. 121-37-1 au Code des communes de la Nouvelle-Calédonie.

[6] Art. 2 du décret (n° 2016-870) du 29 juin 2016 relatif aux modalités d'application du droit individuel à la formation des titulaires de mandats locaux. Par ailleurs, les élus peuvent mettre à profit ce dispositif dans la perspective de la validation des acquis.

[7] Art. 2 du décret (n° 2016-870) du 29 juin 2016.

mention de la durée horaire. L'exercice de ce DIFE relève de l'initiative individuelle des élus, d'autant plus qu'il n'est pas lié à l'exercice du mandat et peut être mobilisé pour l'acquisition de compétences nécessaires à la réinsertion professionnelle à l'issue du mandat, à la condition que l'élu n'ait pas liquidé ses droits à pension au titre de son activité professionnelle[1]. Ce droit est aussi reconnu, dans les mêmes conditions, aux membres des conseils départemental et régional, à ceux de l'assemblée de la Guyane et de la Martinique et à ceux des conseils municipaux des communes de Nouvelle-Calédonie[2].

La formation des élus comprend ainsi deux facettes dans le cadre du DIFE, toutes deux facultativement mobilisables par les élus. D'une part, la formation se rapportant exclusivement à l'exercice du mandat et, d'autre part, la formation professionnelle, laquelle relève, au même titre que le droit commun, du droit à la formation professionnelle et de la portabilité des droits entre le secteur public et le secteur privé[3]. Toutefois, le décret de 2016 distingue les modalités de mise en œuvre de la formation : celles concourant à l'exercice du mandat doivent être réalisées auprès d'un organisme agréé par le ministre de l'Intérieur après avis du CNFEL, tandis que celles contribuant à la réinsertion professionnelle sont éligibles au titre du compte personnel de formation (CPF).

En deuxième lieu, la loi du 31 mars 2015 innove véritablement en rendant obligatoire la formation, durant la première année de mandat, pour les élus ayant reçu une délégation dans les communes de plus de 3 500 habitants, dans les départements et dans les régions[4]. La loi vise ainsi à permettre aux élus locaux amenés à exercer des fonctions exécutives de se former dans les domaines pour lesquels ils ont reçu une délégation.

En troisième lieu, les collectivités peuvent organiser, en les finançant, des formations à destination des élus. L'organe délibérant demeure alors libre du choix de l'organisme de formation et soumise aux règles de la commande publique. Mais parce que la formation est un droit, il en découle que les élus sont libres du choix de leur organisme de formation et ils ne sont pas tenus de suivre les formations proposées par leur collectivité[5]. Toutefois, les modalités de

---

[1] Précision apportée par l'art. 6 de l'ord. du 20 janv. 2021, venu modifier, s'agissant notamment de la commune, l'art. L. 2123-12-1 CGCT. Cette précision insiste sur la finalité de cette formation qui doit participer à la réinsertion professionnelle. Elle perd ainsi son objet si l'intéressé part à la retraite à la fin du mandat.

[2] V. note 4, p. 233.

[3] Les deux types de formation bénéficient d'un portail dédié « Mon compte formation » mis en place par le gouvernement. La formation de droit commun est gérée, dans la rubrique du Compte personnel de formation (CPF), alors que celle visant à l'exercice du mandat relève de la rubrique Mon Compte Élu. En revanche, ne sont pas concernées, les formations que les collectivités doivent assurer à destination des élus ayant délégation dans la première année de l'exercice du mandat et toute formation que les collectivités peuvent organiser de leur propre initiative.

[4] Pour les communes de plus de 3 500 habitants, art. L. 2123-12 CGCT ; pour les départements, art. L. 3123-10 CGCT ; pour les régions, art. L. 4135-10 CGCT.

[5] Le droit à la formation implique ainsi que la collectivité soit tenue de financer la formation répondant au cadre légal, si l'élu désire se former en dehors de l'offre de la collectivité.

financement ont été renforcées par l'ordonnance[1] du 20 janvier 2021 laquelle prévoit que les collectivités peuvent, dorénavant, participer au financement de formation des élus au titre du DIFE. Mais, dans ce cas, si elles peuvent limiter leur participation financière par formation ou à un nombre de formations, les collectivités sont tenues de respecter le plafond des frais pédagogiques fixé par décret.

En quatrième lieu, à la suite de la loi de 2015, celle[2] du 23 mars 2016 a conforté le financement du droit individuel à la formation des élus locaux. Le DIFE est financé par une cotisation obligatoire sur les indemnités des élus, laquelle ne peut être inférieure à 1% des indemnités « de fonction perçues par les membres du conseil délibératif »[3]. Le fonds de financement du droit individuel à la formation des élus locaux institué par l'article 1er de la loi, et que les collectivités peuvent aussi abonder[4] depuis 2021, est géré administrativement par la Caisse des dépôts et consignation. Celle-ci en assure la gestion administrative, technique et financière et instruit les demandes de formations présentées par les élus. Par ailleurs la Caisse des dépôts est tenue d'établir un bilan annuel de la gestion du fonds pour information du Comité des finances locales[5]. En revanche, il revient à l'Agence de services et de paiement de percevoir lesdites cotisations.

En cinquième lieu, le décret du 29 juin 2016, pris pour l'application de la loi du 31 mars 2015, dispose, s'agissant de la commune, que les formations éligibles à la formation sont les formations relatives à l'exercice du mandat du conseil municipal et les formations contribuant à l'acquisition des compétences nécessaires à la réinsertion professionnelle à l'issue du mandat[6].

---

[1] Voir les art. 1 à 5 de l'ord. (n° 2021-45) du 20 janv. 2021 portant réforme de la formation des élus locaux.

[2] Loi (n° 2016-341) du 23 mars 2016 visant à permettre l'application aux élus locaux des dispositions relatives au droit individuel à la formation et relative aux conditions d'exercice des mandats des membres des syndicats de communes et des syndicats mixtes.

[3] Précision apportée par l'art. 1 II de la loi du 23 mars 2016 (n° 2016-341). Le décret (n° 2016-871) du 29 juin 2016 relatif à la cotisation des élus locaux bénéficiant d'indemnité de fonctions pour le financement du droit individuel à la formation des titulaires de mandats locaux, précise, notamment, que pour les élus municipaux, la cotisation inclut les majorations votées en fonction des caractéristiques de la commune dont relève l'élu.

[4] Les modalités de financement ont été renforcées par l'ord. (n° 2021-45) du 20 janv. 2021 portant réforme de la formation des élus locaux, en prévoyant que les collectivités peuvent participer au financement de formation des élus au titre du DIF. Mais si elles peuvent limiter leur participation financière par formation ou à un nombre de formation, elles sont tenues de respecter le plafond des frais pédagogiques fixé par décret.

[5] Art. 1er de la loi du 23 mars 2016.

[6] Cette modification est opérée par l'art. 1er du décret du 29 juin 2016 insérant l'art. R. 2123-22-1-A. et s. (commune), l'art. R. 3123-19-1 CGCT et s. (département) et R. 4195-19-4 et s. CGCT (région). Le décret modifie aussi l'art. R. 7125-25-1 et s. CGCT (Guyane), l'art. R. 7227-25-1 et s. (Martinique) et enfin l'art. R. 121-34 du code des communes de la Nouvelle-Calédonie. Lorsqu'elles s'inscrivent dans la perspective d'une réinsertion professionnelle, ces formations sont éligibles au titre du Compte Personnel de Formation. Toutefois, si les droits à la formation en vue de la réinsertion professionnelle à l'issue du mandat peut être cumulée avec ceux de la formation

Au demeurant, la demande de financement d'une formation liée à l'exercice du mandat, accompagnée d'un devis, doit être validée préalablement par l'organe exécutif de la collectivité. Les motifs de refus de la demande étant strictement encadrés, justifié en cela par ce que le législateur a entendu instituer un véritable droit à la formation des élus dont l'exécutif local ne peut user pour discriminer les membres de l'opposition.

La jurisprudence peu foisonnante permet cependant de relever qu'un refus par l'exécutif, aussi ordonnateur, ne peut être fondé sur ce qu'un autre organisme que celui retenu par l'élu dispenserait la formation à un coût moindre, dès lors que le coût de la formation n'est pas excessif et que le plafond de 20% du montant total des indemnités de fonction qui peuvent être allouées aux membres du conseil municipal est respecté[1]. Ou encore, le refus ne peut être motivé par le fait que la « formation ne présentait pas un intérêt pour le bon fonctionnement du conseil municipal et n'était pas en lien avec la délégation ou les missions particulières qui pouvaient [être confiées à l'élu] »[2]. Le refus ne peut pas non plus être motivé par le fait que le montant des crédits inscrits au budget prévisionnel serait insuffisant, dès lors que le coût de la formation n'aboutit pas à un dépassement du plafond de 20% sus-indiqué[3]. Enfin, le motif de l'appartenance politique de l'élu sollicitant la formation ne peut fonder un refus[4]. En revanche, ce refus peut reposer sur l'absence d'agrément de l'organisme sélectionné ou encore sur le fait que la formation demeure sans lien avec l'exercice du mandat.

Ultérieurement à la loi de 2015, des textes sont intervenus pour encadrer le coût des formations : comptabilisé initialement en heures, le DIFE l'est désormais pécuniairement, depuis un arrêté de 2020[5]. De plus, dorénavant, le coût de la formation ne peut excéder 80€ par heure et une formation ne peut

---

liée à l'exercice du mandat (droits élus), la formation peut et doit se tenir au maximum six mois après la fin du mandat, sauf si l'intéressé est à la retraite. Les formations susceptibles de participer à la réinsertion professionnelle des élus concernent les bilans de compétence, les actions d'accompagnement en vue de la création ou de la reprise d'entreprises, la préparation du permis de conduire, les actions de validation des acquis de l'expérience (VAE), les actions préparant aux certifications enregistrées au répertoire national des certifications professionnelles (RNCP) ou au répertoire spécifique (RS).

[1] CAA Marseille, 29 déc. 2014, *Commune de Mandelieu La Napoule*, n° 13MA00626.

[2] *Ibid.*

[3] TA de Toulouse 2 oct. 2009, *Madame Christine Argentin*, n° 0604435.

[4] CAA Bordeaux, 9 nov. 2010, *Commune de Fenouillet*, n° 10BX00359.

[5] Antérieurement, l'art. 1er du décret de 2016 avait instauré une comptabilisation en heures des droits de formation. L'art. 1er de l'arrêté du 29 juill. 2020 portant fixation du coût horaire maximal des frais pédagogiques exposés au titre du droit individuel à la formation des élus locaux y a substitué une comptabilisation pécuniaire fixée, initialement, à 100€ maximum par heure de formation. Ce montant a été abaissé à 80€ HT maximum par l'art. 1er de l'arrêté du 16 fév. 2021 portant fixation du coût horaire maximal des frais pédagogiques exposés au titre du droit individuel à la formation des élus locaux.

accueillir plus de 15 participants[1]. Par ailleurs, face au développement de la sous-traitance de la formation des élus, celle-ci a été encadrée. L'arrêté du 21 juin 2021 l'encadre désormais, en ne l'autorisant qu'entre organismes agréés et en la plafonnant à 20% puis à 45% du montant, hors taxes, des frais pédagogiques de la formation[2].

Le renforcement de la formation des élus locaux a été accompagné d'un renforcement de la gouvernance.

B. Une gouvernance modernisée (CNFEL et COR) par l'ordonnance du 20 janvier 2021

Le terme de « gouvernance » pour évoquer la modalité de gestion de la formation des élus locaux peut sembler inapproprié, dans la mesure où les instances qui sont analysées ci-dessous ne disposent pas de pouvoir de décision normative. Si la décision définitive est adoptée au niveau ministériel et au niveau de la collectivité dont relève l'élu, les institutions en cause exercent, néanmoins, un rôle central, dans la gestion de la formation des élus.

En dehors de la Caisse des dépôts et consignation qui veille à l'approvisionnement et au bon usage du fonds de financement, deux institutions interviennent de manière prépondérante : le Conseil national de la formation des élus (CNFEL), placé désormais auprès du Ministre chargé des collectivités territoriales (1) et le Conseil d'orientation (COR) nouveau venu dans cette évolution (2). Ces deux instances sont désormais dotées de missions renforcées participant à la modernisation de la gouvernance de la formation des élus.

1. Le CNFEL, un organisme chargé de l'agrément des instituts de formation

Créé par l'article 14 de la loi du 3 février 1992, le CNFEL est présidé par un élu local. Il est composé de personnalités qualifiées et, pour moitié au moins, de représentants des élus locaux.

---

[1] V. l'art. 3 de l'arrêté du 12 juill. 2021 portant diverses mesures applicables au droit individuel à la formation des élus locaux.

[2] Art. 4 de l'arrêté du 12 juill. 2021 portant diverses mesures applicables au droit individuel à la formation des élus locaux. Pour le calcul, la Direction générale des collectivités locales indique ainsi qu'il convient de « se référer au montant total facturé au titre de l'organisation et de la réalisation de la formation, hors taxes et hors frais annexes (restauration, transports ou hébergement pour le séjour des participants), en prenant en compte l'ensemble des participants. Le coût total facturé par ses sous-traitants à l'organisme donneur d'ordre ne doit pas dépasser 20% de ce montant ». Ce plafond a été porté à 45% par l'art. 1er 1° de l'arrêté du 24 fév. 2022. Ce calcul n'intègre pas le recours à un formateur extérieur, intervenant à titre personnel (avocat, expert...) pour dispenser la formation, *Règles relatives à la sous-traitance de la formation des élus locaux – Fiche pratique*, sur [https://www.collectivites-locales.gouv.fr/files/FPT/2.%20recrutement%20et%20formation/fiche_pratique_R%C3%A8gles_relatives_sous-traitance_formation_%C3%A9lus_locaux.pdf].

En premier lieu, s'agissant de sa composition initiale, l'article 1er du décret[1] du 16 novembre 1992 prévoyait que le CNFEL soit composé de quatorze membres comprenant paritairement sept élus locaux et sept personnalités qualifiées. Les membres étaient nommés par le ministre de l'Intérieur pour une durée de trois ans[2]. La désignation des élus locaux prenait en considération la taille des collectivités, tandis que les personnalités qualifiées comprenaient tant des membres du Conseil d'État, de la Cour des comptes que des universitaires. La composition du CNFEL avait ainsi pour but d'établir un cadre réunissant des membres d'horizons divers en lien avec les activités des collectivités locales. Par ailleurs, lors des réunions du CNFEL, la Direction générale des collectivités locales peut être représentée pour informer sur la situation du fonds de formation ou encore apporter des éléments venant éclairer les débats.

La loi de 1992 a confié deux missions au CNFEL : celle de définir les orientations générales de la formation des élus locaux et celle de donner un avis préalable sur les demandes d'agrément[3]. Le CNFEL est chargé, tout d'abord, d'émettre des avis, à destination du ministre des collectivités territoriales, sur les demandes d'agrément des organismes de formation des élus. Cet agrément étant indispensable pour la prise en charge, dans le cadre du DIFE, de la formation concourant exclusivement à l'exercice du mandat. Le ministre demeure la seule autorité compétente pour décider de l'attribution définitive de l'agrément. Néanmoins, il se rallie généralement à l'avis transmis par le CNFEL. Une décision implicite d'acceptation naît à l'issue d'un délai de quatre mois, lorsque le dossier de demande d'agrément est complet[4]. Lorsque le ministre fait sien l'avis du CNFEL, l'agrément est octroyé pour deux ans pour une première demande et pour quatre ans en cas de demande de renouvellement.

En deuxième lieu, annoncée par la loi[5] du 27 décembre 2019, l'ordonnance du 20 janvier 2021 portant réforme de la formation des élus locaux a instauré un nouvel aménagement aux compétences du CNFEL et a renouvelé les modalités de sa composition. Ce nouveau cadre a été précisé par le décret du 14 mai 2021 relatif à la gouvernance de la formation des élus locaux[6].

---

[1] Décret (n° 92-1206) du 16 nov. 1992 relatif Conseil national de la formation des élus locaux.

[2] Art. 1er du décret (n° 92-1206) du 16 nov. 1992. Bien entendu, la perte du mandat électif au titre duquel ils ont été désignés entraîne leur démission du conseil national (art. 2).

[3] Art. 14 II de la loi de 1992 (n° 92-108).

[4] Et non à partir du dépôt du dossier, car le CNFEL peut, à la suite du dépôt, solliciter des pièces complémentaires à l'organisme pétitionnaire. Si les pièces complémentaires sollicitées ne sont pas fournies par l'organisme, celui est destinataire d'une décision lui notifiant la clôture de l'instruction, CNFEL, *Rapport d'activité 2022*, fév. 2023, sur [https://www.collectivites-locales.gouv.fr/institutions/conseil-national-de-la-formation-des-elus-locaux-cnfel], p. 11.

[5] V. not., l'art. 105 I de la loi du 27 déc. 2019 relative à l'engagement dans la vie locale et à la proximité de l'action publique.

[6] Ord. (n° 2021-45) du 20 janv. 2021 portant réforme de la formation des élus locaux (ratifiée par la loi (n° 2021-771) du 17 juin 2021 ratifiant les ord. n° 2021-45 du 20 janv. 2021 et n° 2021-71 du 27 janv. 2021 portant réforme de la formation des élus locaux). V. l'art. 13 du décret (n° 2021-596) du 14 mai 2021 relatif à la gouvernance de la formation des élus locaux, à l'agrément des organismes de formation des élus locaux et à la mise en œuvre et au calcul de leur droit individuel à

Tout d'abord, le CNFEL est désormais placé auprès du ministre chargé des collectivités territoriales et non plus auprès du ministre de l'Intérieur[1]. En outre, le CNFEL comporte, désormais, vingt membres répartis dans deux collèges distincts : d'une part, le collège représentant les élus locaux, désignés après consultation des associations représentatives d'élus locaux, en fonction du type de collectivités, et notamment s'agissant des communes, du seuil de population[2] ; d'autre part, le second collège accueillant huit personnalités, en tant que membres du Conseil d'État, de la Cour des comptes, de l'inspection générale de l'administration, de l'inspection générale des affaires sociales, d'universitaires et de deux personnalités qualifiées[3].

Ensuite, à compter du 1er janvier 2022, s'il continue à émettre des avis sur les demandes d'agrément, aux termes des deux nouveaux textes adoptés, le CNFEL voit ses missions étayées par l'émission de nouveaux avis. D'une part, ceux-ci portent sur la valeur des droits individuels à la formation acquis chaque année par les élus locaux pour une durée de trois ans, sur le montant maximal des droits susceptibles d'être détenus par chaque élu[4], sur le nombre maximal de participants par session de formation liée à l'exercice du mandat financée en tout ou partie par le droit individuel à la formation des élus locaux. D'autre part, informé par le gestionnaire du fonds de formation, en l'occurrence la Caisse des dépôts et consignation, il veille à ce que les cotisations versées au fonds fournissent des ressources suffisantes pour couvrir l'ensemble des dépenses du fonds, en proposant au ministre une adaptation du plafond pris en charge au titre de la formation notamment, du coût horaire maximal des formations éligibles au droit individuel à la formation des élus locaux[5] ou encore une adaptation du nombre maximal de participants par session de formation liée à l'exercice du

---

la formation, pris pour l'application de l'ordonnance précitée et codifié à l'art. R. 1621-7 CGCT. Pour la Nouvelle-Calédonie, V. l'ord. (n° 2021-71) du 27 janv. 2021 portant réforme de la formation des élus des communes de la Nouvelle-Calédonie.

[1] Art. 10 de l'ord. (n° 2021-45) et art. 5-1° du décret (n° 2021-596), codifié à l'art. R. 1221-7 CGCT.

[2] Antérieurement le CNFEL était composé de 24 membres ; V. l'art. 1er 1° du décret (n° 2021-596) du 14 mai 2021 relatif à la gouvernance de la formation des élus locaux, à l'agrément des organismes de formation des élus locaux et à la mise en œuvre et au calcul de leur droit individuel à la formation, pris en application de l'art. 10 de l'ord. (n° 2021-45) du 20 janv. 2021 portant réforme de la formation des élus locaux. L'art. 1er 4° du décret intègre les représentantes des ECPI au sein des représentants des communes.

[3] Art. 1er 2° du décret (n° 2021-596) du 14 mai 2021 préc. Par ailleurs, l'art. 3-I du décret (n° 2021-596) précise qu'un représentant de la Caisse des dépôts et un représentant du ministre chargé des collectivités territoriales assistent aux réunions du CNFEL. Si l'art. R. 1221-6 CGCT, pris en application du décret, précise que ni l'un ni l'autre n'ont voix délibérative lors de ces réunions, en pratique le premier y dispose d'une voix consultative, tandis que le second n'y dispose de voix ni consultative ni délibérative.

[4] Art. 8 de l'ord. (n° 2021-45) du 20 janv. 2021 portant réforme de la formation des élus locaux et art. 13-I-2° du décret (n° 2021-596) codifié à l'art. R. 1621-1 CGCT.

[5] Art. 8-3° de l'ord. (n° 2021-45), codifié à l'art. L. 1621-3 CGCT.

mandat financée, en tout ou partie, par le droit individuel à la formation des élus locaux[1].

Par ailleurs, l'article 12 de l'ordonnance[2] de 2021 aménage une procédure de suspension de l'agrément délivré à un organisme de formation. La suspension est prononcée par le ministre chargé des collectivités territoriales sur avis du CNFEL. Elle est encourue à titre conservatoire pour une durée maximale de quatre mois, après mise en demeure, si l'organisme n'a pas respecté ses obligations, s'il ne remplit plus les conditions qui ont prévalu à l'octroi de l'agrément, si des doutes sérieux subsistent quant à sa gouvernance ou la qualité de ses prestations, ou, enfin, s'il n'a pas transmis son rapport annuel d'activité[3]. La suspension de l'agrément peut aboutir à son abrogation par le ministre chargé des collectivités territoriales, après avis du CNFEL[4].

Enfin, le CNFEL se prononce sur les propositions du Conseil d'orientation, nouvellement mis en place par l'ordonnance. Au surplus, sollicité par le gouvernement, il peut formuler un avis sur tout projet de texte relatif à la formation des élus locaux[5]. Enfin, le CNFEL est tenu d'établir, chaque année, un rapport annuel relatif à ses travaux, lequel comporte aussi un bilan de la gestion du droit individuel à la formation des élus locaux[6].

Concrètement, le CNFEL se réunit, en moyenne, une fois toutes les six semaines, en intégrant les périodes de vacances scolaires[7]. S'il se réunit à la demande du ministre chargé des collectivités, des séances supplémentaires peuvent être organisées, à la demande de son président et à celle de la majorité des membres. Elles servent surtout à répondre à un afflux ponctuel de demandes d'agrément ou à examiner des avis du Conseil d'orientation (COR) ou encore à examiner des questions d'ordre général se rapportant à la formation des élus.

2. Le COR, un organisme chargé du répertoire des formations

Le COR a été institué par l'ordonnance[8] du 20 janvier 2021. La nécessité de délimiter les formations susceptibles de concourir à l'exercice du mandat s'est imposée aussi bien auprès des organismes de formation, désireux d'orienter au

---

[1] Art. R. 1621-7 CGCT pris en application de l'art. 13 du décret n° 2021-596.

[2] Disposition codifiée à l'art. L. 1221-3 CGCT, lui-même modifié par l'art. 13 de la loi (n° 2021-771) du 17 juin 2021 ratifiant les ord. n° 2021-45 du 20 janv. 2021 et n° 2021-71 du 27 janv. 2021 portant réforme de la formation des élus locaux.

[3] L'exigence d'un rapport annuel d'activité que l'organisme doit adresser a été insérée par l'article 13-2° de la loi n° 2021-771.

[4] Art. 10 du décret n° 2021-596, codifié à l'art. R. 1221-21-2 CGCT.

[5] Art. 11 et 12 de la loi (n° 2021-771) du 17 juin 2021 ratifiant les ord. n° 2021-45 du 20 janv. 2021 et n° 2021-71 du 27 janv. 2021 portant réforme de la formation des élus locaux ; codifiés à l'art. L. 1221-2 CGCT.

[6] Ces évolutions projetées par l'art. 10 de l'ord. de 2021 ont été concrétisées par l'art. 6 du décret (n° 2021-596) du 14 mai 2021 sus-énoncé, codifié à l'art. R. 1221-9 CGCT.

[7] Rapport d'activité 2022.

[8] V. not., l'art. 11 de l'ord. (n° 2021-45) du 20 janv. 2021 codifiant les art. L. 1221-1 et L. 1221-2 CGCT.

mieux leurs demandes d'agrément ou de renouvellement, qu'auprès des instances nationales chargées de la gestion de la formation des élus locaux. Cela incitait à cerner les formations farfelues[1]. La réalisation de cet objectif a été confiée au COR, chargé d'établir un répertoire des formations.

L'article 11 de l'ordonnance précitée place le COR auprès du CNFEL. La composition du COR a été précisée par le décret[2] du 14 mai 2021. Il est composé de neuf membres, nommés par le ministre chargé des collectivités territoriales, pour trois ans renouvelables, parmi des élus locaux, des experts et des personnalités qualifiées. Il est présidé par un membre du CNFEL, élu local et autre que le président-même du CNFEL. Étonnamment, contrairement à la composition du CNFEL, celle du COR intègre, obligatoirement, parmi les personnalités qualifiées, la désignation d'élus des collectivités des articles 73 et 74 de la Constitution ou de la Nouvelle-Calédonie[3]. Par ailleurs, cette composition est innovante, en ce qu'elle intègre la représentation des organismes chargés de dispenser lesdites formations, lesquels n'avaient pas été intégrés dans la composition du CNFEL. Enfin, un représentant des services du ministre chargé des collectivités territoriales et un représentant du gestionnaire du fonds du droit individuel à la formation (Caisse des dépôts et consignations) assistent aux séances du COR sans voix délibérative.

Le COR se réunit « à la demande du ministre chargé des collectivités territoriales, ou du CNFEL. Des séances supplémentaires peuvent être tenues, à la demande du président ou de la majorité de ses membres »[4]. Son rôle vise principalement, à travers ses avis, à promouvoir la qualité des formations et à définir les modalités d'évaluation de la qualité des formations relevant de ce répertoire. Les avis peuvent être émis selon deux modalités. Soit le COR émet des avis au CNFEL, celui-ci n'émettant, à son tour, que des avis au ministre chargé des collectivités territoriales. Soit le COR émet ses avis directement au ministre chargé des collectivités territoriales. Dans l'un ou l'autre cas, la décision définitive relève de la compétence du ministre. L'avenir permettra de relever dans quelle mesure le ministre fait siennes les propositions contenues dans les avis du COR.

À ce jour les travaux du COR ont permis l'adoption d'un premier répertoire, conformément à l'ordonnance et au décret de 2021. Le ministre a fait sien l'essentiel des préconisations de ce répertoire, lequel a été publié[5] en avril 2023.

---

[1] Ainsi, des demandes d'agrément ont pu proposer des formations relevant de la gestion de la voix par le chant.

[2] V. les art. 7 et 8 du décret n° 2021-596 du 14 mai 2021 relatif à la gouvernance de la formation des élus locaux, à l'agrément des organismes de formation des élus locaux et à la mise en œuvre et au calcul de leur droit individuel à la formation, codifié à l'art. R. 1221-1 CGCT.

[3] Art. 7 du décret de 2021 (n° 2021-596) modifiant l'art. R. 1221-1 CGCT.

[4] Art. 7 du décret de 2021 (n° 2021-596), codifié à l'art. R. 1221-27 CGCT.

[5] V. l'arrêté du 13 avril 2023 relatif au répertoire des formations liées à l'exercice du mandat d'élu local.

Le répertoire est construit autour de six principaux domaines pédagogiques, à savoir :

1. Management / Ressources humaines,
2. Finances/Fiscalité/Budget/Comptabilité,
3. Communication,
4. Développement et Aménagement du territoire / Transition écologique,
5. Politiques publiques et actions locales,
6. Les fondamentaux du mandat

Ces domaines pédagogiques étant eux-mêmes déclinés en plusieurs matières.

Incontestablement, le cadre juridique de la formation des élus s'est densifié. Néanmoins, des questions demeurent.

En premier lieu, si les motifs de retrait de l'agrément sont désormais précisés, le contrôle des organismes de formation effectué par la Caisse des dépôts et consignation demeure perfectible. D'une part, celui-ci s'effectue en principe sur pièces : la Caisse des dépôts sélectionne ainsi un panel d'organismes qu'elle contrôle annuellement. Le contrôle sur place est rarissime et surtout il se déroule après information préalable de l'organisme concerné. Si des contrôles improvisés sur place sont à préconiser, leur perspective de concrétisation reste peu probable, eu égard au nombre d'agents qu'il faudrait mobiliser. D'autre part, en dépit du répertoire des formations, désormais en vigueur, l'évaluation de la qualité même du contenu des formations reste difficile à appréhender. D'abord, cette évaluation peut s'opérer au moment de l'appréciation de la demande d'agrément par le CNFEL. Mais le doute subsiste : la qualité du contenu de la formation ne dépend-elle pas aussi de l'ingéniosité de l'organisme à bien structurer son dossier de demande d'agrément, dès lors qu'il n'y a quasiment pas de contrôle sur place ? Ensuite, les critères de la qualité sont à déterminer. Car si les élus sont tenus de renseigner, auprès de l'organisme, un formulaire de satisfaction à l'issue de la formation, tel élu, ayant déjà une certaine expérience en politique, peut s'avérer plus exigeant sur la qualité d'une formation, que tel autre élu débutant en politique, lequel, rassuré de disposer des rudiments, pourrait se trouver commodément satisfait. Par ailleurs, si la qualité des formations peut s'opérer à l'occasion du rapport annuel d'activité que les organismes sont tenus, dorénavant, de fournir[1], les observations précédentes préservent, aussi à ce stade, leur pertinence. Au demeurant, les élus peuvent participer à l'évaluation de la qualité des formations dispensées, en faisant remonter, directement auprès de la Caisse des dépôts, leurs observations et critiques sur celles-ci, pour l'inciter à un éventuel contrôle de l'organisme.

En deuxième lieu, la question demeure, en l'absence de contrôle sur place des organismes de formation, de s'assurer que l'élu a effectivement participé à

[1] Art. 11 du décret du 14 mai 2021 (n° 2021-596), codifié à l'art. R. 1221-22 CGCT, énonçant les éléments que ce rapport doit établir.

une formation effectivement assurée. Il convient d'entendre par là : est-ce effectivement l'élu inscrit à la formation qui y a participé ou en a-t-il fait bénéficier une tierce personne[1] ? Ou encore, la formation dispensée a-t-elle effectivement correspondu à ce qui était annoncé. Ou aussi, la formation est-elle effectivement dispensée par les formateurs annoncés dans la demande d'agrément ?

En troisième lieu, il conviendrait d'analyser, sur le long terme, dans quelle mesure la compétence du COR ne vient pas quelque peu encadrer la liberté de choix de formation dont disposent les élus, dès lors que, désormais, leur choix de formation doit intégrer le référentiel du répertoire établi par cet organisme. Car si le répertoire des formations poursuit, en réalité, deux objectifs, à savoir, d'une part, renforcer la qualité des formations en évacuant celles qui seraient superflues et, d'autre part, maîtriser les dépenses qui en résultent afin de préserver les deniers publics abondant le fonds de formation, il convient d'être attentif à ce que l'évolution ne traduise pas une prééminence du second objectif aboutissant à une limitation dans le choix des formations.

La réforme de la formation des élus opérée par l'ordonnance de 2021 est relativement récente. Entrée en vigueur en 2022, elle n'a probablement pas encore produit tous ses effets. Le rapport d'activité annuel publié par le CNFEL en 2024 porte sur l'année 2022, première année d'application de la réforme. Néanmoins les enseignements suivants peuvent être tirés.

D'un côté, le rapport d'activité fait état de 77 484 élus locaux ayant bénéficié d'une formation en 2021[2]. Mais cette donnée n'offre pas de vue précise sur la formation des élus dans la perspective de l'exercice du mandat, et pour lequel un agrément délivré après avis du CNFEL est exigé. Elle centralise l'ensemble des formations quel que soit le mode de financement[3]. Néanmoins, le rapport indique aussi, « qu'au 31 décembre 2022, 17 133 dossiers de formation avaient été financés par le fonds DIFE dont 72% liés à l'exercice du mandat et 28% à la

---

[1] La Caisse des dépôts ayant ainsi relevé une pareille situation.

[2] La Commission des lois du Sénat rapporte, de son côté, s'agissant de la formation sans lien avec l'exercice du mandat que « depuis la mise en place de la plateforme "Mon Compte Élu" en janvier 2022, 21 000 élus locaux ont mobilisé leur droit à la formation individuelle, soit seulement environ 5% des élus locaux1 », *L'essentiel sur... la proposition de loi portant création d'un statut de l'élu local*, sur [https://www.senat.fr/dossier-legislatif/ppl23-263.html], p. 4. Dans sa tribune, P. Camus critique le manque de transparence réelle sur ces données jusqu'à l'avis n° 20210758 rendu par la CADA le 25 mars 2021 à la suite de l'interpellation d'un journaliste. D'autant plus que, depuis lors, « les données demeurent partielles, puisqu'elles ne concernent pas les formations financées par les collectivités locales » : « Formation des élus : toujours pas de transparence sur les données », sur [https://www.lagazettedescommunes.com/924350/formation-des-elus-toujours-pas-de-transparence-sur-les-donnees/]

[3] Qu'il s'agisse de formations financées par les collectivités territoriales/locales, dans le cadre du DIF réservé à l'exercice du mandat ou dans sa partie servant à la réinsertion professionnelle, CNFEL, *op. cit.*, p. 24.

reconversion/réinsertion professionnelle »[1]. La volonté des élus de se former dans la perspective de l'exercice de leur mandat est donc notable.

D'un autre côté, une grande disparité dans la localisation des organismes sur le territoire est à souligner. En 2022, si 236 organismes agrées sont comptabilisés, sans grand étonnement, l'origine géographique des demandes d'agrément fait prédominer la région Île-de-France, avec 32% dont 21,4% pour la seule collectivité Ville de Paris. Tandis que les régions de Bretagne et de Corse totalisent péniblement, chacune, 1% et les régions Centre-Val de Loire et Grand-Est, respectivement, 2%. Il peut en être aisément déduit que les territoires ruraux sont très mal lotis en offres de formation, tandis que les territoires ultra-marins semblent délaissés à ce stade[2]. D'autant plus que le rapport établi par le Sénat, en 2018, et qui a en partie inspiré l'adoption de l'ordonnance de 2021, soulignait que « Paradoxalement, ce sont précisément les élus du bloc communal, en particulier ceux des petites communes, avec des moyens souvent limités, qui ont un besoin renforcé de formation dans des domaines souvent très techniques (urbanisme, environnement). »[3] Il conviendrait de cerner dans quelle mesure ces petites communes s'intègrent dans le maillage national formé par les organismes de formation.

Par ailleurs, étonnamment, le rapport ne semble pas s'intéresser à la question du genre dans la formation des élus, alors même que la doctrine a relevé que les hommes suivent plus de formations que les femmes, alors que celles-ci auraient de fortes demandes[4].

En définitive, si l'adoption de l'ordonnance de 2021 poursuivait deux objectifs, améliorer la qualité des formations et maintenir le fonds du DIFE en équilibre, ce second objectif est incontestablement atteint. Ainsi, le rapport d'activité 2022 établi par le CNFEL énonce que, sur le plan budgétaire, « l'équilibre est atteint avec des engagements à hauteur de 10,5 millions d'euros, des recettes s'établissant à 19,6 millions et des paiements à 19,5 millions d'euros. La situation du fonds au 31 décembre 2022 est excédentaire avec un solde positif d 8,5 millions »[5].

Il semble, au-delà de la perspective financière, que la formation des élus locaux doive désormais orienter ses objectifs sur la formation des élus issus des

---

[1] *Ibid.*, p. 26.

[2] *Ibid.*, p. 13. Au demeurant, il y a lieu de souligner, au 31 déc. 2022, que 17 départements ne disposent pas d'organisme agréé y ayant son siège, notamment, la Creuse, l'Ain, le Gard, la Guadeloupe et Mayotte, tandis que le Lot ne dispose que d'un seul organisme, *Ibid.*, p. 21-22. Si cela peut sembler de faible importance, dès lors que l'agrément est de portée nationale, cela interroge néanmoins sur la situation de l'Outre-mer, notamment sur celle de Saint-Pierre-et-Miquelon et Wallis-et-Futuna qui ne dispose d'aucun organisme agréé.

[3] Sénat, *Faciliter l'exercice des mandats locaux : la formation et la reconversion*, Rapport 2018, p. 24 et p. 30. V. déjà, Sénat, *La formation des responsables locaux : un enjeu pour nos territoires*, Rapport 2012.

[4] M. Navarre, « Les inégalités dans la formation des élus locaux », *Formation emploi*, 2014/4, n° 128, p. 65-79.

[5] CNFEL, *op. cit.*, p. 26.

collectivités rurales ou ultra-marines ou encore prendre en considération la situation des femmes, si l'on veut, non seulement promouvoir un équilibre des territoires en la matière, mais aussi une meilleure égalité homme-femme dans l'accès dans la vie publique et l'exercice du mandat politique. Cette voie doit être approfondie à l'occasion des discussions en cours en vue de l'adoption des deux propositions de lois actuellement portées à la discussion et relatives au statut de l'élu local[1], si l'on accède à l'idée soutenue par Max Weber que la politique est devenue un métier. De sorte que la représentativité s'y déploie sous toutes ces facettes et participe ainsi à renforcer la démocratie contemporaine.

---

[1] V. ainsi la proposition de loi (n° 263 – 2023-2024) portant création d'un statut de l'élu local, déposée le 18 janv. 2024 par les sénateurs, disponible sur [https://www.senat.fr/dossier-legislatif/ppl23-263.html], et la proposition de loi n° 2151 portant réforme du statut de l'élu local, déposée par les députés de la majorité, le 6 fév. 2024. Mais aussi les deux rapports qui ont précédé ces propositions de loi, tous deux enregistrés auprès du Sénat le 14 déc. 2023 : *Rapport n° 215 relatif à l'engagement dans le mandat local et l'amélioration des conditions de son exercice ; Rapport n° 216 relatif à la sortie de mandat des élus locaux.*

Maires, présidents et préfets : corps conducteurs du pouvoir symbolique de l'action locale ?

Pierre ALLORANT
Doyen de la Faculté de droit d'Orléans - CRJ Pothier

L'exécutif local a longtemps été tenu en France dans la même main : celle du préfet, censé « administrer seul » le département, et nommer, ou proposer à la nomination du ministre de l'Intérieur, maires et adjoints. Ainsi le corps préfectoral, seul grand corps au contact direct des populations provinciales, a incarné l'État sur le territoire, soit directement, soit par « procuration d'action » selon la belle formule de Roederer dès l'an VIII. Le corps des magistrats municipaux, malgré ses antécédents dans les « Bonnes villes », a acquis ses lettres de noblesse tardivement et inégalement, même si l'Empire accorde le titre de baron au maire de chaque grande cité. Bénévolat et dépendance au pouvoir central l'emportent jusqu'à la Troisième République, moment où, en dépit du traumatisme de la Commune de Paris, dissuasif de toute ouverture décentralisatrice, les lois de 1871 et de 1882-84 rendent enfin visibles les exécutifs municipaux et l'ébauche d'incarnation de l'assemblée départementale que se disputent le Président du conseil général et le Président de la commission départementale, cette « seringue plantée dans le derrière de ses préfets » que Thiers déplore avec délicatesse. Quant aux présidents de région, leur importance protocolaire a été tardive et progressive à partir de leur onction démocratique en 1986, leur notoriété étant davantage fondée sur leur cumul avec d'autres fonctions municipales et nationales, de Jacques Chaban-Delmas à Gaston Defferre. Dans le cadre de cette communication j'évoquerai essentiellement l'autorité symbolique des préfets, qui à mesure des lois décentralisatrices, fait une place aux exécutifs territoriaux.

Qu'est-ce qu'un pouvoir symbolique ? Où trouve-t-il sa source et comment s'exerce-t-il ? Les cadres de l'administration territoriale de la France étant pérennes depuis le Consulat, les incarnations des exécutifs locaux ont-ils connu une évolution de leur statut et de leur aura proportionnelle à celle de leurs compétences juridiques ? Je me suis attaché à ces questions depuis deux décennies, étudiant le décalage entre la théorie juridique et les réalités quotidiennes de l'exercice du pouvoir administratif d'un président de conseil général, d'un maire, d'un sous-préfet et d'un préfet depuis le XIXe siècle. Faire le point n'est pas inutile au moment où l'historiographie se déploie sur les femmes, les temps de crise et d'exception, et l'actualité de la fin des corps au sein de la haute fonction publique, mais aussi du retour des sous-préfets comme signe adressé à des territoires ruraux que l'État ne les oublie pas et entend réinvestir le champ de l'action publique locale, au minimum de l'écoute et de la remontée d'informations[1]. Pierre Karila-Cohen a renouvelé l'approche en partant des notions d'autorité, de rôle, de représentation, et d'étude du protocole et du pouvoir symbolique[2]. Ainsi, recevant récemment son épée d'académicien, Pascal Ory relevait qu'il n'y a pas de rituel sans ordonnance et a confié préparé un ouvrage sur « les emblèmes, les monuments et les rituels » de la politique, pas très loin du plan des *Lieux de mémoire* tracé il y a quatre décennies par Pierre Nora[3].

I. Les lieux des pouvoirs locaux

A. Chefs-lieux de pouvoir

Le pouvoir est en premier lieu perceptible à travers un bâtiment. Comme la justice avec ses palais, et parfois dans le même lieu comme la sous-préfecture et le tribunal de Gien cohabitant au château, la puissance de l'État se déploie à partir des lieux centraux et d'hôtels à l'architecture prestigieuse. L'hôtel de préfecture contribue, au premier regard ou contact, à faire saisir par les administrés, l'autorité, le prestige, la puissance de l'État par la médiation du logement administratif de son représentant. Par imitation, en 1982-1986, les observateurs ont relevé avec ironie ou indignation les chantiers pharaoniques ouverts par les nouveaux exécutifs départements et régionaux. Interrogeant le premier Président du Conseil général du Loiret émancipé de la tutelle *a priori*, j'avais été marqué par sa réponse à ma question sur le fait marquant à ses yeux du tournant de la décentralisation ; la réponse avait fusé : « J'ai bâti l'hôtel du département et piqué son cuisinier au préfet ! »[4] Quant aux mairies, longtemps inexistantes dans les villages, mais majestueuses dans les chefs-lieux, leur construction a accompagné la reconnaissance de leur intérêt public de Guizot à Ferry, sortant archives et exécutif du château ou de la demeure privée où les intérêts privés et publics étaient confondus[5], comme ce ne serait plus envisageable aujourd'hui, même à proximité de La Défense…

B. Itinérance : aller au contact pour administrer de près

L'affirmation du monopole de l'administration sur l'étendue du département était un vœu pieu de l'an VIII, irréalisable malgré le découpage révolutionnaire des généralités. En représentation, le préfet est un « lieu-tenant » du pouvoir d'État, un substitut. En ce sens, la déconstruction opérée par Daudet dans le

---

[1] *Le Monde* du 13 oct. 2022.

[2] P. Karila-Cohen, *Monsieur le Préfet. Incarner l'État dans la France du XIXe siècle,* Champ Vallon, collection « Époques », 2021.

[3] É. François et T. Serrier, *Lieux de mémoire européens*, La Documentation française, 2012, 64 p. « Avant-propos » de P. Nora.

[4] P. Allorant, *Le Président du Conseil général du Loiret (1871-1982)*, PUO, 2003.

[5] P. Allorant, *Le corps préfectoral et les municipalités dans les départements de la Loire moyenne au XIXe siècle (1800-1914)*, PUO, 2007.

fameux *Sous-préfet aux champs*, inverse le triptyque « tournée, tenue officielle, discours », mettant à nu le poète derrière le fonctionnaire. En plus du relais des sous-préfets, l'autorité préfectorale, avant tout de représentation, a le devoir de se déplacer pour se montrer, comme le rappellent périodiquement les circulaires ministérielles. Car les exécutifs locaux, y compris préfectoraux, ne sont pas seuls, ils agissent sous le regard vigilant de la direction de l'administration municipale et départementale jusqu'à notre Direction Générale des Collectivités Locales, de Guizot, toujours lui, à Didier Lallemand, ancien directeur de cabinet de Jean-Pierre Sueur au Secrétariat d'État aux collectivités territoriales en 1992[1]. Pour tenir la main aux milliers de maires ruraux perdus devant le Bulletin des lois et le compte-rendu des arrêtés de la préfecture, le sous-préfet est là au quotidien, il réunit les maires de village au chef-lieu de canton pour les former et les informer, il les invite à souper avec lui après le conseil d'arrondissement, à l'instar du préfet à l'issue de la session du Conseil général. Tournées et conférences complètent un dispositif qui, surtout après 1830, se déploie comme une *École des communes* à distance, à base de journaux, d'abonnements, de guides-formulaires à destination des secrétaires de mairie[2].

II. Figures d'incarnation

A. Représenter : tenir rôle et rang, protocole et préséance

Il y a 150 ans, le grand républicain Pierre Larousse, qui n'aime guère les « préfets à poigne » du Second Empire puis de l'Ordre moral, définit le protocole comme « l'ensemble des règles établies en matière d'étiquettes, d'honneurs, de préséances, dans les cérémonies officielles », et également le « service chargé de les appliquer ». Or, pour le grand public, le préfet est depuis 223 ans une incarnation, tardivement féminisée, habitant un palais, arborant un grand uniforme et tenant le premier rang des manifestations publiques officielles avec un charisme mâtiné de proximité, une distance mêlée de volonté de séduire. Pour paraphraser Foucault, le préfet c'est à la fois surveiller et informer, les mots et les tournées, l'usage des plaisirs et des jours provinciaux et la volonté de savoir plaire et « faire aimer » le gouvernement. Surtout dans les départements ruraux, le préfet est le médecin généraliste de l'administration et là aussi, la désertification des sous-préfectures génère sentiment d'abandon des populations, bonnets rouges, gilets jaunes et colère noire. L'autorité préfectorale, loin d'être martiale, est la capacité d'influencer l'opinion locale et de faire aimer le gouvernement qui compte, « l'art de plaire » aux populations selon le titre d'un manuel destiné aux préfets en… 1852, donc l'année d'un coup

---

[1] P. Allorant (dir.), *La Direction Générale des Collectivités Locales, deux siècles d'histoire, 40 ans de décentralisation*, Ministère de l'Intérieur, 2022, 202 p.

[2] V. sur ce point les développements neufs et pertinents de Florian Mellinger, *Centralisateurs, centralisation et réformes de l'administration locale sous la Monarchie de Juillet,* thèse soutenue à Lettres Sorbonne Université, sous la direction du Professeur Éric Anceau, 22 juin 2023, 954 p.

d'État antiparlementaire, réalisé au nom du peuple. Autre difficulté, le préfet doit réaliser un apprentissage, une familiarisation en terres étrangères que sont par exemple celles hostiles du Midi pour le baron Haussmann[1]. En 1901, Gabriel Hanotaux saisit parfaitement l'évolution de l'autorité préfectorale en République : « Organe du gouvernement, instrument d'un parti, porte-parole de la région qu'il administre, le préfet est obligé de manier, ménager, concilier tous les sentiments, tous les intérêts et toutes les convoitises qui se heurtent autour de lui ou qui se précipitent vers lui ou sur lui. » Le « moment Clemenceau », le premier, 1906-1909, celui du « Premier flic de France », est ici décisif : son bras droit Georges Maringer, directeur de l'administration départementale et communale, fixe le protocole en accordant la préséance au pouvoir civil du préfet[2].

B. Endosser le costume : faire voir et entendre l'État

L'usage du costume prestigieux, proche de l'uniforme militaire, élément de la théâtralité du pouvoir selon Georges Balandier, a contribué au respect des populations. Le costume préfectoral fait l'objet de circulaires qui insistent sur la considération sociale due à travers eux à l'État. Le port d'un costume d'apparat « en impose » aux administrés : « habit bleu, veste, culotte ou pantalon blancs, collet, poches et parements de l'habit brodés en argent, écharpe rouge frangée d'argent, chapeau français brodé en argent, une arme ». La tenue est allégée en 1814, renforcée en 1852, modulée selon les occasions en grande tenue et petite tenue en 1873 et 1878, assortie d'une plume blanche sur le chapeau en 1907.

La capacité du préfet à bien porter le costume (pas l'uniforme), à adopter une posture et une attitude conforme aux attentes, à recevoir avec goût mais sans ostentation, à s'exprimer clairement tout en restant accessible à des élus ruraux longtemps dépourvus d'instruction supérieure et de connaissance des usages mondains est évaluée. Ce « droit ou pouvoir de commander, de se faire obéir » impose des modalités particulières en République selon les auteurs militants, dont Garnier-Pagès, du *Dictionnaire politique* de 1842, alors que dans les gouvernements de fait, « on trouve beaucoup d'autorités, mais aucune Autorité » légitime[3]. La Révolution française place la question de l'inquiétude sur l'autorité au centre, dans un contexte d'instabilité de toutes les institutions et de « rejet de toute autorité ou supériorité » selon Tocqueville. Si 1789 n'a laissé que des grains de sable, selon l'ancien conventionnel Thibaudeau devenu préfet, les masses de granit sont d'autant plus indispensables. Car l'autorité n'est plus acquise, elle est à construire en l'an VIII, contestée par ceux qui ne veulent pas

---

[1] G.-E. Haussmann, *Mémoires du Baron Haussmann*, Victor-Havard Éditeur, 1890, 3 vol., t. 1 : *Avant l'Hôtel de Ville*, 587 p.

[2] P. Allorant, « L'empreinte du gouvernement Clémenceau et la marque de Maringer (1906-1909) », *in* P. Allorant (dir.), *La Direction Générale des Collectivités Locales, deux siècles d'histoire, 40 ans de décentralisation*, *op. cit.*, p. 50-60.

[3] E. Garnier-Pagès, *Dictionnaire politique*, 1842.

comprendre l'ampleur de la rupture consulaire, d'abord en interne à l'administration locale : les premiers préfets ont du mal à convaincre leurs propres conseillers de préfecture que le temps de la collégialité est passé, et que leur exigence de contreseing de tous les actes du préfet est inadmissible. De même les secrétaires généraux, inchangés parfois depuis la subdélégation d'intendance (à Chartres, à Châteauroux) ont tendance à considérer que les préfets horsains passent, et que la pérennité administrative s'incarne dans les services qu'eux-mêmes dirigent. C'est aussi que conseillers de préfecture, secrétaires généraux et sous-préfets sont nommés directement par le Premier Consul. Maires et conseillers généraux savent qui les a proposés au pouvoir central, voire directement nommés, donc l'autorité est immédiatement comprise, et les désaccords se règlent par démission davantage que par suspension préfectorale ou révocation ministérielle, rares faute de candidats de substitution fiables et compétents.

III. Moments de contacts et de cristallisation

A. Fêtes et voyages officiels

Plus le chef-lieu d'arrondissement ou de département est modeste, plus l'activité, les sorties et les réceptions du couple préfectoral sont scrutées avec passion. Dîner d'élus et de notables à l'hôtel de préfecture dans le sillage de la session du conseil général ou d'arrondissement, bal, tournée d'inspection des communes ou de révision, le moindre déplacement est relaté dans la presse locale, loué ou critiqué pour son faste, la présence ou l'absence de telle fraction de l'aristocratie, surtout sous la monarchie de Juillet, les mots supposés avoir été échangés, les tensions ou conflits entrevus entre le général commandant la place, l'évêque, le recteur, le premier président et le procureur, l'ingénieur des travaux publics et le préfet. Les fêtes de Jeanne d'Arc fournissent toute la gamme de tels conflits de préséance en y ajoutant les « Précieux ridicules » de l'Université... Relisons l'hilarante description « guêpine » – entendez l'esprit piquant de l'ironie orléanaise – de Jean Zay, chroniqueur dans une revue littéraire d'avant-garde de cette *Comédie humaine*[1]. Mais en 1938-1939, face aux périls, il mobilise préfets et maires, de la commémoration du centenaire de Gambetta aux 150 ans de la Révolution.

B. Banquets, réceptions, bals, décorations : choyer les exécutifs locaux

Surtout en temps de crise, la République s'appuie et se ressource sur les exécutifs locaux, principalement municipaux : les banquets monstres des expos de 1889 et 1900 (12 000 et 22 000 couverts pour 44 000 maires) témoignent de

---

[1] « Le 8 mai, tous les ans, une inexorable fatalité précipite sur le pavé d'Orléans des généraux et des archevêques, des gymnastes et des conseillers municipaux pêle-mêle ». J. Zay, « Chronique », *Le Grenier*, n° 4, juin 1925, p. 77-79.

la force de la « République au village »[1]. Plus quotidiennement, les réceptions à la préfecture entretiennent l'entente cordiale et les bals réconcilient, mixent les élites et tentent d'apaiser les divisions de partis. Dans cette entreprise de séduction, l'épouse joue plus que le « second rôle », et les préfets « garçons » ont bien du mal à faire oublier leur handicap. Toutefois, la convivialité préfectorale n'est en rien une neutralité, les préfets de l'entre-deux-guerres ont soin de se déclarer eux-mêmes « radicaux de gouvernement » et n'usent du « cher ami » dans leur correspondance qu'avec les élus du vieux parti valoisien qui monopolise la place Beauvau, se divisant entre la clientèle des frères Sarraut (dont le prometteur sous-préfet René Bousquet) et celle de Camille Chautemps. Loin du chef-lieu, tournées, conférences et visites de communes participent activement à concrétiser l'attention de l'État au sort des administrés ordinaires, tout particulièrement lors des crises telles les inondations décennales catastrophiques de la Loire de 1846, 1856 et 1866. Ces événements tragiques fournissent au pouvoir l'opportunité de déployer ses armes de séduction des élites locales en reconnaissant les mérites particuliers des notables municipaux physiquement courageux ou efficaces dans l'organisation des secours. Deux instruments sont privilégiés pour récompenser le zèle des administrateurs locaux : la délivrance d'une décoration, voire l'entrée dans le corps préfectoral comme sous-préfet, et au bénéfice des agents méritants, la promotion accélérée, l'accès à une préfecture ou à l'un des postes les plus demandés, grande métropole ou chef-lieu proche de Paris[2]. Or, les critères d'évaluation des préfets intègrent massivement le regard des autres, leur perception et réception par l'opinion locale, y compris en régime autoritaire, et toujours la remontée du ressenti par les grands notables du département qui influent sur le déroulement des carrières préfectorales, inversant la relation de tutelle.

---

[1] P. Ory, *1889. L'Expo universelle,* éditions Complexe, 1999, 153 p. ; M. Agulhon, *La République au village*, Plon, 1970 ; J.-M. Jeanneney, *Démocratie au village. La pratique du pouvoir à Rioz en Franche-Comté depuis la Révolution*, Presses de la FNSP, 2009.

[2] La hiérarchie informelle des postes est fort bien présentée à ses parents par le préfet orléaniste de l'Yonne, Taillepied de Bondy. M. du Pouget, « Papa, maman, l'Yonne et moi... ou la stratégie d'un préfet de la Monarchie de Juillet », *in* « Littérature et politique. II. Paroles de préfets », *Revue de l'Académie du Centre*, 1999.

*

* *

Si le corps préfectoral a disparu le 1er janvier 2023[1] – peu après la transformation de l'ENA, pensée par Jean Zay en 1936 et mise en place par Michel Debré en 1945, en INSP[2] –, les membres de cette administration qui représente l'État en province ne s'efface pas, tant les exécutifs locaux élus eux-mêmes réclament aujourd'hui de disposer de ces précieux relais de leurs doléances et de leurs projets de territoire de vie. Les grandes associations d'élus, à chaque échelle, ont à plusieurs reprises demandé aux gouvernements de simplifier en réservant un vrai monopole de la médiation au sens fonctionnel à ces professionnels de la relation local/national, élus/ministères. Ce désir a été singulièrement renforcé par les crises successives depuis 2017, l'excès de verticalité et la dilution des responsabilités face aux défis sanitaires[3].

La loi « 3DS » du 9 février 2022, relative à la différenciation, la décentralisation, la déconcentration et portant diverses mesures de simplification de l'action publique locale, ouvre la voie à l'expérimentation et à la différenciation, mais répond-elle à l'orage populiste qui gronde ? La question n'est plus de renforcer la cohérence de la répartition des compétences et des actions publiques entre exécutifs locaux, voire d'enfin légitimer directement les exécutifs métropolitains, si opaques au contrôle citoyen, mais de réconcilier les élus, les décideurs, les élites des territoires et des citoyens partagés entre le discours d'une revendication de participation permanente, et la colère froide du boycott des urnes et du rejet de toute parole d'en haut. L'association, en amont de la décision, de la société civile ne sera pas la panacée tant les syndicats et associations souffrent également de vieillissement, de défiance et de division, en dépit de leur régénération consécutive aux mobilisations contre la réforme des retraites. Plus que d'une nouvelle réforme institutionnelle, un renforcement de l'évaluation et de la prospective publique doit restaurer la confiance dans l'efficacité des principaux services publics, déstructurés au détriment de l'usager : santé, transport, logement, éducation.

---

[1] P. Allorant, « Pourquoi faire des préfets les boucs émissaires des carences de l'État ? », *Le Monde,* 8 juin 2021.

[2] P. Allorant et P. Ory, « Il faudra juger sur actes une transformation qui ne gagnerait rien à oublier les apports de l'ENA », *Le Monde,* 13 avril 2021.

[3] P. Allorant, S. Dournel, F. Eddazi et F. Guérit, *La métropole par la santé ? Coopérations dans les territoires de l'Orléanais,* « Autrement », Flammarion, 2021.

Chapitre 2 :
L'inscription de l'action des exécutifs locaux dans le paysage institutionnel

Exécutifs et action publique locale commune

Armelle TREPPOZ BRUANT
Maître de conférences en droit public, Université d'Orléans – CRJP, UR 1212

Le paysage institutionnel est celui de l'action publique locale commune, des mécanismes partenariaux entre collectivités territoriales où les exécutifs jouent un rôle singulier, conséquence de l'entrelacs de compétences relevant de différents niveaux de décision. La combinaison des règles, la superposition des structures laissent entrevoir une influence diffuse des exécutifs, une influence reconnue ou simplement latente.

L'action publique locale, de prime abord, se définit comme l'exercice en commun de compétences par les collectivités territoriales. Cette simplicité est soit un leurre soit un idéal à atteindre. En effet, l'action commune renvoie à un enchevêtrement de compétences maintes fois dénoncé mais confirmé. Elle recherche la cohérence des territoires et des compétences. Le procédé est ancien et antérieur aux premières lois de décentralisation. Conférences intercommunales, syndicats de communes, ententes en sont les premières formes.

Avec la décentralisation, le législateur puis le pouvoir constituant a voulu améliorer la démocratie locale et l'efficacité de la gestion publique en la rapprochant des administrés. La réalité est autre. La succession de priorités fluctuantes et parfois contradictoires[1] a contribué à un paysage institutionnel brouillé.

L'action publique locale doit répondre à plusieurs défis liés à l'enchevêtrement de compétences, à la diversité d'acteurs institutionnels et aux multiples jeux d'influence. Elle recherche la cohérence des territoires et des compétences par la coopération, la coordination des interventions locales. Elle apparaît alors comme une déclinaison de la décentralisation telle qu'elle est pratiquée depuis quarante ans. Les compétences locales nécessitent le plus souvent la combinaison d'attributions relevant certes de personnes différentes mais où les mêmes élus participent et altèrent ainsi la clarté de l'organisation institutionnelle.

L'action publique locale commune s'inscrit toujours dans les limites du cadre constitutionnel de la libre administration qui à la fois reconnaît aux collectivités une relative autonomie dans le cadre étatique unitaire et interdit l'exercice de la tutelle d'une collectivité territoriale sur une autre[2]. Pourtant, la

[1] Cour des comptes, *La décentralisation 40 ans après*, rapport 2023, p. 64.
[2] Art. 72 al 5 de la Constitution : « Aucune collectivité territoriale ne peut exercer une tutelle sur une autre. Cependant, lorsque l'exercice d'une compétence nécessite le concours de plusieurs collectivités territoriales, la loi peut autoriser l'une d'entre elles ou un de leurs groupements à organiser les modalités de leur action commune ».

libre administration des communes est souvent malmenée par l'intercommunalité, dans sa formation et dans son fonctionnement. Il suffira ici de mentionner les règles relatives à l'intégration des communes dans les EPCI[1], qui, au nom de motifs d'intérêt général, peuvent affecter ce principe ou encore les règles de majorité renforcée permettant d'imposer une décision à une commune membre, qu'il s'agisse de nouveaux transferts ou de restitutions de compétences voire de modifications du périmètre communautaire. De même, la tutelle entendue largement est inhérente à l'action publique locale commune, la coordination exigeant un pilote pour orienter et parfois imposer.

L'action publique locale commune est multiple. La forme la plus aboutie de cette action est institutionnelle avec l'intercommunalité mais si elle est une forme pérenne de l'action publique locale commune, elle n'est pas exclusive. Elle est aussi réalisée par des actes contractuels avec les contrats de coopération ou les contrats de répartition des compétences, avec les documents de planification (SRADDET, SREII)[2]. Elle peut être plus ou moins formelle avec la signature de chartes pour mener des politiques particulières ou être implicite car les règles relatives au cumul de mandat permettent parfois la présence d'élus, d'exécutifs à plusieurs niveaux de décision. L'action publique locale commune est imposée aux collectivités ou choisie par elles. Elle fait coopérer des collectivités de même niveau ou non à l'instar des associations, des entreprises publiques locales, des syndicats mixtes ou des sociétés d'économie mixte. Le procédé est ancien et antérieur aux lois de décentralisation des années 1980 : conférences intercommunales, ..., ententes interrégionales ou plus récent comme les délégations de compétences, les mises à disposition… Au carrefour de diverses modalités de l'action commune, l'approche institutionnelle à travers l'intercommunalité ne peut qu'être privilégiée. Elles s'identifient l'une à l'autre. L'action publique locale commune s'inscrit dans le cadre d'une décentralisation et d'une répartition législative des compétences inabouties mais toujours plus complexes et dans le cadre d'une dispersion des compétences locales[3] perfectionnée auxquelles contribuent les multiples attributions législatives, les combinaisons de compétences rendues possibles avec les divers mécanismes de coopération[4]. L'éparpillement des compétences engendre une omniprésence des élus, particulièrement des exécutifs, sans que celle-ci soit toujours à la hauteur de leur influence.

---

[1] CC, 26 avr. 2013, n° 2013-303 QPC, *Commune de Puyravault* ; CC, 26 avril 2013, n° 2013-315 QPC, *Commune de Couvrot* ; *CC*, 26 avril 2013, n° 2013-304 QPC, *Commune de Maing*.

[2] La planification avec le SRADDET et le SRDEII ouvre la voie à une logique d'une collectivité régionale imposant ses orientations malgré l'association des collectivités situées sur son territoire.

[3] J.-F. Brisson, « Les nouvelles clefs constitutionnelles de répartition matérielle des compétences entre l'État et les collectivités locales », *AJDA* 2003, p. 529 ; « Les compétences des collectivités territoriales », *RFDA* 2022, p. 291.

[4] Y. Madiot, « Les techniques de correction de la répartition des compétences entre collectivités locales », *RFDA* 1996, p. 964.

L'action publique locale commune est la réponse portée ou apportée par les exécutifs locaux, au premier rang desquels figure le président de l'intercommunalité sans exclure les autres exécutifs. Président d'une structure représentant l'action publique locale commune, il ne peut que l'incarner.

Si généralement l'action publique locale commune est abordée sous l'angle de l'organisation administrative territoriale et de l'exercice des compétences des collectivités territoriales, elle sera ici questionnée avec le rôle des exécutifs locaux, exécutifs qui sont à la fois l'instrument de l'essor de l'action publique locale (I) et le pivot (II).

I. Les exécutifs, instrument de l'essor de l'action publique locale commune

L'action publique locale commune, particulièrement dans sa forme institutionnelle, se caractérise par la participation des exécutifs à de multiples organes. Cette présence, si elle n'est pas toujours significative de leur influence, n'est pas simplement symbolique.

Il convient de voir qu'au travers leur présence au sein des EPCI, les exécutifs sont au cœur de l'action publique locale commune. Cette présence est renforcée avec leur participation à la définition du cadre de cette action publique.

A. Les exécutifs, au cœur des institutions de l'action publique locale

Sentinelles de leur commune au sein de l'EPCI, les exécutifs locaux participent aux principaux organes des intercommunalités.

Leur présence n'a pas toujours été acquise. Le législateur est intervenu à plusieurs reprises pour garantir la place des exécutifs dans l'action publique locale institutionnelle.

Ainsi, avant la loi n°2015-991 du 7 août 2015 portant nouvelle organisation territoriale de la République (dite loi NOTRe), la commune pouvait être représentée au sein d'un syndicat de communes par « deux délégués titulaires », pas forcément issus du conseil municipal. Aujourd'hui, leur mode de représentation ne garantit toujours pas la présence des exécutifs mais seulement celle d'élus. Le choix du conseil municipal ne peut porter que sur l'un de ses membres[1]. Les exécutifs, s'ils sont donc représentés, ne sont pas forcément présents dans cette forme de coopération qui, pour être ancienne, n'est pas pour autant un modèle totalement dépassé[2].

Avant la loi n°2019-1461 du 27 décembre 2019 relative à l'engagement dans la vie locale et à la proximité de l'action publique (ci-après loi Engagement et proximité), tout exécutif d'une commune de moins de 1 000 habitants n'était pas nécessairement membre de l'assemblée communautaire. La cessation des

---

[1] Art. L. 5212-7 CGCT.

[2] La France compte 8 882 syndicats au 1er janvier 2022 (chiffres DGCL).

fonctions d'un maire en cours de mandat n'assurait pas au nouveau de siéger dans l'assemblée de l'EPCI dès lors que les conseillers communautaires sont désignés dans l'ordre du tableau des élus de la commune. Désormais, en cas d'élection d'un nouveau maire en cours de mandat, pour les communes de moins de 1 000 habitants, les conseillers communautaires de la commune sont intégralement renouvelés. Le nouveau maire étant nécessairement en tête du nouveau tableau du conseil municipal, il est ainsi garanti d'être conseiller communautaire, de participer à l'action publique locale commune.

Si les exécutifs locaux sont aujourd'hui présents dans l'action publique locale commune, ils n'exercent pas tous la même influence.

Tous les établissements de coopération intercommunale à fiscalité propre[1] sont organisés sur un même modèle institutionnel, assemblée et exécutif. L'assemblée est composée de représentants des communes membres élus au suffrage universel direct dans le cadre de l'élection municipale. Ce mode d'élection assure aux maires nouvellement élus d'être conseillers à défaut de leur donner toujours la capacité d'influencer la politique de l'établissement, particulièrement pour les EPCI de plus de 50 communes, EPCI dits XXL[2].

Le Président est élu par l'organe délibérant en son sein[3]. Il est l'organe exécutif de l'EPCI[4]. Président d'une structure institutionnalisant l'action publique locale commune, il incarne lui-même cette action.

L'évolution vers des intercommunalités XXL conduit à un renforcement du président aux dépens de l'assemblée communautaire et donc des maires et élus la composant. En effet, dans les intercommunalités XXL, l'assemblée trop nombreuse délègue une part importante de ses attributions au président, aux vice-présidents ou au bureau dans son ensemble. Dès lors, le pouvoir se déplace vers le bureau. Organe central, il détermine les grandes orientations communautaires. Il est le véritable lieu d'exercice du pouvoir. Sa composition est donc stratégique pour l'exécutif communautaire. Le nombre de ses membres est librement fixé par l'assemblée sans qu'aucune règle de représentativité ne soit imposée[5]. Dès lors, certains maires en sont écartés. Le sentiment de dépossession des petites communes non représentées, de leurs élus et singulièrement de leur exécutif est alors très vif.

---

[1] À savoir métropole, communauté urbaine, communauté d'agglomération et communauté de communes (art. L. 5211-6 CGCT).

[2] Le principe est celui de la répartition proportionnelle des sièges et la prime majoritaire de la liste gagnante.

Les électeurs ne choisissent pas vraiment leurs élus communautaires. Ils votent pour une liste de candidats aux municipales et savent que certains seront élus communautaires.

[3] Art. L. 2122-7 CGCT.

[4] Art. L. 5211-9 CGCT.

[5] Les règles de sa composition sont fixées à l'art. L. 5211-10 CGCT. Le bureau est composé d'un président, d'un ou plusieurs vice-présidents et, éventuellement d'un ou plusieurs autres membres.

Certes, les exécutifs sont présents dans l'assemblée communautaire mais leur absence du bureau ne leur permet pas toujours de peser dans l'action publique locale commune.

La loi Engagement et proximité de 2019 a voulu répondre à ce défaut de représentativité, pour tous les EPCI à fiscalité propre dont le bureau ne comprend pas l'ensemble des exécutifs des communes membres, avec la création de la conférence des maires. Le législateur impose ainsi l'existence d'un organe souvent déjà présent dans les intercommunalités, voire obligatoire dans les métropoles[1], assurant la liaison entre l'EPCI et ses membres. La loi n°2014-58 MAPTAM du 27 janvier 2014 a fait de Lyon et Aix-Marseille des modèles pour l'institutionnalisation des relations entre les exécutifs communautaires et municipaux. Il a été institué pour ces deux métropoles une conférence métropolitaine conçue comme une instance de coordination comprenant les maires autour de l'exécutif métropolitain afin d'assurer un équilibre entre la métropole et ses membres ou, au minimum, pour tempérer l'hégémonie de la première.

La pratique montre que la conférence métropolitaine n'apparaît pas toujours comme un véritable lieu de débat ou d'échanges. Le temps de parole est limité, la maîtrise des sujets techniques inégale. Elle est ce que l'exécutif communautaire veut qu'elle soit.

Membres de droit, les maires siègent sur un pied d'égalité dans cette instance. Ses attributions consultatives n'en font pas un organe de décision mais un organe de coordination entre l'intercommunalité et les communes, une instance de discussion ou d'opposition, une instance dépendante des circonstances territoriales et des jeux politiques. Le Président de l'EPCI pourra difficilement ignorer ses prises de position dès lors qu'elles seront majoritaires… encore faut-il que ses prises de position soient communes. Ainsi, la conférence des maires fait la part belle aux stratégies d'influence des exécutifs au sein de l'action publique locale. Deux écueils extrêmes la guettent. Soit la conférence des maires sera inutile, pour ne pas dire encombrante soit, influente, elle nourrira le désordre en constituant une cellule d'opposition[2], surtout quand la majorité communautaire ne coïncide pas avec les majorités municipales. Toujours, elle sera rassurante car en faisant place aux exécutifs dans l'action publique locale commune, elle participe de la démocratie locale – elle en est la vitrine – à défaut de son efficience dans la gouvernance, à l'exception de la conférence métropolitaine lyonnaise qui s'est vue reconnaître par le législateur

[1] La conférence des maires prenait alors le nom de conférence métropolitaine (art. L. 5217-8 CGCT abrogé par la loi Engagement et proximité). Les dispositions propres aux métropoles à statut particulier sont maintenues (art. L. 3633-2 CGCT pour la métropole de Lyon, art. L. 5218-9 pour la métropole d'Aix-Marseille ou assemblée des maires de la métropole du Grand Paris, art. L. 5217-9 CGCT).

[2] S. Hourson, « Pactiser et pacifier », *DA*, février 2020, alerte 17.

en 2019[1] et 2022 des compétences obligatoires[2], mais la nature singulière de la métropole de Lyon – une collectivité à statut particulier au sens de l'article 72 de la Constitution[3] – explique ses prérogatives particulières.

Présents dans la gouvernance, les exécutifs définissent le cadre de l'action publique locale commune.

B. Les exécutifs, acteurs de la définition du cadre de l'action publique locale commune

Les exécutifs locaux participent à la délimitation d'une part du cadre spatial de l'action publique locale commune et, d'autre part, à la définition du mode d'exercice des compétences avec les conférences territoriales de l'action publique. Le législateur tente ainsi d'organiser la complexité territoriale qu'il a lui-même mise en place.

1. L'intercommunalité, cadre institutionnel de l'action publique locale commune

L'efficacité de l'action publique locale commune exige un périmètre pertinent de l'intercommunalité. La pertinence du périmètre est assurée par la CDCI, commission départementale de la coopération intercommunale, à laquelle les collectivités sont associées[4]. Cette commission, présidée par le préfet, est composée de représentants d'EPCI et des collectivités. Les maires[5] sont les seuls exécutifs dont la participation est requise, significativement[6] et expressément par le législateur qui, en 2019, a augmenté leur représentation. Les autres membres de la commission représentant les EPCI ou le département peuvent également être des exécutifs même s'ils ne siègent pas en cette qualité. La consultation de cette instance est une condition de la régularité de la création de tout EPCI dans le département[7], de la modification du périmètre d'un EPCI,

---

[1] Le nouvel article L. 3633-2 CGCT renforce les prérogatives de la conférence métropolitaine avec de nouvelles hypothèses de consultations obligatoires concernant le plan local d'urbanisme et de l'habitat, le plan climat-air-énergie territorial (PCAET), le programme local d'action pour le logement et l'hébergement des personnes défavorisées.

[2] La loi 3DS a également complété les dispositions de l'article L. 3633-2 et prévoit qu'une majorité de maires représentant au moins la moitié de la population totale de la métropole pouvait demander que soit inscrite à l'ordre du jour du conseil de la métropole « toute affaire intéressant » la collectivité.

[3] Art. L. 3611-1 CGCT.

[4] Art. L. 5211-43 CGCT.

[5] Maires élus au sein de collèges électoraux (art. R. 5211-20 CGCT).

[6] Art. L. 5211-43 CGCT : La CDCI est composée de 50% de maires, adjoints au maire ou conseillers municipaux élus à la représentation proportionnelle à la plus forte moyenne par les maires regroupés au sein des collèges électoraux déterminés en fonction de l'importance démographique des communes.

[7] CE, 29 mars 2000, *Ministre de l'Intérieur c. Maillet*, n° 203975.

de la fusion d'EPCI sans que puisse être invoqué pourtant devant le juge administratif un moyen tiré de l'impartialité de la commission composée d'élus appelés à se prononcer sur les projets de création ou d'extension intéressant directement leurs communes[1]. Leur implication est une condition de leur appartenance à cet organe et de la représentativité de celui-ci.

Avec l'élaboration du SDCI, document de planification de l'intercommunalité, les exécutifs au sein de la commission représentent un rempart dans la définition étatique du périmètre intercommunal, un rempart contribuant à la garantie de la libre administration des communes membres et, de là, à la constitutionnalité du dispositif[2]. On rappellera pour mémoire la règle du « passer outre » instituée par la loi n° 2010-1563 de réforme des collectivités territoriales du 16 décembre 2010. Pour achever la rationalisation de la carte intercommunale avant le 1er janvier 2013, le législateur avait reconnu provisoirement au préfet des pouvoirs exorbitants lui permettant de surmonter l'opposition des communes concernées et imposer à l'une d'elles un rattachement à un EPCI ou imposer une fusion d'EPCI. Le Conseil constitutionnel s'est prononcé à l'occasion de questions prioritaires de constitutionnalité le 26 avril 2013[3] sur ces mesures. Leur constitutionnalité a pu être retenue, alors même que l'atteinte à la libre administration des communes était établie, au motif d'une part que le préfet ne pouvait pas surmonter l'avis de la CDCI, certes rendu à une majorité renforcée, et que d'autre part, tout maire pouvait se faire entendre par cette même commission pour faire valoir son point de vue. Par ailleurs, l'amendement adopté par la CDCI à la majorité des 2/3 s'impose au projet de périmètre arrêté par le préfet. Ainsi, les exécutifs sont les bastions de leur commune contre une action publique locale commune autoritaire.

Force de proposition, parfois d'opposition, la CDCI exerce à la fois une fonction de surveillance de la coopération intercommunale et de planification avec l'élaboration du SDCI. Elle participe donc à la définition de l'intercommunalité.

Il s'agit de rendre cohérentes les compétences et les coopérations des collectivités en les exerçant à un niveau pertinent.

La recherche de performance de l'action publique locale commune conduit de plus en plus à reconnaître le niveau régional comme échelon le plus approprié en raison de son positionnement. Ce niveau est censé permettre la coopération entre différentes catégories de collectivités et une gouvernance multi-niveaux. À cet égard, la création des conférences territoriales de l'action publique (CTAP) est intéressante même si son succès est relatif.

---

[1] CE, 10 octobre 2003, *Commune des Angles*, n° 250116, *Rec. T.* 684 ; *AJDA* 2004, p. 880, note T. Tuot.

[2] CC, décision n° 2014-391 QPC du 25 avril 2014, *Commune de Thonon-les-Bains*.

[3] Décisions précitées n° 2013-303 QPC, *Commune de Puyravault* et n° 2013-315 QPC, *Commune de Couvrot*.

2. La conférence territoriale comme moyen de l'action publique locale commune

Mise en place par la loi MAPTAM du 27 janvier 2014, la CTAP est composée des exécutifs ou représentants des collectivités et EPCI du territoire de la région[1]. Aréopage d'exécutifs, elle est chargée de favoriser un exercice concerté des compétences, d'optimiser l'action publique. Cette conférence des exécutifs paraît séduisante[2]. Lieu de dialogue, de concertation entre les exécutifs, elle doit assurer la cohérence des interventions mais, elle est régulièrement contestée[3]. Trop formelles, les réunions consacrées à des débats très généraux et sans portée concrète sont globalement inefficaces. Les présidents départementaux n'y sont guère présents alors qu'elle est le lieu des doléances des maires des plus petites communes. Insuffisamment représentative, pléthorique, la CTAP n'est pas parvenue à initier une dynamique de coopération alors que la menace de la tutelle régionale plane.

Dans un cadre institutionnel de plus en plus complexe, notamment illustré par la CTAP, et un environnement financier contraint, la recherche d'efficacité exige une action publique locale commune rationalisée où les exécutifs trouvent toute leur place.

Les exécutifs sont ainsi le pivot d'une organisation territoriale renouvelée par l'action publique locale commune.

---

[1] Autour du président du conseil régional, la CTAP comprend les présidents des conseils départementaux, les présidents des établissements publics de coopération intercommunale (EPCI) de plus de 30 000 habitants ayant leur siège sur le territoire de la région, un représentant élu des EPCI de moins de 30 000 habitants ayant leur siège dans chaque département, un représentant élu pour chaque catégorie de communes (moins de 3 500 habitants ; entre 3 500 et 30 000 habitants ; plus de 30 000 habitants) dans chaque département.

[2] La CTAP succède à la conférence des exécutifs créée par la loi n° 2004-809 du 13 août 2004 relative aux libertés et responsabilités locales sur une base régionale. Son fonctionnement s'inspire également d'instances informelles mises en place par certaines collectivités territoriales pour mieux coordonner leurs actions respectives ou de dispositifs ponctuels de coopération (conférence d'harmonisation des investissements, conférence de coordination des collectivités territoriales de Corse).

[3] Rapport IGA, ministère de l'Intérieur, sept 2017, 16119R.

II. Les exécutifs, pivot d'une organisation territoriale renouvelée par l'action publique locale

L'action publique locale commune conduite par les exécutifs renouvelle l'organisation territoriale. Elle contribue à un nouvel équilibre du territoire et modifie les logiques tant institutionnelles que politiques.

A. Un renouveau de l'équilibre territorial

L'action publique locale commune oblige à repenser les liens entre l'exécutif et le territoire, l'exécutif et sa collectivité. Elle amène un déplacement du centre de gravité et un renforcement du lien avec le territoire.

1. Un déplacement du centre de gravité

À travers l'action publique locale commune, les exécutifs participent à une institution ou à une opération dont l'assise territoriale est plus large que celle de leur propre territoire d'élection. Le centre de gravité est déplacé. L'exécutif local – et dans une moindre mesure les autres élus de sa collectivité – ne doit plus être désormais considéré dans son seul territoire puisqu'il peut déployer son action au-delà. Ainsi, au niveau de l'EPCI, le maire et certains conseillers municipaux sont membres de l'assemblée communautaire et d'instances consultatives pour le premier. Qu'il s'agisse de la CDCI dans le cadre départemental ou de la CTAP dans le cadre régional, des exécutifs et élus de collectivités de niveaux différents vont prendre part à une action commune dépassant leur cadre territorial d'élection.

Le centre de gravité est alors certes déplacé mais non dénué de tout lien avec l'élection car c'est l'élection qui légitime la participation à d'autres structures et justifie une zone d'influence élargie des exécutifs.

Le chef de filât illustre particulièrement ce déplacement du centre de gravité dans un contexte de renouveau de l'équilibre territorial. Reconnu à l'article 72 alinéa 5 de la Constitution, précisé par le législateur[1] et interprété par la jurisprudence[2], il a été institué pour pallier l'imbrication des compétences et donner à une collectivité la mission de coordonner, d'organiser les modalités de l'action commune. Chaque catégorie de collectivité se voit reconnaître la qualité de chef de file pour un domaine de compétence identifié[3]. Encadré par l'interdiction de toute tutelle d'une collectivité sur l'autre, la libre administration et l'égalité entre collectivités, le chef de filât se borne à un pouvoir d'initiative, de coordination et de coordination insuffisamment exploité et sans réelle efficacité. L'assise territoriale contribue à reconnaître une certaine influence à la région et à son exécutif.

---

[1] Loi du 13 août 2004 relative aux responsabilités locales et loi MAPTAM du 27 janvier 2014.

[2] CC, décision n° 2008-567 DC, 24 juillet 2008, *Loi relative aux contrats de partenariat*, *Rec.* 341.

[3] Art. L. 1111-9 CGCT.

Au niveau régional, la conférence territoriale de l'action publique, cadre institutionnel où s'exerce la fonction de collectivité chef de file, est composée des exécutifs locaux ou de leurs représentants autour du président du conseil régional[1]. Elle peut débattre et rendre des avis sur tous les sujets relatifs à l'exercice de compétences et à la conduite de politiques publiques nécessitant une coordination ou une délégation de compétences entre les collectivités et leurs groupements. Elle doit incarner à la fois la cohérence et la concertation autour de schémas[2] qui, élaborés au niveau régional, orientent l'action des collectivités situées sur son territoire.

Avec l'intercommunalité, le chef de filât organise l'action publique locale commune. Il a pour objectif de coordonner les collectivités territoriales sur les champs de compétences partagées. Ce mode de pilotage organisant les conditions de l'action publique locale commune suppose l'adoption de conventions territoriales d'exercice concerté des compétences au sein de la CTAP, composées d'exécutifs qui, à la différence de la procédure de droit commun de conclusion des contrats, n'ont pas ici reçu de mandat de leur assemblée. Certes, celle-ci devra l'approuver mais sans réel pouvoir d'amendement. L'exécutif se situe bien au premier plan.

L'action publique locale déplace le centre de gravité et renforce le lien de l'exécutif avec son territoire. L'assise territoriale de l'action publique locale commune est parfois trop vaste. Un certain retour à la proximité permet de s'assurer que l'action commune profite à tous les territoires, notamment au sein des intercommunalités. La déconcentration de la gestion communautaire autorise l'exécutif à renouer avec son territoire. L'évolution de l'intercommunalité a permis – ou obligé – le développement, encouragé par le législateur depuis 2010, de possibilités de mutualisations de services[3], avec des regroupements de services opérationnels ou la mise en commun de fonctions supports. Désormais, cette déconcentration est organisée par le pacte de gouvernance censé, depuis la loi Engagement et proximité, organiser les relations entre l'EPCI et ses communes. Le pacte définira les orientations en matière de mutualisation de services. Ce dispositif est facultatif et contribue à la « porosité institutionnelle » des niveaux d'administration[4]. Le président de l'EPCI peut[5] notamment déléguer au maire l'engagement de dépenses relatives à l'entretien des bâtiments communautaires et lui donner une autorité fonctionnelle sur les services de l'EPCI faisant l'objet d'une convention de mise

---

[1] *Ibid.*

[2] Schéma régional de développement économique, d'innovation et d'internationalisation (SREII) et schéma régional d'aménagement, de développement durable et d'égalité des territoires (SDADDET).

[3] Art. L. 5211-4-1-II et III CGCT.

[4] J.-F. Brisson, « Le bloc communal : recoller les morceaux et préserver l'essentiel », *RFDA*, 2020, p. 214.

[5] Possibilité ouverte par le pacte de gouvernance, loi Engagement et proximité.

à disposition de services[1] . Ce dispositif, qui associe le maire à la gestion communautaire et revalorise sa position, ne l'associe pas néanmoins au pilotage mais impulse une synergie participative et équilibrée à l'action publique locale commune. Le maire devient l'agent de l'EPCI. Il n'est donc plus celui qui définit, oriente mais celui qui applique. Il demeure que les mutualisations de services concernant essentiellement la ville-centre de l'intercommunalité dont le maire est également souvent l'exécutif, celui-ci se trouve ainsi encore renforcé par ces délégations. La revalorisation du maire au sein du couple EPCI-commune ne contribue alors pas à la clarté des relations, à la clarté de la répartition des compétences, la délégation restant exercée au nom de l'EPCI.

2. La territorialisation de l'action publique locale

La création de l'EPCI, forme pérenne de l'action publique locale, a conduit à un déplacement du pouvoir, à un dépassement des institutions municipales. La territorialisation tente de corriger la trajectoire en associant soit les communes membres soit les maires, principaux exécutifs mis en cause par cette forme d'action publique, pour assurer une grande proximité et une plus grande efficacité, mais la territorialisation doit s'inscrire dans le contexte d'un projet global. Le renforcement de la territorialisation veut répondre au sentiment de dépossession des exécutifs municipaux lié à l'évolution d'une intercommunalité plus étendue et beaucoup plus intégrative, une intercommunalité qui ne doit plus s'opposer à la proximité. Le maillage territorial revêt différentes facettes plus ou moins institutionnalisées.

La territorialisation n'est pas nouvelle mais se renouvelle. Les territoires des métropoles parisiennes, ou d'Aix-Marseille[2], ont maintenu la présence des communes au sein de l'EPCI, présence plus généralement assurée par l'assemblée délibérante communautaire.

Aujourd'hui, la territorialisation est autre. Institutionnelle, elle joue en amont de la prise de décision. En effet, pour mieux associer les exécutifs à la gouvernance intercommunale, la loi Engagement et proximité prévoit la création d'instances de liaison entre l'EPCI et ses membres. Le pacte de gouvernance, dont l'adoption est facultative, peut prévoir la création de commissions spécialisées associant les maires et la création de conférences territoriales des maires selon des périmètres géographiques et des périmètres de compétences qu'il détermine[3]. Leur objectif, tel qu'il est conçu par la loi, est bien de permettre aux exécutifs de participer à la préparation de certaines décisions adoptées par l'assemblée de l'EPCI. Si l'objectif est louable, il n'est guère possible d'y voir une réforme profonde de la gouvernance intercommunale. L'intérêt de ces instances est avant tout politique. Les commissions n'ayant aucun pouvoir de décision, elles peuvent être au mieux un lieu d'échange et d'influence,

---

[1] Art. L. 5211-4-1 III CGCT.

[2] Suppression des territoires de la métropole d'Aix-Marseille par la loi 3DS.

[3] Art. L. 5211-11-2 II CGCT.

essentiellement dans les intercommunalités XXL. La place de l'exécutif dans les seules instances de discussion est revalorisée, non dans celles de décision.

Seul le président de l'EPCI incarne l'action publique locale commune même si cette dernière modifie les missions administratives de tous les exécutifs locaux.

Cela conduit à un renouveau des logiques institutionnelles et politiques.

B. Un renouveau des logiques institutionnelles et politiques

Aborder la place des exécutifs au sein de l'action publique locale commune c'est aussi, s'interroger sur leurs relations avec les autres élus, essentiellement municipaux mais également sur les relations entre le président de l'EPCI et les conseillers communautaires.

L'évolution de la décentralisation amène à un renforcement de l'action publique locale commune notamment caractérisé par une omniprésence des exécutifs dans les institutions ou les opérations menées de nature à créer un déséquilibre entre les exécutifs et les autres élus. En effet, tous les élus municipaux n'étant pas élus communautaires, ils ne disposaient pas d'informations privilégiées sur les décisions débattues au niveau communautaire jusqu'à la loi Engagement et proximité[1]. Certes, le maire et les représentants de la commune au sein de l'EPCI sont tenus de rendre compte au conseil municipal[2]. Ce droit à l'information dont la pratique est variable représente un enjeu politique entre l'exécutif et son assemblée, une information parcimonieuse contribuant à reléguer ces élus au niveau d'observateurs. Ce droit à l'information n'est pas un droit à débat. Il faut néanmoins aussi rappeler que les conseillers municipaux sont fréquemment conseillers départementaux ou régionaux, et participent alors à d'autres formes d'opérations communes telles que les CDCI ou CTAP et disposent à ce titre d'un droit à l'information.

Au sein de l'intercommunalité, forme institutionnelle de l'action publique locale commune, le président[3] doit composer avec une assemblée qu'il n'a pas contribué à former. Cette assemblée comprend pour partie des exécutifs municipaux donc des pairs dotés de la même légitimité. Les relations ne peuvent être celles d'un maire avec son assemblée car le président de l'EPCI n'est pas le chef d'une majorité politique. Il doit s'accorder avec cette dernière, projet par projet. La gouvernance intercommunale exige donc une négociation permanente

---

[1] Le nouvel article L. 5211-40-2 CGCT reconnaît aux conseillers municipaux non communautaires un droit à l'information sur les affaires de l'EPCI faisant l'objet d'une délibération.

[2] L'article L. 5211-39 CGCT prévoit que le rapport du président de l'EPCI est adressé au maire qui doit en faire communication au conseil municipal. Les représentants de la commune au sein de l'EPCI doivent rendre compte au moins deux fois par an au conseil municipal de l'activité de l'EPCI.

[3] 86% des présidents sont maires d'une commune et 34% de la ville centre (Données et traitement AdCF, 2019).

avec le risque que l'action commune soit réduite soit au plus petit dénominateur commun soit à la somme des intérêts communaux.

*

* *

Si l'action publique locale commune est un impératif de la décentralisation, elle est empreinte de nombreuses ambiguïtés et contradictions dont le positionnement des exécutifs est le reflet.

Ambiguë car, par nature, l'action publique locale implique, pour devenir commune, d'être conduite par une collectivité elle-même dirigée par son exécutif sur le fondement d'actes parfois prescriptifs. Or, la tutelle est interdite par la Constitution.

Contradictoire car l'action publique locale commune veut coordonner, rationaliser pour assurer une plus grande cohérence territoriale mais également territorialiser pour s'adapter aux besoins locaux. Elle voudrait s'inscrire dans la modernisation et la simplification. L'imbrication des administrations, des compétences, la présence des exécutifs à différents niveaux de décisions s'y oppose.

Enfin, l'action publique locale commune se déploie souvent par défaut comme en témoigne le contentieux dont l'intercommunalité a fait l'objet et les dernières évolutions législatives autorisant les retraits d'EPCI, les restitutions de compétences. Dans le même temps, elle est porteuse d'une certaine dynamique dont les exécutifs se sont emparés aux dépens des autres élus locaux. Par crainte de la tutelle, ils ne l'exploitent pas toujours pleinement.

Les relations des exécutifs locaux avec l'État

Jean-Marie PONTIER
Professeur émérite de l'Université d'Aix-Marseille

L'intitulé du sujet emporte un triple présupposé. Le premier, évident, est relatif à une caractéristique de l'État pris en compte dans cette réflexion. L'État considéré est un État qui ne concentre pas tous les pouvoirs, toutes les compétences, dans ses structures centrales, qui reconnaît et admet une certaine répartition de ce pouvoir sur le territoire qui le constitue.

Le deuxième présupposé est que cet État, représenté par un certain nombre d'autorités, est en « relations » avec d'autres autorités, d'autres personnes. L'existence de telles relations ne dit rien, *a priori*, sur la nature de ces relations. Nous savons que, selon les caractéristiques juridiques et politiques de l'État, selon la nature des autorités établies à l'échelon central, ces relations peuvent avoir elles-mêmes une nature très différente. En simplifiant, il est possible de dire que, selon les cas, ces relations peuvent être de nature hiérarchique, des relations de tutelle, ou encore des relations de nature contractuelle.

Un troisième présupposé est relatif à la nature de l'institution avec laquelle l'État entretient ces relations : les institutions, à l'échelon local, sont représentées par des « exécutifs locaux ». Cette formule d' « exécutif local » renvoie nécessairement, avant même qu'il soit nécessaire d'apporter d'autres précisions, à des organisations perfectionnées se trouvant à l'échelon local, à des structures administratives au minimum duales, la notion d' « exécutif » impliquant en effet qu'il existe d'autres organes au sein de ces structures locales.

Ces trois présupposés « disent » quelque chose de la nature de cet État : ils s'appliquent à un État que l'on qualifie, juridiquement, d'État décentralisé, ce qui est le cas, constitutionnellement, de la France. Cet État décentralisé qui est le nôtre se définit, ou se caractérise, à partir de ces deux pôles que sont, d'un côté, le pôle unitaire et, de l'autre, le pôle de la décentralisation. Il signifie, à la fois, la reconnaissance de collectivités décentralisées en son sein, collectivités avec lesquelles il entretient un certain nombre de relations, et l'exclusion du fédéralisme, qui serait la reconnaissance d'entités présentant les mêmes caractéristiques que l'État, ce qui, jusqu'à présent, a toujours été récusé dans notre histoire.

L'État unitaire décentralisé peut présenter des visages différents selon les pays, parce que la décentralisation peut y être plus ou moins accentuée, et révèle des traits qui varient en fonction de l'histoire du pays concerné, des choix qui ont été opérés et qui tiennent, eux-mêmes, à de multiples facteurs.

La France a connu une grande diversité de régimes politiques, la décentralisation n'a été consacrée dans notre pays que progressivement, il y a eu des retours en arrière, même si la tendance, sur le long terme, et depuis bien des décennies, semble être celle d'une progression constante de la décentralisation.

Mais avant de chercher à analyser ce que sont ou peuvent être les relations entre les exécutifs locaux et l'État, il convient de préciser ce qu'est un exécutif local.

Qu'est-ce qu'un exécutif? Le terme « exécutif » est d'abord, dans notre langue, un adjectif, et l'on pense alors à la distinction classique, faite notamment par Montesquieu, entre le pouvoir « législatif », le pouvoir « exécutif » et le pouvoir « judiciaire »[1]. On est passé, dans les énoncés, et de manière plus ramassée, de l'adjectif au substantif : on parle volontiers de « l'exécutif », formule qui désigne, à l'échelon national, la structure gouvernementale prise au sens large du terme[2]. Par extension et transposition, on parle, de la même manière, à l'échelon local, de l'exécutif pour désigner l'organe qui, au sein d'une collectivité territoriale, est chargé d'exécuter les délibérations adoptées par l'assemblée délibérante de la collectivité.

Qu'est-ce qu'un exécutif « local » dans l'expression « exécutif local » ? La question doit être posée car la notion de « local » est plus délicate à appréhender que celle d'exécutif[3].

D'une part, en effet, le terme de « local » peut caractériser, même s'il n'est pas utilisé directement, à la fois des structures de l'État et des structures des collectivités territoriales. Les services déconcentrés de l'État sont bien établis à un échelon local, la circonscription administrative dans laquelle ces services exercent leurs fonctions coïncidant, généralement, avec le territoire d'une collectivité territoriale[4]. En revanche, le qualificatif « exécutif » ne peut évidemment pas être appliqué à ces services déconcentrés, qui doivent donc être exclus de l'étude.

D'autre part, le qualificatif « local » ne convient pas à toutes les collectivités territoriales, quand bien même le terme est utilisé. Il s'applique incontestablement, et de manière privilégiée, à la commune, qui est la collectivité locale par excellence, quel que soit le point de vue duquel on se place. Il peut être appliqué également sans difficulté, au département, qui répond aux exigences de ce que l'on considère comme local. Mais la région, peut-elle être considérée comme une collectivité « locale » ? L'hésitation est possible[5]. Déjà, avant la réforme de 2014, on pouvait éprouver un doute sur la pertinence de l'appellation « collectivité locale » à la région, en raison de sa dimension,

[1] Sachant également que la distinction entre les trois pouvoirs est évidemment discutable (certains en trouvant quatre, voire cinq) et que, au surplus, la qualification du « judiciaire » comme pouvoir peut soulever quelques problèmes, la France, par exemple, ne reconnaissant pas, constitutionnellement parlant, de pouvoir judiciaire mais une « autorité judiciaire ». Les auteurs, en revanche, n'hésitent pas à parler de pouvoir « juridictionnel », ce qui est assez différent.

[2] C'est-à-dire en incluant dans cette formule non pas seulement le Premier ministre et son gouvernement mais également le Président de la République.

[3] V. sur cette notion J.-M. Pontier, « Qu'est-ce que le « local » ? », *AJDA* 2017, p. 1093.

[4] Ce n'est cependant pas toujours le cas : V. par exemple le cas de l'arrondissement.

[5] L'expression « collectivité locale » a longtemps été utilisée de manière exclusive, elle désignait les communes et les départements.

mais également en raison de sa « conformation »[1]. Après la réforme, on ne peut plus éprouver de doutes, les régions agrandies ne présentent en aucune manière une division « locale », il y a plusieurs « local » dans une même région.

Cependant, sur le plan juridique, et pour éviter des difficultés, le constituant n'a conservé que l'expression « collectivité territoriale », qui s'applique incontestablement à la région. L'expression « collectivité locale » continue néanmoins d'être utilisée, elle figure encore dans certaines lois, dans des textes réglementaires et de valeur infra-réglementaire. Les deux expressions sont considérées par le juge constitutionnel comme étant équivalentes et, par conséquent, l'exécutif régional sera retenu dans cette étude, malgré les réticences et les réserves que le terme « local » peut susciter à son encontre.

Pour des raisons assez similaires, on retiendra, dans le champ de l'étude, les exécutifs des établissements de coopération entre les collectivités territoriales, ces établissements de coopération étant principalement représentés par les établissements publics de coopération intercommunale (EPCI), les exécutifs de ces établissements publics répondant, bien que l'on soit dans une décentralisation un peu particulière[2], au critère de la qualification d' « exécutif local ».

Compte tenu de l'évolution que l'on a pu observer à l'échelon local et qui vient d'être brièvement retracée ci-dessus, il n'est pas étonnant que les relations entre les exécutifs locaux et l'État se soient multipliées (I) en même temps que, du même fait, elles se sont transformées (II).

I. Des relations multipliées

En d'autres temps, les relations entre les exécutifs locaux et l'État présentaient une double caractéristique. D'une part, elles se limitaient, s'agissant « des » exécutifs locaux, au seul maire, puisque la région n'existait pas et que l'exécutif de la collectivité départementale était le préfet. D'autre part, ces relations consistaient souvent en des rapports conflictuels entre les maires et les préfets, du fait d'une tutelle de ces derniers qui était très présente et pouvait être pesante. Tout ceci a beaucoup changé, les relations se sont multipliées. Il faut en dresser d'abord le constat (A) avant d'en examiner les raisons (B).

---

[1] Le découpage des régions tel qu'il a été retenu en 1982 est la reprise pure et simple d'un découpage effectué en 1960, découpage qui n'avait pas été pensé pour la décentralisation et qui visait à établir un simple cadre territorial pour l'action de l'État.

[2] Comme leur nom l'indique, ce sont des établissements publics qui, normalement, n'ont pas de territoire et sont rattachés à une collectivité territoriale. Mais ces établissements publics territoriaux se sont multipliés, ont même proliféré, certains voient en eux la préfiguration d'une (ou de plusieurs) collectivité(s) territoriale(s) nouvelle(s), leurs exécutifs doivent être considérés comme des exécutifs locaux.

A. Un développement de la décentralisation ayant principalement bénéficié aux exécutifs locaux

Qu'est-ce que la décentralisation ? En un mot, et en simplifiant un peu, c'est la reconnaissance par l'État de personnes publiques territoriales réparties sur le territoire et disposant de compétences et de pouvoirs propres. Normalement, compte tenu de notre système politique, ce sont les assemblées délibérantes de ces collectivités sur lesquelles repose la décentralisation, mais en réalité celle-ci s'appuie surtout sur les exécutifs.

1. La définition de la décentralisation repose certes sur des « conseils élus »

Le titre XII de la constitution est intitulé « Des collectivités territoriales ». L'article 72, qui est le premier article de ce titre, commence par énumérer les collectivités territoriales de la République et dispose, dans son alinéa 3 : « Dans les conditions prévues par la loi, ces collectivités s'administrent librement par des conseils élus et disposent d'un pouvoir réglementaire pour l'exercice de leurs compétences ». On peut tirer de cette disposition deux déductions pour ce qui concerne notre sujet.

En premier lieu, les collectivités territoriales se définissent, constitutionnellement, par l'existence de conseils élus. Ce sont eux qui sont chargés d' « administrer » leur collectivité. Cette prépondérance de l'assemblée délibérante sur le ou les autres organes de la collectivité, s'explique par notre histoire. D'abord, il faut relever que la Constitution, sur ce point, ne fait que reprendre la formulation qui était celle de la Constitution de 1946, et cette continuité est d'autant plus marquante que, sur d'autres plans, le constituant de 1958 a entendu réagir contre la Constitution de 1946, instituer des mécanismes qui permettent d'éviter les dérives auxquelles certaines dispositions de cette dernière avaient donné lieu. Ensuite, il est logique que la collectivité décentralisée se définisse par l'assemblée délibérante élue, cela est conforme à notre histoire, au système parlementaire qui est le nôtre, et aux caractéristiques qui en découlent. La Révolution s'est opérée, en partie, contre un exécutif qui, non seulement, paraissait fort mais, encore plus, arbitraire[1]. La préoccupation des révolutionnaires a été de cantonner l'exécutif, dont on ne pouvait guère se passer, à un simple exécutant, même si la réalité a été très différente[2]. L'avènement, très progressif, du parlementarisme, ne pouvait que

[1] Certaines décisions royales ont pu expliquer cette accusation d'arbitraire à l'encontre du pouvoir royal. Il est beaucoup moins certain, en revanche, que ce pouvoir, à la fin de la monarchie, ait été un pouvoir fort. Ce qui apparaît aux yeux des historiens c'est, à l'inverse, l'incapacité de ce pouvoir à se réformer. La monarchie française semble avoir cumulé, vers sa fin, l'arbitraire et l'impuissance.

[2] Le pouvoir, délégué par l'Assemblée à des comités, a fini par être concentré aux mains d'un seul homme. Rarement, en France, le pouvoir a été aussi concentré.

s'accompagner de la même philosophie de l'organisation locale[1]. La décentralisation telle qu'elle fut voulue par le législateur, à partir de la IIIe République, ne pouvait être qu'une décentralisation reposant sur les assemblées délibérantes des collectivités locales reconnues.

En second lieu, étant donné que la Constitution ne parle pas directement des exécutifs locaux, il en résulte que le statut de ces derniers est fixé par la loi. La loi a prévu, pour tous les exécutifs, qu'ils sont élus par l'assemblée délibérante. D'autres solutions auraient été envisageables. Il serait possible, constitutionnellement, d'avoir une catégorie, ou plusieurs catégories, d'exécutifs nommés. Rien, sur le plan constitutionnel, ne l'interdit[2] et, d'ailleurs, cette situation fut celle du département, considéré comme une collectivité décentralisée, jusqu'en 1982[3]. Il serait encore possible, juridiquement, de faire élire l'exécutif d'une collectivité directement au suffrage universel direct, ce qui ne pourrait, dans une telle hypothèse, qu'accroître son pouvoir, notamment par rapport à l'assemblée délibérante. Mais à vrai dire, les exécutifs locaux – cela vaut surtout pour les maires – n'en ont pas besoin pour être connus et reconnus par la population et pour avoir un rôle important.

2. Un développement de la décentralisation particulièrement profitable aux exécutifs locaux

Pourquoi, alors que les textes confèrent incontestablement le rôle premier aux assemblées délibérantes, l'exécutif d'une collectivité territoriale l'emporte-t-il, sauf cas particulier, sur l'assemblée qui l'a élu ? Pourquoi la réalité est-elle différente de ce qui semble résulter des textes ? La réponse qui peut être donnée est double.

D'une part, dire d'un organe qu'il est un organe « exécutif » ne signifie en aucune manière que cet organe est cantonné à une tâche de pure exécution. Cela vaut pour l'exécutif central d'un État. Les révolutionnaires pensaient (était-ce naïveté ?) que l'assemblée pourrait se prononcer sur tous les objets, et que le gouvernement ne ferait qu'exécuter. Il en a découlé cette conception française, qui a perduré jusqu'en 1958 et selon laquelle la loi pouvait intervenir dans tous les domaines, y compris les plus minimes[4]. Le problème est que, lorsque l'on veut intervenir dans tous les domaines, on risque l'apoplexie, et c'est ce qui est

---

[1] On fait abstraction de cette période du Consulat et de l'Empire où le pouvoir, à l'échelon local, fut, en vertu de la Constitution de l'an VIII et de la célèbre loi du 28 pluviôse de l'an VIII, concentré aux mains du préfet.

[2] Mais on peut penser que la généralisation, plus qu'improbable, du procédé de la nomination pour l'exécutif encourrait la censure du Conseil constitutionnel, qui trouverait bien un moyen de la trouver non conforme au principe de libre administration des collectivités territoriales.

[3] Relevons aussi qu'en d'autres pays, dont les Pays-Bas sont les plus représentatifs, une autorité exécutive locale peut être nommée (le bourgmestre dans le cas cité) sans qu'il y ait atteinte à la décentralisation, ce pays étant sans doute plus décentralisé que ne l'est la France.

[4] Un auteur va dire que l'assemblée allait jusqu'à décrire les boutons d'un uniforme…

arrivé au législateur français qui a donc dû déléguer[1] au gouvernement le soin de prendre des dispositions relevant de la loi[2]. La remarque vaut également pour l'administration d'une manière générale, pour l'administration de l'État plus spécialement : elle doit « administrer », c'est-à-dire mettre en application. Mais nous savons que l'administration se borne rarement à simplement « appliquer », qu'elle prend des initiatives, qu'il ne peut en être autrement, et cela a donné une jurisprudence extrêmement fournie, dont une des expressions les plus significatives, dans notre domaine, est représenté par la célèbre jurisprudence *Jamart.* À plus forte raison en est-il ainsi à l'échelon local. Comment aurait-il pu en être autrement ? À l'échelon local privilégié qu'est la commune, les habitants aiment se tourner vers une personne à laquelle ils vont faire un certain nombre de demandes, cette personne est le maire. Si cela était vrai hier, cela l'est encore plus aujourd'hui avec, entre autres, le phénomène dit de la « personnalisation du pouvoir » : les citoyens, les habitants, les personnes, aiment identifier le pouvoir dans une personne. Cela ne peut être le cas d'une assemblée, même si certains de ses membres peuvent faire office d'intermédiaires, de médiateurs[3].

D'autre part, un autre phénomène a joué en faveur des exécutifs locaux, c'est l'accroissement des compétences des collectivités territoriales. Cet accroissement des compétences, résultant à la fois des transformations générales des sociétés, sur le plan technique, scientifique, comme des transferts de compétences, bénéficie, en définitive, à l'exécutif local plus qu'à l'assemblée délibérante de la collectivité.

B. Les traits distinctifs des relations entre les exécutifs locaux et l'État

Les relations entre les élus locaux et l'État mettent en évidence certains traits distinctifs, dont certains sont communs à tous les exécutifs locaux, et d'autres, spécifiques à certaines catégories, particulièrement au maire.

1. Les traits communs à tous les exécutifs

Si l'on prend quelque recul par rapport à la situation que l'on pouvait observer il y a plusieurs décennies, il semble apparaître, avec les réserves qui vont s'imposer, que les relations entre un exécutif local et les autorités d'État sont moins inégalitaires qu'elles n'ont pu l'être. Les raisons principales en sont les suivantes.

---

[1] Ce sont les fameux « décrets-lois » de la Troisième République, avec, dans l'entre-deux-guerres, de véritables « trains » (comme on les a appelés) de décrets-lois, notamment en 1935, étant précisé toutefois que d'autres pays démocratiques (comme la Grande-Bretagne) ont connu, eux aussi, le système des décrets-lois.

[2] La fiction entretenue était que le législateur devait valider ces décrets-lois, avec possibilité de les refuser. En fait, le contrôle du législateur fut de pure forme, le législateur valida toujours sans discuter du contenu, ayant d'autres préoccupations.

[3] Mais nous sommes toujours, alors, dans le cadre de la personnalisation du pouvoir.

L'une des premières raisons, ou l'un des premiers facteurs de cette évolution, tient évidemment à la suppression de la tutelle[1]. Certes, lorsque l'on parle de la tutelle, dans le passé, il convient de nuancer en différenciant les situations. Les maires des grandes villes n'ont pas eu trop à souffrir, en général, de la tutelle, ils étaient déjà assez forts pour résister à la pression d'un préfet. Celui-ci pouvait avoir intérêt à maintenir de bonnes relations avec le maire d'une telle commune[2], cela surtout si ce dernier était en même temps député ou sénateur, ce qui pouvait lui conférer une importance nationale. Mais l'écrasante majorité des communes ne se trouvait pas dans une telle configuration. Les communes étaient – et cela demeure, quant au nombre – le plus souvent de petites communes[3], le maire était à la merci du préfet, la seule possibilité de résistance résidant dans l'inertie[4]. Les décisions prises par le maire étaient subordonnées à la (bonne) volonté du préfet.

La tutelle a beaucoup (et fort heureusement) évolué au fil du temps. Elle n'était plus, dans les années 60, ce qu'elle avait été à la fin du XIXe et au début du XXe siècle. Par ailleurs, et depuis ces années 60, des allègements de tutelle avaient été décidés par le gouvernement. En 1978, une enquête effectuée auprès des maires montrait une bonne acceptation par eux de la tutelle souvent devenue conseil.

Enfin, lorsque l'on parle de suppression de la tutelle, il convient toujours de nuancer le propos, puisque, d'une part, certains auteurs ont affirmé que la tutelle n'avait pas été vraiment supprimée, nonobstant les affirmations[5], d'autre part, en vertu même de la loi, la tutelle technique, qui n'est pas rien, a fait l'objet d'un allègement, non d'une suppression.

Cependant, ceci étant dit, la suppression de la tutelle a eu des incidences importantes. D'abord, sur le plan symbolique, une telle suppression est importante. Elle signifie que les collectivités territoriales ne sont plus soumises au bon vouloir de l'État. D'une certaine manière, la tutelle, dans son principe, avait quelque chose d'humiliant. Les élus locaux, et plus particulièrement les exécutifs – une fois de plus principalement le maire – qui étaient en première ligne, se trouvaient en position d'infériorité par rapport au représentant de l'État. La reconnaissance de collectivité à part entière rétablit en partie l'équilibre.

---

[1] Il s'agit ici de la tutelle administrative, celle dont on a le plus parlé, bien qu'elle ait évolué, sous la Ve République, dans le sens d'une atténuation progressive, et bien que les autres tutelles, la tutelle financière et la tutelle technique (qui n'a pas été supprimée mais simplement allégée, par le législateur) eussent été autrement plus prégnantes et contraignantes.

[2] On ne parle pas du président du conseil général qui, bien qu'existant, n'avait que peu de pouvoirs, l'exécutif du département étant le préfet, la région n'existant pas, et les présidents des établissements de coopération existant n'ayant pas les pouvoirs qu'ils peuvent avoir aujourd'hui.

[3] Cela induit une distorsion maintes fois relevée entre le nombre de petites communes et la faiblesse de la population qu'elles représentent.

[4] V. en cet ouvrage l'exemple donné en note 29 de ma contribution « Les exécutifs locaux et l'histoire de la décentralisation ».

[5] V. S. Regourd, « À propos de la loi du 2 mars 1982 complétée par la loi du 22 juillet 1982 : la prétendue suppression de la tutelle », *Rev. adm.* 1982, p. 613.

Ensuite, sur un plan très concret, le fait de ne plus avoir à attendre le « feu vert » du préfet pour agir est un changement considérable[1].

Une seconde explication de l'évolution que nous avons pu observer est le fait que les collectivités territoriales ont gagné en puissance parce qu'elles ont gagné des compétences. Les ressources de ces collectivités dépendent certes largement de l'État, ce qui peut faire douter des progrès de la décentralisation[2]. Mais il est certain que la part des dépenses publiques locales, dans les dépenses publiques globales, dans le PIB, ont augmenté. Cela entraîne une double conséquence.

D'une part, le nombre d'actes produits par les autorités locales a crû de manière que l'on pourrait qualifier d'exponentielle, et les services de l'État, à l'échelon local, sont dans l'incapacité de vérifier la régularité de tous ces actes[3]. D'autre part, les autorités de l'État ont besoin des collectivités territoriales pour financer les équipements publics de toutes sortes[4], elles sollicitent ces collectivités et, tout naturellement, l'exécutif local est le premier interlocuteur, l'interlocuteur privilégié.

2. Les traits spécifiques à chaque catégorie d'exécutif

Les autorités de l'État, mais plus particulièrement le représentant de l'État à l'échelon local, se trouvent placées dans une position très différente de celle qu'elles pouvaient avoir précédemment. Avant les réformes de 1982, le préfet n'avait affaire qu'à une seule catégorie d'exécutif local, le maire, avec toutes les différences qu'il pouvait y avoir, selon la taille des communes, mais également selon la personnalité des intéressés. Désormais, c'est à trois catégories d'exécutifs que le préfet a affaire, avec lesquelles il doit dialoguer et s'accorder. Cela rend la tâche inévitablement plus compliquée pour lui.

La dualité[5] de préfets est une partie de la réponse à cette nouveauté (historiquement parlant, car on ne peut plus guère parler de nouveauté après quelques dizaines d'années) : le préfet de région a principalement pour interlocuteur le président du conseil régional, tandis que le préfet de département a pour interlocuteurs les maires, le président du conseil départemental et les présidents des intercommunalités. Le plus grand changement, à plusieurs points

---

[1] Même si, là aussi, il convient de nuancer dans la mesure où la tutelle était devenue une tutelle *a posteriori* et que, aujourd'hui, un recours du préfet contre les décisions des autorités locales est toujours possible, et même facilité par la loi.

[2] Les spécialistes des finances locales et de la fiscalité locale font valoir qu'il y a eu, durant ces quarante dernières années, une régression de la décentralisation par la disparition du pouvoir fiscal local (qui n'était déjà pas très développé).

[3] D'autant que les services locaux de l'État ont vu leurs effectifs se réduire jusqu'à une réaction très récente des pouvoirs publics pour en atténuer les fâcheux effets. V. en ce sens les différents rapports de la Cour des comptes.

[4] D'où, d'ailleurs, et de manière un peu cynique, l'absence de limitation des financements croisés dès lors qu'il s'agit, pour les collectivités territoriales, de participer à des financements de l'État.

[5] En réalité beaucoup plus puisqu'il y a plusieurs sortes de préfets établis à l'échelon local, notamment ceux chargés, tout au moins dans certains départements, de la police. On s'occupe ici, principalement, des préfets « généralistes ».

de vue, d'ailleurs[1], a été, pour le représentant de l'État, la perte de la qualité d'exécutif du département au profit du président du conseil départemental (encore appelé, au moment de la réforme, conseil général), avec lequel il a fallu inventer un nouveau mode de relations, l'identité territoriale entre le département, collectivité territoriale, et la circonscription départementale, cadre de l'action du préfet[2], pouvant soulever, parfois, des difficultés, et ne pouvant qu'accentuer la nécessité d'une entente.

Mais c'est avec les maires que la spécificité des rapports avec les autorités de l'État est la plus forte, et une institution tournée vers les collectivités territoriales a pu intituler l'une de ses publications « Le retour des maires »[3]. Car le maire présente, depuis le départ, c'est-à-dire depuis qu'il existe, une double nature ou, si l'on préfère, une double qualité, il est à la fois le représentant de la collectivité territoriale, mais il est également un agent de l'État[4], il est une expression de ce que l'on appelle le dédoublement fonctionnel. Le plus évident, le plus connu, est évidemment son premier titre, mais qui ne doit pas occulter le second.

En tant qu'agent de l'État le maire accomplit une pluralité de fonctions, très importantes. Un auteur[5] distingue les relations entre « le maire et le procureur de la République » et le « partenariat d'action publique entre le maire et le préfet centré sur la recherche de l'efficacité ». Le site gouvernemental sur les collectivités territoriales distingue, lui, les fonctions d'officier d'état civil, la révision des listes électorales, le recensement citoyen et, fonction à laquelle on pense moins, les cérémonies patriotiques.

Selon l'article L. 2221-31 du CGCT, qui se réfère au 1° de l'article 16 du Code civil, le maire et les adjoints ont la qualité d'officier de police judiciaire. Selon l'article L. 2221-32, ils sont officiers de l'état civil. Ils agissent à ce titre sous l'autorité du procureur de la République (art. 34-1 du Code civil). En cas de dommage causé du fait de l'exercice de ces fonctions, la responsabilité qui en découle éventuellement est celle de l'État, sauf faute personnelle détachable du service ce qui, on le sait, et suivant la jurisprudence du Conseil d'État, est peu fréquent.

Le maire est chargé de la révision et de la tenue des listes électorales[6]. Cette liste fait l'objet d'une révision annuelle, qui est effectuée par une commission administrative de révision. Cette commission, dont le maire ou son représentant fait partie, a notamment pour mission de statuer sur les demandes d'inscription

---

[1] Il ne faut jamais sous-estimer les aspects symboliques : dans un premier temps les préfets ont dû céder l'immeuble qu'ils occupaient au conseil départemental (le département en étant d'ailleurs le plus souvent le propriétaire), ce qui a constitué, ou a été perçu, comme un abaissement.

[2] La charte de la déconcentration a bien fait, et à raison, la distinction entre le cadre administratif territorial de la collectivité territoriale et le cadre administratif de la circonscription territoriale.

[3] GIS-GRALE, *Le retour des maires,* DGCT 2020, Éd. Le Moniteur, 2020.

[4] Les attributions du maire en tant qu'agent de l'État sont prévues aux articles L. 2122-27 à L. 2221-34-2 du CGCT.

[5] N. Dantonel-Cor, « Le maire, partenaire de l'État », *in* GIS-GRALE, *op. cit.*, p. 123 et s.

[6] Rappelons que pour pouvoir voter un citoyen doit être inscrit sur une liste électorale.

ou de radiation reçues en mairie, et de s'assurer que les personnes déjà inscrites ont conservé leurs droits à continuer de figurer sur la liste électorale du bureau de vote[1].

Le maire, aidé du personnel de la commune, participe au recensement citoyen. Tous les Français doivent, en effet, se faire recenser auprès de leur mairie[2]. Une telle formalité est indispensable pour accomplir un certain nombre d'activités et, notamment, pour pouvoir se présenter aux concours et examens publics. À la suite du recensement, la mairie délivre une attestation de recensement. Le recensement permet également à l'administration de convoquer le jeune pour qu'il effectue la « journée défense et citoyenneté » ; il permet également l'inscription d'office du jeune sur les listes électorales à ses 18 ans.

Enfin le maire se voit reconnaître des attributions pour l'organisation d'un certain nombre de cérémonies publiques. Les cérémonies publiques sont organisées normalement sur ordre du gouvernement[3], mais elles peuvent l'être, également, par les autorités locales (le maire, donc), qui peuvent prendre l'initiative d'instituer des journées de commémoration d'événements historiques, sous la présidence du préfet ou d'un représentant de l'État (ce qui suppose évidemment un accord de ce dernier avec l'organisation d'une telle commémoration). D'une manière plus générale, le maire est responsable du déroulement des cérémonies publiques dans sa commune en vertu du pouvoir de police qu'il détient en vertu de l'article L. 2212-2 du CGCT.

II. Des relations transformées

De nombreuses évolutions sont intervenues, qui sont de nature à avoir influencé et modifié les relations entre les exécutifs locaux et l'État. Il en est une dont il est difficile d'apprécier la portée, c'est la limitation du cumul des mandats. Autrefois, le cumul des mandats ne connaissait pratiquement pas de limitations, nombre d'élus locaux étaient en même temps député ou sénateur, ce qui avait une incidence sur les relations de leur collectivité avec l'État, bien qu'il demeure difficile d'apprécier la portée de ce cumul, du fait que les interventions de ces élus, locaux en même temps que nationaux, étaient informelles et tenaient aux relations qu'ils avaient pu nouer à l'échelon national. De ce fait, il est tout aussi délicat aujourd'hui, d'apprécier la portée de la limitation des mandats dans les relations entre les exécutifs locaux et les autorités de l'État[4].

---

[1] Ce sont notamment les articles L. 11-1 et s. ainsi que les articles R. 6, R. 7 et R. 25 du code électoral.

[2] Lorsque les personnes habitent à l'étranger, ces formalités doivent être accomplies auprès du consulat.

[3] Décret n° 89-655 du 13 sept. 1989 relatif aux cérémonies publiques, préséances, honneurs civils et militaires.

[4] Il existe quelques travaux, mais rien n'a encore été fait de manière systématique, si tant est qu'il soit possible d'effectuer une telle recherche.

En revanche, nul ne disconviendra que les relations entre les exécutifs locaux et les représentants de l'État ne présentent pas, ou plus, la simplicité (parfois presque caricaturale) qu'elles ont pu avoir précédemment. Cette complexification des rapports, perceptible à plusieurs points de vue, soulève un certain nombre de difficultés.

A. La complexification des relations

Cette complexification ne peut guère étonner, puisqu'on la retrouve dans tous les domaines de l'action publique, et il n'y a pas à s'en lamenter, car elle est (en partie tout au moins) inévitable. Il faut donc « vivre » avec elle et, comme l'on dit, « faire avec ». Encore faut-il pouvoir identifier en quoi l'on peut parler de complexification. Deux points, entre autres, méritent attention.

1. La complexification par les différenciations territoriales

Il convient au préalable de préciser un point, pour éviter tout malentendu. La notion de « différenciation territoriale » peut recouvrir des réalités diverses, elle a donné lieu à plusieurs réflexions[1], ainsi qu'à une loi dont le contenu n'a pas été à la hauteur des espoirs et des attentes, peut-être injustifiés, qu'elle avait suscités[2]. L'expression « différenciations territoriales » est utilisée ici à dessein au pluriel, pour caractériser les évolutions intervenues à divers échelons territoriaux, et qui peuvent être résumées par l'idée de différenciation.

Une différenciation s'est produite d'abord parmi les représentants de l'État. Traditionnellement, les élus locaux n'avaient affaire qu'à un préfet, le préfet de département, incarnation de l'État à l'échelon local, et emblème de cette représentation locale de l'État. Le mouvement de régionalisation, pris dans son sens large[3], a entraîné la création de « préfets de région » qui, au départ, ne se différenciaient guère des préfets de département autrement que par la circonscription administrative, et, aujourd'hui, ont une autorité hiérarchique sur les préfets de département. C'est une évolution considérable qui n'a pas seulement d'incidences au sein de « l'État territorial » comme on l'appelle, mais, également, sur les relations avec les représentants des collectivités territoriales que sont les exécutifs locaux. La diversification des catégories de préfets entraîne nécessairement une certaine complexification des relations[4].

---

[1] V. notamment, R. Allemand et N. Dantonel-Cor (dir.), *La différenciation territoriale*, L'Harmattan, 2020.

[2] Il s'agit bien entendu de la loi n° 2022-217 du 21 février 2022 relative à la différenciation, la décentralisation, la déconcentration, et portant diverses mesures de simplification de l'action publique.

[3] Il convient de bien distinguer, d'abord, la régionalisation, qui est le terme le plus large, recouvrant des politiques très variables, et pas nécessairement décentralisatrices, ensuite, à l'échelon régional, la région, qui est la collectivité territoriale, enfin, le régionalisme, qui est une tendance politique ou/et idéologique englobant une dimension culturelle en même temps que politique.

[4] Et l'on ne parle pas ici des « préfets spécialisés » qui, de manière moins visible certes, ont également une incidence sur les relations entre les autorités locales décentralisées et l'État. V. par

Cette différenciation au sein de l'institution préfectorale a été précédée et accompagnée d'une différenciation au sein des exécutifs locaux. Je l'ai relevé plus haut, le seul exécutif local à prendre en considération, pour l'État, a été le maire. Progressivement, en raison de ce qui a été ressenti comme une nécessité, ainsi que de la volonté des pouvoirs publics de regrouper les communes et, ne pouvant y parvenir, de créer des structures de coopération de plus en plus perfectionnées et contraignantes entre les communes, une autre catégorie d'exécutifs locaux est apparue, celle des présidents d'établissements publics de coopération, dont les plus célèbres sont ceux des EPCI qui forment une catégorie très garnie. Mais, au fond, cette catégorie d'exécutifs locaux n'était pas très différente de la précédente, puisque, par définition, tous les présidents d'EPCI sont des maires.

Beaucoup plus importante a été la reconnaissance et la consécration d'un véritable exécutif départemental et, conséquemment à la création de la région, celle d'un exécutif régional. Depuis l'an VIII, le préfet était maître en son département, cela résultait clairement des textes. La loi du 10 août 1871 avait certes entendu créer un équilibre au sein du département en contrebalançant le pouvoir du préfet. Mais, d'une part, ce n'était pas au profit d'un exécutif mais d'une « commission administrative »[1], d'autre part, et en tout état de cause, cette commission n'a jamais joué le rôle que le Parlement avait entendu lui donner. Avec la substitution du président du conseil général (devenu conseil départemental) au préfet comme exécutif du département, les rapports ont radicalement changé, le préfet a dû composer avec le président du conseil départemental, et il a fallu quelques années avant que de nouvelles relations, fondées sur le principe d'égalité, puissent s'établir.

S'agissant de l'exécutif régional, il ne s'agissait pas d'une nouveauté absolue, puisque, après l'échec du référendum de 1969, les pouvoirs publics, très prudemment, avaient créé un établissement public régional[2] qui avait un président, mais ces établissements publics n'avaient qu'une autonomie limitée, les pouvoirs de leurs présidents étaient réduits. Les régions sont « montées en puissance » et le principal bénéficiaire en a été le président du conseil régional, devenu une sorte d'*alter ego* du préfet de région.

Tout ceci a entraîné de multiples changements dont le principal, s'agissant de notre sujet, est la substitution d'un dialogue à un discours qui était largement à

---

ex. O. Renaudie, « Les préfets de zone de défense et de sécurité : quelles (r)évolutions ? », *in* X. Latour et C. Vallar (dir.), *Le droit de la sécurité et de la défense en 2013*, PUAM, 2014, p. 79-86.

[1] Cela résulte clairement, à la fois du rapport de Waddington (V. notamment la séance du 30 juin 1871, *JO* 1er juill. 1871, p. 1686) et des débats ayant eu lieu sur le projet de loi (la chambre étant d'autant plus portée à limiter les prérogatives des préfets que la majorité parlementaire était alors monarchiste).

[2] Relevons au passage que l'expression « établissement public régional » a désigné, au fil du temps, deux réalités administratives différentes : de 1972 à 1986 (et non 1982, puisque les premiers conseils régionaux n'ont été élus au suffrage universel direct qu'en 1986) elle a désigné l'établissement public créé par la loi de 1972 et, depuis 1986, elle désigne les établissements publics *de* la région, dont les plus représentatifs sont les lycées.

sens unique. Ce dialogue a pu être, dans un premier temps, un dialogue plus ou moins obligé et forcé, certains préfets n'admettant qu'avec réticence la perte de leur influence. Aujourd'hui, dans la plupart des cas, il est apaisé, les préfets ont besoin des collectivités territoriales comme celles-ci ont besoin de l'État, c'est un partenariat qui, avec toutes ses difficultés, ses retours en arrière quelquefois, s'est instauré à travers les exécutifs entre l'État et les collectivités territoriales[1].

2. La « coadministration »

L'idée d'une action commune entre l'État et les collectivités territoriales n'a rien de neuf, puisque Hauriou, déjà, évoquait la « coadministration » à la fin du XIXe siècle[2]. Plus récemment, des auteurs ont développé une réflexion sur le sujet[3]. Qu'est-ce qui est nouveau, alors ? Le fait que l'action en commun n'est plus seulement une nécessité ponctuelle, mais une pratique habituelle, parce qu'il s'agit de satisfaire les besoins de la population, et que seule la coopération peut répondre à cette exigence. On peut l'illustrer à travers deux exemples.

Un premier exemple est celui du domaine de l'enseignement. En ce domaine des responsabilités ont été transférées aux collectivités territoriales[4]. Du fait du « partage » ainsi institué une coopération est indispensable : les collectivités territoriales financent les écoles primaires, les collèges, les lycées[5], tandis que l'État nomme les enseignants. La création d'un nouvel établissement scolaire implique donc une coopération étroite entre les deux parties. Ainsi, par exemple, si les établissements dont la région a la charge ne sont pas créés par elle mais par arrêté du représentant de l'État dans la région, cette création ne peut intervenir que sur proposition de la région[6].

---

1 Sur cette notion de partenariat V. J.-M. Pontier, « Le partenariat entre l'État et les collectivités territoriales », *AJDA* 2014, p. 1694.

2 M. Hauriou, *La gestion administrative*, 1899.

3 V. de Briant, *L'action commune en droit des collectivités territoriales. Contribution à l'étude des compétences exercées en commun par l'État et les collectivités territoriales*, L'Harmattan, 2009.

4 Précisons une fois de plus, car ce point est essentiel, qu'en matière d'enseignement les collectivités territoriales ne se sont pas vu transférer des compétences mais des responsabilités, les pouvoirs dont disposent les autorités locales étant beaucoup moins importants lorsqu'il s'agit de responsabilités que lorsqu'il s'agit de compétences. Il serait faux et surréaliste de prétendre que les collectivités disposent de compétences en ce domaine alors que les programmes sont fixés par l'État et que le statut de tous les enseignants, à tous les degrés, est un statut d'État.

5 On laisse de côté le cas de l'enseignement supérieur, dans lequel les collectivités territoriales se sont beaucoup engagées financièrement (avec l'approbation sans réserve de l'État), mais où elles ne disposent ni de compétences ni de responsabilités, et qui relève d'une autre problématique.

6 Notons que le transfert en matière d'enseignement implique la coopération, non seulement de la collectivité territoriale et de l'État, mais également entre les collectivités territoriales : ainsi, par exemple, la dénomination ou le changement de dénomination des établissements d'enseignement public est de la compétence de la collectivité territoriale de rattachement ; dans le cas des lycées, établissements d'éducation spéciale, écoles de formation maritime et aquacole, établissements agricoles visés par l'article L. 815-1 du code rural, la région doit recueillir l'avis du maire de la commune d'implantation et du conseil d'administration de l'établissement.

En matière de formation professionnelle, un organisme illustre parfaitement cette action commune menée par une collectivité territoriale et l'État, c'est, dans sa dénomination existant au moment où ces lignes sont écrites (car les organismes changent fréquemment de dénomination), le « comité régional de l'emploi, de la formation et de l'orientation professionnelles »[1]. Selon l'article L. 6121-6 du Code du travail la région doit organiser sur son territoire, en coordination avec l'État et les membres du comité régional de l'emploi, de la formation et de l'orientation professionnelles, et en lien avec les organismes de formation, la diffusion de l'information relative à l'offre de formation professionnelle continue.

Le plus remarquable, dans cet organisme, est le fait que, selon l'article R. 6123-3-8 du Code du travail, le comité et son bureau sont présidés « conjointement » par le préfet de région et le président du conseil régional. Ce comité se réunit au moins deux fois par an, sur convocation également conjointe du préfet de région et du président du conseil régional, qui fixent l'ordre du jour (et l'on sait, dans tout organisme, l'importance de l'ordre du jour). La présidence conjointe d'un organisme eût été inconcevable autrefois, il y a bien eu, ici, un changement profond.

La coopération entre l'État et les collectivités territoriales par le biais des exécutifs de celle-ci peut prendre d'autres formes. En voici un exemple, celui du Cérema. Une loi de 2013[2] a créé un « Centre d'études et d'expertise sur les risques, l'environnement, la mobilité et l'aménagement » (Cérema). Il s'agit d'un établissement public de l'État à caractère administratif qui constitue, selon la loi, « un centre de ressources et d'expertise scientifiques et techniques interdisciplinaires apportant son concours à l'élaboration, à la mise en œuvre et à l'évaluation des politiques publiques en matière d'aménagement durable, d'urbanisme, de transition écologique et de cohésion des territoires, notamment dans les domaines de la mobilité, des transports et de leurs infrastructures, du bâtiment, de la prévention des risques naturels, de la sécurité routière et maritime, de la mer et du littoral ».

Ce centre est chargé d'apporter une expertise technique en appui des services de l'État, des collectivités territoriales et des acteurs territoriaux publics et privés. L'une des originalités de cette institution est que les collectivités territoriales peuvent adhérer à cet établissement public de l'État. Par ailleurs, et de manière plus classique, le conseil d'administration de cet établissement est constitué de représentants de l'État, mais également des collectivités territoriales[3].

---

[1] Le domaine de la formation professionnelle est l'un des rares domaines dans lesquels, après une évolution sur plus d'une vingtaine d'années, on peut dire qu'il existe un bloc de compétences au profit de la région, voulu par le législateur, cohérent, pour une fois, sur ce point.

[2] Loi n° 2013-431 du 28 mai 2013 portant diverses dispositions en matière d'infrastructures et de services de transports, art. 44.

[3] Sur l'organisation et le fonctionnement du Cérema, V. le décret n° 2013-1273 du 27 déc. 2013.

B. Les difficultés soulevées par les nouvelles relations

La complexification des relations ne peut aller sans difficultés à la clé, par le fait même des complications présentées ci-dessus, et qui forment un écheveau, sinon inextricable, tout au moins très emmêlé. On ne peut en tirer une seule orientation ou une seule signification, la complexité entraîne une pluralité de situations. En simplifiant un peu, il est possible de trouver tantôt des situations de concurrence, tantôt des situations de convergence.

1. La concurrence entre des exécutifs locaux et les autorités de l'État

Signalons d'abord sans y insister, tant la question est secondaire[1] qu'il y a, ou qu'il y a pu y avoir, après le vote des lois de 1982, une concurrence dans les préséances, notamment entre le préfet et le président du conseil général.

On est tenté d'écrire que la concurrence est inévitable à partir du moment où, sur un même territoire, des autorités représentant des collectivités différentes ont la possibilité d'intervenir. En d'autres temps, il pouvait y avoir opposition par inertie de la part des autorités locales par rapport au pouvoir central. À partir du moment où ces autorités locales, et singulièrement les exécutifs, comme on l'a montré à diverses reprises au cours de ce développement, disposent d'un pouvoir réel, la confrontation ne peut être entièrement écartée. Cette confrontation, ou cette opposition, se manifeste plus particulièrement entre les maires et les préfets, représentants de l'État, dans un domaine qui se prête à une telle confrontation, la police.

La police – entendons la police administrative, même si les autorités locales disposent également de pouvoirs en tant qu'autorités de police judiciaire[2] – se prête particulièrement à une telle confrontation. La raison d'une telle situation est très simple : les domaines susceptibles d'appeler, ou de permettre, l'adoption d'une mesure de police, se sont multipliés. Et le maire est la première et principale autorité de police locale, avec ce pouvoir de police générale qui lui vient de loin, et qui est consacré à l'article L. 2212-2 du CGCT. Mais le préfet, lui, est la principale autorité de police exerçant ses fonctions au titre de l'État, et il dispose, en particulier, de très nombreux pouvoirs de police spéciale, dans les domaines les plus divers. La distinction entre police générale et polices spéciales n'est pas toujours aussi nette qu'on pourrait le souhaiter, les recouvrements possibles sont multiples, et la jurisprudence sur ces questions est extrêmement abondante, en même temps que, et presque inévitablement, souvent subtile, ce qui peut faire hésiter sur la question de savoir quelle est l'autorité de police compétente pour agir.

---

[1] Encore que cela est moins anodin qu'il n'y paraît, car les personnes peuvent y être sensibles et, sur un plan institutionnel, l'ordre des préséances dit quelque chose des relations entre les pouvoirs.

[2] Et encore que, comme l'apprennent tous les étudiants en droit administratif, la distinction entre la police administrative et la police judiciaire est loin d'être nette, les interrogations sont multiples, le Tribunal des conflits est régulièrement appelé à se prononcer sur la nature d'une décision de police.

La police générale dont est investi le maire est, depuis longtemps, un instrument important d'intervention pour les maires. Mais des changements considérables sont intervenus dans l'exercice de ce pouvoir. Dans le passé, quelques affaires pittoresques illustrent les démêlés de certains maires avec les habitants, plus encore, après la « séparation » des Églises et de l'État, avec des ministres du culte[1]. Tout ceci relève largement, et à plusieurs titres, du passé. Il s'est produit un déplacement dans les préoccupations de police.

Les nouveaux problèmes de société que nous rencontrons, avec les clivages et les tensions qu'ils suscitent, sont un facteur de déclenchement des pouvoirs de police. Le maire est sollicité d'intervenir au titre de ses pouvoirs de police générale, ou il est porté parfois spontanément à intervenir, compte tenu de ses convictions. C'est souvent au nom de considérations de santé que le maire, à notre époque, est tenté d'intervenir, qu'il s'agisse d'antennes relais, de la composition des repas des cantines ou de l'utilisation d'insecticides ou de pesticides. Il sortirait du cadre de cette contribution de reprendre les affaires, qui ont donné lieu à maints commentaires, d'exercice par des maires de leur pouvoir de police ayant rencontré l'opposition de préfets et ayant été réglées en justice. Il suffit de relever que, dans la plupart des cas, le juge a estimé que le maire excédait son champ de compétence en matière de police en édictant des interdictions, la compétence revenant au préfet au titre de ses pouvoirs de police spéciale.

2. Les convergences

Dans les années 60, du temps d'un interventionnisme qui se voulait équilibré de la part de l'État, on a parlé d'« économie concertée », l'idée étant de faire coopérer les personnes publiques et les personnes privées en vue du développement du pays et cette politique a connu un certain succès. De nos jours, les problématiques comme les préoccupations sont différentes, mais l'idée d'aller « de concert » pourrait fort bien s'appliquer aux relations entre les exécutifs locaux et les représentants de l'État.

L'intrication – on parle plus couramment d'enchevêtrement – des compétences[2] est une préoccupation constante des pouvoirs publics mais, plus concrètement, une réalité qu'il faut prendre en compte et qui ne peut que perdurer. Elle prend plus d'acuité aujourd'hui, simplement parce que les pouvoirs publics interviennent beaucoup plus qu'auparavant, qu'aucun domaine n'est étranger à leurs interventions, et que celles-ci ne sont pas seulement celles

[1] Étant précisé qu'il s'est toujours agi d'un conflit entre les maires et les ministres du culte catholiques, le catholicisme étant alors la principale religion dans notre pays, ce dernier ayant, au surplus, une longue tradition d'anticléricalisme.

[2] Ce thème est une véritable ritournelle qui revient régulièrement sur le devant de la scène politique et parlementaire. La prise de conscience de cet enchevêtrement des compétences date des années 60, les pouvoirs publics ont, depuis, manifesté à de nombreuses reprises leur souci de mettre fin à cet enchevêtrement, sans y parvenir parce que cela est impossible.

de l'État, mais également, et de plus en plus, compte tenu de l'avancée de la décentralisation, des collectivités territoriales.

La seule manière de répondre à cet enchevêtrement, inévitable et insurmontable, des compétences est la coopération, la collaboration, entre toutes les parties prenantes, plus spécialement entre l'État et les collectivités territoriales, et entre les collectivités territoriales elles-mêmes. Les exécutifs sont de ce fait mis « en première ligne », ce sont eux qui vont « donner le ton », faciliter ou compliquer les relations avec l'État, avec, en particulier, la contractualisation, qui a été évoquée dans ma précédente contribution.

*

* *

S'il fallait une brève conclusion, il faudrait dire que, plus qu'auparavant, pour les raisons qui ont été avancées ci-dessus, les relations entre les exécutifs locaux et l'État sont appelées à se conforter, à se développer, parce que, qu'il s'agisse de l'État ou des collectivités territoriales, un seul objectif doit les guider, la poursuite du Bien commun au profit de l'ensemble des habitants.

Le maire autorité de l'État : anachronique commodité

Bertrand FAURE
Professeur à Nantes Université

Le sujet de notre intervention porte sur une curiosité juridique et historique : le maire au service de l'État. Continuer à présenter le maire comme une autorité de l'État et même du gouvernement ressemble, à coup sûr, à un paradoxe dans un État comme le nôtre qui a su faire passer la séparation des pouvoirs de la théorie à la pratique et qui a entendu porter loin son effort de décentralisation.

Cette confusion dans les tâches du maire, les unes exercées au nom et pour le compte de la commune, les autres au nom et pour le compte de l'État, tient assurément d'une bien originale et utilitaire conception de la représentation : le maire doit être situé tout à la fois dans la représentation locale et dans la représentation nationale au niveau local. Sans doute ce schéma a ses raisons et cette communication prend le parti qu'un regard sur l'Histoire aidera à les dévoiler.

Le point de départ de l'explication remonte à la Révolution française et à la loi du 14 décembre 1789 qui met en place le système communal moderne, c'est-à-dire la commune telle qu'on la connaît à peu près aujourd'hui. En vertu de l'article 49 de cette loi, les communes auront « deux espèces de fonctions à remplir », les unes relèveront du pouvoir municipal, les autres correspondront à l'administration générale de l'État et déléguées par l'État aux communes. Ce texte est un monument historique puisqu'il pose l'idéologie française du pouvoir municipal. Il fait apparaître que ce dédoublement fonctionnel dont le maire fait l'objet est, en réalité, consubstantiel à la construction de la commune elle-même.

Dès l'origine, comme on le constate, cette dernière a été dessinée comme un rouage de l'administration générale devant, à ce titre, se charger de la perception des impôts, de la direction des travaux publics, de la direction des services publics et des affaires relatives au culte. Sans doute les révolutionnaires avaient-ils conscience, ici comme ailleurs, de « travailler pour des siècles », d'avoir bâti un modèle cohérent et achevé, voué à la postérité. Il n'empêche que ce dualisme fondamental dans les fonctions de la commune n'a pas résisté, tout au moins dans cette forme, aux progrès de la décentralisation. Et toutes les activités du conseil municipal peuvent aujourd'hui s'exercer sous l'empire du principe constitutionnel de libre administration (art. 72 al. 3 Constitution). Les attributions déconcentrées du maire dans la commune font néanmoins remarquablement exception.

Tentons d'en donner l'explication. Pour remonter au galop le cours du temps, on constatera que les maires ont dû faire les frais de la dérive autoritaire de la Révolution française. Les besoins d'ordre et d'efficacité, en réponse aux risques d'anarchie, aboutiront à « fonctionnariser » les maires à partir de 1800 (Loi 28 pluviôse an VIII et arrêté 2 pluviôse an IX). Nommés par l'État, ils deviennent l'instrument du pouvoir central dans la commune et participent à la mise en place d'une centralisation sans précédent dans notre histoire.

Dans ce cadre, la loi le désigne comme « seul chargé de l'administration » alors que l'Assemblée constituante de 1789 ne l'avait doté d'aucun pouvoir propre puisqu'il n'agissait que par délégation du conseil municipal. Désormais, ses fonctions se séparent en deux parties distinctes : d'une part pour gérer les intérêts de la commune et assurer la police de ses habitants ; d'autre part, pour incarner la loi en dressant des listes de conscrits, en assurant la police judiciaire pour certains délits que poursuit la loi, en se chargeant de la publication de la loi et des règlements…

Mais ne craignons pas un regard plus synthétique sur les fonctions du maire à l'époque : il peut à peu près tout faire dans la commune pour peu qu'il agisse en accord avec le préfet (ce qui fait d'ailleurs penser au droit d'urgence sanitaire que nous avons vécu en rapport avec l'épidémie de Covid-19). « La direction de la commune n'est plus collégiale mais solitaire ». À cela se superpose le principe de nomination du maire : choisi au sein d'une liste de notables de la commune, il aura désormais plus à espérer et répondre devant l'État que devant ses propres concitoyens.

En fait, l'histoire de cette curiosité juridique qu'est « le maire agent de l'État » prend racine dans ce couple originel. Nomination du maire d'une part ; dédoublement fonctionnel du maire d'autre part.

C'est d'abord à la formation de ce couple, à cette association que le maire doit sa puissance et son prestige, à peu près intacts aujourd'hui. Le maire est puissant auprès de ses administrés puisqu'il allie, à l'époque, à son universalisme fonctionnel, sa représentativité étatique.

C'est ensuite la séparation du couple qui va consommer cette anomalie juridique. La démocratisation des institutions au fil du XIXème siècle ramènera le principe de l'élection du maire mais tout en laissant intactes certaines de ses fonctions déconcentrées.

Nous voudrions ainsi présenter le dédoublement fonctionnel du maire à travers les vicissitudes de ce couple : sa formation d'abord, sa séparation ensuite.

I. La formation du couple nomination-dédoublement fonctionnel du maire

Nous venons de retracer les grandes étapes qui avaient fait du maire une autorité essentiellement déconcentrée mais sans dévoiler encore les logiques secrètes qui ont provoqué ces étapes et qui sont sans doute encore suffisamment vivantes pour qu'il reste encore aujourd'hui des traces de cette confusion dans les pouvoirs du maire. Parce qu'il faut bien convenir qu'assumer des tâches au nom de l'État ne revient pas à lui prêter un simple concours matériel mais engage, plus profondément, une conception des rapports entre l'État et les communes.

On trouve en première explication l'impératif d'éviter de clore la commune sur elle-même. Cet impératif manifeste toute l'ambiguïté de l'œuvre révolutionnaire vis-à-vis de l'autonomie communale : la Révolution ne pouvait pas garantir en même temps la promotion de la commune et exalter l'uniformité comme elle l'a fait à travers les dogmes de la volonté générale et du principe d'égalité entre tous les citoyens, dogmes qui supposent une construction unitaire et centralisée de l'administration. La France ne devait pas se construire sur une collection de communautés autonomes mais comme un « tout unique » et l'emboîtement des communes dans ce nouvel ordre étatique doit éviter de refermer la commune sur la structure et le fonctionnement familial qui avait été le sien. Le maire devient ainsi le dernier maillon d'une chaîne unique. Il est pris, après le préfet et le sous-préfet, dans un ordre descendant d'exécution des lois et des instructions du gouvernement.

Ceci n'est pas seulement une question de parti-pris jacobin. C'est une question d'efficacité, de bonne administration, que compromettraient les dangers de la démagogie. Il est clairement exposé à l'époque que le maire qui se trouve sous la dépendance du conseil municipal qui le nomme « se préoccupe de la réélection qui l'obsède et le paralyse et des petites pressions locales qui vont le tirailler » (député A. Clapié). Au contraire, sa nomination par un pouvoir désintéressé doit lui offrir de préserver son autorité.

Un deuxième facteur d'explication réside dans le pouvoir de persuasion dont peut se prévaloir une autorité locale sur ses concitoyens. Il faut bien voir qu'à cette époque les missions dont est chargé le maire par l'État sont toutes plus ou moins coercitives : dresser la liste des jeunes gens et les conduire au recrutement national, prêter sa force aux percepteurs, faire la police pour les délits institués par la loi… La stabilité d'un gouvernement serait-elle possible, ainsi que l'action d'un maire, se comportant comme un « agent qui ne sait qu'exiger, contraindre et punir », sans exercer, par ailleurs, aucune fonction démocratique ? Cet agent, comme ce gouvernement, se présenterait, chaque jour, « sous un aspect plus odieux et plus révoltant » (Jocelyne Georges, *Histoire des maires de 1789 à 1939*, Bartillat 1990). Seul le « maire municipal » peut assurer les duretés de la loi, une fonction tempérant l'autre. C'est par une personne désintéressée que les administrés apprendront l'intérêt public d'obéir à la loi. Un tel schéma était donc préférable, de loin, face au sentiment toujours présent de l'impopularité des intendants.

Enfin, un troisième argument reposait sur un certain ordre des choses : dès l'instant où le maire est investi de fonctions d'administration générale qui dépassent les affaires de la commune, il apparaît plus naturel qu'il soit nommé par le pouvoir central qu'il est chargé de représenter. Mais il est évident que cet argument est purement circulaire. La nomination et le dédoublement fonctionnel du maire se justifient et se soutiennent mutuellement.

Quoi qu'il en soit, le mode de désignation du maire fera débat tout au long du XIXème siècle. Mais ce débat laisse transparaître en réalité un mobile politique plus difficilement avouable : la sauvegarde d'un régime, le maintien d'une oligarchie au pouvoir. Et, de même qu'au sommet de l'État, un exécutif de droit divin, et non une autorité élue, cohabitait avec le Parlement ; à la tête de la commune, le maire devait émaner d'une autorité supérieure, supra-communale, sa nomination devant être une attribution nationale et même royale. La nomination du maire offrira ainsi de modérer de l'intérieur même de la collectivité l'ouverture à la démocratie que réalise l'élection de l'assemblée délibérante et de canaliser les poussées républicaines.

En clair, le système se prétend tout à la fois démocratique et rationnel. Mais il se révèlera, à l'usage, plus rationnel que démocratique. D'ailleurs, le principe de l'élection du conseil municipal ne survivra pas longtemps à cette logique rationnelle et sera éclipsé du Premier Empire jusqu'en 1831.

Ce n'est qu'au cours du XIXème siècle que la démocratisation des institutions publiques et le progrès du suffrage universel réinstalleront le maire en tant qu'autorité élue par le conseil municipal mais, on le sait, sans remettre en cause le dualisme fonctionnel qui s'est toujours attaché à son action : c'est la séparation du couple nomination-dédoublement fonctionnel.

II. La séparation du couple nomination-dédoublement fonctionnel du maire

L'un ne peut vivre sans l'autre : c'est la situation d'anomalie à laquelle on ne s'attendait pas. Cette séparation devenait néanmoins inévitable. Le maire s'accommodait mal de sa fonctionnarisation : s'il est l'agent imposé de l'État soumis au préfet « il n'est (alors) qu'un sujet d'opposition et de conflit avec la commune » (L. Gambetta). Le besoin de rétablir l'harmonie institutionnelle entraînera d'abord l'obligation de choisir les maires parmi les membres du conseil municipal à partir de 1831. Ensuite, l'élection des maires sera acquise par les lois du 12 août 1876 et du 28 mars 1882 (généralisation à l'ensemble des communes sauf Paris).

Le 16 novembre 1876, le ministre de l'intérieur, Emile de Marcère, s'adressait aux maires par une circulaire intitulée « Devoir des maires » pour leur faire connaître la réelle portée de cette réforme : « ce serait étrangement méconnaître la volonté du pouvoir législatif que de laisser les maires se méprendre sur les obligations de leurs charges et de se persuader qu'ils sont, de par leur origine élective, relevés de leur devoir de subordination envers les fonctionnaires plus haut placés que lui dans la hiérarchie. Ces rapports ne doivent pas changer de caractère sous prétexte que l'élu du conseil municipal se croirait affranchi à l'égard de toute autre autorité que celle dont il a reçu son mandat ». La leçon est claire : la réforme limite ses effets à la désignation des maires, sans rien entamer de sa subordination au pouvoir central. Ainsi le ministre se livre à une lecture minimisante de la réforme en entretenant délibérément et savamment le mélange des genres.

Cette citation pourrait apparaître aujourd'hui bien poussiéreuse. Le cadrage des grandes notions du droit administratif, de décentralisation et de déconcentration, de tutelle et de pouvoir hiérarchique, de libre administration au plan constitutionnel, permettent de faire la part entre les statuts et les régimes applicables. Il n'empêche, l'anomalie juridique persiste. Elle demeure inchangée dans son principe après plus d'un siècle de tradition républicaine et décentralisatrice. Elle se révèle comme une des institutions les plus discrètes et les plus solides de notre droit public.

Survit encore aujourd'hui le principe de la « tutelle disciplinaire » des maires, étendue d'ailleurs aux exécutifs des autres collectivités territoriales et qui peut être perçue comme une anomalie offensante au regard de la démocratisation continue de nos institutions décentralisées. Celle-ci consiste dans la révocation des maires en conseil des ministres pouvant être précédée de leur suspension par arrêté ministériel (CGCT, art. L. 2122-16). Depuis 1958, on ne compte pas moins de 6 révocations et une vingtaine de suspensions. Le plus discutable est que, par son biais, le gouvernement entend sanctionner non seulement leurs irrégularités commises à l'occasion de leur administration, mais encore tout comportement qui pourrait lui paraître contraire à l'intérêt général, confinant à l'obligation, pour eux, de se tenir dans un devoir de réserve à l'égard de la politique de l'État (CE, Ass., 27 fév. 1981, *Wahnapo*, Rec. p. 111, *AJDA* 1981, p. 476, concl. M. Franc, *Revue administrative* 1982, p. 159, note B. Pacteau).

Chapitre 3 :
Les conséquences de l'action des exécutifs locaux

La responsabilité des collectivités territoriales du fait des exécutifs locaux

Jean-François BRISSON
Professeur à l'Université de Bordeaux, Institut Léon Duguit

De prime abord, le sujet proposé ne présente que peu d'originalité, ni vraiment d'aspérités, ni même une actualité récente qui mériteraient que l'on y revienne.

Peu d'originalité, car, depuis 1918, et la célébrissime affaire *Époux Lemonnier*[1], les ressorts de notre sujet n'ont pas vraiment évolué. Devant les juridictions administratives, les débats contentieux et doctrinaux tournent essentiellement autour de la question de l'imputabilité des faits à l'origine du dommage. La responsabilité des collectivités publiques étant par essence une responsabilité du fait d'autrui, la question est de savoir s'il faut faire porter l'obligation de réparation sur la collectivité ou sur l'élu. Ce qui revient à déterminer où se situe la ligne de partage entre les fautes personnelles et, pour reprendre la formule jurisprudentielle « les fautes non dépourvues de tout lien avec le service ». On observera qu'il n'y a pas lieu ici de traiter les exécutifs locaux de manière différente des autres personnes agissant pour le compte des collectivités. Dès l'origine, comme le montre l'affaire *Époux Lemonnier*, le juge a assimilé la situation des élus à celle des agents : l'imprudence d'un maire négligent étant, en l'espèce, la cause de l'engagement de la responsabilité de la commune à l'égard des victimes.

Pas vraiment d'actualité récente, non plus, même si l'on peut relever dans les dernières livraisons des revues et recueils juridiques, quelques affaires topiques des questions encore en suspens. Ainsi de l'épilogue de l'affaire de la tempête Xynthia qui, après un volumineux volet pénal, a conduit à l'engagement de la responsabilité administrative de la commune de la Faute-sur-mer pour des faits imputables directement au comportement répréhensible et à la négligence de son maire, préalablement condamné par les juridictions pénales. Le Conseil d'État relevant que la tempête Xynthia n'avait pas les caractères de la force majeure[2], la commune de la Faute-sur-mer a ainsi été amenée à couvrir les conséquences dommageables des fautes multiples commises par l'exécutif local, qu'il s'agisse de la délivrance de permis de construire en zone rendue inconstructibles par le plan de prévention des risques d'inondation (PPRI), de l'absence de diligence du maire à prescrire les travaux prévus par le même PPRI, et plus largement de la carence des services municipaux, placés sous l'autorité du maire, à mettre en

[1] Note M. Hauriou, sous C.E., Section, 26 juillet 1918, *Époux Lemonnier*, *S.*1918-19.3.41 ; *GAJA*, 24e éd., n° 30.

[2] C.E., 31 mai 2021, *Association autorisée de la Vallée du Lay*, *Rec. T.* 533 et 958 ; *BJCP* 2021, p. 343, conclusions Hoynck.

place les plans et documents d'information sur les risques majeurs[1]. De l'actualité, il serait encore possible de tirer l'arrêt du Conseil d'État du 29 décembre 2021 *Commune de Villepinte* mettant un terme définitif à l'affaire de la Sextape intéressant la maire de Villepinte[2]. Au final, donc, peu d'affaires et des affaires qui se bornent, en dépit de leur retentissement médiatique, à confirmer l'état du droit.

Pas vraiment d'aspérité juridique, enfin, car, à l'époque contemporaine, on ne saurait s'étonner que les agissements fautifs des exécutifs locaux engagent la responsabilité des collectivités qu'ils dirigent. La solution est admise depuis l'arrêt *Pelletier* de 1873 qui devait mettre fin au système de la garantie des fonctionnaires, pratiqué depuis la Constitution de l'an VIII[3]. Ce qui n'était finalement que justice au regard de l'importance des missions et des moyens dévolus aux collectivités publiques et des conséquences manifestement inopportunes qui résulteraient d'une mise en cause de la seule responsabilité personnelle des agents du fait de leurs fonctions.

Dès lors, si le sujet proposé présente un intérêt justifiant que l'on y consacre la communication qui suit, cela ne tient pas au principe de cette responsabilité des collectivités territoriales du fait des exécutifs locaux, que l'on ne saurait discuter, mais plutôt à ses modalités et conditions de mise en œuvre. Mais même de ce point de vue, essentiellement technique, la jurisprudence administrative, fixée depuis longtemps, ne fait l'objet d'aucune remise en cause en doctrine. D'abord, parce qu'elle est conforme aux aspirations du temps et profite aux victimes ; ensuite, parce qu'elle parait avoir atteint son point d'équilibre, même si des membres éminents du Conseil d'État ont pu estimer que le cumul de responsabilité pouvait apparaître comme trop favorables aux agents publics, auteurs des faits, au détriment de l'administration[4].

Le cumul de responsabilités est ainsi à l'origine d'une extension considérable des cas d'engagement de la responsabilité des collectivités publiques, personnes morales. Et ce, dans la mesure où, dans l'immense majorité des cas, la victime a été confrontée aux négligences ou agissements fautifs de l'élu ou de l'agent dans le cadre ou par le truchement du service. Nul n'ignore ainsi la formule du commissaire du gouvernement Léon Blum dans ses conclusions sur l'affaire *Lemonnier*, formule passée depuis à la postérité et répétée à l'envi à des générations d'étudiants : « La faute se détache peut-être du service, c'est affaire des tribunaux judiciaires d'en décider, mais le service ne se détache pas de la faute. »[5] Mais, il est peu probable que, dans un avenir proche, le juge administratif questionne ou revienne sur ces solutions séculaires. En effet, par

---

[1] Note J. Travard, *AJDA* 2021, p. 2473.
[2] C.E., 29 déc. 2021, *Commune de Villepinte*, *AJDA* 2022, p. 1041, note F. Tesson.
[3] T.C., 30 juillet 1873, *Pelletier*, *Rec.* 117, conclusions David ; *GAJA*, 24e éd., n° 2.
[4] G. Braibant, B. Stirn, *Le droit administratif français*, 4e éd., Presses de sciences Po et Dalloz, 1997, p. 279.
[5] Conclusions L. Blum, *Rec.* p. 761 ; *RDP*. 1919, 41 ; *S.* 1918-1919, 3, 41.

les, non moins connus, arrêts *Laruelle* et *Delville*[1], le Conseil d'État a admis, dès 1951 la possibilité pour l'administration d'exercer une action récursoire contre son agent lorsqu'elle a été condamnée à raison d'une faute commise par lui et, de façon réciproque, la possibilité pour un agent de récupérer auprès de l'administration une partie des sommes au paiement desquelles il a été exposé devant le juge judiciaire, en cas de partage de responsabilité ; donnant ainsi à sa jurisprudence l'équilibre qui lui manquait jusqu'alors[2].

Sans doute, y aura-t-il encore matière, à l'avenir, à s'émouvoir du périmètre trop large donné à la faute personnelle non dépourvue de tout lien avec le service. Et ce, dès lors que le juge a tendance à considérer, toujours suivant la ligne tracée par les conclusions Blum, que sauf situations exceptionnelles, la faute, dont se plaint la victime, a été le plus souvent commise, sinon dans l'exercice des fonctions, du moins à leur occasion[3], voire avec les moyens du service[4]. Peut-être aussi, y aurait-il matière à reconsidérer le fondement historiquement avancé pour justifier du cumul de responsabilités. À l'heure d'une couverture assurantielle généralisée, la crainte d'exposer les victimes à l'insolvabilité des agents paraît avoir perdu de sa force ; sauf à relever tout de même que les assurances privées, qu'ont souscrites les agents à titre personnel – et les primes qui vont avec –, ne sont pas conçues pour couvrir les dommages occasionnés ou amplifiés par l'activité des services publics.

Pour éclairer le sujet d'un jour nouveau, on pourrait chercher à distinguer selon que les exécutifs agissent en vertu de leurs pouvoirs propres ou en tant qu'ils sont chargés d'exécuter les délibérations des conseils élus. Mais cette distinction ne nous mènera pas très loin, et notamment pas très loin s'agissant du contentieux de la responsabilité, dès lors qu'aucun arrêt n'y fait référence. Il faudra toutefois prendre garde d'écarter de nos analyses les cas où c'est l'inaction du maire, en tant qu'agent de l'État, qui est en cause. Dans ce cas, la responsabilité de la commune ne saurait bien évidemment être engagée[5] .

L'admission depuis 1994, de la responsabilité pénale des collectivités territoriales ne prêtera pas davantage à discussion à l'occasion de ces lignes. Il n'échappera à personne que l'affaire des époux Lemonnier donnerait, sans doute, lieu, aujourd'hui, à des prolongements devant le juge pénal y compris pour obtenir la sanction de la commune du fait des négligences de son maire. Comme chacun sait, les rassemblements festifs sont devenus le prétexte à toutes

---

[1] C.E., Ass. 28 juillet 1951, *Laruelle* et *Delville*, *Rec.* 464 ; *JCP* 1952, n° 6734, note Eisenmann ; *RDP* 1951, p. 1087, note Waline ; *S.* 1952, III, p. 25, note Mathiot. Voir aussi *GAJA*, 24ᵉ éd., n° 59.

[2] À l'origine, l'administration condamnée devant le juge administratif n'était pas autorisée à se retourner contre son agent. Voir notamment, à propos d'un officier qui avait fait fusiller un civil, C.E., 28 mars 1924, *Poursines*, *S.* 1926, III, 17, note Hauriou.

[3] C.E., Ass., 18 novembre 1949, *Demoiselle Mimeur*, *Rec.* 492 ; *GAJA*, 12ᵉ éd., n° 70.

[4] C.E., Ass., 26 octobre 1973, *Sadoudi*, *Rec.* 603 ; *AJDA* 1973, p. 582, chron. Franc et Boyon ; *RDP* 1974, p. 554, note Waline et p. 936, concl. Bernard.

[5] C.E., 19 déc. 2018, *Commune de Ris-Orangis*, *Rec. T.* 578 et 902 ; *AJDA* 2019, p. 15 et 640, concl. S.-J. Lieber ; *AJCT* 2019. 211, obs. N. Ferreira : à propos du refus d'un maire de procéder à l'inscription d'enfants soumis à l'obligation scolaire.

sortes de contentieux y compris devant les juridictions répressives[1]. À ce titre, la doctrine a beau jeu de dénoncer les inconséquences du régime issu de la réforme du Code pénal. Les arguments sont connus. Ils sont ceux magistralement mis en lumière par Énne Picard, dans son étude parue à la *Revue des sociétés* en 1993[2]. Faut-il les répéter une fois encore ? Alors que les critiques de la doctrine n'ont eu de prise, jusqu'à présent, ni sur le législateur, ni sur le juge pénal. L'articulation des deux types de responsabilités, administrative et pénale, ne donnera pas davantage lieu à des discussions juridiques prolongées. De la même manière que la faute pénale du maire n'est pas un obstacle à la responsabilité de la collectivité, les faits susceptibles d'engager la responsabilité pénale de la collectivité pourront, le cas échéant, déboucher sur sa condamnation au civil. L'action civile étant dans ce cas nécessairement portée devant le juge administratif… On se bornera à rappeler alors que « le pénal tenant le civil en l'état », les faits tels que constatés par le juge pénal (mais non les qualifications juridiques) auront autorité de chose jugée devant le juge administratif[3].

L'intérêt du sujet est dès lors ailleurs, du moins en dehors d'une stricte discussion juridique, sur un terrain plus politique visant à analyser les politiques législatives et jurisprudentielles qui président aux principes régissant le partage de responsabilité entre les collectivités territoriales et leurs exécutifs. À ce titre, il est aisé d'observer que la protection juridique des élus est depuis toujours un sujet politiquement sensible qu'illustrent par ailleurs, d'une part, les développements de leur protection fonctionnelle[4], calquée sur celle des agents, et, d'autre part, la succession de textes visant à limiter leur responsabilité pénale en ce qui concerne du moins les infractions non intentionnelles qu'ils sont susceptibles de commettre[5]. La crise des vocations, constatée aux dernières élections locales, chez des élus, peu désireux de renouveler leurs mandats, y trouverait là, à en croire certains observateurs, un élément d'explication[6].

---

[1] Y. Goutal, J. Rotivel, « Rassemblements festifs : un festival de responsabilités pour les collectivités, Quelles responsabilités administrative et pénale ? », *AJ Collectivités Territoriales*, 2016, p. 203.

[2] É. Picard, « La responsabilité pénale des personnes morales de droit public, fondements et champ d'application », *Revue des sociétés*, 1993, p. 261.

[3] C.E., Ass., 8 janv. 1971, *Ministre de l'Intérieur c/ Dame Desamis*, *Rec.* 19.

[4] L'article 104 de la loi Engagement et Proximité du 27 décembre 2019 pose une obligation nouvelle en matière de protection fonctionnelle, en obligeant les communes à souscrire une assurance spécifique pour la protection des élus et de leur famille, dans les mises en cause pénales. Cette assurance devra couvrir le conseil juridique, l'assistance psychologique, le coût induit par cette protection, comme mentionnée aux articles L. 2123-34 et 35 du CGCT.

[5] La responsabilité pénale en matière d'infraction non intentionnelle, régie par l'article 121-3 du code pénal, a fait l'objet de plusieurs ajustements législatifs (lois des 13 mai 1996 et 10 juillet 2000) afin de limiter un accroissement des mises en cause, jugées excessives, de la responsabilité pénale des décideurs publics. En ce sens, Réponse du Ministère de la justice, *JO* Sénat, 5 mai 2018, p. 335.

[6] En ce sens, la consultation menée en 2018 par la Délégation du Sénat aux collectivités territoriales disponible sur [http://www.senat.fr/fileadmin/Fichiers/Images/delegation/decentralisation/Colter_docs/Presentation _consultation_mise_en_ligne.pdf].

Dans ce cadre, le législateur et le juge se sont efforcés d'éviter une mise en cause systématique des élus. Pour prévenir le risque d'incendie démocratique, ils ont, l'un et l'autre, offert aux victimes des régimes de substitution impliquant, tant devant le juge pénal qu'administratif, non les élus, mais les collectivités qu'ils administrent.

Or à l'expérience, les voies alternatives ainsi ouvertes donnent des résultats très différents.

Ce qui frappe c'est l'asymétrie de ces contentieux qui voient les collectivités locales être tenues responsables du fait des décisions et actions de leurs exécutifs. D'un côté, la responsabilité civile des collectivités territoriales encourue devant le juge administratif est atteinte d'une hypertrophie exacerbée. Elle s'affirme chaque jour davantage comme un puissant contre-feu à la responsabilité des élus, laquelle tend pratiquement à ne jamais être exercée devant les juridictions civiles. Parallèlement, la responsabilité pénale des personnes publiques s'avère largement anecdotique. Elle est un pare-feu impuissant, incapable d'endiguer l'augmentation du risque pénal pour les élus et exécutifs locaux.

I. La responsabilité civile des collectivités territoriales du fait de leurs exécutifs, contre-feu dévorant

Le principe de la responsabilité des collectivités territoriales est acquis depuis longtemps. Dès lors que ce principe est posé, il est dans l'ordre des choses que la responsabilité des collectivités territoriales soit engagée du fait des décisions, actions ou inactions de leurs exécutifs. En effet, c'est toujours par l'entremise de leurs agents ou organes que cette fiction juridique qu'est la personne morale accède à la vie juridique. Si la responsabilité des collectivités territoriales est par nature une responsabilité du fait d'autrui, cette logique se trouve accentuée par la jurisprudence sur le cumul de responsabilité qui vise à couvrir les administrés des fautes commises par les agents et élus, dès lors que ces fautes ne sont pas dépourvues de tout lien avec le service, car commises à l'occasion des fonctions ou avec les moyens du service.

L'extension de la responsabilité de la collectivité ne cède dès lors que dans l'hypothèse où la faute de l'élu a un caractère strictement personnel, comme le confirme la décision du Conseil d'État du 21 décembre 2011, dans l'affaire de la « sextape » de Villepinte. En l'espèce, un agent avait été suspendu au motif qu'il avait, à l'occasion de ses fonctions, visionné par mégarde une vidéo, montrant la maire s'adonner, en nombreuse compagnie, aux plaisirs de la chair. L'agent avait obtenu devant les juges du fond la condamnation de la commune à réparer les torts que lui avait causés sa suspension. La condamnation est relevée par le Conseil d'État, juge de cassation, au motif que la suspension prononcée par le maire poursuivait des préoccupations purement privées et était, à ce titre, dépourvue de tout lien avec le service. Cet arrêt s'inscrit clairement dans le prolongement de la jurisprudence contemporaine qui s'est efforcée de mieux délimiter les contours de la faute personnelle. Elle retient trois éléments susceptibles de caractériser séparément la faute personnelle : l'agent poursuit des intérêts strictement privés, les faits reprochés sont d'une particulière gravité ou encore le comportement dénoncé apparait comme incompatible avec les obligations qui s'imposent aux fonctions dont l'élu à la charge.

Cependant, l'établissement de la faute personnelle de l'élu n'est pas nécessairement un obstacle à l'engagement de la responsabilité de la collectivité. En effet, comme s'en est expliqué récemment le Tribunal des conflits[1], une faute personnelle commise à l'occasion des fonctions est peut-être détachable du service mais, même sanctionnée par le juge pénal, elle peut ne pas être dépourvue de tout lien avec le service. Cette dualité profite à la victime : l'arrêt *Commune de Ventabren* autorise ainsi la victime à agir pour le tout simultanément devant les deux ordres de juridiction. En l'espèce, un agent avait engagé une procédure pénale pour harcèlement contre le maire. Celui-ci avait alors fait pression sur la directrice générale des services, pour la dissuader de témoigner contre lui. La DGS ayant porté plainte contre le maire, le juge pénal l'a condamné pour subornation de témoin, mais s'était déclaré incompétent au titre de l'action civile, jugeant que les fautes commises n'étaient pas détachables de l'exercice des fonctions, obligeant la victime à former un recours devant un tribunal administratif, lequel allait à son tour se déclarer incompétent, au titre de la nature strictement personnelle de la faute ; justifiant l'intervention du Tribunal des conflits. Cet arrêt s'inscrit dans le prolongement d'une jurisprudence constante : ainsi des communes ont pu voir leur responsabilité engagée soit du fait de permis de construire illégaux délivrés par le maire dans un intérêt strictement personnel[2], soit de fausses attestations signées par le maire[3]. Ainsi encore, fut cassé un arrêt condamnant un maire pour diffamation (à l'égard d'un opposant) mais ne recherchant pas au plan civil si la faute pénale ne pouvait pas se rattacher à l'exercice des fonctions[4]

La garantie exigée des collectivités territoriale va ainsi très loin mais elle n'est pas illimitée.

Récemment, le Conseil d'État vient de refuser qu'elle s'étende à d'autres situations. Dans l'affaire concernant la commune de Villepinte, la Cour administrative avait ouvert une nouvelle hypothèse de faute de service : celle de la faute personnelle partiellement justifié par l'intérêt du service et en avait déduit qu'une faute de service distincte pouvait être reprochée à la commune. Le cumul de fautes donnant lieu à un partage de responsabilité entre le maire et la commune. Plus précisément, les juges du fond avaient retenu l'argument que la mise au placard d'un agent, ayant visionné à son insu la « sextape », pouvait être

[1] T.C., 19 mai 2014, *Mme B... née S... c/ M. F...*, *Rec.* 460 ; *AJCT* 2014, p. 508, obs. M. Yazi-Roman.
[2] C.E., 24 juillet 2009, *SCI Laubis*, req. n° 308596.
[3] C.E., 2 mars 2007, *Société Banque française commerciale de l'Océan indien*, *Rec. T.* 703 et 1072 ; *BJCL* 2007, n° 4, p. 274, concl. F. Séners.
[4] Cass., crim, 15-03-2016, n° 14-87.23, *AJCT* 2016 p. 462, note Y. Mayaud.

également justifiée par des raisons de service afin d'en protéger, notamment au moment de l'élaboration du budget, le bon fonctionnement. C'est cet argument que rejette le Conseil d'État qui, suivant les conclusions de M. Cytermann[1], refuse d'ouvrir une nouvelle hypothèse de faute non dépourvue de tout lien avec le service[2].

En outre, au sein des collectivités territoriales, la nature des rapports de forces politiques fait que la distinction entre la faute personnelle et la faute de service n'est pas pleinement effective. Dans la plupart des cas, en effet, l'équipe majoritaire sera ainsi peu portée à exercer au nom de la collectivité une action récursoire contre l'exécutif qu'elle soutient politiquement. Elle y sera peu portée pour des raisons politiques et personnelles évidentes qu'accentuent les mécanismes procéduraux qui exigeraient que l'exécutif accepte d'inscrire l'affaire à l'ordre du jour de l'assemblée délibérante, qu'il se déporte et qu'un adjoint ou un vice-président soit autorisé au nom de la collectivité à agir en justice contre le maire… Ainsi on peut craindre que l'action récursoire attende l'alternance politique si du moins celle-ci se produit dans les délais de la prescription quadriennale...

Le vieux régime de l'autorisation de plaider pourrait trouver ici matière à être réactivé[3] ; d'autant qu'il a été étendu par la loi n° 2000-321 du 12 avril 2000 *DCRA* aux contribuables des régions et départements[4]. Mais la jurisprudence en retient pour l'heure une interprétation particulièrement stricte jugeant qu' « une action en justice tendant à mettre en cause la responsabilité d'un agent de la commune ne peut pas être considérée comme une action appartenant à la commune au sens de l'article L. 2132-5 du Code général des collectivités territoriales, pouvant ainsi être exercée par un contribuable de la commune »[5]. En conséquence, un tiers ne peut pas engager au nom de la commune et sur le fondement de ces dispositions, une action en responsabilité pour faute personnelle d'un maire dont la commune a couvert le préjudice causé. C'est d'ailleurs d'une manière générale que le Conseil d'État s'attache à verrouiller l'usage de cette procédure de manière à protéger les collectivités des démarches intempestives ou systématiques des administrés[6].

À l'inverse, la même équipe majoritaire sera davantage portée à offrir la protection fonctionnelle de la collectivité à un élu qu'elle estime, par automatisme politique, poursuivi à tort. Ici, le juge administratif aura davantage

---

[1] Conclusions disponibles sur ArianeWeb.

[2] C.E., 29 déc. 2021, *Commune de Villepinte*, n° 434906, *AJDA* 2022 p. 1041, note F. Tesson.

[3] CJA, art. L. 2132-5, issu de loi du 18 juillet 1837.

[4] CGCT, art. L. 3133-1 et L. 4143-1. Auparavant et *contra*, C.E., 31 juill. 1996, *Région Languedoc Roussillon*, n° 180341.

[5] C.E., 3 décembre 2007, *Scuderi*, *Rec. T.* 710 ; *BJDU* 2007, n° 5, p. 392, concl. L. Derepas et obs. J.-C. B.

[6] C.E., 5 mai 2010, *Asselin*, *Rec. T.* 659 et 660 ; *AJDA* 2010, p. 1493, note R. Bonnefont ; *JCP* A 2010, n° 2208, note D. Bailleul. Voir aussi, L. Touzeau, « Contre les plaideurs. Ou comment préserver le caractère exceptionnel de l'autorisation de plaider », *DA*, n° 4, avril 2012, étude n° 7, p. 9-13.

de possibilités pour exercer sa régulation, dès lors qu'il n'est pas rare en pratique que de telles délibérations lui soient déférées par des opposants politiques, élus ou administrés. La juridiction administrative retient néanmoins une conception large de la protection fonctionnelle. Ainsi dans une affaire, où un adjoint était poursuivi devant le juge pénal pour des propos tenus sur les réseaux sociaux et moquant un adversaire politique, la Cour administrative d'appel de Douai a admis, contrairement aux premiers juges, le bien-fondé de la demande de protection fonctionnelle de l'élu, dès lors que les propos, non diffamatoires, participaient du débat politique local et se rattachaient en conséquence à la fonction d'élu[1]. Or, en l'espèce, l'adjoint poursuivi ne faisait pas état de sa qualité d'élu sur son compte Twitter et les propos litigieux ne reprenaient d'aucune manière des propos qu'il aurait tenus à l'occasion de ses fonctions[2].

Palpable, l'hypertrophie de la responsabilité administrative des collectivités territoriales est toutefois compensée par la faiblesse de leur responsabilité pénale.

II. La responsabilité pénale des collectivités territoriales, pare-feu inopérant

L'admission de la responsabilité pénale des collectivités locales date de la réforme du Code pénal adoptée en 1994. L'une des motivations des promoteurs de la réforme, adoptée à la suite d'un amendement parlementaire, était d'instituer un pare-feu permettant de contenir l'augmentation du risque pénal pour les élus notamment en raison des fautes non intentionnelles qu'ils sont susceptibles de commettre à l'occasion de leurs fonctions[3].

Des débats parlementaires, il ressort ainsi que pèserait en pratique sur les dirigeants des personnes morales, et par extension des collectivités territoriales, une présomption de responsabilité pénale pour des fautes qui relèvent de l'organisation dont ils ont la charge, que cette présomption n'était pas adaptée à la réalité du fonctionnement des entreprises et collectivités territoriales ; qu'à ce double titre, il importait d'offrir aux victimes en attente d'une sanction une voie alternative. Soit parce qu'il faut éviter que les dirigeants soient personnellement poursuivis pour des faits dont ils ignorent jusqu'à l'existence. Soit parce que le potentiel de gravité des infractions, commises dans le cadre des activités de la

[1] CAA Douai, 11 mai 2021, req. n° 20DA00183.

[2] En tout état de cause, sauf à encourir de nouvelles poursuites pour prise illégale d'intérêts, elles-mêmes insusceptibles de justifier l'attribution d'une nouvelle protection personnelle…, l'élu poursuivi ne peut participer à la délibération se prononçant sur l'octroi de la protection fonctionnelle en sa faveur (CAA Douai, 24 mai 2017, n° 15DA00805).

[3] N. Laval-Mader, « Les évolutions du risque pénal dans la gestion publique locale », *RFDA* 2012, p. 707.

personne morale, entreprise ou collectivité, est hors de proportion avec ce que peut supporter le dirigeant au titre de sa responsabilité personnelle[1].

Ces préoccupations sont particulièrement prégnantes dans le champ de l'administration locale. La responsabilité pénale, notait ainsi l'observatoire de la décentralisation, à fin des années 2000, est celle « qui pèse le plus sur les élus locaux : elle les inquiète fortement et agit parfois comme un "repoussoir" »[2]. Comme on le sait, le législateur s'y est repris à plusieurs reprises pour faire baisser l'exposition des élus au risque pénal. En particulier, avec la loi du 10 juillet 2000 dite Fauchon qui limite la responsabilité pénale des dirigeants auteurs de faute non intentionnelle aux cas les plus graves[3]. Des dispositions spécifiques sont prévues pour les élus locaux[4]. Elles imposent au juge répressif de prendre en compte leur situation particulière et notamment les « difficultés propres » attachées à leurs fonctions. Plus récemment, la loi n° 2020-280 du 23 mars 2020 a posé le principe d'irresponsabilité pénale des élus relativement à la gestion de la crise de la Covid-19.

Trente ans après la réforme du Code pénal, le bilan de la responsabilité pénale des collectivités territoriales est pour le moins décevant, loin des ambitions affichées. Les poursuites contre les élus n'ont pas cessé de progresser. Près de 2000 élus locaux ont été poursuivis entre 2014 et 2020 contre 1300 entre 2008 et 2014. A l'inverse, les actions pénales formées contre les collectivités territoriales restent anecdotiques : en 2018, seulement 325 poursuites avaient été exercées contre une collectivité territoriale depuis 1994, donnant lieu à 65 condamnations dont 40 pour la seule période 2014-2018, ce qui paraissait traduire quand même une nouvelle inflexion[5]. Au demeurant, rien n'interdit de poursuivre à la fois la collectivité et son représentant pour les mêmes faits[6].

Ces chiffres ne sont pas totalement surprenants. L'échec de la responsabilité pénale des collectivités territoriales, comme substitut à la responsabilité personnelle des élus, était, en effet, inscrit en quelque sorte dans ses gènes, résultant à la fois du contexte de la loi que du texte des dispositions de l'article 121-2 du Code pénal.

Rappeler le contexte de son adoption revient en effet à souligner que la responsabilité pénale des collectivités territoriales est une sorte d'accident législatif. Son inscription dans la loi a été consacrée par surprise, à l'occasion d'un amendement adopté en cours de discussion parlementaire, dans le sillage

---

[1] En ce sens, la circulaire du Garde des Sceaux du 11 octobre 2000 (CRIM-00-9/F1-11.10.00).

[2] Sénat, Observatoire de la décentralisation, rapport d'information, n° 74 (2007-2008), « Une démocratie locale émancipée : des élus disponibles, légitimes et respectés ».

[3] Code pénal, art. 121-3.

[4] CGCT, art. L. 2123-34, L. 3123-28 et L. 4135-28.

[5] Voir en sens, Observatoire de la SMACL, rapports annuels 2018 et 2022.

[6] Par ex., Cass., crim., 28 juin 2016, n° 15-83862, *Bull. crim.* 2016, n° 201. Dans cette affaire, l'adjoint aux affaires culturelles qui avait donné de mauvaises consignes pour le montage d'une structure gonflable lors d'une kermesse a vu sa responsabilité personnelle cumulativement engagée avec celle de la commune personne morale.

de la reconnaissance pénale des entreprises privées. Les parlementaires ont surtout été sensibles à l'idée de ne pas traiter différemment les entreprises et les collectivités territoriales, dans la mesure où, en cas de gestion déléguée, les collectivités territoriales et les entreprises délégataires de service public sont en situation d'exercer le même type d'activités. La responsabilité pénale des collectivités territoriales aura ainsi été adoptée sans véritable débat de fond préalable, sans réflexion sur les spécificités fonctionnelles de toute institution publique. Ni le projet de loi, ni l'avis du Conseil d'État n'y faisant la moindre allusion.

Revenir au texte permet, après tant d'autres, de souligner les lacunes et insuffisances du régime de la responsabilité pénale des collectivités territoriales.

D'abord, on rappellera que l'État échappe à la différence des collectivités territoriales à l'idée de toute responsabilité pénale. La notion de souveraineté permet d'expliquer cette différence de traitement au moins au plan théorique. Elle constituera cependant une explication bien fragile quand les négligences dénoncées au juge pénal résulteront de l'intervention combinée des services de l'État et des collectivités territoriales[1].

Ensuite, on sait que le champ de la responsabilité pénale des collectivités territoriales est strictement limité. Le Code pénal vise les seules « infractions commises dans l'exercice d'activités susceptibles de faire l'objet de conventions de délégation de service public ». En conséquence, échappe en particulier aux poursuites la mise en œuvre par les organes de la collectivité de prérogatives de puissance publique telles que l'exercice des pouvoirs de police ou les documents de planification urbaine. L'exemption concerne ainsi précisément des domaines où la négligence, ou le manquement de diligences des exécutifs, est de nature à engager leur responsabilité personnelle notamment, comme l'a montré l'affaire de la tempête Xynthia, dans le cas de catastrophes naturelles. La formule retenue par l'article 121-2 du Code pénal n'est pas très satisfaisante. Elle ne couvre pas l'intégralité des activités des collectivités territoriales comparables à celles des personnes privées. Au demeurant, la loi s'est bien gardée de définir cette condition. La Cour de cassation s'y emploie (Cass., ch. crim, 3 avril 2022) en s'inspirant largement de la définition tirée de l'article L. 1411-1 du CGCT, dans sa version antérieure à la réforme du code de la commande publique ; celle issue, via la loi MURCEF du 11 décembre 2001, de la jurisprudence du Conseil d'État et insistant sur les modalités de rémunération de l'activité[2].

Le recours à la définition du CGCT comporte cependant un double biais. D'abord, il revient au juge pénal, non pas de vérifier, à la manière du juge administratif, si le contrat litigieux conduit à déléguer la gestion d'une activité de service public au cocontractant de l'administration, mais de rechercher dans

---

[1] J-C. Jobart, « Sécurité sanitaire et protection des animaux dans les abattoirs : les pouvoirs combinés de l'État et de la commune », *AJCT* 2020, p. 129.

[2] C.E., 15 avril 1996, *Préfet des Bouches-du Rhône contre Commune de Lambesc*, *Rec.* 137 ; *RFDA* 1996, p. 715, conclusions Chantepy, note Terneyre.

l'absolu, parce que précisément il n'y pas de contrat, si l'activité en cause est théoriquement délégable. Ce qui, en bonne logique, devrait amener le juge pénal à faire prévaloir la fiction sur la réalité et à s'interroger sur la question de savoir si, pour le genre d'activité en cause, la collectivité poursuivie était en l'espèce susceptible, sachant que ce choix relève de l'appréciation de données économiques, financières ou industrielles complexes, de confier l'ensemble de l'activité à un éventuel délégataire lui conférant le droit d'exploiter le service. On peut imaginer que le juge pénal, préférant la réalité à la fiction, conclura à l'application de l'article 121-2 du Code pénal au prix d'un raisonnement moins alambiqué, c'est-à-dire, chaque fois qu'il aura pu repérer en pratique qu'il existe des cas où des activités semblables ont été précisément déléguées.

Or, c'est le second biais, la définition du CGCT avait pour objet exclusif de distinguer les contrats de gestion déléguée des marchés publics, lesquels constituent également une autre forme d'externalisation des activités des collectivités locales. Dans ce cas, l'entreprise ne prenant pas en charge l'activité de service public dans sa globalité mais seulement un aspect concourant à la réalisation de la mission par l'administration elle-même. A ce titre, rien ne justifie que les prestations susceptibles de faire l'objet d'un marché public échappent à la responsabilité pénale, car l'administration locale qui continuerait de les exercer en régie ne serait pas dans une situation matériellement différente de celle des entreprises privées délivrant ce type de prestations.

En outre, supplantée par la notion de concession de service, telle qu'issue de la directive européenne du 26 février 2014, la notion de délégation de service public n'est plus centrale dans le droit de la commande publique ; le CGCT se bornant désormais à renvoyer à la définition de la concession, celle issue de la directive européenne du 26 juin 2014 dont la délégation de service public, maintenue pour les seules collectivités territoriales, ne constitue qu'une forme possible.

Dans ces conditions, il est heureux que la jurisprudence la plus récente de la Cour de cassation semble ne plus se focaliser sur le mode d'exploitation de l'activité. Ainsi une commune a été condamnée pour un accident survenu à l'occasion de la kermesse des écoles lors de l'utilisation d'une structure gonflable fournie par un prestataire privé, le juge estimant que l'intervention de l'entreprise privée conduisait à considérer que l'activité (l'organisation de la kermesse des écoles) était susceptible dans son ensemble d'être déléguée[1]. De même, une commune a-t-elle été condamnée au pénal pour avoir continué d'arroser les espaces verts, en dépit d'un arrêté préfectoral d'interdiction[2].

D'autre part, et de manière assez paradoxale, eu égard aux objectifs affichés de la réforme, l'infraction doit pouvoir être rattachée à la décision où à la négligence d'un organe ou représentant de la collectivité clairement déterminé. Le législateur rejette l'idée d'une responsabilité diffuse découlant des modalités

---

[1] Cass., crim., 28 juin 2016, n° 15-83862, préc.
[2] Cass., crim., 26 juin 2018, n° 17-84404.

défectueuses d'organisation ou de fonctionnement de la collectivité. Ainsi la Chambre criminelle dans un arrêt 16 octobre 2019 a rejeté la condamnation d'une commune, à laquelle était reprochée la pollution d'un cours d'eau en aval d'une station d'épuration, faute, pour les juges du fond, d'avoir pu établir par lequel de ses organes ou de ses représentants la commune avait commis le délit reproché. A l'inverse, un élu ne pourra pas se retrancher derrière les conditions d'exercice de ses fonctions au sein de la collectivité pour échapper à sa responsabilité pénale personnelle[1].

*

*   *

Pour terminer, on rappellera que la mise en jeu de la responsabilité pénale des collectivités territoriales n'aura jamais pour les victimes la dimension morale et punitive attachée aux condamnations personnelles. Le désir de vindicte n'y trouvera ainsi jamais totalement son compte, à la différence des poursuites contre les élus qui se multiplient.

Au demeurant, le Code pénal, faute de pouvoir prévoir la dissolution, l'interdiction ou le placement judiciaire des collectivités territoriales, comme c'est la règle pour les entreprises et sociétés de droit privé, en est réduit à instituer des sanctions de nature financière, donc une condamnation à payer une somme d'argent.

Ce dispositif, institué en quelque sorte par défaut, faute de mieux, est révélateur des ambiguïtés de la responsabilité pénale des collectivités territoriales et de son articulation défectueuse avec la responsabilité civile encourue devant les juridictions administratives. Voilà en effet une peine qui pèse au final sur le budget de la commune, sur les activités de service public qu'elle a en charge et donc sur la communauté des usagers, sans même offrir aux victimes, à la différence des dommages et intérêts prononcés par le juge administratif, la réparation des préjudices subis.

---

[1] Cass., crim., 16 janvier 2019, n° 17-85852 : à propos d'un maire condamné pour faux en écriture publique. L'élu avait procédé à 97 recrutements frauduleux. Pour sa défense, il expliquait d'une part qu'il n'était pas le seul à avoir participé aux procédures de recrutement et d'autre part, qu'il avait toujours bénéficié de l'appui de la majorité municipale, dûment informée.

La responsabilité des exécutifs locaux

Arnaud HAQUET
Professeur à l'Université de Rouen Normandie

« La responsabilité, c'est la contrepartie normale de la confiance et de la liberté (…). La décentralisation ne doit être ni la facilité, ni le laisser-aller, ni le désordre. Elle implique au contraire une grande rigueur, et le cas échéant, des sanctions exemplaires. »[1]

Nul ne saurait contester la pertinence de cet avertissement donné par Gaston Defferre, lors de la présentation du projet de loi *relatif aux droits et libertés des communes, des départements et des régions*. Mais quarante ans après l'adoption de cette loi, la nature et l'étendue de la responsabilité des élus locaux ne forment pas la partie de leur statut la mieux définie. L'existence même d'un « statut des élus » (annoncé à l'art. 1er de la loi) reste au demeurant discutée. Elle l'est *a fortiori* pour les titulaires de fonctions exécutives.

Les exécutifs locaux sont certes responsables de leur action. Comme les autres élus locaux, les titulaires de fonctions exécutives doivent répondre de leurs actes et peuvent être amenés à en réparer les conséquences dommageables. Leur responsabilité s'inscrit dans le cadre des régimes généraux de la responsabilité administrative, pénale et politique.

Dans ce cadre, les objectifs sont de *deux ordres* : *réparer* les fautes et *rendre compte* de l'action réalisée. Le premier régime porte sur les fautes et les dommages. Il est établi en appréciant le comportement attendu et en déterminant la juste sanction. Le deuxième est plus complexe à organiser. Il est difficile de prévoir un régime de responsabilité permettant de demander aux élus de rendre compte de leurs choix politiques. Ceux-ci résultent d'initiatives en faveur de l'intérêt général local dont le bien-fondé est difficile à apprécier.

Pour cette raison, le premier volet de la responsabilité l'a emporté au détriment du deuxième, ce qui a abouti à l'opposition schématique, si souvent dénoncée, entre l'irresponsabilité politique des exécutifs et l'excès de leur responsabilité pénale.

Cette opposition résulte de l'histoire de la décentralisation, ainsi que de l'évolution de la responsabilité de la puissance publique et du droit pénal. Une sorte de logique déséquilibrée s'est imposée : l'absence de contrôle politique est compensée par la rigueur du contrôle sur la personne de l'élu-administrateur. L'État exerce ainsi une surveillance sur les élus à défaut d'exercer une tutelle sur les assemblées locales.

Cette différence d'intensité entre les régimes n'a pas contribué à la définition d'un statut de l' « exécutif » local. La responsabilité, qui devrait le caractériser, suppose l'affirmation de régimes spécifiques de responsabilité politique ou

[1] G. Defferre, AN, séance du 27 juill. 1981 ; *JO* 1981, déb. Ass. nat., p. 318.

pénale de l'exécutif. D'autres choix ont été effectués, en faveur d'une irresponsabilité politique (I) et d'un contrôle général du comportement des élus (II)[1].

I. L'irresponsabilité politique

Elle n'est pas tolérable. Au nom du principe de responsabilité politique, tout élu doit rendre des comptes aux représentés. « *Rendre compte* » est aussi le septième « principe déontologique » de la « Charte de l'élu local » dont le point 7 dispose que « l'élu local est et reste responsable de ses actes pour la durée de son mandat devant l'ensemble des citoyens de la collectivité territoriale, à qui il rend compte des actes et décisions pris dans le cadre de ses fonctions ».

Est-ce le cas à l'égard de l'exécutif local ? Étant chargé « d'exécuter les décisions du conseil », il lui rend compte de son action. Il le fait également par les informations qu'il doit communiquer. L'exécutif cherche aussi à légitimer ses initiatives auprès des citoyens par des procédés qui contribuent aujourd'hui à l'essor de la démocratie participative.

En revanche, la responsabilité politique de l'exécutif local est très limitée, pour ne pas dire inexistante, si l'on envisage la *sanction* de l'action politique. En cours de mandat, il n'existe pas de procédure de renvoi (individuel) dont les citoyens pourraient prendre l'initiative, ou de motion de censure (collective) que les conseillers pourraient adopter.

Il existe, certes, une procédure disciplinaire à l'égard du « maire et des adjoints », qui peuvent être « suspendus » par arrêté ministériel ou « révoqués » par décret en Conseil des ministres. Mais cette procédure est exercée par l'État, et non par les citoyens ou les autres élus. Elle n'est pas destinée à sanctionner l'élu pour son action politique. Cette procédure est conçue pour « réprimer les manquements graves et répétés aux obligations qui s'attachent aux fonctions de maire et [pour] mettre ainsi fin à des comportements dont la particulière gravité est avérée »[2].

La seule sanction politique à l'égard des exécutifs locaux est celle du non-renouvellement à l'issue des élections. Mais l'idée de sanction à cette occasion est discutable parce que, selon les circonstances, l'échec à une élection ne traduit pas nécessairement la sanction d'une politique passée. Un désir de changement n'est pas toujours la sanction du travail réalisé antérieurement.

L'absence de mécanismes permettant de mettre en jeu la responsabilité politique des élus locaux est ancienne. Elle n'est pas propre aux mandats locaux et elle s'explique par le type de contrôle mis en place au regard de la nature des

---

[1] Ces deux volets de la responsabilité seront étudiés et illustrés par l'actualité législative formée par la publication de la loi n° 2022-217 du 21 fév. 2022 *relative à la différenciation, la décentralisation, la déconcentration* ; l'ord. n° 2022-408 du 23 mars 2022 *relative au régime de responsabilité financière des gestionnaires publics* et la loi n° 2021-1729 du 22 décembre 2021 *pour la confiance dans l'institution judiciaire*.

[2] CC, déc. n° 2011-210 QPC du 13 janv. 2012, *M. Ahmed S.*, cons. 5.

fonctions exercées par les élus locaux au cours de l'histoire de la décentralisation. Elle concerne au demeurant d'autres entités administratives dirigées par des élus (ex., les universités…). Mais la décentralisation a évolué et l'on peut se demander si l'irresponsabilité politique des élus et, notamment, des titulaires de fonctions exécutives, est encore acceptable ?[1]

Différentes solutions peuvent être envisagées pour résoudre cette question. Le contrôle des titulaires de fonctions exécutives par le conseil est concevable. Il aurait des incidences sur l'organisation des collectivités, car il supposerait d'instaurer de nouveaux organes. Mais le modèle existe et pourrait être transposé dans certaines catégories de collectivités de droit commun.

Ainsi, l'Assemblée de Corse, celle de Martinique, ou celle de Polynésie peuvent « mettre en cause la responsabilité » du « conseil exécutif » (corse ou martiniquais) ou du « président et du gouvernement » polynésien « par le vote d'une motion de défiance » (CGCT, art. 4422-31 et L. 7225-2 ; LO n° 2004-192 du 27 fév. 2004, art. 156). De même, en Nouvelle-Calédonie, « le congrès » peut mettre « en cause la responsabilité du gouvernement par le vote d'une motion de censure » (LO n° 99-209 du 19 mars 1999, art. 95)[2].

La transposition de ces mécanismes en faveur d'un « régime parlementaire local » dans les collectivités territoriales de droit commun obligerait à isoler institutionnellement le chef de l'exécutif ou à créer un organe exécutif collégial distinct de l'assemblée délibérante. Le changement institutionnel serait tel que l'on peut se demander si cette solution pourrait être généralisée à l'ensemble des collectivités. De même, il faudrait que des conditions de majorité soient instaurées pour que les censures en cours de mandat n'ouvrent pas la porte à un nombre élevé de règlements de comptes dans les collectivités.

L'évolution institutionnelle serait considérable et ne serait pas en cohérence avec l'évolution de la législation électorale qui a cherché à conforter l'existence d'une majorité au sein des conseils. En outre, la mise en œuvre de ces procédures entraînerait certainement l'intervention plus fréquente de l'État pour régler les difficultés engendrées par la paralysie des collectivités. Là encore, ce n'est pas l'esprit de la législation.

À défaut, d'autres solutions puisées dans l'ingénierie constitutionnelle peuvent être évoquées, comme la réduction de la durée du mandat. Cette solution permettrait de renouveler la légitimité des élus, sans avoir à les sanctionner dans l'exercice de leur fonction.

---

[1] Lacune récemment déplorée par Olivier Beaud en réaction à l'affaire de Saint-Étienne. L'auteur fustige l'absence de responsabilité politique des maires, qui serait une « anomalie démocratique » (O. Beaud, « L'affaire Perdriau, le maire et la démocratie locale », blog.juspoliticum.com, 1 oct. 2022).

[2] La responsabilité de l'exécutif peut également être engagée par le « conseil territorial » de Saint-Barthélemy, de Saint-Martin, ou de Saint-Pierre-et-Miquelon. Le conseil peut « mettre en cause la responsabilité de son président par le vote d'une motion de défiance » (CGCT, art. LO6222-4, art. LO 6322-4, art. LO 6432-2).

En tout état de cause, une solution mériterait d'être avancée, car la responsabilité politique des exécutifs est non seulement une problématique fondamentale pour la représentation, mais elle justifie l'existence de certains régimes.

C'est le cas de celui de la responsabilité financière des élus locaux, que l'on se propose d'évoquer au regard de l'actualité législative. La responsabilité politique de l'élu-ordonnateur est, en effet, l'argument avancé pour justifier l'exclusion des élus locaux du périmètre des justiciables pouvant être traduits devant le juge financier.

Ce motif a, notamment, été retenu par le Conseil constitutionnel dans sa décision n° 2016-599 QPC du 2 décembre 2016 pour expliquer la différence de traitement dont bénéficient les ministres et les élus locaux. Ils échappaient au contrôle de la Cour de discipline budgétaire et financière. La différence de traitement avec les autres ordonnateurs s'expliquait par leur position : ils n'étaient pas soumis à un pouvoir hiérarchique et ils étaient responsables politiquement (les ministres étant « collectivement responsables devant le Parlement » et, pour leur part, les présidents et maires des collectivités agissant « sous le contrôle de l'organe délibérant de la collectivité »[1]).

En outre, comme l'a précisé le Conseil constitutionnel dans cette décision, il existait d'autres régimes de responsabilité (d'autres « obligations politiques, administratives ou pénales pesant par ailleurs sur les membres du Gouvernement et les élus locaux », §. 12). Ce faisant, en les exemptant des poursuites devant la CDBF pour manquements aux règles des finances publiques, la législation ne méconnaissait pas l'article 15 de la DDHC selon lequel « la société a le droit de demander compte à tout agent public de son administration »[2].

L'argument de la responsabilité politique est essentiel et explique pourquoi la situation des élus locaux ne devrait pas changer malgré la création un nouveau régime de responsabilité financière des gestionnaires publics.

Pourtant, la réforme, qui résulte de l'ordonnance n° 2022-408 du 23 mars 2022, crée un régime unifié de responsabilité financière des gestionnaires publics. Il est unifié parce que la Cour des comptes (sa 7e ch.) est seule compétente pour apprécier la responsabilité de tous les « justiciables », ce qui doit permettre de mieux déterminer la responsabilité des acteurs, notamment des ordonnateurs et des comptables.

Mais l'engagement de la responsabilité des élus locaux devrait rester limité. L'ordonnance reprend des règles qui excluaient, sauf exception, les élus locaux du contrôle de la CDBF. Ils ne sont responsables devant le juge financier que dans les cas suivants. Comme les ministres, les élus locaux sont responsables en cas de gestion de fait. Ils sont aussi (et non les ministres) responsables en cas d'inexécution d'une décision de justice entraînant le prononcé d'une astreinte, ou

[1] CC, décision n° 2016-599 QPC du 2 déc. 2016, *Mme Sandrine A.*, §. 7.

[2] Notons, qu'à cette occasion, dans sa décision QPC n° 2016-599 QPC du 2 déc. 2016 (préc.), le Conseil constitutionnel a précisé que l'article 15 DDHC était applicable aux élus.

encore lorsqu'ils font usage de leur pouvoir de réquisition et qu'il procure un avantage injustifié.

En dehors de ces cas, les élus locaux semblent protégés. Qui sera alors responsable ? Il est trop tôt pour le dire. Mais l'on peut penser que l'engagement de la responsabilité financière concernera (moins) les comptables publics, qu'il ne sera pas celle des élus[1], et donc qu'il pourrait se reporter sur les agents des collectivités. Ceux-ci sont des justiciables qui peuvent voir leur responsabilité engagée. Et donc, pour s'exonérer de leur responsabilité, les agents doivent présenter l'ordre écrit d'un élu ou une délibération du conseil présentant un lien direct avec l'affaire (les agents ont donc intérêt à se couvrir).

La référence au principe de responsabilité politique reste donc favorable aux élus locaux, ce qui est pour le moins paradoxal. Il est dès lors assez logique que d'autres régimes de responsabilité soient mis en œuvre pour les contrôler.

II. Le contrôle du comportement des élus

Les titulaires des fonctions exécutives sont, comme les autres élus et les agents publics, soumis aux règles générales de la responsabilité civile et pénale. Comme les autres élus également, ils sont soumis aux règles déontologiques adoptées pour moraliser l'action publique indépendamment d'un régime propre aux exécutifs locaux.

Administrateurs de leur collectivité, les exécutifs locaux sont particulièrement exposés. Ils sont placés dans une position de vulnérabilité parce qu'ils sont confrontés à la justiciabilité de l'action publique. Le risque pénal, qui l'a emporté sur celui de la responsabilité civile, est omniprésent.

En pratique, leur situation doit être relativisée si l'on prend en considération le faible pourcentage de condamnations par rapport au nombre d'élus. Pour autant, ce risque est une source d'angoisse. Même trompeur, le sentiment dominant est que l'élu ne bénéficie pas de mansuétude. Il sait qu'il existe un arsenal prêt à être actionné à son encontre (s'il commet une prise illégale d'intérêt, un acte de favoritisme, de corruption, de trafic d'influence, de concussion, s'il met en danger la personne d'autrui, etc.).

L'existence de ces infractions est nécessaire pour éviter que les collectivités territoriales ne se transforment en terrains de jeu des personnes malhonnêtes. Notre propos n'est pas de dénoncer cette législation, mais de souligner que la responsabilité pénale ne saurait être la principale réponse à apporter à la crise de défiance.

Ce régime de responsabilité est surinvesti, ce qui alimente la suspicion à l'égard des élus locaux et le malaise des élus qui, depuis des années, réclament

[1] Quelle sera la rigueur du contrôle opéré ? La réforme a été conçue pour que le contrôle soit plus cohérent. L'unification du contentieux doit permettre de mieux déterminer les responsabilités des différents acteurs. Mais, en même temps, la réforme semble avoir été conçue pour assurer essentiellement la poursuite par le juge financier des infractions les plus graves, celles qui entraînent un préjudice significatif. La Cour des comptes aura-t-elle une lecture différente ?

un statut – sans le définir d'ailleurs clairement – parce qu'ils sont conscients d'un déséquilibre dans leurs droits et obligations.

Cette suspicion rend également la parole des élus peu audible lorsqu'ils dénoncent des règles pénales leur paraissant excessives ou injustes. Il leur a été, par exemple, difficile d'être entendus sur la définition de la prise illégale d'intérêts, sujet que l'on se propose également d'évoquer au regard de l'actualité législative.

En effet, le législateur a répondu récemment à des sources d'inquiétude, maintes fois exprimées par les élus, concernant les conflits d'intérêts : sur la définition de la prise illégale d'intérêts et sur les conséquences de la représentation de la collectivité par les élus dans d'autres entités.

Sur la prise illégale d'intérêt, des corrections étaient attendues pour l'une des infractions les plus couramment imputées aux élus locaux. Sa définition a été modifiée par la loi n° 2021-1729 du 22 décembre 2021 *pour la confiance dans l'institution judiciaire*[1]. À l'article 432-12 du Code pénal, la notion « d'intérêt quelconque », qui était très contestée, a été remplacée par celle de « *l'intérêt de nature à compromettre son impartialité, son indépendance ou son objectivité* » (on retrouve des termes de la définition du conflit d'intérêt de l'art. 2 de la loi n° 2013-907 du 11 oct. 2013 *sur la transparence de la vie publique*).

Cette formulation devait faire évoluer la jurisprudence judiciaire pour qu'il n'y ait plus de condamnations d'élus simplement concernés par une opération (un intérêt quelconque) sans en avoir tiré de véritables profits. La Cour de cassation considérait, en effet, que la prise illégale d'intérêt était constituée même s'il n'en résultait « ni profit pour les auteurs ni préjudice pour la collectivité »[2]. Les avis sont néanmoins restés partagés sur la formulation. Les nouveaux termes évoquent les effets de « l'intérêt ». Mais ils ne changent pas nécessairement la perception de l'intérêt lui-même. Si un élu a un intérêt (par ex, pour un recrutement, ou un aménagement urbain qui lui bénéficie, etc.), le juge risque de considérer que cet intérêt est assurément « de nature à compromettre son impartialité, son indépendance ou son objectivité ». Le juge va donc continuer à porter son attention sur l'objet de cet intérêt ; ce qui conduit, comme auparavant, à prendre en considération, d'abord et avant tout l'objet de l'intérêt (quelconque).

L'état du droit a donc vraiment évolué ? La réponse a été apportée par la Cour de cassation dans un arrêt du 5 avril 2023[3]. Elle a été claire et directe. Pour la Cour, « les prévisions de l'article 432-12 du Code pénal dans sa rédaction issue de la loi n° 2021-1729 du 22 décembre 2021 aux termes de laquelle l'intérêt doit être de nature à compromettre l'impartialité, l'indépendance ou l'objectivité de l'auteur du délit sont *équivalentes* à celles résultant de sa rédaction antérieure par

[1] Le législateur a repris les propositions de la Haute Autorité, dans son rapport d'activité de 2020, sur la prise illégale d'intérêt, qui s'était elle-même inspirée des réflexions de la commission Sauvé sur les conflits d'intérêts dans la vie publique.

[2] Cass., crim., 22 octobre 2008, n° 08-82.068, *Ville de Bagneux*, *Bull. crim.* 2008, n° 212.

[3] Cass., crim., 5 avril 2023, n° 21-87.217, *Bull.*

laquelle le législateur, en incriminant le fait, par une personne exerçant une fonction publique, de se placer dans une situation où son intérêt entre en conflit avec l'intérêt public dont elle a la charge, a entendu garantir, dans l'intérêt général, l'exercice indépendant, impartial et objectif des fonctions publiques (Crim., 19 mars 2014, QPC n° 14-90.001 ; Crim., 20 décembre 2017, QPC n° 17-81.975) ».

En revanche, on peut penser qu'une autre correction apportée par le législateur aura des effets positifs. Elle concerne la participation des élus à des organismes publics et privés en qualité de représentants de leur collectivité. La loi *3DS* n° 2022-217 du 21 février 2022 a prévu que « les représentants d'une collectivité désignés pour participer aux organes décisionnels d'une autre personne morale en *application de la loi* ne sont pas considérés, *du seul fait de cette désignation*, comme ayant un intérêt » au sens des dispositions sur le conseiller intéressé, le conflit d'intérêt ou la prise illégale d'intérêt[1]. La clarification était nécessaire.

Ces réactions du législateur ont visé à ajuster les règles relatives à la responsabilité pénale des élus. Mais elles sont ponctuelles et ne correspondent pas à une réflexion d'ensemble sur le statut des exécutifs locaux.

Une réponse statutaire doit être apportée. Pour accepter des contraintes, il faut bénéficier d'un statut qui confère un rôle social et identifie les contreparties. Un fonctionnaire, ou le membre d'une profession, a des droits et obligations qui s'inscrivent dans le cadre de missions à accomplir. C'est un tout. Un statut est un ensemble cohérent et équilibré. Plus les risques sont importants, plus le statut doit conférer une forme de reconnaissance.

Mais pour les élus locaux, titulaires de fonctions exécutives, la question statutaire n'a pas été vraiment réglée. La défiance envers les élus a été traitée plus largement par la déontologie.

La déontologie a été la grande affaire du droit des fonctions électives[2] et non électives de ces dix dernières années. Elle a constitué une réponse nécessaire à la moralisation de la vie publique en instaurant des mécanismes de prévention et en reformulant les devoirs qui incombent aux élus dans des principes généraux. Elle a ainsi contribué à une prise de conscience par les élus de leurs responsabilités. Mais cette réponse ne s'est pas inscrite dans le cadre d'une réflexion constructive sur le statut des élus et des exécutifs locaux notamment.

---

[1] Leur seule présence dans les conseils de ces entités extérieures n'entraînera pas nécessairement l'illégalité de la délibération ou la réalisation d'une infraction, même si la loi prévoit des exceptions (notamment pour l'attribution d'un marché ou d'une aide de la collectivité à l'entité concernée ; dans ce cas, l'élu doit se déporter).

[2] Voir Ph. Blachèr et J.-É. Gicquel, *Les grands textes de la déontologie de la vie publique*, LGDJ, 2017 ; J.-Fr. Kerléo, E. Lemaire, R. Rambaud (dir.), *Transparence et déontologie parlementaires : bilan et perspectives*, éd. Varenne, 2019 ; J.-Ph. Derosier (dir.), *La déontologie politique*, LexisNexis, 2020 ; J.-Fr. Kerléo, *La déontologie politique*, *op. cit.*

Pourtant, le sujet du statut de l'exécutif était au cœur des réflexions sur le statut de l'élu local[1]. Des questions restaient sans réponse. On peut lire, notamment, dans tous les travaux parlementaires sur les lois qui ont porté sur les garanties des élus locaux (terme utilisé en l'absence officielle de statut), que la question du risque de professionnalisation était un obstacle à ne pas franchir. Pour cela, il convenait de ne pas assimiler le statut des titulaires de fonctions exécutives locales à celui des fonctionnaires.

Le sujet était complexe en raison de l'évidente professionnalisation des exécutifs locaux. Beaucoup d'éléments la caractérisent, comme la rémunération résultant des indemnités de fonction[2], les divers régimes en matière de formation, de retraite, de cessation d'activités… Le sujet était fondamental mais l'intérêt qui lui a été porté s'est épuisé (notamment après la mission d'information sur le statut de l'élu[3] de l'Assemblée nationale de 2013 et la loi n° 2015-366 du 31 mars 2015 *visant à faciliter l'exercice, par les élus locaux, de leur mandat*). L'attention s'est alors portée sur les règles déontologiques. Transversales, elles concernent les ministres, les élus et celles chargées d'une mission de service public (comme le prévoit l'art. 1er de la loi n° 2013-907 du 11 oct. 2013 *relative à la transparence de la vie publique*). La déontologie a ensuite irradié dans le code général des collectivités territoriales (avec notamment sa consécration à l'article L. 1111-1-1 avec la Charte de l'élu local introduite en 2015) et dans le statut général des fonctionnaires (avec la loi n° 2016-483 du 20 avr. 2016).

Ce rapprochement du droit des fonctions publiques électives de celui des fonctions publiques non électives n'est certes pas nouveau en ce qui concerne les droits et obligations des élus locaux, mais il ne clarifie pas le statut des exécutifs locaux. On peut même dire que cette évolution met l'accent sur la logique de professionnalisation. En effet, même si elle concerne désormais le domaine politique, la déontologie a souvent été présentée comme un ensemble de devoirs inhérents à l'exercice d'une profession. Ces devoirs s'imposent aux membres d'une communauté professionnelle qui, en cas de violation, sont susceptibles d'être sanctionnés disciplinairement. La référence à la déontologie pour les élus locaux ne peut donc que raviver le débat sur la professionnalisation des exécutifs locaux.

---

[1] L. Janicot, *Les droits des élus, membres des assemblées des collectivités territoriales*, LGDJ, 2004 ; Ph. Lacaïle et F. Garreau, *L'élu municipal : Statut de l'élu et fonctionnement du conseil municipal*, 7e éd., Berger Levrault, 2020 ; M. Verpeaux, « La loi du 31 mars 2015 ne constitue pas un nouveau statut pour les élus locaux », *JCP* A 2015, n° 2208 ; A. Haquet, « Les conditions de création d'un statut de l'élu local », *JCP* A 2013, n° 2368 ; ég. A. Haquet, « Le statut de l'élu local en filigrane », *loc. cit.*, p. 1210.

[2] Le principe de gratuité du CGCT (art. L. 2123-17, CGCT) ne fait plus illusion au regard du montant des indemnités des maires et présidents. Même les maires des petites communes touchent désormais une indemnité assimilable par son montant à une rémunération, depuis l'adoption de la loi n° 2019-1461 du 27 déc. 2019, *Engagement-proximité*.

[3] Rapport de la mission d'information sur *le statut de l'élu*, déposé par la Comm. des lois de l'AN, présenté par MM. Ph. Gosselin et Ph. Doucet, n° 1161, 19 juin 2013.

*

* *

Mais tous les élus dans une collectivité ne sont pas concernés par cette professionnalisation. Cette évolution, si elle est acceptée, devrait donc conduire à distinguer clairement les statuts des titulaires de fonctions exécutives des autres élus[1], qui pourraient avoir pour vocation de contrôler politiquement les premiers.

[1] A. Haquet, « Statut de l'élu. Découpons le serpent de mer », *AJDA* 22 avr. 2013, tribune, n° 14, p. 761.

PROPOS CONCLUSIFS[1]

Michel VERPEAUX
Professeur émérite de l'Université Panthéon-Sorbonne, Président de l'Association française de droit des collectivités locales

Ce colloque a connu des rebondissements de dernière minute et a failli être annulé, ou être reporté *sine die* ou se tenir en « distanciel ». Des forces extérieures se sont en effet conjuguées pour qu'il n'ait pas lieu. Heureusement, il a pu se dérouler, même si elles nous ont privés de la présence de quelques intervenants bloqués par des pénuries d'essence ou par des difficultés de transport.

Deux jours très denses et très riches. Certains regretteront peut-être qu'ils aient été trop riches et trop denses. Il faut dire, néanmoins, que le thème choisi, « Les exécutifs locaux », était très ambitieux et qu'il méritait bien les deux jours qui lui ont été consacrés.

Il revient à celui qui prononce quelques propos conclusifs d'adresser, en premier lieu, des remerciements. C'est bien volontiers que je veux m'acquitter de cette tâche agréable et sincère et qui n'est en rien une charge.

Mes, plutôt nos, remerciements s'adressent tout d'abord à l'Université d'Orléans et à sa vice-présidente, Paule Quilichini, à l'UFR « Droit, Économie, Gestion », et à son doyen, Pierre Allorant. L'une et l'autre ne se sont pas contentés de nous accueillir, ils ont hautement contribué, sur le plan scientifique, à la réussite de colloque.

Ces remerciements s'adressent aussi, bien entendu, au Centre de recherche juridique Pothier et à son directeur Florent Blanco avec qui les relations en vue de l'organisation de cette manifestation ont été anciennes, soutenues et chaleureuses. Ce dernier était entouré, au sein du Comité d'organisation, de Pierre Allorant, déjà cité, qui cumule ainsi les casquettes et de Fouad Eddazi, maitre de conférences l'UFR de droit d'Orléans. Nous ne saurions oublier Madame Laurence Sallé, celle sans laquelle aucune organisation n'aurait été possible.

Merci aussi, bien sûr, aux intervenants savants, aux présidents de séance vigilants et aux étudiants très studieux.

Le Comité d'organisation comprenait donc un historien du droit et deux publicistes dans une symbiose qui démontre, s'il en était besoin, la place essentielle de l'histoire pour le sujet qui nous a occupés durant ces deux jours, ce

[1] Ces propos conclusifs, comme leur nom l'indique, n'ont pu être tenus qu'à partir de ce que le rapporteur avait pu entendre lors de ces deux journées d'études. Depuis cette date, deux textes ont été ajoutés à l'édition de ces Actes, l'un de M. Marc-Antoine Granger, sur *L'action des exécutifs locaux en temps de crise sécuritaire*, qui illustre de manière contemporaine la diversité des compétences de ces exécutifs locaux, l'autre de Jean-Marie Pontier, sur *Les relations des exécutifs locaux avec l'État*.

qui est bien naturel dans un Centre Pothier, l'un des pères du droit français. Dans son rapport introductif, Jean-Marie Pontier s'est placé d'emblée dans une logique historique pour tracer le cadre des pouvoirs locaux chargés de l'exécution des décisions. La perspective chronologique a été complétée, pour une période plus récente, par le rappel très instructif des quarante dernières années par le sénateur Jean-Pierre Sueur qui n'a pas hésité aussi à se projeter dans le futur. Ce dernier a d'ailleurs insisté sur le temps nécessaire pour que les réformes s'inscrivent dans la réalité et puissent réussir, qu'il a opposées aux lois de circonstances qui ne sont que des catalogues de mesures ponctuelles. La plaquette de présentation du colloque avait d'ailleurs, judicieusement, choisi la représentation du banquet des maires de 1900, comme un rappel très symbolique du passé.

Cette plaquette a fort aimablement mis en avant les Journées d'études de l'AFDCL. Tel un cirque ambulant, cette Association plante en effet sa tente dans une ville différente chaque année. Ce fut donc, en 2022, le tour d'Orléans, ville choisie non pas pour sa position centrale sur une carte de France, mais parce que son Université a toujours accueilli des chercheurs et des spécialistes des administrations locales devenues des collectivités territoriales, dans l'histoire et dans le temps présent. Évoquer le nom et la présence dans ce colloque du doyen Michel Pertué et de ses nombreux disciples et émules se justifie pleinement. Il en est de même du rappel de la place de Jacques Ferstenbert, pilier indéfectible de l'AFDCL et professeur émérite de cette Université.

Le thème des exécutifs locaux résonne en écho avec celui des premières Journées d'études de l'Association, tenues à Bordeaux en 2014, consacrées aux assemblées délibérantes. Un esprit rapide pourrait alors penser que le tour des questions locales a été accompli et qu'il n'y a plus de place pour des thèmes nouveaux. On osera rappeler, sur le seul terrain des institutions, la place restée encore inexplorée des organes « mixtes », soit mi-délibérants et mi-exécutifs, ou celle des organes consultatifs tels que les CESER.

Quel drôle de terme que celui d'exécutifs locaux, non pas tant à cause de l'adjectif, mais à cause du mot « exécutifs » ! Il n'est pas possible, en utilisant ce terme, de ne pas penser à Montesquieu et à la théorie de la séparation des pouvoirs, même si l'expression d'exécutif ne figure pas dans le fameux chapitre VI du Livre XI de *l'Esprit des lois*. L'auteur préféra faire référence à la fonction « d'exécuter les résolutions publiques » ou celle d'exécution de la volonté générale ou, plus fréquemment encore, utiliser l'expression de puissance exécutrice. Chez l'éminent philosophe, cette notion et cette fonction ne sont d'ailleurs pas d'une parfaite limpidité en ce qu'elles sont susceptibles de se confondre avec la fonction juridictionnelle chargée de faire exécuter les lois. On peut alors pressentir que la perception des exécutifs locaux sera encore moins aisée.

Les risques de confusion sont nombreux et le premier d'entre eux serait, bien sûr, de penser que ces exécutifs locaux sont des représentants du pouvoir politique central ou national, ce qu'ils ont été depuis longtemps, durant longtemps et encore de nos jours pour les maires, comme l'a montré Bertrand Faure.

On le sait depuis Napoléon Bonaparte, si délibérer est le fait de plusieurs, décider est le fait d'un seul. Il existe donc un pouvoir qui agit, tandis que les assemblées ne sont là que pour délibérer, ce qui, dans l'esprit de l'an VIII, signifiait se contenter d'échanger des opinions ou de donner des avis. Les pouvoirs exécutifs sont alors des pouvoirs actifs, comme le précisait la loi du 28 pluviôse an VIII selon laquelle « Le préfet sera seul chargé de l'administration ».

Oui, sans doute ces pouvoirs sont actifs mais ils ne sont pas seuls tant ils ne peuvent se détacher des organes délibérants. Pour paraphraser la liturgie catholique à la fin de la prière universelle, les pouvoirs exécutifs locaux sont, par rapport aux assemblées, par elles, pour elles et en elles. Ils sont à la fois en dehors et au sein des assemblées.

Il est évidemment difficile de conclure des travaux aussi riches, même si certains contributeurs ont eu l'amabilité d'envoyer par avance leur contribution ou un résumé de celle-ci et je les en remercie. Il faut alors se contenter de deux idées simples qui reprennent, en définitive, le plan général du colloque. Ces deux jours se sont ainsi intéressés à deux questions : les pouvoirs exécutifs locaux, qui sont-ils ? Et que font-ils ?

I. Qui sont-ils ?

Cette question pourrait se résumer ainsi : les exécutifs locaux sont-ils des élus comme les autres ? Ils sont certes élus, mais ils exercent leur pouvoir de manière nécessairement spécifique.

A. La source de leur pouvoir

La première intervention de Jean-Marie Pontier a rappelé le rôle de l'État dans la désignation des exécutifs locaux, non seulement à propos des maires mais aussi des préfets, exécutifs départementaux jusqu'en 1982. De manière utile, il a cité la Constitution de 1946, qui avait prévu que les fonctions exécutives des collectivités territoriales seraient confiées à leur maire ou à leur président. Les débats relatifs au projet de loi devant traduire ce principe en 1947 ont montré les réticences des députés face à ce qu'ils appelaient un « maire départemental » susceptible de porter atteinte à l'unité de l'État. Ce projet ne fut jamais adopté. Par voie de conséquence, les exécutifs locaux sont absents de la Constitution de 1958.

Historiquement, l'élection et la nomination ont alterné tout au long du XIXème siècle et des régimes politiques qui se sont succédé. Lorsqu'ils sont enfin élus, soit à partir en 1872-1876 pour les maires, l'influence des modes de scrutin a été fort bien montré par Romain Rambaud qui a souligné, à l'aide d'une comparaison avec d'autres pays proches, comme l'Allemagne ou l'Italie, que l'élection au suffrage universel direct n'est pas la réponse unique à la question de la légitimité. Le recours au suffrage universel indirect, en France par exemple, est ainsi compensé par la personnalisation de l'élection grâce au recours aux têtes de liste qui deviennent, quasi systématiquement, les organes exécutifs de la collectivité. Ces modes de scrutin, sauf peut-être dans les départements où, précisément, le mode de scrutin est différent, jouent un rôle essentiel également dans la composition des organes exécutifs qui restent ainsi homogènes, la légitimité des vainqueurs de l'élection trouvant à s'appliquer de manière complète notamment dans la désignation des adjoints dans les communes les plus importantes. Le cas des EPCI est, sur ce point, révélateur des spécificités des organes exécutifs de ces établissements publics.

La démocratie participative peut-elle alors renforcer la légitimité de ces organes considérés comme des pouvoirs actifs ? Cette question a été analysée par Alexis Le Quinio, mais il est possible de penser que la participation est plus difficile à mettre en œuvre pour ces organes que pour les organes collégiaux. Il est plus facile de faire adopter par les citoyens des budgets participatifs que de leur faire décider la nomination des agents ou de prendre les décisions en matière de police administrative. Le *recall* américain ne peut pas être assimilé à une procédure participative, mais plutôt comme une vérification de la légitimité des élus. De même, les risques d'atteinte aux règles déontologiques sont sans doute plus grands pour les exécutifs que pour les autres élus, parce que les conflits d'intérêts sont plus susceptibles de se produire à leur propos et parce que les tentations sont sans doute plus nombreuses. Jean-François Kerléo a pu, ainsi, recenser les textes applicables et les modifications récentes apportées par la loi 3DS du 21 février 2022. Les risques de conflits d'intérêts publics-publics, dans le cas des cumuls de mandats, concernent sans doute plus les exécutifs locaux, mais on peut se demander s'il s'agit vraiment de conflits d'intérêts.

La formation et la protection fonctionnelle des élus, principalement celles des exécutifs, sont devenues de véritables nécessités comme l'a montré Reine Wakote dans le contexte contemporain de tensions, d'incivilités et même d'agressions qui entoure les élus. Pendant longtemps, l'onction du suffrage universel suffisait à protéger les élus et à garantir leur compétence. Ce n'est plus le cas, ce qui traduit une évolution profonde des sociétés.

B. L'exercice du pouvoir

Cet exercice est conditionné par les relations que les exécutifs locaux peuvent entretenir avec d'autres organes, en premier lieu avec les assemblées délibérantes. Selon Julien Thomas, la démocratie locale est, de prime abord, ascensionnelle, réservant une place centrale à l'organe délibérant, comme l'ont affirmé les lois depuis 1884 et l'article 72 de la Constitution selon lequel les collectivités territoriales s'administrent librement « par des conseils élus », sans faire référence à d'autres organes. La réalité est néanmoins autre, du fait de la permanence de ces organes exécutifs, celle-ci n'étant pas que temporelle. Ces organes sont, selon la formule utilisée par Julien Thomas, « en surplomb » par rapport aux autres organes. Pour contrebalancer cette omniprésence, plusieurs pistes seraient possibles, dont celles consistant à renforcer la place et le rôle des oppositions au sein des assemblées délibérantes. C'est aussi un vœu qui pourrait être formulé dans les rapports qui existent, au niveau national, entre le Parlement et l'exécutif.

Pour autant, l'organe exécutif n'est pas nécessairement monolithique. Selon Fouad Eddazi, la réalité est variable selon les catégories de collectivités, la situation des vice-présidents de départements et de régions n'étant pas identique à celle des adjoints dans les communes, et selon la taille, notamment entre les différentes communes. Ce constat se vérifie au sein des EPCI où la composition des organes exécutifs est beaucoup plus complexe. C'est ainsi que l'on peut s'interroger sur la fonction de ce qui est souvent désigné sous le nom de « municipalité », organe essentiel dans la vie communale car regroupant les élus de majorité, mais qui est un organe que le droit ignore superbement. Qu'en est-il aussi des commissions permanentes dans les départements et les régions ? Qu'en a-t-il été des commissions départementales, rouage essentiel dans les départements et qui ont subsisté durant 111 ans au point de susciter dans certains conseils régionaux, après 1972, la création de commissions régionales en dehors même de textes. L'impératif d'unité de ces organes peut se comprendre au nom de l'efficacité de l'action politique, mais le risque de la concentration des pouvoirs est grand.

La fonction de chefs de leurs administrations, selon l'intitulé proposée pour sa communication, a été décortiquée par Julien Martin. Le pluriel interpelle car il aurait été aussi possible d'écrire « chef de leur administration », notion originale en droit français, c'est-à-dire inconnue. Mais elle est un écho de la disposition législative issue de la loi de 1837 sur les communes puis étendue, longtemps après, aux départements et aux régions en 1982, selon laquelle le chef de l'exécutif est « seul chargé de l'administration ». Cette fonction est illustrée par les politiques d'emploi territorial et la liberté relative, mais renforcée en 1987, quant au choix des agents, qui est reconnue aux organes exécutifs, comme a pu le démontrer Annie Fitte-Duval. On le voit, cette question se situe à la limite entre le « qui sont-ils » et le « que font-ils ».

II. Que font-ils ?

Les exécutifs locaux ont modelé la décentralisation, selon l'opinion de Jean-Marie Pontier. Cela est dû au rôle historique de la commune dans la construction de l'administration locale en France, et à la place capitale qu'ont pu y jouer les maires. En même temps, la décentralisation a favorisé les exécutifs locaux, au détriment des autres organes. Certes, la République s'est appuyée sur les maires, longtemps considérés comme des relais du pouvoir central, ce que les banquets de la fin du XIXème siècle ont abondamment illustré, comme le rappelait la plaquette du colloque déjà citée et si bien choisie. En cela, les symboles, l'iconographie, les bâtiments, notamment municipaux, sont essentiels, comme l'a fort bien montré Pierre Allorant, preuves à l'appui grâce aux cartes postales, aux dessins, aux caricatures et autres. La place importante qu'il a accordée aux préfets, à travers notamment leur costume et non pas leur uniforme, a confirmé le rôle essentiel de ces représentants du pouvoir central au sein des administrations locales, départementales en premier lieu, du fait de leur rôle d'exécutifs locaux, mais aussi auprès des communes dans leur fonction de tutelle.

Nicolas Kada a d'ailleurs montré une forme d'unification des fonctions exécutives locales dans toute l'Europe et pas seulement dans l'Union européenne, malgré des différences et une diversité propres à chaque État. Ce mouvement a contribué, dans beaucoup d'entre eux, à renforcer la légitimité des exécutifs locaux, en posant la question de l'élection qui n'existe pas dans tous les pays, complétée par celle de l'élection directe. Ce même mouvement a cherché aussi à distinguer ces exécutifs locaux d'autres catégories d'élus, notamment des membres des assemblées délibérantes.

A. Les exécutifs ou les exécutants locaux

Il faut revenir une nouvelle fois encore sur ce terme d'exécutifs en ce qu'il brouille la perception de ces élus. Il a été beaucoup question, durant ces deux jours, des maires, peut-être au détriment des autres exécutifs locaux. Cette primauté de la figure du maire illustre sans doute au mieux la symbolique des exécutifs locaux. Il est vrai que les exécutifs des EPCI ont été un peu négligés, sauf dans certaines communications, comme celles d'Armelle Treppoz et de Romain Rambaud. Sans doute leur étude aurait-elle mérité une journée entière. François Priet a montré, de façon diachronique, comment la distinction entre les pouvoirs propres et les compétences d'exécution des organes exécutifs locaux, ce qu'il a appelé de manière exacte le binôme des fonctions, a été marquée par des continuités et des ruptures, notamment à partir du modèle municipal, une nouvelle fois mis en avant. Ces ruptures et ces continuités ont été marquées par la marginalisation progressive de l'organe délibérant du fait, notamment, des nombreuses délégations de compétences au profit des maires, sans qu'une limite à ce phénomène de dépossession soit perceptible, et par le rôle grandissant de l'intercommunalité. Cette dernière connait néanmoins un certain recul au profit des maires du fait de la loi *Engagement et proximité* de 2019. De même les pouvoirs de police du maire ont subi des mutations, soit pour étendre, soit pour restreindre ces compétences, au profit des exécutifs des EPCI. La complexité de ces transferts et ces partages de compétences rend ainsi le paysage peu lisible.

L'exercice en commun des compétences est soumis à de nombreux cadres et contraintes, notamment à travers l'intercommunalité, comme l'a analysé Armelle Treppoz. Si la participation des exécutifs municipaux au sein des EPCI est garantie par la loi, la participation au sein des bureaux de ces EPCI ne l'est pas. L'instauration des conférences des maires depuis la loi *Engagement et proximité* et le rôle des Commissions départementales de la coopération intercommunale dans la définition du périmètre des futurs EPCI peuvent être de nature, néanmoins, à permettre la participation à cet exercice commun. Encore faut-il que l'action commune profite à l'ensemble des territoires.

Le caractère double des fonctions du maire, la fameuse « double casquette » qui s'explique par la construction historique de la commune, illustre l'ambiguïté du mot « exécutif » comme l'a fort bien rappelé Bertrand Faure. Au XIXème siècle, la nomination des maires était présentée comme un gage de leur indépendance et de leur autorité. Le maire est bien le représentant de l'État et donc du Gouvernement. La révocation des maires au titre de l'article L. 2122-16 du CGCT reste encore un symbole fort de cette conception, même s'il n'y eut que six révocations depuis 1958. La suspension de l'élection de maires en 1940 montre cependant que cette question n'est pas anodine et reste très politique.

B. Devant qui les exécutifs locaux peuvent-ils ou doivent-ils être responsables ?

Cette question est tout autant juridique que politique. Le colloque a assez peu abordé l'existence des exécutifs collégiaux responsables devant les assemblées sur un modèle parlementaire. Ils sont présents en outre-mer, en Polynésie et en Martinique, mais aussi outre-continent, en Corse. Ces exécutifs ont été néanmoins inventés pour les directoires des départements et des districts dès la loi du 22 décembre 1789, jusqu'à ce que Napoléon y mette fin.

En dehors de ces cas, Jean-François Brisson s'est intéressé de manière convaincante à la question de la séparation entre la responsabilité personnelle et la responsabilité administrative, à partir du célèbre arrêt du Conseil d'État, *Lemonnier* de 1918, mais aussi aux rapports entre ce qui relève respectivement du juge pénal et du juge administratif. La responsabilité pénale des collectivités territoriales, destinée à éviter la mise en cause de celle des élus a été voulue comme un contrefeu qui s'est révélé, en réalité, peu opérant. 65 condamnations pénales peuvent être comptabilisées depuis 1994 et l'introduction de cette responsabilité dans le code pénal, car les activités qui relèvent des prérogatives de puissance publique y échappent, limitant ainsi les cas de responsabilité. Ce faisant, le juge judiciaire s'immisce dans l'appréciation des activités de l'administration pour déterminer si cette responsabilité pénale peut être engagée. Arnaud Haquet a insisté, fort justement, sur l'impossible irresponsabilité des exécutifs locaux ce qui a, par voie de conséquence, contribué à développer une responsabilité pénale des élus. Celle-ci favorise un climat de suspicion de nature à entraîner une crise de vocations qui a été soulevée par plusieurs intervenants au cours de ces deux journées. Cette irresponsabilité de nature politique qui n'est pas organisée par les textes, en dehors de quelques collectivités à statut particulier, est d'ailleurs contraire à la Charte de l'élu local promulguée en 2015. Le mouvement au profit d'une responsabilité pénale est ainsi l'inverse du mouvement historique qui est allé, sur le plan des institutions nationales, d'une responsabilité pénale vers une responsabilité politique. L'on pourra sans doute méditer cette évolution, qui pourra être l'objet d'autres manifestations tout aussi prestigieuses que celle à laquelle il a été donné à tous de participer.

Table des matières

Structures éditoriales du groupe L'Harmattan

L'Harmattan Italie
Via degli Artisti, 15
10124 Torino
harmattan.italia@gmail.com

L'Harmattan Hongrie
Kossuth l. u. 14-16.
1053 Budapest
harmattan@harmattan.hu

L'Harmattan Sénégal
10 VDN SICAP AMITIE 3
BP 45034 Dakar-Fann
direction@senharmattan.com

L'Harmattan Cameroun
Tsinga/Derrière polyclinique FECAFOOT
BP 11486 Yaoundé
Jacques.koukam@harmattan.fr

L'Harmattan Burkina Faso
Villa 281, secteur 23 623, rue 14.32
Ouagadougou
zagbie@outlook.fr

L'Harmattan Guinée
Almamya, rue KA 028 OKB Agency
BP 3470 Conakry
harmattanguinee@yahoo.fr

L'Harmattan RDC
185, avenue Nyangwe
Commune de Lingwala - Kinshasa
matangilamusadila@yahoo.fr

L'Harmattan Congo
219, avenue Nelson Mandela
BP 2874 Brazzaville
deunovmikhael@gmail.com

L'Harmattan Mali
Immeuble Mgr Jean Marie Cissé
Aci Hamadallaye
BP 145 Bamako
syllaka@yahoo.fr

L'Harmattan Togo
Djidjole - Maison Amela
face EPP BATOME
02 BP 20680 Lomé
didieramela11@gmail.com

L'Harmattan Côte d'Ivoire
Résidence Karl - Cité des Arts
Abidjan-Cocody
03 BP 1588 Abidjan
harmattan.ivoire@gmail.com

L'Harmattan Bénin
Rue 604, (Immeuble à l'entrée
de la rue UCAO- Cite de Saint-Jean)
Cotonou
stepcorpus@gmail.com

Nos librairies en France

Librairie internationale
16, rue des Écoles
75005 Paris
librairie.internationale@harmattan.fr
01 40 46 79 11
www.librairieharmattan.com

Librairie des savoirs
21, rue des Écoles
75005 Paris
librairie.sh@harmattan.fr
01 46 34 13 71
www.librairieharmattansh.com

www.ingramcontent.com/pod-product-compliance
Lightning Source LLC
LaVergne TN
LVHW011440061026
849535LV00004BA/888